사찰에서 만나는 불교풍수

우리나라 사찰 입지선정에 풍수가 지대한 영향을 미쳤다는 것은 익히 알려진
사실이나, 어떻게 어떤 모습으로 반영되었는지 구체적인 특징은 밝혀내지 못했다.
이 책은 삼보사찰을 비롯한 전국 유명사찰의 연혁과 아울러 입지의 특징과
공간구성의 논리를 풍수적 관점에서 살펴보았다.
지금까지 단편적으로 살펴본 전통사찰의 입지에 반영된
풍수적 특징을 살펴본 의미 있는 연구이다.

박정해 저

씨
아이알

추 천 사

우리나라 풍수계의 대표적 학인學人 박정해 박사의 다섯 번째 책『사찰에서 만나는 불교풍수』
가 드디어 출간되었다.『명십삼릉』(2009),『풍수명당이 부자를 부른다』(2010),『조선 유교건축
의 풍수 미학』(2013),『한국 유교건축에 담긴 풍수이야기』(2014)의 뒤를 이은 것이다. 먼저 축하
의 말을 전하며 그간의 노고에 경의를 표하고 싶다.

그는 석·박사과정 모두 풍수지리 분야를 전공으로 선택하여 학위를 받은 한양대학교 최초의
연구자일 뿐만 아니라 본인이 속해 있는 한양대학교 건축학부의 동아시아건축역사연구실이 매
년 두 차례씩 지난 11년 동안 주관해오고 있는 풍수대토론회에서 한 번도 거르지 않고 발표에 참
여하여 이 학술회의가 한국의 대표적인 풍수세미나로 자리 잡는 데 큰 역할을 했다.

오로지 풍수라고 하는 단어 하나만을 바라보며 미련하다 싶을 정도로 살아온 그의 곁에는 이
미 풍성한 학술성과가 수북하게 쌓여 있다. 연구 논문의 수량이 단적으로 대변을 하고 있기는
하지만 박정해 박사는 책상에서의 연구에 머물러 있지 않고 현장 답사, 대학 강의, 세미나 참석
등 다양한 측면에서 그것을 펼치고 있어, 이론과 실무를 겸비한 풍수의 학인이라는 호칭에 조금
도 부족함이 없다. 특히 요즘처럼 어수선한 세상 속에서 이런저런 세파에 휩쓸리지 않고 조금도
흐트러짐 없이 자신이 세워놓은 원칙을 지키며 우리 풍수학계의 발전을 위해 노력하는 모습은
지도교수인 나조차도 고개를 숙이게 한다.

이번에 출간된『사찰에서 만나는 불교풍수』는 몇 해 전 박정해 박사와 풍수대토론회의 주제
를 논의하면서 시작된 것이다. 당시 주제를 '삼보사찰의 풍수에 대한 재조명'으로 정하면서 삼보
사찰의 기원이 그다지 명확하지 않다는 사실과 더불어 주요 사찰에 대한 풍수 연구가 매우 빈약

한 수준에 이르고 있다는 사실에 놀라지 않을 수 없었다. 그래서 박정해 박사에게 불교풍수에 대한 연구를 권했다. 그는 역시 나와의 약속을 잊지 않고 꾸준히 준비를 하여『사찰에서 만나는 불교풍수』라는 역작을 내 앞에 펼쳐놓았다.

이번에 그가 우리나라 풍수계를 향해 내놓은『사찰에서 만나는 불교풍수』는 앞서 언급한 자신의 박사논문이자 단행본으로 간행된 바 있는『조선 유교건축의 풍수 미학』과『한국 유교건축에 담긴 풍수이야기』를 기반으로 그 유형을 불교건축으로 확장하고 구체화한 것이다. 시기를 달리하여 개별적으로 발표한 논문을 모은 것임에도 불구하고 불교라는 커다란 틀 속에서 상호 긴밀한 연관성을 갖고 있으며, 특히 주목되는 부분은 그간 널리 알려져 있으면서도 풍수의 해석이 결여된 전국 각지의 12개 주요 사찰을 대상으로 그 입지와 공간구성의 논리를 풍수지리의 입장에서 명쾌하게 분석했다는 점이다.

우리는 일반적으로 불교건축의 특징을 들라고 하면 그것을 통상 교리 또는 건축물의 구조, 형태, 재료 등에서 찾으려고 할 뿐, 불교건축에서 가장 두드러지고 우월적 지위를 차지하고 있던 것이 대지의 선정, 즉 입지와 배치라는 사실을 간과하고 있다. 설사 이 점을 인식하고 있다 하더라도 그것의 구성 원리와 요인을 구체적으로 설명하는 경우는 거의 찾아볼 수 없으며 그저 상투적으로 자연과의 조화와 순응을 언급하고 있을 뿐이다. 이 책에서는 바로 이러한 자연과의 조화와 순응을 감정에 치우친 막연한 추정이나 지도 위에서의 도상적인 유희가 아니라 철저한 현장의 답사와 면밀한 문헌 고증을 통하여 하나하나 밝혀냈다.

우리나라 풍수 해석의 범주를 넓히고 그 깊이를 더해준 이 책을 통해 풍수지리라는 학문이 학술계의 진정한 일원으로 자리를 잡고 체계적인 발전이 이루어지길 기원하며, 풍수지리 연구자는 물론 불교학, 건축학, 도시계획학, 조경학 등의 관련 연구자들에게도 일독을 권하는 바이다.

2016년 3월 28일
한양대학교 공과대학 건축학부
동아시아건축역사연구실
한 동 수

머 리 말

『사찰에서 만나는 불교풍수』를 출간하며

풍수 연구를 시작한 지 짧지 않은 시간이 흘렀다. 그동안 몇 편의 논문과 몇 권의 저서를 냈으나, 아직 부족하고 어설픈 몸부림에 불과하다. 보다 알찬 논문을 제시해야 하지만 나의 부족함을 새삼 깨닫게 한다. 열악한 환경에서 열심히 노력했다고 하는 것은 비겁한 변명이라 할 수도 있겠지만, 한국의 풍수학인으로 산다는 것은 여러 어려움에 직면해 있다. 안정된 생활이 보장되지도 않을 뿐더러 명예가 높지도 않기 때문이다. 단지 내가 좋아서 여러 어려움을 극복하고 연구를 진행한다는 것은 여간 어려운 것이 아니다. 시간이 흐른다고 해서 쉽게 바뀔 환경도 아니라는 데 고민은 깊어진다. 여기에는 다양한 이유가 있겠지만 힘껏 풍수연구에 매진할 수 있는 여건이 조성되지 않았고 인식의 부족은 더욱 어려움에 빠지게 한다. 그동안 풍수는 학술적 관점보다는 술수적 관점에서 논의되고 있었고 그것이 정답이라 여겼다. 누가 더 풍수명당을 잘 찾고 명당의 발복에 대해 더 잘 제시하는지 경쟁했다. 지금도 이러한 풍수적 사고의 범위를 벗어나지 못하고 있으며 최선이라 여기고 있다. 하지만 학자의 길로 들어선 이상 술수보다는 학문적 연구에 매진하면서, 풍수의 학문화 작업에 앞장서고자 한다. 명예도 돈도 바랄 수 없는 것이 현실이지만 누군가는 해야 할 일이기에 묵묵히 내 갈 길을 가리라 다짐해본다. 뚜렷하게 뛰어난 재주를 타고난 것도 없으니 성실함을 무기 삼아 뚜벅뚜벅 앞으로 나가는 길밖에 없다.

삼국시대의 승려들은 중국에 유학하였고 주로 형세풍수가 발전한 강서지역으로 유학길을 떠났다. 이때 그들은 새로운 문물이라 할 수 있는 풍수이론과 접할 수 있었고, 고국에 선진문물을 소개하는 첨병역할을 하였다. 우리의 사찰 입지선정에 풍수는 자연스럽게 접목되었고, 한국의 풍수발전을 견인하였다. 풍수가 사찰 입지선정에 지대한 영향을 미쳤다는 것은 익히 알려진 사실이나, 어떻게 어떤 모습으로 반영되었는지 구체적인 특징은 밝혀내지 못했다. 우리 모두의 역할임에도 소홀히 하였고 제대로 된 논리적 근거를 제시하지 못하였다. 이는 지속적인 연구의 필요성을 제시한 것이라 할 수 있으며, 나의 갈 길이라 생각한다.

부족한 나의 연구가 한국 풍수에서 보다 깊은 연구가 이루어질 수 있도록 하는 데 작으나마 초석이 되었으면 한다. 언제까지 근거도 없는 발복론에 매몰되어 미신이라 매도되고 천대받을 것인지 인식의 전환이 필요한 시점이다. 이제 풍수는 학문적 연구가 차곡차곡 축적되어 명실상부한 학문의 한 영역으로 자리매김해야 하고 대접받아야 한다.

이번에 출간하는『사찰에서 만나는 불교풍수』는 한국연구재단 등재지『불교학보』와『동아시아불교문화』,『동북아문화연구』,『선도문화』에 게재된 연구논문 12편을 수정·보완하여 엮은 것이다. 삼보사찰을 비롯한 전국 유명사찰의 연혁과 아울러 입지의 특징과 공간구성을 풍수적 관점에서 살펴보았다. 지금까지 단편적으로 살펴본 전통사찰의 입지에 반영된 풍수적 특징을 살펴본 의미 있는 연구라 생각한다. 앞으로 나의 풍수연구에 살과 뼈가 되는 아낌없는 질책과 조언을 바라는 바이다.

본 연구를 진행하는 데 있어서 지도교수이신 한동수 교수님의 든든한 배려가 있었기에 알찬 성과를 거둘 수 있었다. 항상 격려의 말씀을 아끼지 않으시는 경기대학교 윤효진 교수님께도 감사의 말씀을 드린다. 그리고 아내의 한없는 내조는 말로 표현하기 어려울 만큼 컸다. 항상 감사드리는 바이며, 자식 걱정에 노심초사하시던 부모님의 영전에 이 책을 바친다.

끝으로 사단법인 정통풍수지리학회 강정희 회장님과 신임 박용호 회장님을 비롯한 여러 임원들의 성원에 감사드린다.

이 책을 출간하는 데 도움을 주신 도서출판 씨아이알 사장님을 비롯한 편집자 여러분께 심심한 감사의 인사를 드린다.

2016년 3월
서초동 사단법인 정통풍수지리학회 연구실에서
박 정 해

차 례

제1장

불보종찰 통도사 입지의 풍수환경 해석
– 금강계단을 중심으로 –

제1장

불보종찰 통도사 입지의 풍수환경 해석
- 금강계단을 중심으로 -

Ⅰ. 삼보사찰 중에서도 으뜸인 통도사

창건 당시 선종 계열의 승려들은 당나라에 유학하였는데, 풍수가 크게 유행하던 강서지역에서 주로 형세풍수의 영향을 받았다. 형세풍수의 영향 아래 선정된 사찰의 입지는 절묘하기까지 한 풍수적 길지를 선정하였고, 그에 따른 공간구성을 이룬다. 이와 같이 전통사찰건축에 있어서 풍수가 가지는 의미는 크다. 우선적으로 입지의 중요한 특징은 가람구성에 있어서 가장 중요한 건물에 반영되고 활용되는 모습이다.

통도사는 경상남도 양산시 하북면 통도사로 108에 위치한다. 한국의 사찰은 각기 나름대로의 고유한 성격과 특징 및 가람배치를 통하여 이 땅에 불법을 전파하고 있다. 통도사는 해인사, 송광사와 함께 삼보사찰로 불리는데, 부처님의 진신사리를 봉안한 금강계단으로 대표되는 통도사는 삼보사찰 중에서도 으뜸으로 여긴다. 특히, 통도사를 한국불교의 으뜸인 불지종찰佛之宗刹이자 국지대찰國之大刹이라 부르는 이유가 여기에 있는 것이다. 그래서 통도사와 관련한 연구 논문은 수 없이 많이 나왔다. 특히 건축 관련[1] 연구가 주류를 이루고 있고, 그 외에 불화 관련 연구[2]와 조경

---

* 『동아시아불교문화』 제18집(2014.6.)에 게재.

관련 연구,[3] 단청연구,[4] 지도 관련 연구,[5] 음악 관련 연구[6] 등이 있다. 그러나 통도사 입지와 관련한 풍수 관련 연구[7]는 미진한 상태이다. 우리의 전통사찰 입지는 풍수와 밀접한 관련성을 바탕으로 선정하였고, 공간구성에 있어서도 중요하게 다루어졌음에도 불구하고 연구가 부족한 것이 사실이다. 따라서 본 연구는 통도사 입지의 풍수와 공간구성의 특징을 문헌고찰과 현장 조사를 통해 살펴보는 것을 목적으로 한다. 특히, 금강계단을 중심으로 살펴보았으며, 중로전과 하로전에서 가장 특징적인 의미를 가진 전각을 연구의 대상으로 삼았다. 또한, 통도사의 가람 구성은 창건 당시가 아니라 18세기에 완성되었다고 하는데, 현재 통도사의 모습을 통해 유추 가능한 범위에서 다양한 풍수서의 논리와 접목한 연구를 진행하였다.

현재 풍수연구는 다양한 현실적인 어려움으로 인해, 더 나아가지 못하고 퇴보하고 있어 아쉬울 따름이다. 하지만 풍수는 전통건축 입지선정과 공간구성의 주축을 이루는 사상으로, 합리적인 입지선정의 전통으로 자리하고 있다. 또한, 현대건축의 문제점을 극복하고 새로운 친환경 건축의 방향성을 제시할 수 있다. 이를 더욱 발전시키기 위한 풍수연구는 지속적으로 이루어져야 한다.

II. 통도사의 연혁과 입지환경

1. 자장율사에 의해 창건된 통도사

통도사는 불보종찰로서 대한불교 조계종 15교구 본사이다. 통도사는 신라 선덕여왕 15년(646)에 자장율사에 의해 창건되었다. 이곳 통도사에는 부처님의 진신사리 중 정골頂骨과 지절指節, 치아사리 외에 직접 입었던 금란가사金欄袈裟가 봉안되어 있다. 이로 인해 불지종가佛之宗家라 하며 우리나라를 대표하는 사찰이라 할 수 있다. 이와 같이 통도사는 부처님의 진신사리에서 비롯되었고 그 대표성을 갖는다고 할 때, 부처님의 진신사리를 모신 금강계단은 통도사의 역사를 대변한다. 통도사의 사명寺名 또한 다양한 의미와 특징을 바탕으로 탄생하였는데, 이에 대해 살펴보면 다음과 같다.

첫째, 출가하고자 하는 승니僧尼는 모두 이 계단을 통해 득도한다는 의미에서 통도라 했다(爲僧者 通而度之).

둘째, 모든 진리를 회통하여 일체 중생을 제도한다는 의미에서 통도사라 이름하였다(通萬法度衆生).

셋째, 통도사가 위치한 산의 모습이 부처님이 설법하시던 인도의 영취산과 통하므로 통도사라 이름하였다(此山地形 通於印度靈鷲山形)[8]고 한다.

금강계단의 창건에 대한 기록은 「사파교주계단원류강요록婆婆教主戒壇源流綱要錄」[9]과 「통도사창창유서通度寺創刱由緒」[10]를 통해 확인 가능한데, 이들 문헌에는 646년에 창건한 것으로 기록하고 있다. 『삼국유사』 전후소장사리조前後所藏舍利條에는 "선덕여왕 때인 정관 17년(癸卯, 643)에 자장법사가 당에서 모시고 온 불두골佛頭骨과 불치佛齒, 불사리佛舍利 100립과 부처님이 입으시던 비라금점가사毘羅金點袈裟 한 벌이 있었는데, 그 사리를 3분하여 일부분은 황룡사탑에 두고, 일부분은 대화사탑에, 일부분은 가사와 함께 통도사 계단에 두었으며, 기타는 소재가 정확하지 않다. 통도사 계단은 2층으로 상층 가운데에는 솥을 엎어놓은 것과 같은 석개石蓋를 안치하였다."[11]라고 한다. 이는 통도사 금강계단에 불사리와 금란가사를 봉안하였다는 중요한 근거가 되었다.

한편, 금강계단의 불사리를 확인하기 위해 고려 초에 사리탑 석종을 개봉한 사실이 있었던 것으로 보이는데, 그 내용을 『삼국유사』를 통해 살펴보면 다음과 같다.

> 민간에 이런 이야기가 있다. '옛날 본조에서 전후로 두 안렴사가 와서 계단에 예를 표하고 돌뚜껑을 들고 들여다보니 처음에는 긴 구렁이가 석함 속에 들어 있는 것을 보았고, 두 번째는 큰 두꺼비가 돌 위에 쪼그리고 앉아 있는 것을 보았다. 그 후로는 이 돌뚜껑을 들고 감히 들어보지 못했다'고 한다.[12]

이는 불사리에 대한 호기심으로 자꾸만 여는 것을 방지하기 위한 일환으로 민간에 유포된 속설이라 할 수 있겠다. 하지만 석함은 고려 중엽까지만 해도 여러 번 공개한 사실이 있으며, 그 후에도 불사리를 공개한 기록이 나타난다. 고종 22년(1235) 상장군 김공리생과 시랑 유석이 계단의 석종을 들어내고 석함 속의 사리를 꺼내 예경하였던 기록이 있다.

그 외에도 통도사 스님들은 왜구의 침입으로부터 불사리를 지키기 위해 지대한 노력을 기울인 것으로 보인다. 이색의 『목은집牧隱集』 통도사석가여래사리기조通度寺釋迦如來舍利記條에 따르면, 우왕 3년(1377)에 왜구가 침입하여 불사리를 가져가려 하자 월송대사가 깊이 감추었다. 우왕 5년에 왜적이 또 쳐들어오자 불사리를 모시고 서울까지 피신하기도 하였다. 이때 평리인 이득분을 만나서 왕과 왕후가 예경하고, 은그릇과 보주寶珠를 하사하여 송림사에 나누어 봉안하였다.[13] 조선시대에도 왜구들의 침입은 잦았고 이를 지키기 위한 노력은 활발하게 이루어졌다. 특히 동래에 사는 백옥거사는 왜구에게 약탈당한 불사리를 가지고 도망쳐 나온다. 그로부터 11년 후에 사명대사는 왜적의 침입으로 인해 사리를 보존하기 어렵다고 생각하여 스승인 휴정대사에게 불사리를 보냈으나, 금강산도 안전을 보장하기 어렵다고 하면서 옛날의 계단을 수리하여 사리를 봉안할 것을 지시한다. 이에 사명대사는 휴정대사의 명을 받들어 계단을 수리하고 사리를 봉안한다. 그 뒤 여러 번의 수리를 거쳐 계율의 중심지로 자리하는 모습이다. 이러한 금강계단의 중수 사실을 정리하면 표 1과 같다.

표 1 금강계단의 중수기록(출처 : 문화재청, 『통도사 대웅전 및 금강계단 실측조사보고서』)

중수		연대	화주	비고
초창	신라	선덕왕 15년(646)	자장율사慈藏律師	『삼국유사』
제1중수	고려	우왕 5년(1379)	월송대사月松大師	『목은이색기』
제2중수	조선	선조 30년(1603)	의영대사儀靈大師	『송운사명기松雲四溟記』
제3중수		효종 3년(1652)	정인대사淨仁大師	『우운진희기友雲眞凞記』
제4중수		숙종 31년(1705)	계파대사桂坡大師	『민오기敏悟記』
제5중수		영조 19년(1743)	산중대덕山中大德	『서석린기徐錫麟記』
제6중수		순조 23(1823)	홍명선사鴻溟禪師	『계오기戒悟記』
제7중수		서기 1911년	구하선사九河禪師	

통도사의 가람구성은 표 1과 같이 여러 번의 중창을 거쳐 현재에 이르고 있다. 특히 가람구성은 18세기에 이르러 완성되었다고 하는데, 입지선정과 공간구성의 논리가 시대적인 상황과 밀접한 관련성을 가졌다는 점에서 깊이 고려해야 한다.

2. 연못을 메워 건설한 통도사

양산은 신라 때부터 존재하던 고을로, 고려 때에 이르러 양주가 되었다가, 조선시대에 이르러 현재와 같은 양산이라는 지명을 얻게 된다. 양산의 진산은 원적산인데, 통도사는 양산을 대표하는 영축산의 한 자락을 차지하고 있다. 이러한 양산에 대해 『세종실록』「지리지」에는 다음과 같이 기록하고 있다.

> 신라 문무왕 5년에 상주上州·하주下州를 베어서 처음으로 삽량주歃良州를 설치하였는데, 경덕왕이 양주良州로 고쳐서 구주九州의 하나로 갖추었다. 고려 태조 23년 경자에 양주梁州로 고치고, 현종 무오戊午에 방어사防禦使를 두었는데, 본조 태종 13년 계사에 예에 의하여 양산군梁山郡으로 고쳤다. 별호別號는 의춘宜春이며, 또 순정順正이라고도 한다.
>
> 진산鎭山은 원적산鎭山이다. 취서산鷲棲山 대천鷲棲山은 가야진伽倻津과 가야진 연연衍淵이다. 사방 경계는 동쪽으로 동래東萊에 이르기 11리, 서쪽으로 금해金海에 이르기 17리, 남쪽으로 동래 임내任内 동평東平에 이르기 29리, 북쪽으로 언양彥陽에 이르기 33리이다.[14]

영축산 자락에 입지한 통도사는 영축산 상봉으로부터 힘차게 흘러내린 영봉들이 남쪽으로 이어져 내려오다가 불사리를 봉안한 금강계단에 이르러 절묘하게 멈추고 있다. 통도사의 산세는 금강계단을 중심으로 서북쪽과 남쪽을 병풍처럼 둘러싸고 있으며, 남쪽과 서쪽에서 흘러드는 물줄기가 절 앞에서 합수되는 곳에 선자梅子바위가 우뚝 솟아 있다. 산문입구에 여의주 봉이 있으며, 봉 앞에는 두 계곡의 물이 합수되는 용담龍潭이 있어 아름다운 경치를 이루고 있다.

원래 통도사가 위치한 이곳에 아름다운 연못이 있었다는 창건설화가 있는데, 연못을 메운 후에 그곳에 금강계단을 쌓고 통도사를 창건하였다고 한다. 이와 같이 통도사를 비롯한 전통사찰의 입지로 연못을 메워서 건설한 예가 적지 않다. 먼저 해인사의 경우[15]에도 연못을 메워 건설한 경우에 해당하고, 미륵사[16]도 마찬가지의 경우에 해당한다. 그 외에도 유점사[17]와 선운사[18]의 창건설화에도 연못을 메워 건설한 것으로 전한다. 특히 유점사의 창건설화는 아홉 마리의 용이 연못에 거주하고 있었는데, 이를 몰아내고 사찰을 건설하였다고 하는 창건설화는 통도사와 비슷한 모습을 보인다. 따라서 실제로 이들 모두가 연못을 메워서 사찰을 건설하였는지는 확인하기 어려우나, 굳이 연못을 메우면서까지 건설한 이유는 알기 어렵다.

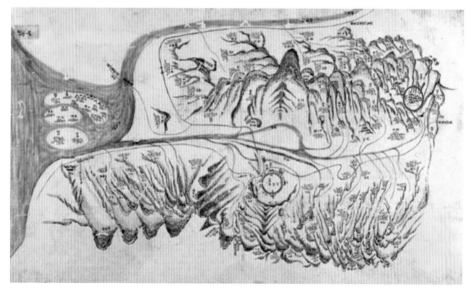

그림 1 1872년 지방도중 양산군(출처 : 규장각고지도)

한편, 통도사는 건물의 배치를 산을 따라 길쭉하게 배치함으로써, 여러 개의 용맥에 의지하는 모습을 보인다. 이러한 공간구성은 하로전과 중로전, 그리고 상로전으로 대표되는 독특한 공간구성을 통해 구현하는 모습이다. 이 중에 상로전에는 통도사를 대표하는 금강계단을 입지시킴으로써 통도사가 지향하는 바를 제시하였다면, 중로전과 하로전은 상로전의 금강계단을 보조하는 성격의 배치를 완성한 것이다.

III. 통도사의 풍수환경과 논리

1. 아름다운 형상의 통도사의 주산과 안산

통도사 입지의 가장 특징적인 모습의 중심에는 금강계단이 있다. 금강계단은 통도사를 대표하는 것은 물론이고 가장 상징적인 건축물이기도 하다. 그렇다면 금강계단은 통도사의 전체 영역 내에서 가장 핵심적인 공간인 혈처를 차지한 것일까? 이는 앞으로 논의되어야 한다. 왜냐하면 혈이란 다양한 풍수논리들이 종합되어야 설명할 수 있는 것으로 단순하게 논의될 수 없기 때문이다.

그림 2 통도사 주산의 모습

먼저 통도사의 혈처를 찾기 위해서는 태조산을 비롯한 주산과 안산에 대해서 살펴보아야 하는데, 통도사의 태조산은 영축산으로 든든하게 통도사의 뒤를 받쳐주는 모습이다. 하지만 태조산이 곧 주산이 될 수는 없기 때문에, 태조산의 중심에서 발원한 용맥을 통해 전달된 정기를 중조산과 소조산, 그리고 주산이 가장 의미 있는 역할을 부여받게 된다. 즉, 태조산이 중조산에 영향을 주고, 중조산은 소조산에, 그리고 소조산은 주산에 영향을 주고, 주산은 혈처에 직접적인 영향력을 미치게 된다. 이러한 정기의 전달 통로인 용맥을 주룡 혹은 내룡이라 하는데, 영축산의 정기는 취기聚氣 가득한 주룡을 뻗어내려 통도사의 중심공간에 지기를 제공하는 모습이다. 주룡은 행룡하는 과정에서 위이기복하는 모습을 통해 험하고 강한 기를 순하고 부드러운 기로 바꾸는 박환을 한다. 박환을 통해 부드럽고 순하게 변화했을지라도 힘차게 행룡하여야 하는데, 이러한 용을 생룡生龍이라 한다. 생룡의 모습은 『금낭경』「산세편山勢編」에서 "마치 물결과 같고, 마치 달리는 말과 같아야 한다."[19]라고 한 것처럼 기세등등한 모습이다. 물론 통도사의 중요 건물을 향해 달려온 주룡의 모습은 『금낭경』의 논리에 부합하고 있다. 특히 통도사의 주산은 그림 9와 같이 세 개의 의미 있는 용맥을 뻗어 내린 모습이다.

그림 3 탐랑성-목
(출처 : 『감룡경』 의룡경비주교보)

통도사의 주산은 그림 2와 같이 아름다운 모습인데, 『감룡경』에는 "좋은 모양의 산들은 그 자신이 혈을 맺는 중심역할을 하는 것"[20]이라 하였다. 통도사 주산의 형상을 구성九星으로는 탐랑貪狼이라 하고, 오행五行으로는 목형체라 한다. 이를 『지리신법地理新法』에는 "탐랑은 구성의 우두머리 신神으로 옛말에 생기生氣라고 불렀으며, 또한 생룡生龍이라고도 불렀다. 총명聰明과 문필文筆, 인구人口, 관직官職과 함께 재財와 부富, 그리고 효孝와 의義를 관장한다."[21]라고 하였다. 『지리인자수지地理人子須知』에서는 "목木의 체體는 곧고 모나지 않으며 성품은 순하고 가지가 퍼진다.[22] 문성文星이니 주는 문장文章, 과명科名, 성예聲譽, 귀현貴顯"[23]이라고 한다. 이러한 특징적인 모습은 주산의 형상을 선정하는 데 중요한 기준논리로 제시되었다. 또한, 주산의 형상을 통해 입지가 갖는 성격을 규정하기도 하는데, 통도사의 주산은 탐랑 목성체로 아름답게 우뚝 솟아 날개를 활짝 펼치는 개장開帳을 통해 통도사를 품 안에 안고 있다. 이를 앞에서 제시된 풍수논리에 따라 해석하면, 통도사 입지의 특징은 수행修行이 주된 목적에 해당한다고 해석할 수 있다.

『감룡경』에는 "산의 얼굴에 해당하면 땅바닥아 평탄하여 그 안에 혈이 있으며, 혈을 감싸는 국局 안에 흐르는 조수는 완만하게 흐른다."[24]라고 하였다. 물론 통도사의 주산은 부드럽게 경내를 끌어안고 있어 면面에 해당하는 모습이다. 반면에 안산은 낮게 행룡하여 통도사의 전면을 감싸 안는 모습이다. 풍수에서 안산은 전면의 시각적 효과를 지배하기 때문에 아름다운 형상을 선호하기 마련인데, 통도사의 안산은 특별히 아름다운 모습은 확인할 수 없다. 또한, 전면을 흐르는 물길 바로 앞쪽에 위치하면서 너무 가깝게 있어 통도사가 굉장히 폐쇄적인 느낌을 갖는다. 다시 말해서 음陰으로 대변되는 산으로 둘러싸여 있어, 산만하지 않고 차분한 분위기를 고취시켜 수행공간으로 최적의 장소가 되었던 것이다.

2. 통도사의 혈처를 차지한 금강계단

중국의 불교건축은 풍수의 영향을 크게 받았으며, 풍수는 불교건축의 공간구성에 있어서도 큰 영향을 주었다.[25] 특히, 선종사찰지의 선택에 풍수가 깊이 간여하였는데, 이러한 과정은 한국에서 온 유학승들에게 그대로 전수됨으로써 한국의 선종사찰 입지에 반영되는 결과를 낳았다.[26] 이와 같이 우리 전통사찰의 입지선정은 불교적 입지관과 풍수적 입지관이 조화를 이루면서 이루어졌다.

풍수에서 혈은 입수룡을 통해 정기를 전달받는 구조이다. 또한, 혈은 풍수의 궁극적인 목적에 해당하는데, 양균송은 혈이 갖는 특징에 대해『의룡경』「하편」에서 "혈穴이 주산主山의 형상을 따르지 않으면, 그러한 혈은 결코 가짜 혈이거나 진짜 혈이 아닌 것"[27]이라 하였다.『감룡경』「변혈편」과『의룡경』「변성편變星編」에도 주산의 형상에 따라 혈穴의 형태가 달라진다고 한다. 즉, 탐랑성貪狼星 주산은 유두혈乳頭穴을, 거문성巨門星은 와혈窩穴을, 무곡성武曲星은 겸차혈鉗釵穴을, 녹존성祿存星은 이벽두혈犁鐴頭穴을, 문곡성文曲星은 장심혈掌心穴을, 파군성破軍星은 과모혈戈矛穴을, 좌보左輔 우필성右弼星은 연소혈燕巢穴을 맺는다고 하였다.[28]『산양지미』에는 "혈은 네 가지 세勢가 있는데, 겸와鉗窩는 양陽이고, 유돌乳突은 음陰"[29]으로 분류하였는데, 유두혈은 사상四象으로 분류하면 소음少陰에 해당한다.

탐랑성의 주산을 가진 통도사는 이러한 논리에 따르면, 금강계단과 대광명전, 그리고 영산전의 입지는 유두혈의 형상을 하여야 한다. 유두혈은 마치 여성의 젖무덤처럼 생긴 형상으로, 약간은 볼록한 지형적 특징을 갖는다. 통도사의 중심 건축물 중에서 볼록한 유두혈의 형상에 가장 잘 부합하는 건축물은 금강계단이다. 금강계단의 입지는 주변 지형보다 약간 높은 위치에 입지하여 유두혈의 형상에 해당한다. 다음으로 중로전의 중심건물인 대광명전도 약간 높은 곳에 위치하여 유두혈의 형상에 부합하는 모습이다. 또한, 하로전에 위치한 영산전은 굉장히 강하게 입수하는 입수룡에 비해서, 위로 솟아오른 모습은 확인하기 어렵다. 그렇다고 이를 단정적으로 유두혈에 해당하지 않는다고 하는 것은 무리라 할 수 있다. 왜냐하면 뒤쪽의 입수룡이 통도사 현무봉의 중출맥에 해당할 뿐만 아니라, 가장 강력한 입수룡에 자리하였다는 점을 결코 무시할 수 없기 때문이다. 그 외에도 주변 건물과의 높이를 맞추기 위해 평탄 작업을 진행하는 과정에서 유두혈의 특징적인 모습이 사라졌을 가능성도 배제할 수 없다.

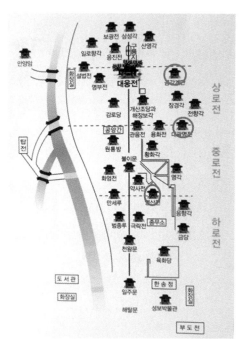

그림 4 통도사 배치도

통도사의 공간구성은 북쪽의 주산을 배경으로 동서로 길게 늘어선 모습이다. 이를 그림 4와 같이 상로전과 중로전, 그리고 하로전으로 구분하여 각각의 특징적인 공간을 구성한다. 하로전 에는 영산전을 중심으로 공간을 구성하고, 중로전은 대광명전을 중심으로, 그리고 상로전은 통 도사를 상징하는 금강계단을 중심으로 공간을 구성한다.

하로전의 중심건물인 영산전은 석가모니와 팔상탱화를 봉안한 중요 당우인데, 영산은 석가모 니가 『법화경法華經』을 설한 영축산의 준말로 영산불국靈山佛國을 상징한다. 이 영산을 사찰 안으로 옮긴 것이 영산전으로, 불교의 성지를 영산전을 통해 세상에 드러낸 것이다. 특히 영산전은 전 면 우측에 위치한 작은 연못과 잘 어우러진 모습이다.

중로전의 중심건물인 대광명전大光明殿은, 비로자나毘盧遮那라는 말 속에 '광명편조光明遍照'의 뜻이 있어 대광명전이라 불리는데, 법신불인 비로자나불을 봉안한다.

상로전의 중심인 금강계단은 부처님의 진신사리를 모시고 있어, 그 상징성과 의미를 더 이상 논할 필요성이 없겠으나, 그 위상을 대변하기 위해 통도사의 가장 높은 위치를 차지하고 있는 것 이다.

따라서 이들 건물은 통도사의 혈처를 차지한 것 외에도, 주어진 영역 내에서 중심건물이라는 의미를 갖는다.

3. 음양교배를 이룬 통도사의 물길

풍수에서 물은 음양론의 관점에서 논하는데, 물은 움직임이 있어 양이라 하고, 산은 움직임이 없어 음이라 한다. 이러한 음과 양은 서로 조화로움을 바탕으로 새로운 생명을 탄생시킨다는 논리를 구성한다. 하지만 풍수는 주로 음에 해당하는 산의 모습과 형상을 주로 논하고 양에 해당하는 물은 다소 소홀히 다루어진 측면이 강하다. 그러나 물을 소홀히 다룰 수는 없으며, 중요한 고려요인으로 그 특징적인 모습을 살펴보아야 한다.

통도사의 물은 전면을 흐르는 물길과, 적멸보궁과 영산전의 우측에 자리한 연못이 있다. 특히, 적멸보궁 우측에 자리한 구룡지九龍池는 통도사의 창건설화와 직접 연결된 연못이며, 영산전 우측의 원지圓池도 중요한 의미를 간직한 연못이다. 왜냐하면, 이러한 연못의 조성은 『관무량수경觀無量壽經』에서 설해지고 있는 극락정토의 보배연못을 구체적으로 표현한 것[30]이기 때문이다.

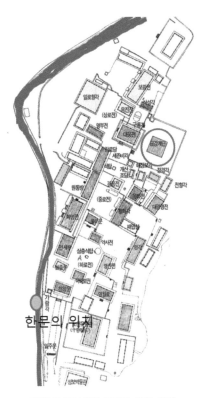

그림 5 통도사의 물길과 한문 위치

반면에 전면을 흘러가는 물길은 통도사와 음양교배를 통해 더욱더 생기 가득한 공간을 연출한다. 『감룡경』에는 "조수는 혈을 안 듯 들어와야 한다."[31]라고 하였다. 즉, 물이 환포하는 형상을 가장 길하다고 해석하는데, 그림 5와 같이 둥그렇게 환포하는 형상을 금성수金星水라 하여 더욱 선호하였다. 이러한 물길은 금강계단이 위치한 부분에서 가장 아름답게 환포하는 형상으로, 이는 금강계단이 위치한 곳이 음양교배가 가장 잘 이루어진다는 뜻이다.

금강계단의 앞쪽을 지난 냇물은 곧장 흘러가는 모습인데, 이러한 모습은 물이 빠른 속도로 빠져나가는 불균형이 이루어질 개연성을 높이게 된다. 이를 극복하기 위해 통도사의 물길은, 수구水口부분에 이르러 한문扞門[32]이 그림 6과 같이 확인된다.

그림 6 통도사의 한문

4. 자연과 하나 된 통도사의 사격과 좌향

『동림조담洞林照膽』에는 "사방이 병풍처럼 둘러싸이고, 모든 것이 모여 있으면, 이곳이 아름다운 곳"[33]이라 하였다. 이러한 역할을 부여받은 산을 풍수에서는 사격이라 한다. 사격은 좌청룡과 우 백호, 그리고 주산과 안산과 같이 혈을 중심으로 둘러싼 산과 바위 등 모든 자연지형을 말하는 것으로 산만으로 한정하지는 않는다.

물론 통도사의 주변 사격들은 완벽한 보국을 만들고 마치 병풍을 둘러친 듯한 모습으로 통도 사를 보호한다. 이와 같이 통도사의 사격은 어느 한 곳 부족하지 않아, 그야말로 성벽을 이룬 듯 하다. 완벽하게 둘러쳐진 사격에 의해 만들어진 보국은 다양한 장점과 단점이 함께하는데, 먼저 장점을 살펴보면 다음과 같다.

첫째, 장풍의 공간으로 아늑한 느낌을 준다. 『금낭경』「기감편」에는 "기는 바람을 만나면 흩 어진다."[34]라고 하였는데, 이를 극복하는 효과를 가진다.

둘째, 외부의 간섭으로부터 자유롭다. 즉, 외부세계와 잦은 왕래가 이루어지기 어려워 자신만 의 사색의 세계를 구성할 수 있다.

반면에 단점도 있는데, 이를 살펴보면 다음과 같다.

첫째, 공기의 순환이 원활하게 이루어지지 않는다. 이러한 특징적인 모습은 특히 분지에 위치 한 도심지에 많이 나타나는데, 정체되어 순환되지 못한 공기가 스모그 현상으로 나타나게 되며, 이는 현대의 열섬현상과도 직접 연관된다.

둘째, 햇빛을 접하는 시간이 짧다. 즉, 해가 늦게 뜨고 빨리 지기 때문에 충분한 일조와 채광에 불리한 형상이다.

셋째, 외부와 원활한 교통이 불리하다. 따라서 외부와 정보교류에 불리하며 정보전달이 늦을 수밖에 없는 한계성을 가진다. 하지만 이러한 곳을 사찰 입지로 선호한 배경에는 외부의 간섭으로부터 독립된 상태에서 수행에 정진코자 하는 바람이 반영된 것이다. 반면에 현대불교는 깊은 산속을 벗어나 도심지 한복판에 포교원을 개설하고, 적극적인 포교활동과 사회에 참여하는 불교의 모습을 보인다.

우리의 전통사찰은 앞에서 제시한 단점 중의 하나인 짧은 일조시간을 극복하기 위한 방편으로 남향을 선호하는 경향을 보인다. 그런 차원에서 통도사의 주요전각은 표 2와 같이 계좌정향癸坐丁向 혹은 축좌미향丑坐未向으로 남향을 선호하였음을 확인할 수 있다. 하지만 풍수에서는 단순히 남향만으로 건축물의 좌향을 설정한 것이 아니고, 다양한 특징을 바탕으로 일정한 틀 속에서 좌향을 정하게 된다. 즉, 풍수 향법은 지역성과 시대성이 반영된[35] 결과물로 좌향을 정하는 방법에는 형세적 방법과 이기론에 바탕을 둔 방법이 함께 사용되었다. 먼저 형세론에 바탕을 둔 좌향 결정법으로는 주산순응형主山順應形[36]과 안산중시형案山重視形,[37] 그리고 주主·안산혼합형案山混合形[38]과 같은 방법이 활용되었다.

반면에 이기론에 바탕을 둔 좌향 결정법은 시대적으로 다른 향법론이 제시되었으며, 이들 향법론은 서로가 같은 논리 속에 자리하지 않는다. 따라서 이기론에 대한 다양한 무용론이 제시되었고, 이를 극복하기 위한 새로운 향법과 논리가 등장하였다. 즉, 입수룡과 득수, 그리고 파구처에 대한 향을 측정하였고, 여기에 더해서 길한 방향에서 득수하고, 흉한 방향으로 파구될 것을 요구하는 공통점을 갖는다.

이와 같이 좌향의 결정이 형세론에 바탕을 두었거나, 혹은 이기론에 바탕을 두었던 간에 이들 모두 자연지형과 합리적으로 어우러지는 방향을 찾기 위한 과정이라는 것은 부정하기 어렵다. 또한 각 건축물들 간에 서로가 어우러져 아늑한 공간을 구성할 것을 요구하였던 것이다. 그런 차원에서 통도사 건축물의 배치와 좌향은 자연지형과 마치 한 몸처럼 어우러져 가장 아늑한 공간을 구성하는 모습이다.

표 2 통도사의 주요전각의 좌향

구분	상로전	중로전	하로전
전각殿閣	금강계단金剛戒壇	대광명전	영산전靈山殿
좌향坐向	계좌정향	축좌미향	계좌정향

5. 청룡농주형(靑龍弄珠形)의 통도사

그림 7 영축산의 모습

통도사의 태조산인 영축산은 취서산鷲棲山이라고 불리기도 하는데, 이러한 산 이름의 한자 표기에는 공통적으로 독수리 취자鷲字가 들어갔다는 점이다. 즉, 통도사의 태조산인 영축산과 뒤를 받쳐주는 주산의 모습이 모두 그림 2, 그림 7과 같이 마치 독수리가 날개를 활짝 펴면서 날아오르는 모습과 흡사하다. 따라서 주산과 태조산의 형상에 기인한 바가 크다고 할 수 있다.

이를 바탕으로 혈명을 추정하면, 대취귀소형大鷲歸巢形이라 할 만하다. 즉, 큰 독수리가 집으로 날아드는 형국이라고 할 수 있다. 또한, 그림 8에 제시된 통도사 전경도[39]에 따르면, 다음과 같이 두 가지의 해석이 가능하있다.

첫째, 청룡농주형靑龍弄珠形이라 할 수 있다. 즉, 통도사의 수구쪽을 향해 용이 입을 벌려 여의주를 희롱하는 형상이다. 실제로 수구쪽의 산을 여의주 봉이라고 부르고 있어 이러한 해석에 힘을 보태는 모습이다.

둘째, 모자유상형母子遊象形이라 할 수 있다. 즉, 어미 코끼리가 아기 코끼리와 노는 형국이라고 볼 수 있는데, 코끼리를 통도사의 지형에 반영한 배경에는 코끼리가 부처님의 나라에서 매우 귀한 존재라는 인식이 자리한다. 다시 말해서 석가모니의 어머니인 마야왕비가 하얀 코끼리가 품 안으로 들어오는 태몽을 꾼 다음에 '싯다르타' 태자를 가지게 된 데에서 불교와 가까운 동물이 되었다고 한다. 또 다른 측면에서는 코끼리가 모든 짐승 가운데 가장 힘이 세고 점잖으며, 자비로운 동물이라는 점이 불교와 잘 어울리기 때문이라고 한다.

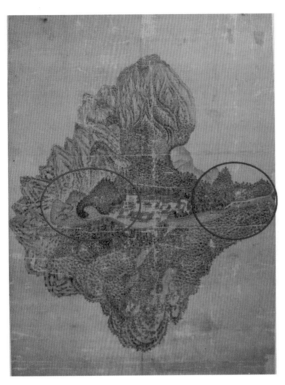

그림 8 통도사 전경도(출처 : 통도사 성보박물관)

한편, 불교에서 수행을 통해 깨치는 방법을 돈오점수와 돈오돈수로 구분한다. 여기에서 돈오점수는 오랜 수행과정을 통해 깨치는 것으로, 코끼리의 빠르지 않고 느린 속성과 부합한다. 이는 매우 흥미로운 추정으로, 형국론을 통해 추정 가능한 통도사의 수행과정은 돈오점수와 연결될 수 있다. 곧 사람은 주변 환경의 영향과 밀접한 관련성을 가지고 내면의 성장을 주도한다는 점에서 그 상관관계를 부인하기 어렵다.

형국론은 자연의 형상인 사람, 동물, 조류, 그리고 식물 등을 자연의 형상과 대비시켜 새로운 풍수영역의 확대를 제시할 수 있다. 그동안 풍수는 용龍 · 혈穴 · 사砂 · 수水 · 향向으로 대변되는 지리오결地理五訣의 틀 속에 매여 형국론에 대한 가치성을 제대로 조명하지 못한 측면이 있다. 물론 형국론이 가진 다소 허황되어 보이고, 신비스러운 모습은 그 진가를 제대로 인식시키는 데 장애요인으로 작용한 측면이 있다. 이러한 일부의 부작용에도 불구하고 다양성의 확장이라는 측면에서 새로운 해석과 인식의 전환은 필요한 시점에 이르렀다고 할 수 있다.

IV. 금강계단을 중심으로 한 통도사의 공간구성

풍수는 불교사찰의 입지 및 사찰 터 선정의 방법, 불교문화의 내용과 사찰의 사회적 기능에도 영향을 크게 미쳤다.[40] 특히, 불교문화의 성불은 불교적 가르침의 궁극적 목적이라 할 수 있다. 이러한 깨달음을 이루려면 시절과 터와 사람인연, 즉 천시와 지리와 인사가 합일되어야 한다.[41] 이를 풍수에서는 혈이라 하는데, 혈처가 갖는 궁극적인 목적에는 이루고자 하는 생각의 결정체적 성격을 갖는다. 따라서 불교사찰에서 혈처는 가람배치의 핵심위치를 차지하고 사찰의 지향점을 제시하는 기준점과 같은 역할이 주어졌다. 물론 통도사의 가장 중심적인 영역에는 부처님의 진신사리를 봉안한 금강계단이 자리한다.

그런데 통도사 창건설화에는 금강계단이 위치한 곳에 아름다운 연못이 있었다고 하면서, 이 연못을 메운 후에 금강계단을 쌓고 통도사를 창건하였다고 한다. 그렇다면 현재의 금강계단 입지에 연못이 있었다는 창건설화는 타당성이 있는 것일까? 결론부터 말하면 이는 타당성을 갖기 어렵다. 왜냐하면 금강계단의 터가 연못이 될 수 없는 이유가 다음과 같기 때문이다.

첫째, 가장 핵심적인 건축물을 혈처에 배치한다는 논리에 정면으로 위배된다. 『조선불교통사』에 따르면 원래 선종禪宗은 중국에서 성립 당시부터 사원 택지법을 중심으로 풍수참을 받아들이고 있었다.[42] 특히 신라의 수많은 입당승들이 선법을 전래한 당나라 말기에는 이른바 강서지법으로 대표되는 형세풍수가 이미 강서지방에 유행하고 있었으며, 신라승의 대부분이 그곳에서 전심하였다.[43] 이는 사찰 건립 당시 당대의 풍수논리와 매우 밀접한 관련이 있음을 반증한다.

둘째, 연못을 메워서 건축물을 세우기 위해서는 수많은 노동력을 필요로 한다. 연못을 메우기도 어렵지만, 건축물을 지탱할 만한 지내력의 확보는 더더욱 어려운 일이기 때문이다. 연못이 아닌 굳은 땅이 많은데 굳이 연못을 메우느라 엄청난 노동력과 경제력을 쏟아부어야 할 이유가 특별하게 존재하지 않았다는 점이다.

셋째, 현재 대웅보전의 우측 옆에는 작은 연못인 구룡지[44]가 존재한다. 이를 통해서도 금강계단에 연못이 있었고, 이를 메웠다는 것은 상황논리상 전혀 이해하기 어렵다. 연못은 바닥부분에서 물이 분출되기 때문에 연못의 일부를 메우고 일부만 살려놓을 수는 없기 때문이다.

넷째, 연못은 높은 곳보다는 낮은 곳에 위치하는 것이 일반적이다. 그런데 금강계단은 통도사에서 가장 높은 지점에 해당한다. 이는 이곳에 연못이 존재하지 않았다는 것을 역설적으로 제시한다.

다섯째, 용맥과 골짜기는 필연적으로 그 위치가 반복적으로 나타나기 마련인데, 통도사에 자리한 연못은 공통적으로 골짜기에 위치한다는 점이다.

이러한 이유에서 통도사의 금강계단이 위치한 곳에 연못이 있었다는 창건설화는 실제에 바탕을 두지 않았다는 것이 입증된다고 할 수 있다. 다시 말해서 통도사의 창건설화는 실제적인 지형조건을 말한 것이라기보다는, 당시의 정치상황과 다양한 상황논리들이 반영되었다고 할 수 있다. 예컨대, 당시에는 귀족 불교의 성격이 강했고, 각각의 정파와 귀족 간에는 알력 다툼이 있었는데, 이를 연못에 사는 아홉 마리의 용으로 표현한 것으로 유추할 수 있기 때문이다.

이와 같은 특징을 갖는 금강계단 입지의 풍수적 특징을 보다 구체적으로 살펴보면 다음과 같다.

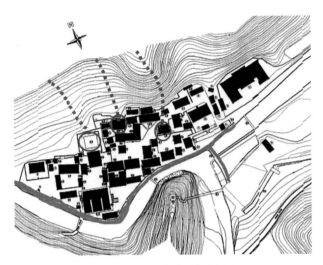

그림 9 통도사의 용맥 입수와 물길

첫째, 혈은 주산의 정기가 가장 융결한 곳으로 주산으로부터 정기를 전달받는 주룡과 직접적으로 연결되어야 한다. 이러한 전제조건은 절대불변의 원리가 성립한다. 따라서 금강계단은 주산으로부터 출맥한 용맥이 금강계단과 관련성을 맺어야 하는데, 그림 9와 같이 분명하게 연결되어 정기를 전달받는 모습이다.

둘째, 혈이 되기 위해서는 주산과 주룡, 그리고 음양교배를 통해 형세론적 완결을 이루기 위한 물이 있어야 하고, 물이 혈의 앞쪽에서 환포하는 형상이 되어야 한다. 즉, 음양교배를 위한 물이 혈의 앞쪽에 존재하여야 하는 것이다. 그런데 통도사의 앞쪽을 흐르는 물길이 가장 둥그렇게 환포하는 형상을 한 곳이 그림 9와 같이 금강계단이 위치한 곳에 해당한다.

셋째, 혈穴은 가장 넓게 살찐 부위에 위치하게 되는데, 이를 기부肌附하고 포전鋪氈한다는 표현을 사용한다. 이러한 조건에도 가장 잘 부합하는 곳이 상로전 영역의 금강계단에 해당한다.

넷째, 기氣는 바람을 만나면 흩어진다는 논리에 따라 기氣가 흩어지지 않도록 보호해주는 좌청룡과 우백호로 대변되는 사격이 함께 자리해야 한다. 그런 차원에서 통도사는 크게 환포한 좌청룡과 우백호로 대변되는 사격에 의해 겹겹이 바람으로 보호를 받고 있다. 이와 같이 혈은 하나의 특징적인 모습만으로 혈을 구성할 수는 없다. 풍수가 추구하는 궁극적 목적에 해당하는 혈을 설명하기 위해 다양한 풍수서는 수많은 조건과 상황논리를 연계하고 있다. 경우에 따라서는 너무 장황한 설명이 곁들여져 있어, 궁극적으로 제시하고자 하였던 혈의 특징적인 모습을 제시하지 못하고, 수많은 낱말 속에서 헤어나지 못하는 우를 범하기도 한다. 이를 극복하기 위해 필수적으로 이론적 수련과 현장 답사가 동시에 이루어져야 했던 것이다.[45]

그림 10 통도사의 공간구성(출처 : 다음 지도에 추가 작도)

통도사의 공간구성과 가람배치는 금강계단을 중심으로 이루어졌다. 그렇다면 금강계단이 가장 중심적인 위치를 차지할 수밖에 없는 이유에는 무엇이 있을까? 여기에는 다양한 뜻과 목적이 반영되었는데, 이를 살펴보면 다음과 같다.

첫째, 부처님의 진신사리는 그 자체로서 상징성이 클 뿐만 아니라, 다른 대체재가 존재할 수 없다는 점에서 통도사를 상징하는 가장 핵심적인 의미를 갖는다. 그런 차원에서 부처님 진신사리의 봉안처는 가장 핵심적인 입지를 차지할 수밖에 없었다.

둘째, 위계질서의 반영이라 할 수 있다. 불교의 궁극적인 최고의 경지에는 부처님이 있었고, 이러한 부처님의 진신사리를 봉안한 금강계단을 다른 전각보다 아래쪽에 배치할 수는 없었다는 것이다.

셋째, 풍수논리에 입각한 배치였다고 할 수 있다. 풍수의 가장 핵심적인 의미를 갖는 혈처에 금강계단을 배치하였다. 이는 주산과 연결된 용맥에 의해 정기를 전달받고 있다는 점이 이를 입증한다. 또한, 『동림조담』 제16 재혈편裁穴篇에는 "상대하는 산이 높으면 높은 혈이 마땅하고, 평평하면 낮은 혈이 마땅하다."[46]라고 하였다. 이는 높이의 어우러짐을 통해 주변 환경과 조화를 강조한 것으로, 자연과 하나 되는 건축을 실천한 우리 전통건축의 특징과도 부합한다.

이와 같이 통도사의 가장 상징적인 의미를 갖는 금강계단은 통도사를 불보사찰이라 부르는 결정적 근거임에 틀림없다. 그렇지만 금강계단이 가지는 상징성만으로 통도사가 천년고찰의 위용을 자랑할 수는 없다. 왜냐하면 천년고찰에 합당한 사상적 기반을 바탕으로 한 계율戒律과 참선參禪, 강론講論의 영역이 탄탄하게 배치되어 뒤를 받쳐줘야 한다. 그런 차원에서 통도사는 공간구성과 배치에 있어서 가장 상단에 자리한 금강계단을 떠받쳐줄 기반에 해당하는 전각을 중로전과 하로전에 배치하는 절묘함을 실천한다. 이와 같이 통도사 입지의 핵심적인 영역에 해당하는 혈처에 배치된 건축물은 통도사의 상징적인 금강계단을 실질적으로 떠받치는 근거가 되었던 것이다. 즉, 상로전 영역의 금강계단을 통한 사리신앙을, 중로전영역의 대광명전과 용화전龍華殿을 통한 미륵신앙과 하로전 영역의 영산전을 통해 정토신앙淨土信仰을 완성한 것이 이를 입증한다. 다시 말해서 이들 건축물은 통도사 공간영역에서 가장 핵심적인 혈처에 자리하였을 뿐만 아니라, 불교에서 제시하는 교리에 충실한 입지를 차지하였다는 점이다. 이는 통도사가 지향하는 방향성과 상당 부분 일치하고 있으며, 풍수가 추구하는 궁극적인 목적인 혈과 불교에서 지향하는 공간논리가 전혀 별개가 아니라는 것을 다시금 확인시켜주는 좋은 근거자료가 된다.

따라서 통도사의 금강계단은 다양한 논리와 특징이 종합적으로 반영되고 실현되어 가장 합리적인 의미를 간직한 상징물이 되었고, 이를 통해 통도사의 실제적이고 상징적인 입지를 굳건히 할 수 있었던 것이다.

V. 자연적인 합리성을 실천한 통도사의 풍수환경

통도사는 해인사, 송광사와 함께 삼보사찰로 불리는데, 부처님의 진신사리를 봉안하여 삼보사찰 중에 으뜸으로 여긴다. 이러한 통도사는 불보 종찰로서, 신라 선덕여왕 15년(646) 자장율사에 의해 창건되었다. 이곳에는 부처님의 진신사리 중 정골과 지절, 치아사리 외에 직접 입었던 금란가사가 봉안되어 있다. 이로 인해 불지종가라 하며 우리나라를 대표하는 사찰이라 할 수 있다. 특히, 부처님의 진신사리를 모신 금강계단은 통도사의 역사를 대변한다. 또한 통도사의 사명이 탄생하였다고 하는데 다음과 같다.

첫째, 출가하고자 하는 승니는 모두 이 계단을 통해 득도한다는 의미에서 통도라 했다(爲僧者通而度之).

둘째, 모든 진리를 회통하여 일체 중생을 제도한다는 의미에서 통도사라 이름하였다(通萬法度衆生).

셋째, 통도사가 위치한 산의 모습이 부처님이 설법하시던 인도의 영취산과 통하므로 통도사라 이름하였다(此山地形 通於印度靈鷲山形)는 것이다.

금강계단의 창건에 대한 기록은 「사파교주계단원류강요록」과 「통도사창창유서」를 통해 확인 가능한데, 이들 문헌에는 646년에 창건한 것으로 기록하고 있다. 이러한 금강계단은 신성불가침의 영역이었으나, 고려 초에 사리탑 석종을 개봉한 것으로 보인다. 그 후 고려 중엽까지 여러 번에 걸쳐 공개한 기록이 나타난다. 또한, 왜구의 침입으로부터 불사리를 지키기 위한 통도사 스님들의 노력은 지대했던 것으로 보인다. 우왕 3년(1377)과 우왕 5년에 왜적의 침입으로 불사리를 지키기 위한 노력은 계속되었다. 조선시대에도 왜구들의 침입은 잦았고 이를 지키기 위한 노력은 활발하게 이루어졌다.

전통사찰의 입지선정은 풍수에 의해 이루어지는데, 창건 당시 선종 계열의 승려들은 당나라 강서지역에서 주로 형세풍수의 영향을 받는 모습이다. 이와 같이 형세풍수의 영향 하에 선정된 사찰의 입지는 절묘하기까지 한 길지를 선정하였고 공간구성을 이룬다. 이와 같이 풍수가 가지는 의미는 크다고 할 수 있는데, 통도사에 반영된 풍수적 특징을 구체적으로 살펴보면, 다음과 같다.

첫째, 통도사의 태조산은 영축산으로 든든하게 통도사의 뒤를 받쳐주는 모습이다. 이러한 영축산의 정기를 받아 통도사에 직접적으로 정기를 제공하는 주산은 탐랑 목성체로 아름답게 우뚝 솟아 날개를 활짝 펼치는 개장開帳을 통해 통도사를 품 안에 안고 있다. 그리고는 천심穿心을 통해 주룡을 뻗어 내려 통도사의 중요 건물에 지기를 전달하는 모습이다.

둘째, 통도사의 혈처는 하로전의 영산전과 중로전의 대광명전 그리고 상로전의 금강계단이 차지하였다. 즉, 이들 각각의 중심건물은 통도사의 혈처를 차지한 것이다.

셋째, 통도사의 주변 사격은 마치 병풍을 둘러친 듯 완벽한 보국을 만들고 통도사를 보호한다. 또한, 통도사 중요 건축물의 좌향을 살펴보면, 금강계단과 영산전은 계좌정향이고, 대광명전은 축좌미향으로 모두 남향이다.

넷째, 통도사의 형국론을 살펴보면 다양한 해석이 가능하다. 먼저 태조산의 산 이름에 독수리 취자를 통해 혈명을 추정하면, 대취귀소형이라 할 수 있다. 또한, 통도사 전경도에 따라 두 가지의 형국이 제시될 수 있는데, 먼저 통도사의 수구쪽을 향해 용이 입을 벌려 여의주를 희롱하는 형국과, 어미 코끼리가 아기 코끼리와 노는 형국이라고 할 수 있다.

다섯째, 통도사를 건설하면서 연못을 메운 후에 그곳에 금강계단을 쌓고 통도사를 창건하였다는 창건설화가 전하지만, 이러한 창건설화는 타당성을 갖기 어렵다. 여기에는 다양한 해석이 가능한데 통도사의 창건설화는 실제적인 지형조건을 반영하기보다는, 당시의 정치상황 등 다양한 상황논리들이 반영되었기 때문이다.

앞에서 살펴본 다양한 지형적인 특징을 바탕으로, 금강계단이 통도사의 가장 중심적인 위치를 차지할 수밖에 없는 이유를 살펴보면 다음과 같다.

첫째, 부처님의 진신사리는 그 자체로서 상징성이 클 뿐만 아니라, 다른 대체재가 존재할 수 없기 때문이다.

둘째, 불교의 궁극적인 최고의 경지에는 부처님이 있었고, 그를 대신하는 진신사리는 그 이상의 위상을 가질 수 없기 때문이다.

셋째, 풍수논리에 의해 선정되고 배치된 공간구성의 핵심적인 위치를 금강계단이 차지하였기 때문이다.

여기에 더해 통도사의 공간구성은 금강계단의 상징성과 천년고찰에 합당한 사상적 기반을 바탕으로 한 계율과 참선, 강론의 영역에 의해 뒤를 받쳐주는 구조가 되어야 한다. 이를 통도사는 가장 상단에 자리한 금강계단을 중로전의 대광명전과 하로전의 영산전이 떠받치도록 배치함으로써 사찰 공간의 영역 구성을 완결하였다. 즉, 금강계단을 통한 상로전 영역의 사리신앙을 중로전과 하로전 영역의 미륵신앙과 정토신앙과의 연계를 통해 사찰 영역의 위계와 논리적 완결을 이뤄낸 것이다.

이상과 같이 통도사 입지의 특징과 공간구성은 절묘하면서도 합리적인 배치를 통해 가장 큰 상징성을 가진 금강계단을 중심영역에 배치하였다. 즉, 불가의 수평적 사고와 도가의 자연친화적 환경관, 그리고 유가의 엄격한 위계질서에 바탕을 둔 체계적이고 합리적인 입지선정과 공간구성은, 통도사가 우리나라를 대표하는 불보종찰로 자리하는 데 결정적인 계기가 되었다. 이는 우리 전통건축의 특징적인 모습으로 억지스러움이 아닌 자연적인 합리성의 실천을 통해 통도사의 풍수환경을 완성하였다.

미주

1 김재영, 「통도사 공간구성의 변화에 관한 연구 : 4세기-7세기의 변화과정을 중심으로」, 울산대학교 석사학위논문, 2005.
　홍재동, 「통도사 상로전 영역의 공간구성 변화 고찰」 『건축역사연구』 제10권 제3호 통권27호, 한국건축역사학회, 2001, pp.45-60.
　강영조, 「通時的 분석에 의한 통도사의 공간구성 수법에 관한 연구」 『한국조경학회지』 75집, 한국조경학회, 1999, pp.50-57.
　김개천, 「통도사 대웅전과 영산회상의 상관관계에 대한 고찰」 『한국실내디자인학회논문집』 통권 제32호, 한국실내디자인학회, 2002, pp.21-27.
　이권영, 서치상, 「通度寺 慈藏庵의 건축에 내재된 造營意圖와 美意識에 관한 연구」 『건축역사연구』 제11권 제4호 통권 32호, 한국건축역사학회, 2002, pp.117- 128.
　김광현, 「通度寺의 重層的 展開에 관한 形態分析」 『대한건축학회지』 122호, 대한건축학회, 1985, pp.10-15.
　안영배, 「通度寺 伽藍配置에 관한 研究, 外度空間의 構成을 中心으로」 『대한건축학회지』 98호, 대한건축학회, 1981, pp.3-8.
　이규성, 「整然한 建築體系로서의 通度寺建築」 『대한건축학회지』 2호, 대한건축학회, 1985, pp.61-68.
　홍광표, 「通度寺 空間構成形式의 變化過程과 特徵的 現象에 관한 研究」 『사찰조경연구』 1호, 동국대학교 사찰조경연구소, 1992, pp.61-80.
　이상은, 「통도사 금강계단과 대웅전의 연구」, 동국대학교 석사학위논문, 2010.
　오홍선, 「儀式으로 본 通度寺 空間動線 조사 연구」 『서울과학기술대논문집』 제49집, 서울과학대학교 공학편, 1999, pp.71-83.
　이강훈, 「通度寺에 있어서 건축공간의 중심성」 『충북대학교 건설기술논문집』 12집 2호, 충북대학교 건설기술연구소, 1993, pp.45-58.
　신용철, 「通度寺 靈山殿의 歷史와 建築意匠 考察」 『불교미술사학』 제6집, 불교미술사학회, 2008, pp.65-92.
　조남두, 김수영, 「통도사에 나타난 수공간의 의도성에 관한 연구」 『한국 건축·인테리어 디지털 디자인학회 논문집』 제3권 2호 통권 4호, 한국 건축·인테리어 디지털 디자인 학회, 2003, pp.8-13.

2 이선영, 「通度寺 大光明殿 〈三身佛圖〉 연구 : 畵師 任閑의 화풍을 중심으로」 『해동문화논총』 창간호, 해동문화재연구원, 2011, pp.135-168.
　한민수, 이한형, 김재환, 「휴대용X선형광분석기를 이용한 통도사 영산전 벽화 안료의 과학적 성분분석」 『월간 문화재』 제44권 제3호, 한국문화재보호재단, 2011, pp.132-149.
　장희정, 「18세기 通度寺와 畵師 任閑」 『불교미술사학』 제6집, 불교미술사학회, 2008, pp.117-148.
　한정호, 「통도사 괘불탱 연구」 『석당논총』 제39집, 동아대학교 석당학술원, 2007, pp.257-287.
　기나시타마사요, 「통도사 영산전 다보탑 벽화의 보존수복」 『불교미술사학』 제6집, 불교미술사학회, 2008, pp.227-240.
　신은영, 「通度寺 佛敎影幀에 관한 考察」 『경주사학』 15집, 동국대학교사학회, 1996, pp.191-230.
　송은석, 「梁山 通度寺의 熙藏風 佛像」 『불교미술사학』 제6집, 불교미술사학회, 2008, pp.93-116.
　김명규, 「通度寺 大雄殿 天井 丹靑紋樣 硏究」 동국대학교 석사학위논문, 2012.
　양운규, 「通度寺 八相圖와 『釋氏源流』의 관계 비교」 『불교미술사학』 제3집, 불교미술사학회, 2005, pp.215-236.
　송은석, 「通度寺聖寶博物館 所藏 金銀製阿彌陀三尊佛坐像 硏究」 『불교미술사학』 제3집, 불교미술사학회, 2005, pp.101-126.
　이영종, 「通度寺 靈山殿의 『釋氏源流應化事蹟』 벽화 연구」 『미술사학연구』 제250·251호, 한국미술사학회, 2006, pp.253-285.

3 기태우, 「통도사의 풍수지리학적 입지특성 연구」, 대구한의대학교 석사학위논문, 2004.

4 김승영, 「통도사 단청의 한국적 조형미 연구」, 동아대학교 석사학위논문, 2004.

5 이태호, 「일제강점기에 전승된 開花形 사찰지도 : 부산 범어사와 양산 통도사의 全景圖 및 그 형식적 연원에 대하여」

『한국고지도연구』 제2권 제2호, 한국고지도연구학회, 2010, pp.5-34.

6 양영진, 「한국불교 새벽예불의 음악적 특징 : 통도사 · 해인사 · 송광사를 중심으로」, 한양대학교 석사학위논문, 2012.

7 안동선, 「通度寺剎觀光資源의 魅力性과 滿足에 관한 研究」, 영산대학교 석사학위논문, 2003.
　　유탁일, 「通度寺 開板佛書의 出版社會學的 分析 : 有刊記佛書를 中心으로」『한국문화연구원논총』 3호, 이화여자대학교 한국문화연구원, 1990, pp.71-115.
　　한동민, 「일제강점기 통도사 주지 김구하와 독립운동 자금 지원」『대각사상』 제15집, 대각사상연구원, 2011, pp.9-63.
　　양관, 「통도사 승가대학의 역사와 문화」『대각사상』 제15집, 대각사상연구원, 2011, pp.195-255.

8 문화재청, 『통도사 대웅전 및 금강계단 실측조사보고서』, 통도사, 1997, p.51.

9 「娑婆教主戒壇源流綱要錄」『通度寺誌』, 아세아문화사, 1979, pp.93-94.

10 「通度寺創刱由緖」『朝鮮寺刹史料』 上下 (朝鮮總督府內務部地方局, 1911, pp.532 -534.

11 『三國遺事』 卷3 「塔像 第四」 前後所藏舍利 : 善德王代貞觀十七年癸卯 慈藏法師所將佛頭骨 佛牙 佛舍利百粒 佛所著緋羅金點袈裟一領 其舍利分爲三 一分在皇龍塔 一分在大和塔 一分竝袈裟在通度寺戒壇 其餘未詳所在 壇有一級 上級之中 安石蓋如覆鑊.

12 『三國遺事』 卷3 「塔像 第四」 前後所藏舍利 : 諺云 昔在本朝 相次有二廉使 禮壇擧石鑊而敬之 前感蟒蜥在函中 後見巨蟾蹲石腹 自此不敢擧之.

13 『牧隱集』 卷3 「記」 通度寺釋迦如來舍利記 : 洪武十二年己未秋八月卄又四日 南山宗通度寺住持圓通無礙辯智大師沙門臣月松奉其寺歷代所藏慈藏入中國所得釋迦如來頂骨一 舍利四 毗羅金點袈裟一 菩提樹菜若干 至京謁門下評理李得芬曰 月松自歲乙卯 蒙上恩住是寺 歲丁巳四月 倭賊來 其意欲得舍利也 窖之深 又恐其掘發也 負之而走 今年閏五月十五日 賊又來 又負之登寺之後岡 瑿榛荓聞賊語曰 住持安在 舍利安在 搒掠寺奴 鞠之急 會天黑雨 又不止 無追者 蹜山至彥陽 明日 遇寺水持吾馬 相持泣 欲還賊未退 適新住持將至 无所安宿 遂奉以來 李公自微荵麾客 聞舍利至 躍然起曰 舍利至吾家乎 慶幸之極 身已平復矣 將入白于內 會張氏之難作 不果者一月 贊成事臣睦仁吉 商議臣洪永通啓于上前 太后 謹妃皆致敬瞻禮 而太后又施銀盂寶珠 命內侍參官朴乙生奉安于松林寺 李公重修是寺 設落成會故也.

14 『世宗實錄』 「地理志」 慶尙道 慶州府 梁山郡 : 新羅 文武王五年 割上州下州 初置歃良州 景德王改爲良州 備九州之一. 高麗太祖二十三年庚子 改爲梁州 顯宗戊午 置防禦使. 本朝太宗十三年癸巳 例改爲梁山郡 別號宜春 又號順正. 鎭山 圓寂. 鷲棲山. 大川 伽倻津. 伽倻津 衍淵. 四境 東距東萊十一里 西距金海十七里 南距東萊任內東平二十九里 北距彥陽三十三里.

15 해인사의 창건설화는 『가야산해인사고적』의 내용을 살펴보면, 옛날 양나라의 보지공이 「답산기(踏山記)」를 제자들에게 주면서, "내가 죽은 후에 고려의 두 스님이 와서 법을 구할 것이니, 그때 그들에게 이 「답산기(踏山記)」를 주어라."라고 하였다는 것이다. 그 후 두 스님이 보지공의 묘소를 찾아 밤낮으로 기도를 하였더니 묘문이 저절로 열리면서 "너희 나라 우두산 서쪽에 불법이 크게 일어날 곳이 있으니, 너희들은 본국에 돌아가 별비보대가람 해인사를 세우라."라고 하고는 묘문 안으로 들어갔다는 것이다. 그 후 귀국한 두 스님은 가야산 우두산 기슭에서 사냥꾼을 만나 절 지을 만한 곳을 물으니 "여기에서 조금 내려가면 물 고인 데가 있고, 또 거기에는 철와가 많으니 거기에 가보시오."라고 하여 두 스님이 물 고인 곳에 이르러 보니 맘에 들었다는 것이다. 풀을 깔고 선정에 들었더니 이마에서 광명이 나와 붉은 기운이 하늘에 뻗쳤다는 것이다.

16 『삼국유사(三國遺事)』에 전하는 미륵사 창건설화에 따르면, 무왕 부부가 사자사(師子寺)에 가던 도중 용화산 밑의 연못에서 미륵삼존(彌勒三尊)이 나타났는데, 왕비의 부탁에 따라 이 연못을 메우고 세 곳에 탑과 금당, 회랑을 세웠다고 한다.

17 유점사 자리는 큰 연못이 있던 자리였는데 그 연못에는 아홉 마리의 용이 살고 있었다. 부처는 그 용들에게 다른 곳으로 가라고 요구했지만 용들은 말을 듣지 않았다. 그래서 부처가 종이에 불(火) 자를 써서 물속에 집어넣었다. 순간 물이 끓기 시작했고 너무 뜨거워 도저히 견디지 못한 용들은 연못을 떠나 상팔담을 거쳐 구룡연으로 달아났다. 이렇게 해서 유점사가 창건되었다고 한다.

18 선운사의 창건설화에 따르면, 본래 선운사의 자리는 용이 살던 큰 못이었는데 검단스님이 이 용을 몰아내고 돌을 던져 연못을 메워나가던 무렵, 마을에 눈병이 심하게 돌았다. 그런데 못에 숯을 한 가마씩 갖다 부으면 눈병이 씻은 듯이 낫곤 하여, 이를 신이하게 여긴 마을사람들이 너도나도 숯과 돌을 가져옴으로써 큰 못은 금방 메워지게 되었다. 이 자리에 절을 세우니 바로 선운사의 창건이다.

19 『錦囊經』 「山勢編」 : 若水之波, 若馬之馳.

20 楊筠松, 김두규 역, 『撼龍經 · 疑龍經』, 비봉출판사, 2009, p.248 : 尊星.

21 胡舜申, 김두규 역, 『地理新法』 卷上, 武曲論, 비봉출판사, 2004, p.75 : 貪狼爲九星魁神 古謂之生氣又謂之生龍主聰明文筆 人口官職之事亦主財富孝義.

22 徐善繼, 徐善述, 『地理人子須知』, 臺北 武陵出版社, 1971, p.133 : 木之體直而不方木之性順而條暢.

23 徐善繼, 徐善述, 앞의 책, p.130 : 文星 主文章科 名聲譽貴顯.

24 楊筠松, 김두규 역, 앞의 책, p.238 : 面時平坦中立穴 局内必定朝水媛.

25 劉沛林, 『風水-中國人的 環境觀』, 中國 上海三聯書店, 1995, pp.259-261.

26 최원석, 「한국에서 전개된 풍수와 불교의 교섭」『대한지리학회지』제44권 제1호 통권 130호, 대한지리학회, 2009, p.79.

27 楊筠松, 앞의 책, p.259 : 穴若不隨龍上星 斷然是假不是眞.

28 張益鎬, 『龍水正經』, 종문사, 1989, pp.60-61.

29 周景一, 『山洋指迷』, 中國 內蒙古人民出版社, 2010, p.188 : 蓋穴惟四勢 鉗窩 陽也 … 乳突 陰也..

30 홍광표, 『한국전통조경-한국의 사찰조경』, 도서출판 조경, 1992, p.199.

31 楊筠松, 앞의 책 p.238 : 縈紆環抱入懷來.

32 수구의 양옆에 서 있는 바위 난 산으로 물길의 유속을 느리게 한다.

33 范越鳳, 양형석 · 홍성서 공역, 『착맥부 동림조담 역해』「심세편 제일」, 한국학술정보, 2013, pp.119-120 : 四圍有障 衆美俱集 此佳城也.

34 『錦囊經』「氣感編」: 氣乘風則散.

35 조인철, 「풍수향법의 논리체계와 의미에 관한 연구」, 성균관대학교 박사학위논문, 2005, p.230.

36 입수룡에 순응하는 좌향 선택법이다.

37 나경패철로 측정하였을 경우에 입수룡과 좌향이 일치하지 않으면서, 아름다운 형상의 안산을 선택한 경우를 안산중시형(案山重視形)이라 한다.

38 입수룡의 흐름에 순응하면서도 특히 아름다운 안산을 선택한 경우를 주 · 안산혼합형이라 한다.

39 1910년대 통도사 주지였던 구하선사(九河禪師, 1872-1965)의 요청에 따라 그려진 사찰 지도가 이「통도사 전경도」이다. 94×67㎝ 크기 비단에 채색화풍으로 그려진 이 지도는 마치 통도사 가람을 배에 품고 있는 코끼리 형상을 띠고 있다. 경내 왼편이 코끼리 머리이고 논밭을 감은 고리모양의 긴 코 형태가 선명하게 그려져 있다. 얼굴과 등 부분은 주변과 달리 짙은 초록색과 빼곡한 숲으로 구분돼 있다. 코끼리 머리 왼편으로 새끼 코끼리가 웅크리고 있는 듯한 형상도 보인다. 코끼리는 마야부인이 흰 코끼리 태몽을 꾼 뒤 석가모니를 낳았다는 이야기에서 알 수 있듯이 자비와 덕을 상징하는 불교와 뗄 수 없는 매우 밀접한 동물이다. 19일 부산대 인덕관 대회의실에서 열린 한국고지도연구학회 2010년 추계 학술대회에서 명지대 이태호(미술사학) 교수가 발표한「20세기 초까지 전승된 開花形 사찰지도-범어사와 통도사의 전경도 및 그 형식적 연원」에서 밝혀졌다.

40 최원석, 「한국에서 전개된 풍수와 불교의 교섭」『대한지리학회지』제44권 제1호 통권 130호, 한국지리학회, 2009, p.85.

41 최원석, 『우리땅 풍수기행』, 시공사, 2006, p.188.

42 李能和, 『朝鮮佛教通史』下, 보련각, 1990, p.252.

43 양은용, 「도선국사 비보사탑설의 연구」『도선연구』, 민족사. 1999, p.127 참조.

44 통도사 구룡지는 통도사 창건설화가 얽힌 연못이다. 『통도사사리가사사적약 록』에 따르면 통도사가 창건되기 이전 현 통도사 위치에는 아홉 마리의 용이 사는 큰 연못이 있었는데, 자장율사가 이들을 제압하고 통도사를 창건하였다고 한다. 제압된 아홉 마리 용들 중 한 마리는 통도사를 수호하게 하고 작은 연못을 만들었다고 하는데, 그 연못이 바로 지금의 구룡지라 전한다.

45 풍수연구는 이론과 현장경험을 통해 다양한 수련과정을 거쳐 일정 수준에 도달한다. 즉, 기존의 건축물과 음택의 핵심이 어디에 있는지를 확인하는 수련의 과정을 통해 그들이 추구하던 풍수의 핵심적인 방향성을 찾는 풍수연구는 이루어진다. 이를 통해 당시 건축가와 풍수가들이 추구했던 입지선정과 공간구성의 특징을 도출하고 현대건축의 입지선정과 공간구성의 합리적인 방향성을 제시하는 연구도 아울러 이루어져야 한다. 하지만 단지 풍수에 의해 정해진 혈처만을 찾는 연구는 새로운 논리개발과 방향성을 찾는 데 도움이 되지 못한다는 점에서 지양되어야 한다. 반면에 우리 선조들의 지혜가 어떤 식으로 구현되었는지 살펴보고, 현대건축이 안고 있는 다양한 문제점과 나아갈 방향성을 제시하는 데 있어서 참조할 만한 요소를 도출한다면, 이는 그 자체로서 의미 있는 일이 되리라 생각한다.

46 范越鳳, 『착맥부 · 동림조담』, 양형석 홍성서 역해, 한국학술정보, 2013, pp.205 -206 : 對山 高峻 則穴宜上 對山 平衍 則穴宜低.

참고문헌

『錦囊經』(奎章閣本)

『牧隱集』

『三國遺事』

『世宗實錄』

『朝鮮寺刹史料』上下, 朝鮮總督府內務部地方局, 1911.

『通度寺誌』, 아세아문화사, 1979.

문화재청, 『통도사 대웅전 및 금강계단 실측조사보고서』, 통도사, 1997.

范越鳳, 『착맥부 동림조담 역해』, 양형석 · 홍성서 공역, 한국학술정보, 2013.

徐善繼 徐善述, 『地理人子須知』, 臺北: 武陵出版社, 1971.

楊筠松, 김두규 역, 『撼龍經 · 疑龍經』, 비봉출판사, 2009.

양은용, 「도선국사 비보사탑설의 연구」『도선연구』, 민족사. 1999.

劉沛林, 『風水 - 中國人的 環境觀』, 中國: 上海三聯書店, 1995.

李能和, 『朝鮮佛敎通史』下, 보련각, 1990.

張益鎬, 『龍水正經』, 종문사, 1989.

조인철, 「풍수향법의 논리체계와 의미에 관한 연구」, 성균관대학교 박사학위논문, 2005.

周景一, 『山洋指迷』, 中國: 內蒙古人民出版社, 2010.

최원석, 『우리땅 풍수기행』, 시공사, 2006.

_____, 「한국에서 전개된 풍수와 불교의 교섭」『대한지리학회지』제44권 제1호 통권 130호, 한국지리학회, 2009.

胡舜申, 김두규 역, 『地理新法』, 비봉출판사, 2004.

홍광표, 『한국전통조경 - 한국의 사찰조경』, 도서출판 조경, 1992.

제2장

법보종찰 해인사의 입지환경과 풍수

- 장경각을 중심으로 -

제2장

법보종찰 해인사의 입지환경과 풍수
– 장경각을 중심으로 –

Ⅰ. 현대과학 이상의 의미와 특징을 간직한 해인사 장경각

　해인사는 경상남도 합천군 가야면 해인사길 122에 위치한다. 법보사찰인 해인사는 불보사찰인 통도사와 승보사찰인 송광사와 여러모로 대비되는데, 규모와 환경조건은 큰 차이를 보이지 않는다. 다만, 추구하는 방향의 차이만큼이나 공간구성과 건물 배치에서 확연한 차이를 보인다. 그렇지만 이들 사찰은 우리나라 불교사찰의 한 전형을 형성하고 각각 위용을 자랑하는 모습이다.

　해인사는 대장경판을 모시고 있어 법보사찰이라는 이름을 얻었지만 그 외에도 많은 고승을 배출하여 우리나라 불교의 중추적인 역할을 담당하는 모습이다. 또한 사찰 입지와 공간구성의 한 획을 긋는 특징을 간직한 사찰이기도 하다. 그래서 해인사를 연구한 논문은 비교하기 어려울 정도로 많은데, 그중에서도 대장경판과 관련한 연구가 다수를 점하고 있다.[1] 그 외에 입지와 관련한 연구[2]와 건축 관련 연구,[3] 기후 관련 연구,[4] 서지적 연구,[5] 회화적 연구,[6] 불상 관련 연구[7] 등이 있다. 그럼에도 불구하고 해인사를 대표하는 장경각의 입지적 특징을 밝혀낸 연구는 미흡한 실정이다. 따라서 본 연구는 해인사 장경각의 지형적 특징을 풍수적 관점에서 문헌고찰과 현장

---

* 『동아시아불교문화』 제17집(2014. 3.)에 게재.

조사를 통해 살펴보고자 한다.

　통일신라시대에 건립된 화엄사찰은 풍수적으로 해석이 가능한 경우가 많다. 이는 시기적으로 선종사찰들이 창건된 시기와 비슷하게 창건된 사찰들도 있고, 또 화엄사찰들이 교종과 선종을 함께 수용하고 있었기 때문이다.[8] 또한 불교의 흥성에 비례하여 풍수설도 상당히 유포되었고,[9] 이를 통해 실천적으로 입지를 선정한 해인사는 대표적이라 할 수 있다. 특히 장경각은 독특한 지형조건을 바탕으로 현재까지 오랜 세월 대장경을 보존하고 있다. 여기에는 현대과학의 힘을 빌리지 않고 자연환경만을 활용하고 있어, 우리 조상들의 자연환경을 활용하는 뛰어난 능력을 확인시켜준다. 이는 현대과학 이상의 의미와 특징을 간직한 것으로, 우리가 자연환경 속에서 합리적으로 살아가는 방향성을 제시한 것이기도 하다.

II. 해인사의 입지현황과 창건과정

1. 경치가 천하에 뛰어나고 지덕(地德)이 해동에 으뜸인 가야산

그림 1 가야산 정상의 우두봉(출처 : 해인사 홈페이지)

　해인사가 자리한 가야산에 대한 기록은 최치원의 『고운집孤雲集』「신라가야산해인사결계장기新羅伽倻山海印寺結界場記」에 나온다. 최치원은 가야산을 석가釋迦가 도를 깨친 산과 같은 산이라고 극찬하면서 "경내는 이실二室보다 뛰어나고 봉우리는 오대五臺보다 높이 솟았는 데야 더 말해 무엇하겠는가. 엄연히 이곳은 융굴隆崛하여 기이할 뿐만이 아니라, 완연히 청량淸凉하면서도 수려한 곳"[10]이라 한다. 『동사강목東史綱目』 임오년 애장왕 3년조에도 해인사를 창건한 순응스님의 말을 인용하여 "가야산伽倻山은 경치가 천하에 뛰어나고 지덕地德이 해동에 으뜸이니 참으로 장수藏修할 만한 곳"[11]이라고 한다. 『사가집四佳集』에는 "합천陜川의 명산이 가야산이다. 또 우두산牛頭山, 설산雪山, 상왕산象王山, 중향산衆向山, 지달산只怛山이라고도 한다. 하나의 산이 여섯 개의 이름으로 불리는 것이다. 산의 훌륭한 경치가 동방에 소문이 났다."[12]고 한다. 이와 같이 가야산은 아름답기로도 이미 유명하였던 것이다.

해인사가 위치한 합천군에 대해 『세종실록』「지리지地理志」에는 "본디 대량주군인데 경덕왕이 강양군으로 고쳤고, 송나라 대중상부 2년 기유에 고려 현종이 대량군으로서 즉위하자, 황비 효숙왕후의 고향이라 하여 지합주사로 승격시켰는데, 본조 태종 13년 계사의 예에 의하여 합천군으로 고쳤다. 속현이 1이니, 야로이다. 본디 적화현인데, 경덕왕이 지금의 이름으로 고쳐서 고령군의 영현을 삼았다가, 현종 9년 무오에 합주 임내에 붙였다."[13]라고 한다. 이는 합천의 역사적 변화를 제시한 것이다. 이를 보다 구체적으로 살펴보면, 합천은 석기시대 이전부터 사람이 살았던 것으로 보인다.

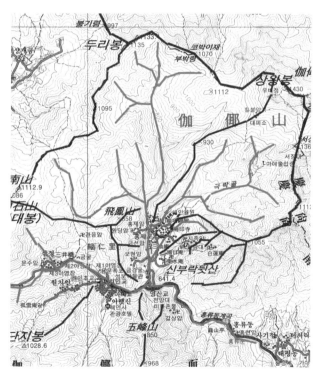

그림 2 가야산 해인사 지형도(출처 : 신채식, 2012)

삼한시대에는 변한弁韓에 속하였으며 부족국가로는 대량국大良國(합천지방)과 초팔혜국草八惠國 (초계지방), 사이기국(삼가지방)이 있었다. 서기 1-2세기경 합천에 산재해 있던 부족국가들이 차례로 대가야국에 영속되었는데, 가야의 일원인 다라국多羅國이 합천지방에 있었다고 전해진다.

신라 진흥왕 23년(562) 대가야국 멸망으로 신라에 귀속되어, 백제의 침공을 막기 위하여 대야주가 설치되고 도독부를 두어 군사적으로 강력한 요지인 대야성을 구축하였다. 642년, 백제의 의자왕의 명을 받은 장군 윤충允忠은 대야성을 함락시키고 주민 1천여 명을 사로잡아 백제의 서부지역 고을에 나누어 살도록 했는데, 이때 대야성 성주로서 성이 함락되자 처자와 더불어 스스로 목숨을 끊은 김품석과 그 아내 고타소랑은 김춘추金春秋의 사위와 딸이었다. 선덕여왕 11년(642) 신라의 핵심 요충지인 대야성이 백제장군 윤충에 의해 점령되었다. 이 전투를 일컬어 대야성 전투라 한다. 경덕왕 16년(757) 합천을 주州에서 군郡으로 강등시켜 강양군으로 개칭하였다. 애장왕 3년(803) 순응대사와 이정대사에 의해 해인사가 창건된다.

고려시대에는 현종 9년(1018) 현종이 대량원군 시절 합천 옥산의 잠저에서 살았으며, 현종의 어머니 헌정왕후와 할머니 신성왕후의 고향이 합천이라 하여 강양군을 합주로 승격시키고, 12속현을 두어 지군사로 하여금 다스리게 하였다. 충숙왕 3년(1334) 현인 정순기, 변우성의 공적으로 초계현이 초계군으로 승격되고 지군사를 두었다. 공민왕 22년(1373) 삼기현에 감무를 두어 다스리게 하였으며, 별칭 마장이라 하였다.

조선시대에 이르러 태종 13년(1413)에는 합주를 합천군으로 개칭하여 강등하고, 삼기현과 가수현을 삼가현三嘉縣으로 통합하면서 현을 지금의 삼가지방으로 이전하였다. 그 후 고종 33년(1896) 13도제로 바꾸면서 경상남도 합천군으로 되었다.[14] 태조 7년(1398)에 강화도 선원사禪源寺에 있던 고려대장경판을 해인사로 옮겼다. 임진왜란 때는 정인홍이 이 지방의병을 규합하여 고령·성주 등지에서 왜군을 무찔렀다. 승군을 통솔하여 전공을 세우고 전후의 대일외교에도 크게 공헌한 유정惟政은 광해군 2년(1610) 해인사 홍제암弘濟庵에서 입적하여 부도와 탑비가 현재 해인사에 남아 있다. 인조 22년(1644) 합천의 관민이 황강변에 신라충신죽죽비新羅忠臣竹竹碑를 건립하였다.

2. 해인삼매(海印三昧)에서 유래한 해인사

해인사의 사명이 『화엄경華嚴經』의 '해인삼매'에서 유래하여 불리게 된 것을 보면, 해인사는 화엄의 철학과 사상을 천명한 도량이다. 이러한 해인사는 신라 애장왕 3년(802) 10월 순응順應, 이정利貞 두 스님에 의해 창건되었다. 『삼국사기三國史記』 애장왕哀莊王 3년 8월조에는 "가야산의 해인사를 창하였다."[15]라고 하여 이를 확인시켜준다. 여기에 성목태후聖穆太后도 불사를 도왔다고 하는데, 해인사의 중창과 관련한 기록은 최치원이 쓴 『신라가야산해인사결계장기』[16]가 있다.

그림 3 해인도

그림 4 해인사 전경(출처 : 『조선고적도보』)

해인사는 애장왕 3년에 창건한 이래 여러 차례에 걸쳐 중창이 이루어지는데, 신라 말 930년경에 승통 희랑 대덕이 고려 태조 왕건의 복전이 되어 태조의 희사를 받아 중창했다고 한다. 그 후에도 중창이 있었을 것으로 보이지만 기록이 없어 알기 어렵다. 조선시대에 이르러 태조 7년 (1398)에 강화로부터 한양을 거쳐 팔만대장경을 이곳으로 이안하였고, 세조 때에 장경각을 확장 개수하였다. 세조의 왕비 정희왕후 윤씨가 세조의 뜻을 받들어 해인사를 중건하려다 1483년에 돌아가시게 된다. 그 후 인수대비와 인혜대비가 정희왕후의 유지를 받들어 등곡당 학조대사로 하여금 중창토록 하였다.[17]

해인사는 오랜 역사만큼이나 화재가 많았던 것으로 보인다.[18] 숙종 21년에 불의의 화재를 만나 가야산 해인사의 많은 당우가 불탄 듯하다. 그리고 영조 19년부터 순조 17년에 이르는 74년 동안에 네 번이나 화재가 나 중건한 건물이 또 다시 전소되었다[19]고 한다. 숙종 21년(1695) 만월루, 원음루, 무설전 등 여러 요사가 소실되자 뇌음雷音이 중건하였고, 영조 19년(1743) 실화가 있어 건물이 소실되었기에 능운凌雲이 중건하였다. 영조 30년(1764)에는 또 다시 실화로 불에 타 상언尙彦이 중건하였고, 정조 4년(1780)에 역시 불이 나서 성파惺坡가 중건하였다. 그리고 순조 11년 (1811) 제월霽月이 중건하였고, 순조 17년(1817) 또 다시 큰불이 나서 수천 칸이 소실 영명影明과 연월淵月이 중수하였다.[20]

한편, 한국불교 총본산의 의미를 간직한 해인사는 오랜 역사만큼이나 전하는 말도 많고 설화도 많다. 우선 창건설화[21]가 『가야산해인사고적伽倻山海印寺古籍』과 최치원이 지은 『신라가야산해인사선안주원벽기新羅伽倻山海印寺善安住院壁記』에 자세히 전한다. 먼저 『가야산해인사고적』의 내용을 살펴보면, 옛날 양나라의 보지공이 「답산기踏山記」를 제자들에게 주면서, "내가 죽은 후에 고려의 두 스님이 와서 법을 구할 것이니, 그때 그들에게 이 「답산기」를 주어라."라고 하였다는 것이다. 그 후 두 스님이 보지공의 묘소를 찾아 밤낮으로 기도를 하였더니 묘문이 저절로 열리면서 "너희 나라 우두산 서쪽에 불법이 크게 일어날 곳이 있으니, 너희들은 본국에 돌아가 비보대가람 해인 사를 세우라."라고 하고는 묘문 안으로 들어갔다는 것이다. 그 후 귀국한 두 스님은 가야산 우두 산 기슭에서 사냥꾼을 만나 절을 지을 만한 곳을 물으니 "여기에서 조금 내려가면 물 고인 데가 있고, 또 거기에는 철와가 많으니 거기에 가보시오."라고 하여 두 스님이 물이 고인 곳에 이르러 보니 맘에 들었다는 것이다. 풀을 깔고 선정에 들었더니 이마에서 광명이 나와 붉은 기운이 하 늘에 뻗쳤다[22]는 것이다.

다음으로 최치원이 지은 『신라가야산해인사선안주원벽기』에는 "'이미 천지의 정기를 지녔고, 또한 산천의 수려함을 얻었으나, 새도 나뭇가지를 가려서 앉는데, 나는 어찌 터를 닦지 아니하 랴'라고 하고, 정원貞元 18년 10월 16일에 동지를 데리고 여기에 건물을 세웠다. 산신령도 묘덕妙德 의 이름을 돕고 땅은 청량한 형세를 자리 잡아주었다."[23]라고 하였다.

그림 5 겸재 정선의 해인사도(출처 : 문화재청)

그림 6 김윤겸의 해인사도(출처 : 문화재청)

이러한 창건설화는 입지선정과 창건과정을 극적으로 표현하고 있으며, 풍수에 바탕을 두고 있다는 점이 특이하다. 특히, 절을 창건하는 데 있어서 가장 우선적으로 검토된 입지선정이 풍 수적 관점에서 이루어졌다는 점은 굉장히 흥미로운 부분이다. 즉, 길지를 찾을 것을 보지공을 통해 제시하고, 절터를 찾는 과정에서 포수들의 인도로 길지에 이르렀다는 것이다. 그러면서 그

곳에서 광명이 나와 붉은빛이 돌았다고 하는 이러한 이야기들은, 우리가 흔히 길지 혹은 명당 터를 소개할 때 볼 수 있었던 이야기적 요소들과 흡사하다. 그럼에도 불구하고 입지선정과 건축물의 건설과정에 풍수가 깊이 자리하였음을 입증시켜주는 중요한 근거가 된다. 또한 이를 통해 당시의 풍수인식과 사고를 짐작해볼 수 있는데, '정기精氣'와 '산천의 수려함', '어찌 터를 닦지 않으랴', '청량한 형세를 자리 잡아'와 같은 표현을 통해 극히 풍수와 밀접하게 연결되어 있었음을 다시금 확인할 수 있다.

III. 해인사 입지환경과 풍수

1. 혀를 내민 듯한 능선위에 건설한 장경각

가야산의 산줄기를 살펴보면, 백두대간이 백두산에서 뻗어 내려와 태백산, 소백산, 속리산을 지나 덕유산에 이르러 원줄기는 서남쪽의 지리산으로 향하고, 다른 한 줄기는 동쪽으로 뻗어 대덕산(1,290m)과 수도산(1,317m), 단지봉(1,327m)을 거쳐 가야산에 이르러 크게 산세를 이루었다. 가야산의 주봉 능선은 상왕봉(1,430m)과 두리봉(1,133m), 남산(1,113m), 단지봉(1,028m), 남산 제1봉(1,010m), 매화산(954m) 등의 연봉과 이어져 있고, 그 중턱에 해인사는 산세로 겹겹이 싸여 자리 잡고 있다. 남산에서 보면 가야산은 연꽃으로 보이고, 해인사는 그 꽃심에 앉은 듯하다.[24] 이러한 해인사의 지형지세에 대해 『세종실록』「지리지」에는 "해인사는 가야산 남쪽에 있다. 옛 기록에 이르기를, '산형은 천하에 뛰어났고, 지덕은 해동에 짝이 없으니, 참으로 정수할 땅이다.'라고 하였다."[25]는 것이다.

그림 7 가야산 정상의 우비정

해인사의 태조산太祖山에 해당하는 가야산 정상 우두봉牛頭峰은 그림 1과 같이 온통 돌로 구성된 염정 화성체이다. 여기에 특이하게도 조그마한 물웅덩이가 있는데 이를 우비정牛鼻井이라 한다.[26] 『감룡경』「염정廉貞」편에는 "하늘에서 천한과 천황의 별자리가 각각의 자리를 차지하듯 그에 상응하여 땅에서도 염정의 높은 산 정상에 위룡(연못)이 있게 된다."[27]라고 하였다. 이는 하늘의 별자리 기운이 땅에 그대로 형상으로 나타난다는『감룡경』의 논리를 실천하는 모습이다. 이와 같이 해인사의 태조산과 주산(1,055m)은 염정 화성체로 우뚝 솟아 해인사를 든든히 받쳐주는 모습이다.

염정 화성체에 대해『감룡경』「염정」편에는 "높은 산 정상에 뾰족하고도 험하게 높이 솟아 있고, 뾰족한 불길이 하늘까지 치솟는 모습인 까닭에, 그 성정을 타오르는 불길처럼 뜨겁다고 하여 화성이라 부르는 것"[28]이라 하였다. 이러한 염정 화성체의 험한 기운은 행룡하는 과정에서 탈살을 해야 하고, 이를 통해 순하고 부드러운 기운으로 변해야 한다. 이를 박환이라 하는데 해인사에 정기를 제공하는 주룡은 해인사에 이르는 동안 박환剝換된 모습이다.

해인사의 주룡은 그림 12와 같이 우두봉의 중출맥中出脈이 아닌 우백호 자락에 해당하는데, 언뜻 보면 그냥 우백호를 이루기 위해 흘러내려간 모습처럼 보인다. 그러나 이 용맥은 그림 8과 그림 9와 같이 장경각 우측 뒤쪽에 이르러 불끈 솟아오른 모습을 보이면서 두 개의 용맥을 뻗어 내린다. 하나는 원래 가던 길을 가는 모습으로 해인사의 내백호에 해당한다. 반면에 또 다른 맥은 해인사의 주룡으로 원래 행룡하던 용맥과는 거의 직각에 가까운 용맥을 뻗어 내리는데, 그림 10과 같이 골짜기를 향해 혀를 내민 듯한 모습이다. 이는 해인사의 주룡으로서뿐만 아니라 혈처의 구분과 장경각 입지의 특징을 규정하는 중요한 의미를 갖기 때문에, 여러 상황요인을 통해 입증할 수 있어야 하는데, 다음과 같다.

그림 8 해인사 입수룡의 모습

그림 9 해인사 입수룡의 흔적

첫째, 그림 8, 9와 같이 산을 파내고 돌을 쌓은 모습을 확인할 수 있는데(그림 10의 A 부분에 해당), 이는 용맥이 있었고 장경각을 입지시키기 위해 평탄작업을 하였음을 확인시켜준다.

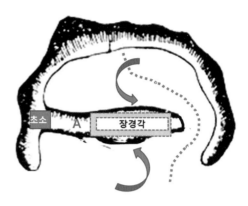

그림 10 혀를 내민 듯한 지형의 장경각
(출처 : 『용수정경』에 추가 작도)

둘째, 대적광전의 뒤쪽이 높은 축대로 구성되어 있다는 점이다. 즉, 용맥이 옆으로 흘러갔기 때문에, 이를 오르기 위해 계단과 축대를 조성한 모습은 이를 확인시켜준다.

셋째, 장경각이 'ㅁ'자 형태로 길게 건설되어 있는데, 장경각 좌측끝 부분에 축대가 조성되어 있는 것을 확인할 수 있는데, 이 또한 앞에서 제시한 것처럼 혀를 내민 듯한 능선이 있었다는 것을 확인시켜준다. 따라서 현재 초소가 있는 부분에서 옆으로 혀를 내민 듯한 평평한 능선이 뻗어 나왔고 그 위에 장경각을 건설한 것이다. 즉, 해인사의 주맥이 입수한 곳은 바로 장경각이 위치한 곳이라 할 수 있다. 이러한 특징을 『감룡경』「염정」편에는 "염정의 강한 불기운은 그 기세가 하늘을 찌를 듯하고 그 바위의 모습들이 뾰족하면서도 험한데, 이런 곳에서는 반드시 평탄한 곳에서 혈을 찾아야 한다."[29]라고 하였던 것인데 이와 부합하는 모습이다.

2. 바람 길을 활용한 공간구성

그림 11 해인사의 지형도와 바람 길(출처 : 신채식, 2012)

그림 12 해인사의 주산, 용맥과 물길(출처 : 신채식, 2012)

해인사에서 가장 핵심적인 건축물인 장경각은 그야말로 바람 길의 흐름을 가장 잘 활용한 건축물이다. 해인사 좌측 물길은 그림 12와 같이 해인사 주산에서 주맥을 따라 함께 출발해 동행하며 내려오고 있다. 즉, 백호자락과 중출맥 사이에는 자연스럽게 물길이 형성되었고, 또한 골짜기가 구성되었는데 여기에 해인사는 위치한다. 다시 말해서 그림 11, 그림 12와 같이 해인사는 위쪽의 계곡과 아래쪽의 계곡을 타고 흐르는 물길과 바람 길이 툭 트여 바람 길의 통로와 같은 곳에 입지하였다는 점이다. 또한 건축물의 배치는 대적광전을 중심으로 좌우로 늘어선 건축물을 통해 모아진 바람을 장경각의 창문을 통과하도록 함으로써, 마치 제트엔진의 원리가 반영된 모습이다. 뿐만 아니라 장경각을 해인사의 가장 안쪽 높은 언덕 위에 배치함으로써, 불어오는 바람이 솟구쳐 오르는 원리를 활용하는 모습이다. 즉, 아래쪽에서 위를 향해 불어오는 바람 길을 제대로 받아들이는 구조이다. 이러한 특징적인 모습은『조선왕조실록』을 보관하던 사고의 지형조건과 유사한 모습으로 특히 정족산 사고는 해인사 장경각과 여러 면에서 흡사한 모습을 연출한다. 즉, 골짜기에 위치하고 있을 뿐만 아니라, 골짜기를 향해 혀를 내민 듯한 능선위에 입지하는 공통점을 가진다. 또한 바람 길을 활용하는 모습까지도 동일하다.[30] 장경각이나 실록을 보관하는 사고는 공히 바람 길을 활용하여 가장 꺼리는 습기의 침범으로부터 건조한 상태를 유지해야만 했기 때문에, 이를 극복하는 지형조건을 찾아내야만 했다. 그러므로 현대와 같이 온습도를 조절하는 공조 시스템이 갖춰지지 않은 당시에는, 자연의 원리를 가장 적절히 활용하여야만 했기 때문에 우선적으로 검토한 것이 지형조건이었다.

첫째, 습기의 침범을 방지하기 위해서는 주변 지형보다 높은 곳을 찾아야만 했다.

둘째, 바람 길의 활용을 통해 습기의 피해를 최소화해야 했다.

셋째, 목조건축물의 취약점은 화재 발생 시에 속수무책이었기 때문에, 근처에 물이 있어야 했다. 즉, 언제든 방화수의 확보를 위해 냇가 근처에 위치하는 것은 필수적인 요인이었다.

넷째, 다른 주변 건물로부터 격리되어 유사시에도 불길이 번지지 않도록 배치하여야 했다.

해인사의 입구에서부터 해인사에 이르는 길을 걸어보면, 양쪽에 높이 솟아 있는 산과 가운데 흐르는 물길을 통해 바람의 흐름을 알 수 있다. 이러한 깊은 골짜기에 바람은 물길을 따라 불게 되는데, 이때 온도차에 의해 바람의 방향이 다르게 된다. 즉, 주간의 가열과 야간의 냉각에 의해 낮에는 바람이 아래에서 위로 불고, 밤에는 위에서 아래로 불어 내리게 된다. 또한, 골짜기가 깊을수록 바람의 양은 증가하는 것인데, 해인사는 이러한 바람을 가장 잘 활용할 수 있는 지형조건을 활용한 셈이다. 바람의 흐름을 잘 활용하기 위해 해인사의 입지는 배산임수의 원리를 따르지 않았다. 즉, 뒤를 산이 받쳐주는 배산임수는 바람의 흐름이 원활할 수 없기 때문에 앞쪽과 뒤쪽을 모두 골짜기에 노출시켰던 것이다. 이는『금낭경錦囊經』「기감편氣感編」에서 "기는 바람을 만나면 흩어진다."[31]라고 한 풍수서의 논리를 역으로 활용한 것이다. 다시 말해서 해인사의 장경각은 『금낭경』「기감편」의 논리를 정면으로 부정한 배치라 할 수 있다. 이것은 앞에서 밝힌 것처럼 대장경판을 보존하기 위한 최상의 선택으로, 습기를 절대적으로 피해야 하는 우리 조상들의 지혜가 반영된 것이다. 이는 합리적인 자연지형의 활용성을 제시한 것으로, 바람 길과 물길의 원리를 정확히 이해하고 이를 활용하는 건축물의 배치를 실천한 것이다.

3. 해인사의 가장 의미 있는 위치를 차지한 장경각(藏經閣)

　건축물을 건설하기 위해서는 입지선정과 함께 평탄작업이 이루어져야 한다. 이러한 입지선정과 평탄작업은 중요한 풍수적 의미를 갖는데, 산의 정기가 뭉쳐 있는 혈처와 밀접하게 연결되어 있다. 음택인 무덤은 땅을 파낸 뒤 기가 뭉쳐 있는 혈토에 시신을 안치한다면, 양택은 혈토에 건축물을 건설함으로써 혈의 기운을 직접 받는다는 차이가 있다. 이를 위해 무조건 땅을 파내고 메우기만 하는 것이 아니고, 풍수적 관점에서 땅의 정기가 뭉쳐 있는 혈토가 나오는 부분까지 파내는 평탄작업을 진행한 후에 그 위에 건축물을 건설하게 된다. 이를 풍수적 관점과 건축적 관점으로 나눠볼 수 있는데, 각각의 특징을 살펴보면 다음과 같다.

　먼저 풍수적 관점에서 살펴보면, 풍수에서 추구하는 땅의 지기를 직접 받기 위한 의도라고 할 수 있다. 왜냐하면 풍수가 추구하는 궁극적 목적이 땅의 지기를 받기 위한 것이고, 이를 직접 받아들이기 위해서는 혈토에 건설되어야 하기 때문이다.

　다음으로 건축적 관점에서 살펴보면, 부엽토와 같은 푸석푸석한 땅으로는 건축물의 하중을 제대로 받아낼 수 없기 때문에 지력이 단단한 부분에 해당하는 곳까지 땅을 파내고 건설하였다. 당시에는 지금과 같이 철근콘크리트와 같은 고강도의 기초재료가 없었기 때문에 충분히 하중을 받을 수 있는 생땅에 기초를 조성해야 하기 때문이다.

　이러한 여러 고민 끝에 적당히 흙을 파내 기초를 조성하고 주춧돌 위에 기둥을 세우는 작업이 이루어져야 했던 당시에는 땅의 평탄 작업은 중요한 조성과정에 해당한다. 이러한 이유 때문에 그림 8, 9와 같이 본래의 용맥에서 땅을 파내고, 산 능선을 파낸 자리에 돌로 쌓아 붕괴됨을 방지하는 조치를 하였다는 추론은 가능해진다.

　그렇다면 해인사의 혈처는 어디일까? 이에 대한 여러 연구가 있는데, 유재현과 신채식은 각각 「혈穴과 명당明堂의 관계를 통하여 본 한국전통건축공간韓國傳統建築空間의 중심개념中心槪念에 관한 연구」[32]와 「해인사의 가람배치와 입지의 풍수적 분석」[33]이라는 논문에서 해인사의 혈처로 대적광전을 제시한다. 장영훈도 『산나고 탑나고 절나고』에서 해인사의 혈처로 대적광전을 제시한다.[34]

하지만 이들은 내백호에서 출맥한 용이 대웅전으로 입수하여 혈을 결지하였다는 논리를 제시하면서도, 대전광전으로 입수된 용龍에 대해서는 뚜렷한 근거를 제시하지 못하였다. 다만, 사찰의 중심건물이 대적광전이라는 데 착안하여 혈처로 제시하는 수준에 머물러 있다.

그런 차원에서 현장조사와 문헌고찰을 통해 대적광전이 혈처에 해당하는지 여부를 살펴보면 다음과 같다.

첫째, 주산의 지기를 전달하는 용맥은 필수적이라 할 때, 대적광전을 향해 입수하는 용맥을 확인할 수 없다.

둘째, 『청오경靑烏經』에는 "늪, 물가, 연못, 호수는 진룡이 행룡을 멈추고 쉬는 곳이니, 마땅히 그 안에서 찾아야 하며, 결코 밖에서 찾는 일은 없어야 한다."[35]고 하였다. 이를 통해 혈처의 위치는 연못의 안쪽에 해당한다는 논리가 성립한다. 그런데 대적광전이 입지한 곳이 연못이었다[36]는 주장은 최고의 풍수서인 『청오경』에 정면으로 위배한다.

해인사의 장경각은 비록 조선 초에 건설되었으나, 가장 의미 있는 위치를 차지하고 있으며 가장 핵심적인 풍수적 특징을 간직한 혈처에 위치한다. 이를 입증시켜주는 특징적인 모습을 정리하면 다음과 같다.

첫째, 장경각의 입지는 용맥이 행룡을 멈춘 곳에 맺는다는 논리에 부합한다. 앞에서 살펴본 바와 같이 연못과 같은 물을 만나면 행룡하던 용이 행룡을 멈추게 되는데, 이때 혈은 연못 안쪽의 용맥에 맺는 것이다. 그러므로 그림 14와 같이 우백호 자락에서 옆으로 혀를 내민 듯한 용맥 위에 자리한 장경각이 혈처에 해당한다는 논리는 성립한다.

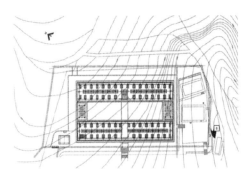

그림 13 장경각 배치도(출처 : 최남섬, 2008)

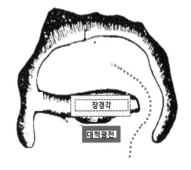

그림 14 장경각과 대적광전의 위치
(출처 : 『용수정경』에 추가 작도)

둘째, 장경각이 입지한 용맥이 명당수와 음양교배가 이루어지는 모습에서도 확인 가능하다.

해인사 뒤쪽에서 흘러와 좌측으로 흘러나가는 명당수조차도 그림 14와 같이 장경각이 위치한 용맥과 음양교배를 이루는 모습이다. 이는 『영성정의靈城精義』에서 "산이 오면 물이 경계 짓고, 물을 얻으면 머물게 된다."[37]라는 논리와도 부합하기 때문이다.

셋째, 『감룡경』「변혈편」에서 제시한 주산의 형상과 혈형이 부합하고 있어 장경각의 입지가 혈처임을 확인할 수 있다. 『감룡경』「변혈편」에는 "혈이 용 위의 봉우리 모양을 따르지 않으면 그러한 혈은 단연코 가짜이거나 진짜 혈이 아닌 것"[38]이라 한다. 이러한 양균송의 논리를 바탕으로 해인사의 혈형을 살펴보면, 해인사의 주산은 앞에서 살펴본 것처럼 염정화성체이다. 『감룡경』「변혈편」에는 염정 화성체에 대해 "염정이 만든 혈穴은 밭가는 쟁기의 뾰족한 보습머리(여벽두犁鐴頭) 부분과 같다."[39]라고 하였다. 다시 말해서 염정 화성체 주산의 혈은 횡룡입수橫龍入首하여 쟁기보습처럼 생긴 능선 위에 맺는다는 것이다. 그런 차원에서 해인사의 혈처는 그림 14와 같이 우백호 자락에서 옆으로 뻗어 내려 마치 쟁기 보습과 같은 용맥 위에 자리한 장경각이라는 논리는 성립한다.

흔히 사찰의 핵심은 대웅전이라는 등식을 성립시키는 경향을 보이고 있으나, 이는 각 사찰마다 나타나는 특징적인 모습을 간과한 것이다. 또한 사찰을 건설할 당시에 입지선정과 공간구성에 대한 고민을 제대로 인식하지 못한 결과라 할 수 있다. 왜냐하면 각 사찰마다 추구하는 방향성이 있었고 이를 실천하는 방법으로 풍수는 중요한 고려사항으로 자리매김하고 있었다. 뿐만 아니라 각 사찰이 추구하는 바를 실천하는 가장 핵심적인 건물을 풍수적 혈처에 입지시켰던 것이다. 따라서 해인사를 건설한 당시의 풍수가와 건축가들은 단순한 의미의 길지만 찾지 않았고, 합리적인 공간구성과 건축물의 배치를 실천하였다. 이러한 맥락에서 장경각의 위치는 대적광전에 종속된 영역이 아닌 독립된 영역으로, 해인사 전체를 의미 있게 하고 불교사상의 초월성을 확고하게 하는 상징성[40]을 갖는 것이다.

4. 역수난공(易守難攻)의 주변환경

해인사의 주변 사격은 가야산 상봉이 서남으로 뻗어 내려오는 남녘 산중턱에서 그 능선이 두 맥으로 갈라져, 한 맥은 향로봉을 이루어 동남쪽으로 해인사 입구 길상탑吉祥塔이 있는 곳에 이르렀고, 다른 한 맥은 해인사 서남쪽으로 흘러들어 학사대學士臺를 이루면서 그 아래로 일주문 서남쪽 곁에 꼬리를 풀고 있다. 그 가운데로 주산인 우두봉이 서남쪽으로 뻗었는데, 그 봉우리의 남쪽 중턱에 해인사가 자리 잡고 있다. 즉, 해인사는 좌청룡격인 향로봉 능선과 우백호격인 학사대 능선에 에워싸인 형국이다.[41] 반면에 해인사의 안산은 비봉산이라 하는데, 그림 15와 같이 해인사의 정안正案이 되지 못하고 우측으로 치우친 모습이다. 이는 안산의 역할에 충실한 모습이라 할 수 없으며, 오히려 허慮한 느낌마저 든다. 그럼에도 불구하고 해인사 보국이 완벽하게 느껴지는 것은 그 뒤를 든든히 받쳐주는 조산朝山들에 의해 보호되기 때문이다. 이러한 폐쇄적인 보국保局은 이중환李重煥의 『택리지擇里志』 「복거총론卜居總論」에서 "경상도에는 돌 화성火星이 없다. 오직 합천 가야산만 뾰쪽한 돌이 불꽃처럼 잇달아 있고, 공중에 따로 솟아 극히 높고 빼어나다."라고 하면서 "임진년 왜란 때 금강산·지리산·속리산·덕유산은 모두 왜적의 전화를 면치 못하였으나, 오직 오대산·소백산과 이 산에만은 이르지 못했다. 그러므로 예부터 삼재三災가 들지 않았다."[42]라고 하였던 것이다. 『균여전均如傳』에는 "그 산형은 천하에 절승하고 지덕은 해동에 으뜸이니 가히 정수지지라고 할 것이며 복리를 누리는 곳으로 더 비길 데가 없다. 그러므로 국가 최요의 문서를 입안 진병케 하고 춘추로 사천왕법석을 행하고 또 다름없이 연말에 기은을 하도록 하였다."라고 칭송하였다.[43] 이와 같이 해인사 사격의 특징은 모두 해인사를 둘러싸고 있어 외부로부터 접근성이 극히 떨어지는 지형조건을 가졌다는 점이다. 왜냐하면 외적으로부터 대장경을 지켜야 하는 상황은 접근성과 외부에 노출되기 어려운 환경조건을 충족해야 했기 때문에 깊은 산속에 입지시켰다고 할 수 있다. 이를 『역경易經』에서는 '역수난공易守難攻'이라 하는데, 해인사의 입지는 현실적으로도 그 타당성이 확인된 셈이다.

그림 15 해인사의 안산

그림 16 해인사의 주변 사격-화성체

한편, 해인사는 대웅전을 비롯하여 1695-1871년에 이르는 동안에 일곱 차례의 화재가 일어났다. 특히 1817년 여섯 번째의 화재를 통해 대덕광전의 좌향을 남산제일봉을 피해 약간 서향으로 우향하여 정초하였다[44]고 한다. 이는 잦은 화재로 인한 당시의 고민을 드러낸 것이라 할 수 있겠으나, 좌향을 바꾸는 것이 화재를 예방하는 데 있어 직접적인 효과가 있을 수 없어 또 다른 비보법補補法을 활용하였던 것으로 보인다. 대적광전 정남향 약 3km 지점에 매화산 제일봉의 산세가 불이 타오르는 활화산형으로 해인사를 노려보고 있어, 화재가 잦았다는 풍수 속설에 따라 이러한 불은 바닷물로 꺼야 한다고 하여 매년 염도가 가장 강한 5월 단오날에 남산 제일봉에 소금단지를 묻는 행사를 스님은 물론 인근마을 신도 등 150여 명이 연례행사로 치루고 있다. 그 후 현재까지 129년간 단 한 차례도 큰불이 일어나지 않아 스님과 신도들은 그 효험을 굳게 믿고 있다[45]고 한다. 그러나 해인사를 둘러싼 산세가 화성체 형상이 주를 이룬다 하여, 이를 해인사에 일어났던 일련의 화재사고와 연결시키고 있으나, 이러한 주변 산세의 영향 때문에 이러한 화재가 일어났다고 하는 것은 억지스러운 것이다. 그럼에도 우리 선조들이 이를 극복하기 위해 비보를 하는 목적에는 가능한 최선을 다하고자 하는 의도가 숨어 있다고 할 수 있다.

5. 선인화촉형(仙人火燭形)의 해인사 형국

풍수에서 형국론을 도입한 배경을 살펴보면, 우주만물은 저마다 모양이 있고 形을 이루는 곳에는 그에 상응하는 기氣가 존재한다는 것이다. 원시시대에는 자연현상을 설명할 때 자기 주변에 있는 동식물을 표준으로 삼았다. 따라서 토템(totem) 신앙까지를 의인화하는 경향을 보이게 되며 이러한 형국론은 여기에서 유래가 시작되었다고 할 수 있다.[46] 또한 물형의 형상이 사람의 길흉에 영향을 미친다는 생각은 원시시대부터 유물신앙으로 존재했었다. 풍수 성립 초기에는 이것이 개입되지 못하다가 발달과정에서 유물 신앙적 관념이 이입되었다. 만물에 차이가 나는 것은 그것이 지니고 있는 기의 차이 때문인 것이고, 이 기의 상象이 형形으로 나타나는 만큼 물의 원기元氣를 알아낼 수 있다는 사고가 형국론으로 발전한 것으로 본다.[47] 이와 같이 형국론은 산의 형상을 인간과 동물, 그리고 식물 등과 같은 다양한 형상에 비유하면서, 가장 특징적인 모습을 통해 혈을 찾기 위한 방편에서 출발하였다는 점이다.

표 1 오성과 형국의 관계(출처 : 최창조, 『한국의 풍수사상』, 1998, 182면)

구분	형상	형국	혈의 위치
목성木星	직상直狀	인형人形	심心, 제臍, 음陰
화성火星	광상光狀	인형人形	심心, 제臍, 음陰
토성土星	횡상橫狀	수형獸形	
금성金星	원상圓狀	금형禽形	익翼, 와窩, 관冠
수성水星	곡상曲狀	용사형龍蛇形	비鼻, 경顎, 이耳, 복腹, 두頭, 미尾

『설심부정해雪心賦正解』에는 표 1과 같이 "목성과 화성은 주로 사람의 모양에, 금형은 날짐승을 대비시킨다. 혈을 취함에 있어서는 사람과 심장과 배꼽과 음부에, 날짐승은 날개와 둥우리와 볏에, 길짐승은 여러 길짐승은 여러 짐승의 모양에, 그리고 용사류龍蛇類는 코와 이마와 귀와 배와 머리와 꼬리에 빗대어 행한다."[48]라고 하여 주산의 형상과 혈의 결지, 그리고 형국론의 특징을 아울러 제시하고 있다. 산의 모양을 동물이나 새, 사람 등에 비유하는 방법을 활용하여 보다 혈처를 찾기 쉽도록 하는 방법 중의 하나이다. 그런 차원에서 형국론은 다음과 같은 사항이 전제되어야 한다.

첫째, 형국으로 제시된 모습이 누구나 수용 가능한 보편타당성이 있어야 한다.

둘째, 주산과 안산, 그리고 주변 사격에서 유추 가능한 형국이어야 한다.

그림 17 해인사 전경-안내판 촬영

해인사의 형국을 행주형行舟形이라 한다.[49] 이는 가야산과 해인사, 그리고 가야산 중봉의 마애석불, 남산의 기암들과 장경각 뒤쪽의 바위를 연결하는 상징성을 형국과 연결한 것으로 보인다. 그러나 이는 앞에서 제시한 『설심부정해』의 논리와도 부합하지 않을 뿐만 아니라, 주산과 안산, 그리고 주변 사격과도 어우러지는 형국도 아니라는 점에서 설득력이 떨어진다. 또한, 문헌적 근거가 뚜렷하지 않아, 최초의 연구자가 제시한 내용을 그대로 인용한 것으로 보인다. 물론 형국론이 보는 사람에 따라 달리 해석할 수 있다고는 하나, 보편타당성을 상실해도 된다는 것은 아닐 것이다. 왜냐하면 배는 물에 떠다니는 인공구조물인데 어찌 배가 산에 있으며, 화성체로 둘러싸여 불이 자주 난다고 하여 비보가 필요한 지형조건에 배가 떠가는 행주형 형국이 어울릴 수 있다고 할 수는 없다. 그러므로 『설심부정해』의 논리를 바탕으로 화성체로 둘러싸인 해인사의 형국론으로 행주형이 합리성을 가지지 못한다면, 대안으로 어떤 형국이 어울릴 수 있을까? 먼저 유추 가능한 형국으로는 선인화촉형仙人火燭形이 있다. 주변이 온통 화형체이니 선인이 불을 밝히는 형이라 할 수 있다. 다음으로 유추 가능한 형국으로는 선인독서형仙人讀書形이 가능하다. 선인이 불을 밝히고 장경각을 책상 삼아 독서하는 형국이라 할 수 있다. 한국불교의 총본산이라 할 수 있는 해인사의 위상과도 한껏 어우러질 수 있는 형국명이 아닌가 한다. 반면에 화성체 자체를 꽃잎으로 해석하면 꽃잎의 중심에 자리한 해인사를 화심형花心形이란 해석도 가능하리라 생각한다.

6. 장경각의 지리신법 적용 여부

조선시대를 풍미한 호순신의 지리신법이 해인사에도 적용되었을까 하는 점은 중요한 검토사항이다. 왜냐하면 장경각의 위치는 조선 초에 고려대장경판을 해인사에 가져와 보관할 장소를 물색하던 중 법보로서의 상징성을 구현하기 위하여 대적광전 뒤편에 배치결정을 내렸을 것[50]으로 보이기 때문이다. 또한, 해인사는 화엄사상을 근간으로 창건하였기 때문에, 지금 모습과는 다른 배치를 하였을 것으로 보인다. 그 이유로 해인사는 창건 이래 수많은 당우들이 창건되고 중건되었지만, 조선시대 수많은 화재로 인하여 거의 모든 건물이 소실되고 중창되는 과정을 반복하게 된다.[51] 이러한 일련의 중창과정을 거치면서 어떤 식으로든 호순신의 지리신법은 해인사의 좌향결정에 영향을 미쳤을 것이라는 전제를 바탕으로 살펴보면 가능성은 높아진다.

해인사 장경각의 입수룡은 임룡壬龍이다. 좌향은 인좌신향寅坐申向으로 서향을 하고 있으며, 계득癸得에 미파未破로서 우선右旋 입수하였다. 이를 호순신의 지리신법에 대입해보면 표 2와 같다.

표 2 해인사 장경각의 지리신법 적용 여부 검토

구분	주룡 主龍	주룡대오행 主龍大五行	좌향 坐向	득수得水				파구破口			부합 여부 附合與否
					포태 胞胎	구성 九星	길흉 吉凶	포태 胞胎	구성 九星	길흉 吉凶	
장경각	임	화	인좌신향	계	태	녹존	흉	미	쇠	거문	길	×

대오행으로는 화국火局에 해당되니 계득은 포태법은 태胎이고 구성으로는 녹존祿存에 해당한다. 또한 파구는 미파로 포태법으로는 쇠衰에 해당하고 구성으로는 거문에 해당하여 길하다. 이는 호순신의 지리신법에서 '길한 방향에서 득수하고 흉한방향으로 파하여야 한다'는 논리에 정면으로 배치되는 모습이다. 따라서 조선시대에 중창이 이루어졌다고는 하지만 호순신의 지리신법에 부합하는 좌향을 선택하지 않았음을 확인시켜준다. 이러한 특징적인 모습이 나타난 배경에는 다음과 같은 이유가 존재한다.

첫째, 기존 건축물의 좌향을 그대로 고수하였다는 반증이다.

둘째, 고려와 조선시대에 적용하던 좌향론은 각각 다른 이기론을 바탕으로 적용하였다는 것이 유추 가능하다.

셋째, 신라와 고려시대를 거쳐 조선에 이르는 동안에 사찰건축을 지배한 풍수논리는 강서지법의 형세풍수가 주류를 형성하였다. 이를 『조선불교통사』에 따르면 원래 선종은 중국에서 성립 당시부터 사원 택지법을 중심으로 풍수참을 받아들이고 있었다.[52] 특히 신라의 수많은 입당승들이 선법을 전래한 당나라 말기에는 이른바 강서지법으로 대표되는 형세풍수가 이미 강서지방에 유행하고 있었으며, 신라승의 대부분이 그곳에서 전심하였다[53]는 논리는 더욱 설득력을 얻는다. 그러므로 해인사 장경각에 호순신의 지리신법을 대입한 결과 지리신법에 부합하지 않는다 하여 이것이 전적으로 모든 사찰에 공히 적용되었다고는 할 수 없다. 그러나 사찰건축의 풍수논리는 이기론에 바탕을 둔 좌향론이 좌향 결정의 중요한 수단이 되었다기보다는 형세적 관점에서 논의되고 활용되었다고 할 수 있다.

IV. 바람 길에 대한 선택과 집중을 통해 법보사찰로서의 위상 확보

해인사는 신라 애장왕 3년(802) 10월 순응, 이정 두 스님에 의해 창건되었다. 『삼국사기』 애장왕 3년 8월조에는 "가야산의 해인사를 창하였다."라고 하여 이를 확인시켜준다. 여기에 성목태후도 불사를 도왔다고 한다.

해인사의 사명이 『화엄경』의 '해인삼매'에서 유래하여 불리게 된 것을 보면, 해인사는 화엄의 철학과 사상을 천명한 도량이다. 이와 같이 한국불교 총본산의 의미를 간직한 해인사는, 오랜 역사만큼이나 전하는 말도 많고 설화도 많다. 그중에 창건설화가 전하는데, 『가야산해인사고적』과 최치원이 지은 『신라가야산해인사선안주원벽기』에 자세히 전한다.

『세종실록』 「지리지」에는 '산형은 천하에 뛰어났고, 지덕은 해동에 짝이 없으니, 참으로 정수할 땅'이라고 하여 해인사의 아름다움을 노래한다. 가야산 중턱에 위치한 해인사는 산세로 겹겹이 싸여 있어, 남산에서 보면 가야산은 연꽃으로 보이고, 해인사는 그 꽃심에 앉은 듯하다. 해인사의 태조산에 해당하는 가야산 정상은 온통 돌로 구성된 염정화성체이다. 여기에 특이하게도 연못이 자리하는데 『감룡경』 「염정」 편에는 '하늘에서 천한과 천황의 별자리가 각각의 자리를 차지하듯 그에 상응하여 땅에서도 염정의 높은 산 정상에 위롱(연못)이 있게 된다'고 하였다.

해인사를 대표하는 대장경과 이를 보관하는 장경각은 독특한 지형조건을 바탕으로 오랜 세월 대장경을 현재까지 보존하고 있다. 여기에는 현대과학의 힘을 빌리지 않고 자연환경을 활용한 것으로, 이는 우리조상들의 뛰어난 자연환경 활용능력을 확인시켜주는 것이다. 이는 현대과학 이상의 의미와 특징을 간직한 것이기도 하지만, 자연환경 속에서 합리적으로 살아가는 방향성을 제시한 것이기도 하다. 이와 같이 장경각은 그야말로 바람 길의 흐름을 가장 잘 활용한 건축물이다. 바람은 주로 계곡 또는 물길을 따라 이동하기 마련인데, 이러한 바람 길의 선택과 집중을 통해 활용하는 모습은 장경각 입지의 우수성을 제시한다. 이러한 특징적인 모습은 조선왕조실록을 보관하던 사고의 지형조건과 유사한 모습이다. 특히 강화도 정족산 사고는 해인사 장경각과 여러 면에서 흡사한 모습을 연출한다. 골짜기에 위치하고 있을 뿐만 아니라, 골짜기를 향해 혀를 내민 듯한 능선 위에 입지하는 공통점을 가진다. 따라서 장경각을 건설할 당시의 풍수가와 건축가들은 단순히 바람 길만을 찾지 않았고, 해인사를 대표하는 장경각의 합리적인 공간구성과 건물의 배치를 실천하였다. 왜냐하면, 우백호 자락에서 옆으로 혀를 내민 듯한 용맥 위에 자리한 장경각은 『입지안전서』와 『산양지미山洋指迷』에서 제시한 논리와 부합할 뿐만 아니라, 『감룡경』 「변혈편」에서 '염정廉貞이 만든 혈穴은 밭가는 쟁기의 뾰족한 보습머리(여벽두) 부분과 같다'고 한 논리와도 부합하기 때문이다.

이상과 같이 해인사 입지의 풍수적 특징을 종합하면 다음과 같다.

첫째, 해인사에서 가장 핵심적인 공간인 혈처에는 풍수논리에 부합하는 장경각이 입지하였다.

둘째, 해인사의 핵심건축물인 장경각은 깊은 골짜기와 특이한 지형조건을 바탕으로 바람 길을 확보한 모습으로, 『조선왕조실록』을 보관한 사고史庫와 흡사한 모습이다.

셋째, 장경각의 위치는 대적광전에 종속된 영역이 아닌 독립된 영역으로, 통도사의 금강계단과 같은 역할을 수행한다. 이는 불교사상의 초월성을 확고하게 하는 상징성을 갖는 것으로, 장경각이 해인사 가람 전체에서 차지하는 비중을 직접적으로 제시한 것이다.

넷째, 해인사의 형국은 주위환경과 조화를 이루지 못한 행주형보다는, 선인화촉형이나 선인독서형 혹은 화심형이 보다 타당성을 갖는다.

다섯째, 해인사는 조선시대에 중창이 이루어졌음에도 불구하고, 조선시대를 풍미한 호순신의 지리신법이 적용되지 않았다.

따라서 해인사는 법보사찰로서 그 위상에 걸맞는 합리적인 입지선정이 이루어졌다. 즉, 해인사를 대표하는 장경각의 입지는 혈처에 자리하고 있을 뿐만 아니라, 가장 높은 곳에 입지하여 바람 길에 대한 선택과 집중을 통해 적절히 활용하는 모습이다. 이는 자연지형을 활용하여 가장 합리적인 공간구성을 이루는 데 있어서, 풍수 논리가 중요한 의미를 가지고 있었다는 것을 확인시켜준다.

ⓜ주

1   임득균, 「고려대장경(高麗大藏經)의 해인사(海印寺) 봉안과 사원의 위상」 『석당논총』 54권, 동아대 석당학술원, 2012.

최연주, 「조선시대 『고려대장경』의 인경(印經)과 해인사(海印寺)」 『동아시아불교문화』 제10집, 동아시아불교문화학회, 2012.

최영호, 「海印寺에 소장된 江華京板 『高麗大藏經』의 '外藏' 연구 : 高麗經板의 조성성격」 『문물연구』 제22호, 동아시아문물연구소, 2012, pp.189-214.

최영호, 「해인사(海印寺)에 소장된 강화경판(江華京板) 『고려대장경(高麗大藏經)』의 "外藏" 연구(1) - 고려경판(高麗經板)의 조성시기 재검토」 『석당논총』 53권, 동아대 석당학술원, 2012).

최영호, 「江華京板 高麗大藏經의 판각공간과 海印寺의 역할」 『문물연구』 제21호, 2012, pp.31-61.

최영호, 「13세기 중엽 江華京板 『高麗大藏經』의 刻成事業과 海印寺」 『한국중세사연구』 통권 제13호, 한국중세사학회, 2002, pp.105-133.

홍진영, 김영희, 정미화, 조창욱, 최정은, 「해인사 장경판전으로부터 분리한 곰팡이의 Xylanase 특성」 『한국균학회지』, 제39권 제3호, 한국균학회, 2011. pp.198-204.

김운고, 「海印寺와 大藏經」 『조선불교총보』 제7호, 삼십본산연합사무소, 1917, pp.1-6.

2   신채식, 「해인사의 가람배치와 입지의 풍수적 분석」 『白岳論叢』 第7輯, 동방대학원대학교, 2012, pp.441-463.

송대선, 「가야산 해인사의 풍수지리적 고찰 : 비보 풍수를 중심으로」, 영남대학교 석사학위논문, 2008.

홍광표, 「伽倻山 海印寺의 立地性에 관한 研究」 『불교학보』 33, 동국대학교 불교문화연구원, 1996, pp.209-227.

백난영, 「伽倻山 海印寺의 立地性에 관한 研究」, 동국대학교 석사학위논문, 1994.

이상해, 「海印寺 伽藍의 象徵性에 關하여 : 특히 風水地理的인 內容을 中心으로」 『건축역사연구』 제4권 제2호 통권 8호, 한국건축역사학회, 1995, pp.86-101.

김혜수, 「海印寺 建築의 立地와 景觀 分析」, 서울시립대학교 석사학위논문, 1993.

3   최남섭, 이상해, 「해인사 장경판전을 통해 본 목조건축유산 보존 연구」 『한국건축역사학회 춘계학술발표대회』, 한국건축역사학회, 2008.

최남섭, 「해인사 장경판전을 통해 본 목조건축유산 보존 연구」, 성균관대학교 석사학위논문, 2008.

이승용, 김성우, 「建築場 구성 체계와 해인사 건축장 고찰」 『대한건축학회지』 제23권 제1호 통권 제219호, 대한건축학회, 2007, pp.73-80.

4   임종연, 송두삼, 이상해, 「실측과 CFD을 통한 해인사 경내 및 판전에 대한 기류분포 특성의 조사」 『한국건축친환경설비학회 논문집』 v.1 n.3, 한국건축친환경설비학회, 2007, pp.8-13.

이명성, 허남건, 「가야산 해인사 주변 산불 전파 해석」 『대한설비공학회 하계학술발표회』, 대한설비공학회, 2010.

5   하정용, 「해인사 백련암 소장 『십현담요해』에 대한 서지학적 고찰」 『동아시아고대학』 제22집, 동아시아고대학회, 2010, pp.179-216.

6   김자현, 「海印寺 寺刊版 60券 『華嚴經』 變相版畵 考察」 『미술사학연구』 265호, 한국미술사학회, 2010, pp.5-41.

전유미, 「海印寺 大寂光殿 三身佛會圖의 研究」, 동국대학교 석사학위논문, 2007.

이은주, 「海印寺 靈山會上圖에 나타난 法衣 紋樣에 관한 研究」, 원광대학교 석사학위논문, 2011.

심성미, 「海印寺 80華嚴經 變相 版畵 研究」, 경주대학교 석사학위논문, 2005.

7   손영문, 「海印寺 法寶殿 및 大寂光殿 木造毘盧遮那佛像의 研究」 『미술사학연구』 제270호, 한국미술사학회, 2011, pp.5-34.

8   조성호 · 성동환, 「신라 말 九山禪門 사찰의 입지 연구 : 풍수적 측면을 중심으로」 『한국지역지리학회지』 제6권 3호, 한국지역지리학회, 2000, p.57.

9   최원석, 「한국에서 전개된 풍수와 불교의 교섭」 『대한지리학회지』 제44권 제1호 통권 130호, 대한지리학회, 2009, p.79.

10   『孤雲集』 卷1 「記」 新羅伽倻山海印寺結界場記 "而況境超二室 峯巒五臺 儼玆隆崛之奇 宛是清凉之秀."

11   『東史綱目』 第5上 壬午年 哀莊王 3年 "伽倻山山形絶於天下 地德隻於海東 眞藏修之地."

12   『四佳集』 卷2 「記」 伽倻山蘇利菴重創記 "陜之名山 曰伽倻 又號曰牛頭 曰雪山 曰象王 曰衆向 曰只怛 盖一山而六號者也 山之勝聞東方."

13   『世宗實錄』 「地理志」 慶尙道 / 尙州牧 / 陜川郡 "本大良州郡 景德王改爲江陽郡 宋 大中祥符二年己酉 高麗 顯宗由大良君卽位 以皇妣孝肅王后之鄕 陞爲知陜州事 本朝太宗十三年癸巳 例改爲陜川郡 屬縣一 冶爐 本赤火縣 景德王改今名 爲高靈郡領縣 顯宗九年戊午 屬陜州任內."

14   위키백과(www.kr.wikipedia.org), 검색일: 2013. 8. 22.

15   김부식, 『三國史記』 卷10, 哀莊王 3년 8월조, 이병주 역주, 을유문화사, 1990, p.199. "八月 創伽倻山海印寺."

16   해인사는 창건 당시 터가 험하고 규모가 작았는데 약 100년이 지난 효공왕 1년(897) 가을 다시 중창할 것을 합의하고 90일 동안 참선한 뒤에 3겹의 집을 세우고 4급의 누(樓)를 올려서 사역을 확정하였다고 한다. 또한 해인사 중수에 관한 기록은 창건으로부터 130여 년이 지난 고려 건국 초기의 『균여전』에 보인다. 이곳 기록에 의하면 해인사의 희랑(希朗)대사는 신라 말 왕건을 도와 견훤을 물리치는 데 도움을 주었다. 이에 대한 대가로 경중봉사(敬重奉事)하여 전지(田地) 500결(結)을 시사하고 옛 사우(寺宇)를 중신(重新)하였다고 한다. 이로 미루어 고려 태조 때 해인사는 창건 이후 희랑대사에 의해 확장되고 새로워진 것이 아닌가 생각되기도 하였다. 그때가 바로 930년경이었다. 그 후 고려시대에 들어와 해인사는 균여(均如)대사, 대각(大覺)국사 등 많은 고승대덕을 배출하였다.

17   이재창, 장경호, 장충식, 『해인사』, 대원사, 2006, p.16.

18   『청장관전서(靑莊館全書)』 가야산기(伽倻山記)에도 "옛날부터 화재가 자주 났다(自古遭火燒甚頻)."라고 하여 이를 확인시켜준다.

19   한찬석, 권영호, 『합천해인사지』, 백문사, 1994, p.50.

20   재단법인 대한불교진흥원, 『한국의 사찰 하』, 대한불교진흥원, 2004, p.403.

21   이중환의 『택리지(擇里志)』 「복거총론(卜居總論)」에는 또 다른 설화가 전하는데 "신라 애장왕이 죽어 염까지 하였는데, 다시 깨어나 명부의 관원에게 발원하기로 약속하였다며, 사신을 당나라에 보내 팔만대장경을 구입해 배에 싣고 왔다. 목판에다 새겨 옻칠을 하고 구리와 주석으로 장식한 다음, 장경각 120칸을 지어 보관하였다."라는 것이다. 팔만대장경과 관련한 내용으로 창건설화와는 그 약간 다른 의미이지만 해인사가 가진 위상을 보여준다고 할 것이다.

22   이재창, 장경호, 장충식, 앞의 책, pp.10-11.

23   崔致遠, 「新羅伽倻山海印寺善安住院壁記」 『東文選』 卷64 「記」 "旣含天地之靈 亦籍山川之秀 鳥能 擇木 吾盍誅茅 越貞元十八年良月旣望 牽率同 志卜築於斯 山靈鈞妙德之名 地體印淸涼之勢."

24   이상해, 『海印寺 建築圖集』, 한샘, 1994, p.2.

25   『世宗實錄』 「地理志」 慶尙道 / 尙州牧 / 陜川郡 "海印寺在伽倻山南 … 古記曰 "山形絶於天下 地德隻於海東 眞精修之地."

26   『가야산해인사고적(伽倻山海仁寺古籍)』에는 가야산 정상을 소머리, 즉 우두봉(牛頭峯)이라 하면서, 정상에 우비정(牛鼻井)이 있다고 한다.

27   楊筠松, 김두규 역, 『감룡경·의룡경』, 비봉출판사, 2009, p.96. "天漢天潢入閣道 此星入相居天庭 更有衛龍在高頂."

28   楊筠松, 앞의 책, p.92. "高山頂上石嵯峨 … 只緣尖焰聳天庭 其性炎炎號火星."

29   楊筠松, 앞의 책, p.99. "廉貞獨火氣衝天 石骨稜層平處覓."

30   박정해, 「정족산 사고의 입지환경」 『민속학연구』 제33호, 국립민속박물관, 2013, pp.137-139. 참조.

31   『錦囊經』 「氣感編」 "氣乘風則散"

32   유재현, 「穴과 明堂의 관계를 통하여 본 韓國傳統建築空間의 中心概念에 관한 연구」 『울산대연구논문집』 제10권 2호, 울산대학교, 1979, p.111.

33   신채식, 「해인사의 가람배치와 입지의 풍수적 분석」 『白岳論叢』 第7輯, 동방대학원대학교, 2012, p.453.

34   장영훈은 대웅보전이 순응이 창건할 당시의 건축물이기 때문에 혈처라는 주장을 한다. [장영훈, 『산나고 탑나고 절나고』, 도서출판 담디, 2007, p.181.]

35 『靑烏經』 "沼沚池湖, 眞龍憩息 情當内求 愼莫外覔."

36 이재창, 장경호, 장충식, 『해인사』, 2006, p.10에는 사냥꾼들은 "여기에서 조금 내려가면 물 고인 데(지금의 비로전, 곧 대적광전 자리)가 있고 또 거기에는 철와(지금의 비로전 지붕에 있음)가 많으니 거기에 가보시오."라고 대답하였다고 한다. 따라서 이 책에서는 물이 고인 곳을 현재의 대적광전으로 보고 있다는 점이다. 물이 고인 곳이라면 곧 연못일 수 있다는 점에서 해인사 혈처를 도출하는 데 있어서 중요한 의미를 제시한다.

37 『靈城精義』 卷上 「形氣章」 : 故山夾水爲界 得水爲住.

38 楊筠松, 앞의 책, p.259. "穴若不隨龍上星 斷然是假不是眞."

39 楊筠松, 앞의 책, p.179. "祿廉梳齒犂鐴頭."

40 문화재청, 『해인사장경판전 실측조사보고서』, 해인사, 2002, p.120.

41 이상해, 「海印寺 伽藍의 象徵性에 關하여 : 특히 風水地理的인 內容을 中心으로」 『건축역사연구』 제4권 제2호 통권 8호, 한국건축역사학회, 1995, p.89.

42 이중환, 이익성 옮김, 『擇里志』 「卜居總論」, 을유문화사, 2008, p.182. "慶尙一道 無石火星 而惟陜川伽倻山 … 壬辰亂 金剛智異俗離德裕 皆不免倭人 獨五臺小白及此山不至 故自古亦稱三災不入."

43 이상해, 앞의 논문, p.88. 재인용.

44 황보의우, 「비보풍수에 관한 고찰 : 마을 비보조형물을 중심으로」, 공주대학교 석사학위논문, 2008, p.65.

45 황보의우, 앞의 논문, p.67.

46 정경연, 『정통풍수지리』, 평단, 2008, p.701.

47 최창조, 『한국의 풍수사상』, 민음사, 1990, p.180.

48 『雪心賦正解』 卷4 「穴論形異及沙水凶形應驗」 "如木火二星多結人形其穴取心臍陰 金星多結禽形其穴取翼窩冠星 土星多結獸形 水星多結龍蛇形 其穴取鼻穎耳腹頭尾之類."

49 해인사를 행주형국으로 설명한 연구서와 논문으로는 徐貞任, 『韓國古代伽藍造景研究 : 특히 해인조경을 중심으로』, 형설출판사, 1975. : 李智冠, 『伽倻山海印寺誌』, 가야문고, 1992, p.640, p.642. 장영훈, 『산나고 탑나고 절나고』, 2007, p.163. : 이상해, 「海印寺 伽藍의 象徵性에 關하여-특히 風水地理的인 內容을 中心으로」 『건축역사연구』 v.4 n.2, 1995, p.88.
가야산은 선체, 해인사는 선실, 가야산 중봉의 마애석불은 선장, 남산의 기암들은 삿대, 장경각 뒤쪽의 바위는 돛대로 해석하였다.

50 문화재청, 앞의 책, p.118.

51 문화재청, 앞의 책, p.111.

52 李能和, 『朝鮮佛教通史』 下, 보련각, 1990, p.252.

53 양은용, 「도선국사 비보사탑설의 연구」 『도선연구』, 민족사. 1999, p.127. 참조.

참고문헌

『孤雲集』

『東文選』

『東史綱目』

『四佳集』

『雪心賦正解』(卜應天古版本)

『世宗實錄』

『靈城精義』(心一堂術數珍本)

『靑烏經』(奎章閣本)

김부식,『三國史記』, 이병주 역주, 을유문화사, 1990.

문화재청,『해인사장경판전 실측조사보고서』, 문화재청, 2002.

박정해,「정족산 사고의 입지환경」『민속학연구』제33호, 국립민속박물관, 2013.

신채식,「해인사의 가람배치와 입지의 풍수적 분석」『白岳論叢』第7輯, 동방대학원대학교, 2012.

양균송, 김두규 역,『감룡경의룡경』, 비봉출판사, 2009.

양은용,「도선국사 비보사탑설의 연구」『도선연구』, 민족사, 1999.

위키백과(www.kr, wikipedia.org), 검색일 : 2013. 8. 22.

李能和,『朝鮮佛敎通史』下, 보련각, 1990.

이상해,「海印寺 伽藍의 象徵性에 關하여 : 특히 風水地理的인 內容을 中心으로」『건축역사연구』제4권 제2호 통권 8호, 한국건축역사학회, 1995.

이상해,『해인사 건축도집』, 한샘, 1994.

이재창, 장경호, 장충식,『해인사』, 대원사, 2006.

이중환,『擇里志』, 이익성 옮김, 을유문화사, 2008.

장영훈,『산나고 탑나고 절나고』, 도서출판 담디, 2007.

재단법인 대한불교진흥원,『한국의 사찰』하, 2004.

정경연,『정통풍수지리』, 평단, 2008.

조성호 · 성동환,「신라 말 九山禪門 사찰의 입지 연구 : 풍수적 측면을 중심으로」『한국지역지리학회지』제6권 3호, 한국지역지리학회, 2000.

최창조, 『한국의 풍수사상』, 민음사, 1990.

한국고전종합DB.

한찬석·권영호, 『합천해인사지』, 백문사, 1994.

황보의우, 「비보풍수에 관한 고찰 : 마을 비보조형물을 중심으로」, 공주대학교 석사학위논문, 2008.

제3장

승보종찰 송광사 입지의 풍수환경과 해석

제3장

승보종찰 송광사 입지의 풍수환경과 해석

Ⅰ. 16국사를 배출한 송광사

송광사는 전라남도 순천시 송광면 조계산 자락에 위치한다. 삼보사찰 중에 하나로 고려시대에 16국사를 배출하여 승보종찰로 유명하다. 현재도 효봉스님과 구산스님, 법정스님으로 대표되는 고승을 배출한 사찰로 그 전통을 이어가고 있다. 이렇게 송광사가 선풍을 드날릴 수 있었던 배경에는 다양한 요인들이 복합적으로 작용하였을 것이나, 규모나 입지환경, 그리고 공간구성 등의 특징적인 요인도 일정 부분 있었으리라 생각된다.

송광사를 품고 있는 조계산은 송광산이라 불리었는데, 보조국사 이후 조계종의 중흥도량이 되면서부터 조계산이라고 고쳐 불렀다. 조계종은 신라 때부터 내려오던 구산선문의 총칭으로, 고려 숙종 2년(1097) 대각국사 의천이 일으킨 천태종과 구별해 이렇게 부르기도 하였다. 이후 보조국사의 법맥을 진각국사眞覺國師가 이어받아 중창한 때부터 조선 초기에 이르기까지, 약 180년 동안 16명의 국사를 배출하면서 승보사찰의 지위를 굳혔다.[1] 이와 같이 선을 실천하는 선종사찰로서 송광사는 우리나라를 대표하는 승보종찰이다. 이러한 송광사에 대한 연구는 여러 각

---

* 『불교학보』 제65집(2013. 8.)에 게재.

도에서 이루어졌는데, 회화적 측면[2]과 건축적 측면,[3] 불교사적 측면,[4] 소장 서적,[5] 공간구성 연구,[6] 문화적 연구,[7] 불교용품 연구,[8] 입지의 특성을 풍수적 관점에서 바라본 연구[9]도 이루어졌다. 풍수사상은 불교사찰의 입지 및 사찰 터 선정의 방법, 불교문화의 내용과 사찰의 사회적 기능에도 영향을 크게 미쳤다.[10] 그러나 송광사 입지를 풍수사상을 바탕으로 형세론적 관점과 이기론적 관점에서 살펴본 연구는 소략한 실정이다. 따라서 본 연구는 송광사의 연혁과 입지조건, 그리고 송광사 입지에 나타난 풍수적 특징을 문헌고찰과 현장조사를 통해 살펴보고자 한다. 특히 송광사의 입지를 선정하면서 가장 핵심적인 의미를 가진 풍수적 요인과 아울러 혈처에 어떤 건축물을 배치하였는지 살펴보고자 한다.

우리의 전통문화는 서양문화에 밀려나 제대로 된 지위를 획득하지 못하고 극히 부분적인 위치만을 차지하고 있는 것이 사실이다. 건축물의 입지선정은 건축물의 성격에 부합하는 입지를 선정하는 것부터 시작된다. 특히 우리의 전통건축은 입지선정에서 공간구성과 방향 설정에 이르기까지 풍수요인에 의해 이루어졌음에도 불구하고 이에 대한 연구는 미흡한 것이 현실이다. 특히 사찰의 입지는 풍수사상에 의한 입지선정을 선도한 측면이 강하여 그 연구의 필요성은 크다고 할 것이다. 또한 전통문화를 계승하고 현대건축의 입지선정에 방향성을 제시한다는 차원에서도 연구의 필요성이 대두된다.

II. 송광사의 연혁과 발전과정, 그리고 입지조건

1. 보조국사 지눌의 정혜결사(定慧結社)

조계산 자락에 새둥지처럼 아늑하게 자리 잡은 송광사는 『연려실기술 별집練藜室記述 別集』「지리전고地理典故」에서 "순천 조계산의 송광사는 물과 바위가 깨끗하고 봉만峯巒이 밝고 곱다."[11]라고 하여 자연 풍광이 뛰어난 곳으로 묘사하고 있다. 이와 같이 천혜의 조건을 구비한 송광사의 원래 이름은 길상사였다. 정확한 연혁을 알 수는 없으나, 신라 말 혜린대사慧璘大師가 터를 잡고 산명을 송광, 절 이름을 길상이라 하여 창건하였다. 이 무렵 가람은 100여 칸에 달하고 30-40의 대중이 거주하였다고 한다. 즉, 창건 당시의 이름은 송광산 길상사였으며 100여 칸쯤 되는 절로 30-40명의 스님들이 살 수 있는 그리 크지 않은 규모의 절이었다고 한다. 위의 내용은 『송광사사적비松廣寺事蹟碑』와 『보조국사비명普照國師碑銘』 등의 기록에 보이는 길상사에 관한 창건 내용의 전부이다. 다만 '吉祥'이라는 절 이름이 화엄 제2의 설주인 문수사리의 역어譯語이므로 절의 성격은 화엄종 사찰이었음을 짐작하게 한다.[12] 그 뒤 고려 인종 때 석조대사釋照大師께서 절을 크게 확장하려는 원을 세우고 준비하던 중 타계하여 뜻을 이루지 못하나,[13] 이후 송광사의 중창은 지속적으로 이루어지는데 고려시대와 조선시대로 나누어볼 수 있다.

고려시대에 석조대사 이후 50여 년 동안 버려지고 폐허화된 길상사가 새로운 규모로 중창되고, 한국 불교의 중심으로 각광을 받게 된 것은 보조국사 지눌普照國師 知訥(1158-1210)의 정혜결사定慧結社가 이곳으로 자리를 옮기면서부터이다. 지눌은 명종 27년에서 희종 원년에 이르는 9년 동안(명종 27년, 1197-희종 원년, 1205) 중창 불사로 절의 면모를 일신하고, 정혜결사 운동에 동참하는 수많은 대중을 지도하여 한국 불교의 새로운 전통을 확립하였다. 이로써 송광사가 한국 불교의 중심사찰로 각광을 받기 시작한 것이다.

거조사로부터 길상사로 정혜결사를 옮겨와 수선사라 절 이름을 바꾼 것은 가까운 곳에 정혜사라는 절이 있어 혼동을 피하기 위해서였다고 한다.[14] 산 이름도 송광에서 조계로 바뀌고 난 뒤에 절 이름도 수선사에서 송광사로 불리게 되어 조계산 송광사가 되었다.[15] 이러한 변화과정을 『동문선東文選』「비명碑銘」에는 임금[16]이 "송광산을 조계산이라 고치고, 길상사를 수선사修禪寺로 고치게 하고, 친필로 현판을 썼다."[17]라고 밝히고 있어 약간의 차이를 보인다. '송광'이라는 이름에는 몇 가지 전설이 있는데 살펴보면 다음과 같다.

첫째, 18명의 큰스님들이 나서서 부처님의 가르침을 널리 펼 절이라는 뜻이다. 곧 '송松'은 '十八(木)+公'을 가리키는 글자로 18명의 큰스님을 뜻하고, '광廣'은 불법을 널리 펴는 것을 가리켜서 18명의 큰스님들이 나서 불법을 크게 펼칠 절이라는 것이다.

둘째, 보조국사 지눌스님과 연관된 전설이다. 곧 스님께서 정혜결사를 옮기기 위해 터를 잡을 때 모후산에서 나무로 깎은 솔개를 날렸더니 지금의 국사전 뒷등에 떨어져 앉더라는 것이다. 그래서 그 뒷등의 이름을 치락대(솔개가 내려앉은 대)라 불렀다 한다. 이 전설을 토대로 육당 최남선은 송광의 뜻을 솔갱이(솔개의 사투리)라 하여 송광사를 솔갱이 절이라 풀이했다고 한다.

마지막으로 일찍부터 산에 소나무(솔갱이)가 많아 '솔메'라 불렀고 그에 유래해서 송광산이라 했으며 산 이름이 절 이름으로 바뀌었다고 한다.[18]

지눌이 타계한 다음 그의 법을 이은 진각眞覺·혜심慧諶스님은 수선사의 전통을 이어 선풍을 크게 진작시켰다. 이에 수많은 사람들이 모이게 되자 다시 절이 비좁게 되었고, 이 소식을 듣고 강종康宗(1152-1213)이 명을 내리어 절을 크게 증축하였다. 이러한 중창이 8번에 걸쳐 이루어지는데 다음과 같다.

제1차 중창은 폐허화된 길상사를 새로운 규모로 중창하게 되는데 바로 정혜결사의 장소를 송광사로 옮기면서부터이다.

제2차 중창은 지눌이 타개한 이후 진각·혜심이 수선사의 전통을 이어 선풍을 크게 진작시키게 되었고, 이 소식을 들은 고려 강종이 명을 내려 크게 중창한다.

제3차 중창은 조선시대의 중창으로 혜심스님 이후 180년이 지난 조선 초 16국사의 마지막 분인 고봉화상께서 원을 세워(1395) 유서 깊은 도량으로 중창하기 시작하였다. 고봉의 뜻을 계승하여 중인선사가 중창 불사를 완성하여 90여 칸의 증축을 하였다. 이를 확인시켜주는 내용이『세종실록世宗實錄』에 언급되어 있는데, '전라도의 순천 송광사는 일찍이 공정대왕이 중창한 것'[19]이라고 한다.

제4차 중창은 정유재란 때 침입한 왜군이 불을 질러 역사적 도량은 일시에 잿더미로 변하였다. 이에 응선화상應禪和尙이 복구를 시작하여, 부휴대사가 불사를 완성했다고 한다. 이때 600여 명의 제자들이 송광사에서 부휴대사의 지도로 공부했다고 하는데, 이때를 송광사의 제4차 중창이라 한다.

제5차 중창은 헌종 8년(1842)에 큰불이 나 대웅전을 비롯한 거의 모든 전각이 불타 버렸다. 정유재란 이후 두 번째 겪는 수난이었다. 불이 난 이듬해부터 절을 일으켜 세우는 일이 시작되어 철종 7년(1856)까지 무려 14년의 시간이 걸려 2,150여 칸이 다시 세워졌다. 이를 제5차 중창이라 한다.

제6차 중창은 제5차 중창부터 70-80년 뒤인 1922년에 주지 설월스님과 율암스님에 의하여 1928년까지 퇴락한 건물들을 고치고 기와를 바꾸는 등 전반적인 중수가 있었다.

제7차 중창은 1948년에 일어난 여수·순천 사건과 6.25 전쟁의 발발은 송광사 일대를 공비의 노략과 살육의 공포 속으로 몰아넣었다. 산중에 은신한 이들 공비를 토벌하기 위하여 국군 토벌대는 작전상 절 주변의 숲을 벌채하였다. 이에 격분한 공비들이 1951년 2월 절을 지키던 노인들을 살해하고, 5월에는 절에 불을 질러 대웅전 등 중심부를 불태워 버렸다. 1955년부터 주지 금당錦堂스님과 화주 취봉翠峰스님의 원력으로 5년 동안에 걸쳐 대웅전을 비롯한 건물들을 복구하였다.

제8차 중창은 1969년 조계총림이 발족하면서 방장 구산스님과 현호스님에 의해 이루어진다.[20]

송광사는 전국 사찰 가운데 가장 많은 문화재를 보유하고 있으며 국보 제42호인 목조삼존불감, 국보 제43호인 혜심고신제서, 보물 제572호인 순천 송광사 고려고문서, 전라남도 유형문화재 제257호 화엄탱화, 보물 제1376호인 티베트문 법지 등 기타 동산문화재와 고문서 전적류의 과학적인 보수 및 보존처리와 체계적인 자료정리를 계속하면서, 성보박물관의 효율적 운영을 위한 각종 특별전시회를 기획하여 우리 전통문화의 우수성을 홍보하고 있다.

2. 동방제일도량의 송광사

우리나라 산맥은 『산경표山徑表』에서 제시한 내용을 기준으로 하는데, 백두대간을 중심으로 14정맥으로 분류한다. 송광사의 뒤를 든든히 받쳐주는 조계산은 백두대간을 중심으로 분화한 호남정맥의 정기를 받는다. 호남정맥은 금남정맥의 분기점인 주화산에서 백운산까지 도상거리 약 400km에 이르는 14정맥 중 가장 긴 정맥이다.

호남정맥 중에서 대표적인 산만 살펴보면, 만덕산(762m)과 내장산(763m), 추월산(729m), 무등산(1,187m), 제암산(779m), 조계산(884m) 등이 속하며, 백운산(1,218m)에서 끝나는 걸로 되어 있다. 이러한 호남정맥의 모습을 『조계산송광사사고曹溪山松廣寺史庫』「산림부山林部」에는 "산맥은 소백산에서 비롯하여 덕유, 노령 등 여러 산을 경유하여 동쪽의 한 지맥이 구불구불하게 뻗어 담양의 추월산, 광주의 무등산, 장흥의 천관산·착두산·웅치산, 능주의 중조산, 보성의 마치산을 이루고 바다에 이르러 그쳤다."[21]라고 하였다. 그러면서 조계산은 "그 가운데 중조산에서 마치산 사이에 동북의 한 지맥이 낙안의 금화산을 거쳐 구불구불 높아졌다가 낮아졌다가 하는 기세로 와서 이산을 이루었다. 이 산의 이름이 세상에 알려진 것은 고려시대의 보조국사가 선을 닦고 안거하면서부터 더욱 드러났다."[22]라고 하였다. 이와 같이 호남정맥의 행룡과정과 조계산으로 이어진 용맥의 행룡하는 모습을 극히 풍수적 관점에서 논하고 있다. 이러한 당시의 산세에 대한 인식은 풍수에 대한 이해가 없이는 기록할 수 없다는 점에서 풍수사상은 깊이 인식되고 있었다.

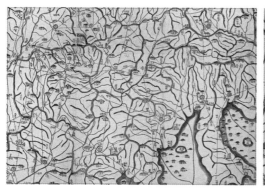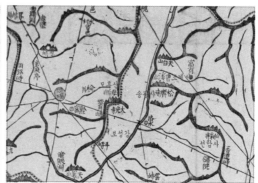

그림 1 대동여지도의 호남정맥 흐름과 송광산 산맥흐름도(출처 : 규장각)

또한, 조계산의 유래에 대해 『조계산송광사사고』「산림부」에는 중국의 육조 대감선사에서 시작되었다고 하면서, 조계산의 호칭은 보조국사로부터 비롯되었다는 것을 분명히 밝히고 있다.

지금 우리 조선의 조계산이라는 호칭은 고려시대에 보조국사가 송광산에 주석하면서 정혜사를 결성하여 조계종의 종지를 크게 드러내고 나라와 세상을 위해 복을 빌었는데, 희종 4년(1208) 무진년에 임금이 이 소식을 듣고 가상히 여겨 친히 '조계산 송광사'라고 사액하면서 비롯되었다.[23]

특히, 송광사가 자리 잡고 있는 조계산은 호남의 명산이다. 이곳에 원류를 둔 여러 강 가운데 섬진강은 호남일대의 평야를 기름지게 하며, 그 주변 곳곳에 수많은 명찰과 암자가 산재해 있다. 특히 조계산 자락에 의지한 사찰로는 조계사를 비롯하여 선암사가 대표적이다. 조계산의 동쪽에 위치한 선암사는 태고총림의 본사로서뿐만 아니라 전국토의 비보를 고려한 도선국사道詵國師 (827-898)에 의해 창건되었다. 이와 같이 조계산은 넉넉한 품을 내어주어 우리나라를 대표하는 고찰을 여럿 품어 안은 것이다.

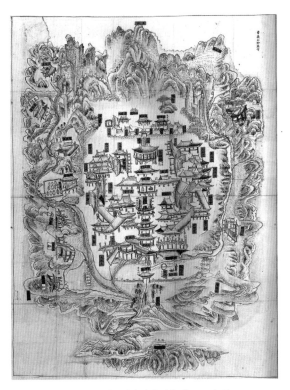

그림 2 송광사가람배치도(출처 : 규장각)

그 외에 송광사의 주변 환경은 해발 887m의 조계산 연산봉이 병풍처럼 절을 감싸고 남쪽의 계곡에서 흐르는 신평천이 사역을 감싸며 북쪽으로 빠져나가 주암호에 이른다.[24] 송광사의 영역은 동쪽 조계산 줄기를 뒤로 두고 서향하여 남북으로 길게 뻗어 있다. 사찰이 서향하고 있는 것이나 남북으로 길게 위치한 것이나 모두 한국의 전형적인 사찰 입지에서 흔한 예는 아니다. 그러나 송광사 주위의 자연입지 조건으로 볼 때 물이 흐르고 산자락이 열려 있는 서쪽을 향하므로 남북의 산줄기가 좌우에서 사역을 감싸는 것을 고려한 풍수적 배치임을 알 수 있다. 송광사가 남북 방향으로 공간적 여유가 생길 수밖에 없었던 것은 이러한 입지 조건에서 생기는 결과일 것이다.[25] 즉, 송광사는 다른 사찰에서 보기 어려운 가람배치의 특징을 보여준다. 특히『조계산송광사사고』「국사전중창상량명병서國師殿重刱上樑銘幷序」에서 절을 법계도[26]의 모양에 따라 배치하였다고 하였고,[27]「해청당중수기海淸堂重修記」에서는 요사의 이름을 법계도의 내용에서 따왔다고 밝히고 있다.[28] 그 외에도 설법전과 수선사, 국사전, 조사영각이 대웅전보다 높은 곳에 입지하는 모습을 보인다. 이런 특이한 배치는 다른 사찰에서 보기 어려운 것이라 할 수 있는데, 이는 송광사가 선 수행으로 유명한 사찰로 자리한 배경이라 할 수 있다. 즉, 가장 중요한 입지를 이들 전각이 차지한다는 의미도 동시에 내포한 것으로써 송광사의 성격을 대변하는 모습이다. 또 다른 특징은 산과 물이 어우러진 장풍국藏風局의 산세에 의해 완전히 산으로 둘러싸인 형국을 하고 있다. 여기에 앞으로 가로로 흐르는 신평천 물길은 음양의 조화를 이루고 있다.

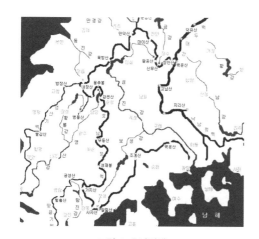

그림 3 호남정맥

그림 4 「화엄일승법계도」

이러한 지형조건을 바탕으로 송광사의 선풍은 이름이 높았고, 이를 목은 이색牧隱 李穡(1328-1396)은『목은문고牧隱文藁』「비명碑銘」에서 "송광사가 동방의 제일도량"[29]이라 하였다. 더 나아가 송광사의 선풍에 대해 다음과 같이 노래한다.

송광산은 아스라이 멀리 있어	松廣山迢遞
이름은 대길상이라 전해오는데	名傳大吉祥
큰 체구는 선대 사업을 잘 이행하고	長身能幹蠱
태후께서는 위하여 향을 내리었네	大后爲頌香
주실엔 청풍의 선탑이 놓여 있고	室淸風榻
납의는 밝은 달 아래 복도를 거닐리	衲衣明月廊
나는 삼생의 습기가 혼탁한지라	三生習氣濁
머리 돌리니 다시 아득하기만 하네	回首更蒼茫[30]

좁은 의미에서 가람이라 하면 승가가 모여 수행하는 곳이라 하여 승원 또는 중원의 뜻을 지닌다. 그러나 오늘날의 개념에서 가람은 승원만이 아니라 전각과 당·탑 등 사찰을 형성하는 모든 요소를 넓게 포함한다. 송광사는 보조국사가 결사운동의 중심도량으로서 수선사를 창건하면서 화엄종의 교종사찰에서 선종사찰로 탈바꿈하였다. 교종 사찰은 경전을 강의하는 강당이 중시되고, 선종사찰에서는 좌선과 선 수행을 위한 선당 등이 우선되게 마련이다.[31] 그럼에도 불구하고 송광사는 독특한 가람배치의 특징이 나타나는데 선사상과 화엄사상이 복합된 중층적 구조를 보인다. 대웅전 상단에 위치한 수선사와 국사전 등 승보의 세계는 선사상에 기반을 두었다면, 대웅보전을 중심으로 좌우 중앙에 즐비한 전각들은 법계도로 상징되는 화엄사상을 토대로 마련되었다.[32]

III. 송광사 입지의 풍수적 특징과 해석

1. 송광사의 주산은 천하의 문장을 주관하는 별, 문창성

조계산은 여러 봉우리가 어우러져 송광사의 뒤를 든든히 받쳐주는 형국으로 조계산 연산봉의 정기를 조계사의 중심부로 쏟아내고 있다. 송광사는 조계산의 한 자락을 차지하고 있어, 조계산은 송광사의 주산에 해당한다.

주산의 형상은 중요한 의미를 갖기 때문에 우선적으로 검토된다. 송광사의 주산인 조계산 연산봉은 그림 6과 같이 구성으로는 문곡성에 해당한다. 그러므로 문곡성에 대해 자세히 소개된 풍수서를 살펴보고, 풍수서가 아닌 다른 문인들의 인식도 살펴보고자 한다. 먼저 대표적인 풍수서라 할 수 있는 『지리신법』과 『감룡경撼龍經』에서 논한 문곡성文曲星은 다음과 같다.

문곡은 대개 길함을 만나면 길하게 되며, 흉함을 만나면 함께 흉하게 된다. 문재의 존재 여부를 주관한다.[33]

문곡의 본래 모습은 뱀이 꿈틀꿈틀 기어가는 모습인데, 유순함이 문곡의 가장 본질적 성정이다. 무릇 문곡이 봉우리를 일으키면 반드시 땅기운이 유정해야 하는데 자연스럽게 그 봉우리들이 이어질 때는 일직선이 아닌 좌우로 어긋나게 생겨난다.[34]

문곡은 맑은 기를 가진 봉우리로 보고 있으며, 오행은 수이다. 『지리인자수지地理人子須知』에서는 수성체에 대해서 다음과 같이 논하고 있다.

수의 체는 명결하고 도량이 큰 바다와 같다. 수성이니 주는 총명, 문장, 지교, 명결, 도량, 여귀가 된다.[35]

이렇게 총명과 문장 등의 관련성을 제시한 것은 중요한 의미를 갖는다.

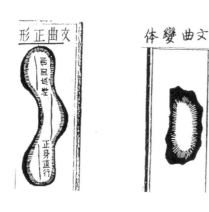

그림 5 문곡성(출처 : 『용수정경』)

그림 6 송광사의 주산

조선시대 학자들의 문집에도 문곡성을 문창성文昌星이라 부르기도 하면서, 문운을 주관하는 별로 인식하고 문재文才가 뛰어난 인사를 비유하는 말로 사용한다. 『연원직지燕轅直指』「유관별록留館別錄」에는 "문창성은 천하의 문장에 관한 일을 주관하는 별인데 선비들이 이를 숭봉하는 것은 영달을 구하기 위한 것"[36]이라 하였다. 그 외에도 『추강집秋江集』「잡저雜著」에는 "고려 시중 강감찬이 송나라 사신에게서 '이 사람은 문곡성의 정기이다.'라는 말을 들었다."[37]라고 하여 고려의 장수 강감찬을 문곡성에 비유하고 있다.

이와 같이 문곡성에 대한 인식과 해석은 다양했으며, 특히 학문탐구와 문재라는 특징에서 선풍을 드날린 송광사의 주산으로서 부합하는 모습이다. 뿐만 아니라 우뚝 솟아 거대한 위용을 자랑하는 모습에서 거찰 송광사를 책임진 주산으로 그 모습마저도 절묘하게 어우러지는 모습이다.

한편,『의룡경疑龍經』「하편下篇」에는 "무릇 주산이 있으면 반드시 마주하여 안산이 있기 마련"[38]이라고 하여 주산과 대비되는 안산은 반드시 필요한 요소로 인식하였다. 물론 그림 7과 같이 송광사에 안산이 있기는 하지만 뚜렷한 형상을 찾기는 어렵다. 단지 우람한 형상으로 전면의 공간을 책임진 모습이다. 그런데 다소 엉뚱하게도『송광사사적』에는 송광사의 안산으로 모후산을 지목한다. 그러나 모후산은 그림 8과 같이 안산의 위치에서 벗어난 외파구에 위치하여 외파구를 관쇄하는 역할에 머물러 있다. 안산은 아내와 부를 주관하는 산으로 해석하지만, 송광사처럼 선풍을 강조하는 사찰에 있어서 이러한 특징적인 모습을 요구하지 않을 뿐만 아니라, 필요한 요인도 아니라 할 것이다.

그림 7 송광사의 안산

그림 8 외파구를 관쇄한 모후산

2. 수선사의 주룡은 연산봉 중출맥의 정통성을 가진 곳에 위치

용은 혈의 크기를 결정하는 데 있어 가장 중요한 의미를 갖는다. 그래서 용에 대한 다양한 요구조건이 따르게 되고 조건요소를 갖출 것을 요구한다. 특히 용의 생사生死와 면배, 빈주, 귀천, 행지, 진가, 박환, 과협, 방정, 장단, 삼락의 구분과 용의 개장과 입수, 태식잉육, 간지, 그리고 태조산, 중조산, 소조산 등과 같은 다양한 특징을 요구하게 된다.

『금낭경錦囊經』에는 대길지가 되는 용맥의 조건으로 "마치 물결과 같고, 마치 달리는 말과 같다. 그 내*함은 달리는 말과 같고, 그 머묾은 시신과 같다. 용인 듯 난조인 듯 혹은 겅중거리기도 하고 혹은 좌정하기도 한다."[39]라고 하여 용의 변화무쌍함이 있어야만 대혈지를 맺을 수 있다는 것이다. 용의 생사 여부를 분류하는 기준은 동動·곡曲을 생으로 보고, 정靜·직直을 사死로 보며, 약동躍動·굴신·屈伸하는 것이 진眞이고 생生이며 반대로 정지靜止, 경직硬直된 것은 위僞이며 사死이다. 이리하여 살아 있는 것은 끊임없이 움직이고 약동굴신하며 반대로 정하고 직하며 정지하고 경직되면 사룡에 해당한다.[40] 『발미론發微論』「생사편生死篇」에는 "대개 기가 있는 것이 생이 되고 기가 없는 것이 사가 된다. 움직여 활동하는 것은 생이 되고 거칠고 군센 것은 사가 된다."[41]라고 하였다. 『명산론明山論』에는 생기가 모이는 것을 선이라 하고 생기가 흩어지는 것을 악이라 하면서 용을 분류하고 있다. 이와 같이 용에 대한 구분과 특징을 요구한 배경에는 용이 가지는 조건 요소가 다양하기도 하지만, 풍수를 구성하는 가장 핵심적인 요소이기 때문이다. 따라서 각종 풍수서는 각각의 풍수논리를 바탕으로 용에 대한 이론을 만들었고, 각 풍수서별로 같은 논리를 구성하기도 하고 약간은 다른 각도에서 바라보기도 하지만, 결국에는 중요성을 인정하는 모습을 보인다. 특히 명대에 출간된 『지리인자수지』는 용의 이론을 집대성하는 모습을 보인다. 앞에서 용의 기본적인 요구조건에 대해서 논리를 구성하였을 뿐만 아니라, 실전을 답사하면서 실제사례까지 제시하였다.

그렇다면 조계산 연산봉의 정기를 송광사에 전달하는 주룡은 어떤 모습일까? 주산으로부터 어떻게 행룡하며, 앞에서 전제한 풍수이론과는 어떻게 부합하는 모습을 보이고 있을까? 이러한 특징적인 모습은 실제로 산에 올라 행룡과정을 살펴보아야만 한다. 연산봉 정상에서부터 용을 따라 걸으면서 행룡과정을 살펴보는 것이 가장 좋은 방법이라 할 수 있겠으나, 용이 가지는 특징적인 모습은 혈처에서 멀어질수록 혈처와의 거리만큼이나 그 영향력이 약해지게 된다. 따라서 양균송의 후예이자 저명한 풍수가인 료우廖禹는 '풍수는 일절용'이라고 하여 일절용의 중요성을 강조하고 있다. 이는 혈처에서 가장 가까운 주룡의 형상을 살펴보면서 생왕사절의 모습을 유추할 수 있으며, 또한 가장 핵심적인 건축물이 어디인지도 확인할 수 있다는 전제가 가능해진다.

연산봉에서 출발한 주룡은 그림 9와 같이 위이기복逶迤起伏하는 힘찬 모습으로 행룡하여 조계사의 바로 뒷산인 현무봉에 이르러 잠시 숨을 고르고, 가파르게 다시 용을 뻗어 내리는 모습이다. 현무봉에서 조계사를 향해 행룡하는 용은 단지 하나만의 용이 있는 것은 아니다. 그림 14와 같이 국사전과 수선사修禪社를 향해 행룡하는 용과 보조국사 사리탑을 향해 행룡하는 용이 대표적이다. 이 중에 가장 힘찬 모습으로 행룡하는 용은 국사전과 보조국사 사리탑을 향해 행룡하는 용이라 할 수 있다. 그러나 있는 듯 없는 듯 낮게 깔려 자신의 모습을 거의 드러내지는 않았으나 분명한 모습으로 행룡하는 용이 가장 중심에 위치한다. 이를 풍수에서는 중출맥이라 하여 가장 정통성을 가진 용맥으로 인식한다. 이 용맥의 끝자락에는 수선사가 위치한다. 송광사의 선풍을 대표하는 수선사의 주룡은 연산봉 중출맥의 정통성을 가진 곳에 위치한다.

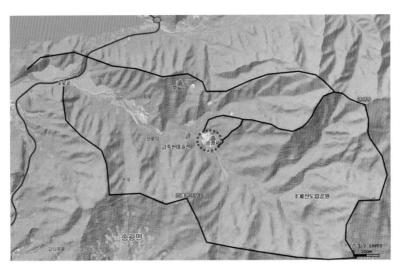

그림 9 송광사의 보국과 주룡의 흐름

3. 송광사의 핵심 수선사

『조선불교통사朝鮮佛敎通史』에 따르면 원래 선종은 중국에서 성립 당시부터 사원 택지법을 중심으로 풍수참을 받아들이고 있었다.[42] 특히 신라의 수많은 입당승入唐僧들이 선법을 전래한 당나라 말기에는 이른바 강서지법으로 대표되는 형세풍수가 이미 강서지방에 유행하고 있었으며, 신라 승의 대부분이 그곳에서 전심하였다.[43] 따라서 정혜결사를 통해 선풍을 일으키고자 하였던 보조국사 지눌의 입장에서는 이러한 선종의 사원 택지법 중심이론인 강서지법의 형세풍수를 배제하기 어려운 중요한 화두로 받아들일 수밖에 없었고, 거조사를 버리고 이곳 송광사로 옮기는 계기가 되었다고 할 수 있다. 더 나아가 가장 우선적으로 건설한 수선사는 당시 선종의 사원 택지법 중심이론인 강서지법의 형세풍수에 가장 부합하는 자리라는 인식을 바탕으로 선정하고 건설하였다는 전제도 또한 성립한다. 이러한 강서지법의 형세풍수는 고려와 조선을 비롯한 현재까지도 풍수의 중심이론으로, 송광사뿐만 아니라 선종의 사원 택지법을 수용한 사찰의 입지선정과 가람배치에 활용되었다.

불교 전래 이전부터 한국에는 산천이 수려한 땅에 신령한 기운이 깃들었다고 여겼다(地靈觀念). 그런데 불교가 전래되면서 이 땅은 과거 부처들과 인연이 있었던 곳이라는 사상이 퍼지기 시작하였고(佛國土緣起說)[44] 사찰 입지선정과 밀접한 관련성을 나타낸다. 이런 사례와 관련하여 『삼국유사三國遺事』의 기록이 다수 확인된다.

송광사는 큰 와혈窩穴의 형상을 한 곳에 입지한다. 이를 활와闊窩라 하는데 그림 10과 같이 마치

하나의 옹기 속에 모여 있는 형국이다. 그렇다고 모든 건축물이 혈처에 자리한 것은 아니고, 그 중에 좁은 의미의 혈처는 따로 존재한다. 이는 중요한 의미를 갖는데, 선풍을 드날린 배경과 혈 처에 중요 건축물의 배치와 밀접한 관련성을 가졌을 것이라는 전제가 성립하기 때문이다.

그림 10 송광사 전경(출처 : http://blog.daum.net)

사찰의 혈처에는 대웅전이 배치되는 것이 일반적인 경우이다. 그러나 다른 사찰과 차별화되 는 특별한 요인을 가져 삼보사찰로 일컬어지는 해인사와 통도사는, 이러한 특징에 부합하는 건 축물을 혈처에 입지시켰다. 먼저 불보사찰로 알려진 통도사는 부처님의 진신사리를 모신 금강 계단을 혈처에 입지시키고 있으며, 법보사찰로 알려진 해인사는 대장경판을 보관하고 있는 장 경각을 혈처에 입지시키고 있다. 그렇다면 승보사찰로 알려진 송광사는 혈처에 어떤 건축물을 입지시켰을까?

우선적으로 생각해볼 수 있는 건축물은 스님들이 수행하는 수선사를 포함한 수행공간으로 생 각할 수 있다. 왜냐하면 송광사를 승보사찰로서 그 위상을 드높일 수 있도록 한 보조국사 지눌 이 가장 우선적으로 세운 건물이라는 상징성과 함께, 수행공간으로 사용하는 건축물이기 때문 이다. 이러한 특징을 『연천옹유산록淵泉翁遊山錄』에는 "설법전의 고고하고 허허로움, 동방장의 그윽 하면서도 한가로운 멋, 이곳은 옛날부터 선사들이 머물러 법음을 펼치던 곳"[45]이라고 하여 송광 사를 대표하는 선수행의 장소임을 확인시켜 주고 있다.

그렇다면 혈을 맺기 위해서는 어떤 조건을 갖춰야 할까? 주산으로부터 뻗어 내린 주룡이 행룡 을 멈추고 이곳에 주산의 정기를 뭉쳐놓아야 한다. 그래서 더 이상의 행룡도 없이 자신의 지기를 맘껏 쏟아내야 되는 것이다. 그런데 건축물을 짓게 되면 용맥의 원형을 그대로 남겨둔 채로 건축물을 앉힐 수는 없다. 산을 깎아내고 파내서 평탄한 지형조건을 만들었을 때에 비로소 기단을 조성하고 건축물을 세울 수 있다. 이러한 모습은 당초의 원형이 없어진 상태이지만, 원래의 모습을 유추해서 혈의 결지 여부를 판단해야 한다. 우선적으로 고려되는 것이 주룡의 유무와 생사 여부를 판단하고, 전순에 해당하는 경사를 축대나 혹은 기단을 쌓아 보충하였는지 여부를 살펴보아야 한다. 이러한 특징적인 모습에 더해 좌청룡과 우백호, 그리고 음양교배를 이루는 물의 형상등도 아울러 살펴보아야 한다. 그러나 아무리 이러한 요소들을 살펴보았다 하더라도 혈의 결지는 주산의 형상과 부합하는 형상을 가져야만 진정한 혈을 결지한 것으로 판단할 수 있다. 양균송은 『감룡경』「변혈편變穴篇」에서 "혈이 용 위의 봉우리 모양을 따르지 않으면 그러한 혈은 단연코 가짜이거나 진짜 혈이 아닌 것"[46]이라 하였다. 이러한 양균송의 논리를 바탕으로 살펴보면, 송광사 주산의 모습은 문창성이라 불리는 문곡성의 형상을 하고 있다. 문곡성은 장심혈掌心穴을 맺는다 하였으니, 혈처는 오목한 와혈의 형상을 한곳에 오랜 행룡의 지친 몸을 풀어놓았을 것으로 판단된다.

그림 11 보조국사 사리탑   그림 12 국사전

이에 대해 장영훈은 보조국사의 사리탑과 국사전을 혈처로 인식하였고,[47] 이봉석도 그의 석사학위논문에서 장영훈을 그대로 인용해서 송광사의 혈처로 보조국사 사리탑과 국사전을 제시하였다. 그러면서 창건자의 사리탑을 혈처에 배치한 것은 지눌의 사상을 수용한 사찰이기 때문이라고 하였다. 또한 국사전을 혈처에 입지시킨 이유로는 보조국사가 절터를 잡을 때 나복산羅葍山(현재의 모악산)에서 나무를 깎은 솔개(木鳶)를 날렸더니, 국사전 뒷등에 떨어지고 앉았으므로, 이 뒷등의 이름을 치락대雉落臺라 불렀다고 하면서 국사전을 혈처로 제시한다. 국사전과 보조국사 사리탑은 강한 입수맥을 바탕으로 혈처로 인식할 만한 충분조건을 가진 것으로 보인다. 왜냐하

면, 『입지안전서入地眼全書』에는 "혈은 내기를 타기 위해 용에 의존한다."[48]라고 한 논리에 부합하는 모습이기 때문이다. 그러나 앞에서 제시한 『감룡경』「변혈편」의 논리에 따른다면, 일단 보조국사 지눌의 사리탑은 문곡성의 주산에서 맺을 수 있는 혈의 형상인 장심혈과는 거리가 멀다. 다시 말해서 보조국사 지눌의 사리탑은 높은 언덕 위에 평지를 이룬 곳에 위치하니 곧 유혈乳穴의 형상을 하고 있어, 『감룡경』「변혈편」의 논리에 부합하지 않는다.

그림 13 설법전과 수선사

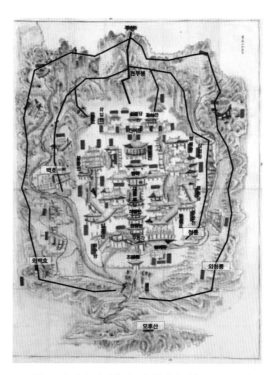

그림 14 송광사 가람배치도에 추가작도(출처 : 규장각)

그렇다면 국사전은 어떠한가? 치락대에 이르러 멈추듯 행룡한 용은 아래에 오목한 혈을 맺었는데 바로 국사전이 입지한 곳이다. 그러나 그림 14와 같이 수선사와 설법전과 같은 수행공간을 중심에 두고 좌측에는 국사전 맥이 우측에는 보조국사의 사리탑이 있는 용맥이 보다 강하고 길게 뻗어 내려 수행공간을 보호하는 모습이다. 이는 국사전 맥이 송광사의 중심 용맥이라기보다는, 중심 용맥인 수선사를 비롯한 수행공간의 용맥을 보호하는 보호사保護砂에 해당한다는 것을 확인시켜준다.

반면에 수선사를 비롯한 수행공간의 용맥은 좌측의 국사전 용맥과 우측의 보조국사 사리탑 용맥의 보호하에 비록 낮지만 힘차게 행룡하는 모습이다. 좋은 용이란 주위에 자신을 호위해주는 산들을 거느리고 전체적인 국세가 균형과 조화, 그리고 안정감을 주는 것이라야 한다는 논리에 부합하는 모습이다.[49] 따라서 송광사의 중심 용맥이 맺은 혈처는 수선사를 비롯한 수행공간이 차지한 것이다. 이는 수선사를 비롯한 수행공간이 '선종의 사원 택지법 중심이론인, 강서지법의 형세풍수에 부합하는 자리라는 인식을 바탕으로 선정하고 건설하였다'는 앞에서의 전제가 맞았다는 것을 입증하는 셈이다. 또한 보조국사 지눌이 송광사의 가장 핵심적인 자리인 혈처에 수행공간을 배치한 이유를 제시한 것으로, 이를 살펴보면 다음과 같다.

첫째, 보조국사 지눌은 선 수행에 충실한 불교수행이 이루어져야 한다는 정혜결사를 주도한 인물이다.

둘째, 앞에서 제시한 것처럼, 이미 선종은 자신들만의 택지법을 바탕으로 입지를 선정하고 있었고 활용성을 담보하고 있었다.

셋째, 선수행과 선종 택지법의 완성을 위해 당시의 판단으로 가장 좋은 입지에 선수행 공간을 건설하는 것은 당연한 귀결이라 할 수 있다. 왜냐하면 정혜결사 당시에는 폐허상태였고, 지형의 원형상태가 가장 잘 보존된 상태이기 때문에 혈처를 찾는 것이 건축물이 많이 건설된 현재보다는 훨씬 쉽게 접근할 수 있었기 때문이다.

이와 같이 송광사의 혈처에 수선사를 비롯한 수행공간이 자리한 배경에는 합리적인 논리구조가 자리한다. 이를 「대승선종조계산수선사중창기大乘禪宗曹溪山修禪社重創記」에는 "경승은 땅이 비옥하고 샘이 달아 숲이 무성하여 진실로 가위 마음을 닦고 기를 수 있도록 집중된 복된 장소가 만들어졌다."[50]라고 하였다.

4. 천일합일의 송광사 물길과 좌향

풍수는 바람과 물이다. 이를 히포크라테스(Hippocrates, B.C. 460?-B.C. 377?)도 중요성을 인식하였고, 바람과 물, 장소의 중요성을 제시한다. 특히 물은 곧 생명이다. 물이 없으면 인간의 생존은 어려운 것이다. 그래서 물이 넘치도록 풍부한 곳을 선호하지만 반대로 물이 곧장 치고 들어오는 곳은 아무리 물이 풍부하더라도 선호할 수는 없다. 이와 같이 물이 가지는 생명력은 절대적인 의미를 갖지만, 그렇다고 무조건 물을 선호하지만은 않았다는 점에서 물의 양면성을 적시하고 있다.

또 다른 관점에서 물은 공간을 구분하는 효과를 가진다. 안과 밖으로 그리고 공간을 경계하는 역할도 아울러 가진다. 이는 물이라는 매개체가 갖는 또 다른 특징으로 물의 크기에 따라 양분하는 효과는 커진다. 즉, 속세의 공간과 수행의 공간을 구분하는 의미를 갖게 되는 것으로, 속세의 묵은 때를 물에 씻어내는 의미도 아울러 갖는 것이다. 따라서 사찰의 진입공간은 의도적이든 의도적이지 않든 간에 물을 건너 들어가는 배치법을 채택하고 있다.

그렇다면 풍수적 관점에서 물은 어떤 형상과 의미를 가졌을까? 『홍재전서弘齋全書』에는 "수성에도 또한 다섯 가지 형태가 마치 오행처럼 있다."라고 하였고, 『지리인자수지』와 『지리오결地理五訣』에서는 보다 구체적인 모습과 길흉을 논하고 있다.

그림 15 송광사 배치도

그림 16 송광사의 물길

송광사의 물길을 『지리인자수지』와 『지리오결』에서 제시한 특징들을 바탕으로 살펴보면, 그림 15와 같이 토성수에 해당한다. 환포하는 형상으로 들어와 음양교배를 끝내고 나가는 부분에서 반배하는 형상을 하는 모습은 선길후흉先吉後凶이라 해석하기도 한다. 그래서 부분적으로 부족한 모습을 보완하기 위해 송광사는 다리를 건설하였다. 송광사를 방문하면서 제일 먼저 맞이하는 청량각淸凉閣의 다리는 속세의 묵은 때를 씻어버린다는 뜻도 가지지만 파구처가 열려서 곧장 빠져나갈 물의 흐름을 늦춰준다는 상징적 의미를 가지고 있다. 다시 말해서 다리가 물의 흐름을 늦춰주고 잡아줄 수는 없지만 관쇄시킨다는 의미를 가지는 것이다. 따라서 파구처에 건설한 다리는 관쇄하는 의미와 비보하는 모습을 아울러 가진다.

그림 17 송광사 능허교   그림 18 송광사 청량각 다리

한편, 물이 가지는 보다 근본적인 바탕에는 음양의 논리를 바탕으로 혈을 결지하기 위한 중요한 역할과 의미를 가진다. 음만으로 혈을 결지하기 어렵고 양만으로 존재할 수 없으니, 음양의 조화는 필수적인 조건이었다. 따라서 풍수에서는 득수처와 파구처를 중시하였고 좌향 결정의 중요한 요인으로 인식하였다.

좌향 결정의 요인들이 비단 물만을 대상으로 결정하는 것은 아니지만 물의 득수처와 파구처를 기준으로 제정된 향법으로는 팔십팔향법八十八向法이 있다. 이 팔십팔향법은 청대의 조정동趙廷棟에 의해 저술된 『지리오결』에 처음으로 소개된 향법으로 양균송楊筠松(834-900)의 14진신수법進神水法과 10퇴신수법退神水法을 바탕으로 창시했던 것이다. 뿐만 아니라 송대의 호순신胡舜申(1131-1162)도 지리신법을 통해 물의 흐름을 중시하였다. 이러한 이기론이 지형지세의 특징적인 모습을 완전히 수용하고 소화하는 데 한계성을 가지지만 논리적 타당성마저 무시될 수는 없는 것이다. 여기에는 음양오행론을 바탕으로 삼합법과 구성법, 그리고 천문과 주역 등과 같은 다양한 논리를 바탕으로 이론을 구성한다. 이와 같이 좌향에 대한 논리적 구성에는 다양한 의미들이 복합적으로 어우러져 하나의 일관된 지향점을 구성한다. 또한 천지인 삼합사상을 바탕으로 하늘이 지향하는 바를 반영한 것이다. 이를 상대적 관념으로 바라보기도 하고, 절대적 관념으로 그 방향성을 이해하기도 하였다. 각각 합리적인 상황논리가 반영되었고 나름의 의미로 승화되는데 공간구성과 방향설정의 기준점이 되기도 하였다.

한국의 전통사상이란 과거부터 지금까지 우리의 관념 속에 잠재된 한민족의 생활관이며 사유세계이다. 우리의 전통사상은 끊임없이 천인합일天人合一을 추구해왔다. 그 구체적인 실천방법으로 유교에서는 지행합일知行合一을 이루고자 하였으며, 덕을 기르는 기본 목표로 하였다. 불교에서는 귀일歸一을 추구하는 수행으로서 표현되었다. 불교는 본래 깨달음을 목적으로 하는 수행체계이기 때문에, 수행을 통해서 깨달음에 이르는 것이 가장 의미 있는 것이라고 할 수 있다.

그림 19 송광사의 좌향(출처 : 김정문 외, 2005)

고려조에 중창이 이루어진 송광사의 좌향을 어떻게 어떤 향법을 적용하였는지 판단할 수는 없다. 단지 현재 송광사에 나타난 대부분의 건축물의 좌향은 그림 19와 같이 갑좌경향甲坐庚向으로 서향을 하였다는 점은 확인할 수 있다. 이러한 좌향의 선택은 형세적 관점에서 이루어진 것이라는 큰 틀의 특징만을 도출할 수 있을 뿐이다. 왜냐하면 고려시대에 적용하던 향법이 현재 밝혀진 바가 없고 확인할 수 있는 문헌자료가 없기 때문이다. 대웅전에서 측정한 득파는 손득巽得에 신파辛破이다.

Ⅳ. 법계도의 모양에 따른 공간배치

송광사는 전라남도 순천시 송광면 조계산 자락에 위치한 삼보사찰 중에 하나로 고려시대에 16국사를 배출한 승보사찰로 유명하다.

송광사의 주변 환경과 자연경관에 대해서『연려실기술 별집』「지리전고」에는 '순천 조계산의 송광사는 물과 바위가 깨끗하고 봉만이 밝고 곱다'고 밝힌 것처럼 천혜의 조건을 구비한 송광사의 원래 이름은 길상사였다. 신라 말 혜린대사가 터를 잡고 산명을 송광, 절 이름을 길상이라 하여 창건하였다. 이 무렵 가람은 백여 칸에 달하고 30-40여 명의 대중이 거주하였다고 한다. 이는 『송광사사적비』『보조국사비명』등의 기록에 보이는 길상사에 관한 창건 당시 내용의 전부이지만, '길상'이라는 절 이름이 화엄 제2의 설주인 문수사리의 역어이므로 절의 성격은 화엄종 사찰이었음을 짐작하게 한다. 그 뒤 고려시대에 이르러 석조대사 이후 50여 년 동안 버려지고 폐허화된 길상사가 보조국사 지눌의 정혜결사가 이곳으로 자리를 옮기면서 주목받기 시작한다. 특히 거조사로부터 길상사로 정혜결사를 옮겨와 수선사로 이름을 바꾸면서 산 이름도 송광에서 조계로 바꾸고, 뒤에 절 이름도 수선사에서 송광사로 불리게 되어 조계산 송광사가 되었다. 지눌이 타계한 이후 그의 법을 이은 진각·혜심스님은 수선사의 전통을 이어 선풍을 크게 진작시켰다. 이에 수많은 사람들이 모이게 되자 다시 절이 비좁게 되었다. 강종이 이 소식을 듣고 명을 내리어 절을 크게 증축하였다. 이러한 중창이 8번에 걸쳐 이루어진다.

송광사는 『조계산송광사사고』「국사전중창상량명병서」에서 '절을 법계도의 모양에 따라 배치하였다'고 하였고, 「해청당중수기」에서는 '요사의 이름을 법계도의 내용에서 따왔다'고 밝힌 것처럼 다른 사찰에서는 보기 어려운 가람배치의 특징을 보여준다. 그 외에도 설법전과 수선사, 국사전, 조사영각이 대웅전보다 높은 곳에 입지하는 모습을 보이는데, 여기에는 송광사가 선 수행으로 유명한 사찰로 자리한 배경이라 할 수 있다.

당시에 이미 자리한 사원택지법과 강서지역에서 유행하던 형세지법의 풍수논리는 입지선정에 있어서 중요한 의미와 역할을 수행하였다. 뿐만 아니라 불교 전래 이전에 산천에 신령의 기운이 있다는 지령관념이 자리하고 있었다. 이후에 불교가 전래하면서 과거 부처들과 인연이 있었던 곳이라는 불국토연기설이 퍼지기 시작하였고 사찰 입지선정에 밀접한 관련성을 가진다. 이러한 사상을 바탕으로 입지를 선정하고 공간을 구성한 송광사의 풍수적 특징은 다음과 같다.

첫째, 주산인 조계산의 연산봉은 문곡 수성체의 모습이다. 이러한 문곡성의 형상은 풍수서와 조선시대 학자들의 문집에서 문곡성을 문창성이라 하면서, 문운을 주관하는 별로 인식하고 문재가 뛰어난 인사를 비유하는 말로 사용한다. 비록 문곡성에 대한 인식과 해석은 다양했지만, 학문탐구와 문재라는 특징적인 모습에서 선풍을 드날린 송광사의 주산으로써 부합하는 모습이다.

둘째, 송광사의 혈처에 지기를 전달하는 주룡은 힘차게 행룡하는 생룡의 모습이다. 현무봉에서 조계사를 향해 행룡하는 용은 국사전과 수선사를 행해 행룡하는 용과 보조국사 사리탑을 향해 행룡하는 용이 대표적이다. 이 중에 있는 듯 없는 듯 낮게 깔려 자신의 모습을 거의 드러내지는 않았으나, 분명한 모습으로 행룡하는 중출맥은 수선사로 이어진다. 곧 송광사의 선풍을 대표하는 수선사의 주룡은 연산봉의 중출맥으로 정통성을 가진 곳에 위치한 모습이다.

셋째, 송광사의 혈처에는 수선사를 비롯한 수행공간이 자리한다. 보조국사 지눌은 송광사의 가장 핵심적인 자리인 혈처에 수행공간을 배치해야만 했다. 그 이유는 다음과 같다.

1. 보조국사 지눌은 정혜결사를 주도한 인물이다.
2. 선종은 자신들만의 택지법을 바탕으로 입지를 선정하고 있었고 활용성을 가졌다.
3. 선禪 수행을 위해 가장 좋은 입지를 선정하는 것은 당연한 것인데, 당시에는 폐허상태였기 때문에 혈처를 찾기가 훨씬 용이하였다.

넷째, 송광사의 물길은 환포하는 토성수 형상이나, 파구처 부분이 반배하는 형상으로 선길후 흉하는 모습이다. 이렇게 부분적으로 부족한 모습을 보완하기 위해 송광사는 다리를 건설하여 물을 관쇄하는 효과를 바탕으로 비보하고자 하였다.

이상과 같이 송광사는 선종의 전통적 택지법을 바탕으로 산수조화를 이룬 곳에 송광사를 건설하였다. 더 나아가 불교가 추구하는 깨달음의 세계를 완성하는 데 있어, 풍수사상이 추구하는 가장 핵심적인 공간인 혈처를 활용하는 노련함을 보여주고 있다. 또한 건물의 배치에 따른 공간 구성은 법계도의 모양에 따라 배치하고, 요사의 이름을 법계도의 내용에 따르는 모습에서 불교적 사상을 완성하였는데, 풍수사상은 절묘한 결합을 이루어냈다고 할 수 있다. 즉, 불교와 풍수사상은 각각 합리적인 상황논리를 반영하였고, 송광사 공간구성과 입지선정에 있어서 방향설정의 기준점으로 작용하였다.

1 두산백과(www.doopedia.co.kr), 검색일 : 2013. 6. 10.

2 정은우, 「여말선초의 금동불감 연구-순천 송광사 高峰國師 불감을 중심으로」 『불교미술사학』 제15집, 불교미술사학회, 2013, pp.101-126.
   이승주, 「松廣寺 應眞堂 十六羅漢圖 硏究」, 동국대학교 석사학위논문, 2007.

3 남호현, 김희철, 「松廣寺 國師殿 칸의 擴張에 관한 硏究」 『대한건축학회지』 제22권 제7호 통권 제213호, 대한건축학회, 2006, pp.173-180 .
   김희철, 남호현, 「수선사형지기에 나타난 고려시대 송광사 건물에 관한 연구」 『전남대학교 호남학연구』 제42집, 전남대학교 호남학연구원, 2008, pp.143-167.
   경훈, 「松廣寺 伽藍配置의 特性에 관한 硏究」, 동국대학교 석사학위논문, 2003.

4 황인규, 「수선사 16국사의 위상과 추념 : 송광사의 승보종찰 설정과 관련하여 試攷함」 『보조사상』 제34집, 보조사상연구원, 2010, pp.87-121.
   조명제, 「朝鮮後期 松廣寺의 전적 간행과 사상적 경향」 『보조사상』 제32집, 보조사상연구원, 2009, pp.13-53.

5 노기춘, 「새로 發見된 「注金剛般若波羅蜜經」과 松廣寺 寺名에 관한 硏究」 『서지학연구』 제29집, 서지학회, 2004, pp.361-380.
   박지선, 「송광사 소장 佛書의 보존에 관한 연구」 『서지학연구』 제30집, 서지학회, 2005, pp.61-72.
   강순애, 「송광사 사천왕상 발굴의 丹本章疏 「法華經玄贊會古通今新抄」 권1·2에 관한 서지적 연구」 『서지학연구』 제30집, 서지학회, 2005, pp.5-43.

6 김정문, 「曹溪山 松廣寺의 空間 構成原理 및 體系에 關한 硏究」, 전북대학교 박사학위논문, 2005.

7 조태성, 「순천 송광사(松廣寺)의 선시(禪詩) 전통」 『배달말』 통권 제37호, 배달말학회, 2005, pp.49-67.
   송은석, 「17세기 전반 曹溪山 松廣寺와 彫刻僧-覺敏, 應元, 印均」 『보조사상』 29권, 보조사상연구원, 2008, pp.295-333.

8 조영훈, 조성남, 이찬희, 「순천 송광사 사천왕상 소조토의 제작기법과 원산지 해석」 『보존과학회지』 26(1), 한국문화재보존과학회, 2010.
   엄기표, 「高麗後期 松廣寺 出身 16國師의 石造浮屠 硏究」 『한국문화사학회 문화사학』 제29호, 한국문화사학회, 2008, pp.41-89.

9 이봉석, 「조계산 송광사의 입지와 공간구성에 대한 풍수지리적 고찰」, 영남대학교 석사학위논문, 2010.

10 최원석, 「한국에서 전개된 풍수와 불교의 교섭」 『대한지리학회지』 제44권 제1호 통권 130호, 대한지리학회, 2009, p.85.

11 『練藜室記述 別集』 卷16 「地理典故」 山川形勝 條 : 順天曹溪山松廣寺 水石淸潔 峯巒明麗.

12 홍윤식, 『한국의 가람』, 민족사, 1997, p.351.

13 송광사 홈페이지(www.songgwangsa.org), 검색일 : 2013. 5. 19.

14 『東門選』 「碑銘」 曺溪山修禪社佛日普炤國師碑銘 條 : 至移社松廣 亦循其名 後以隣有寺同稱者 因受朝旨易焉 所謂修禪社也.

15 송광사 홈페이지(www.songgwangsa.org), 검색일 : 2013. 5. 19.

16 고려 熙宗.

17 『東門選』 「碑銘」 曺溪山修禪社佛日普炤國師碑銘 條 : 命改號松廣山爲曹溪山 吉祥寺爲修禪社 親書題榜.

18 송광사 홈페이지(www.songgwangsa.org), 검색일 : 2013. 5. 19.

19 『世宗實錄』 세종 6년 10월 25일 條.

20　강건기, 김성우, 권희경,『송광사』, 대원사, 2004, pp.31-34.

21　조명제 외 3인 역주,『曹溪山松廣寺史庫』「山林部」, 혜안, 2009, p.16 : 山脈始自小白山 系而經由德裕蘆嶺等 諸山東之一支 逶迤蔓延 爲潭陽之秋月 光州之無等 長興之天冠錯頭熊峙 陵州之中條寶城之馬峙 而止海.

22　조명제 외 3인 역주, 앞의 책, p.16 : 焉就中自中條 而未及馬峙之間 東北一支 由樂安之金華山 而蜿蜒起伏之勢 成此山也 玆山之名於世遠 自麗朝普照國師 修禪安居而愈顯焉.

23　조명제 외 3인 역주, 앞의 책, p.17 : 今我朝鮮曹溪山之稱 奧在麗朝普照國師 住錫于松廣山 結定慧社 大闡曹溪宗旨 福國祐世 熙宗四年戊辰歲 上聞而嘉之御題曰 曹溪山松廣社由是

24　홍윤식, 앞의 책, p.357.

25　천득염, 마한역사교실(http://mahan.wonkwang.ac.kr), 전남의 천년고찰, 송광사, 검색일 : 2013. 5. 19.

26　법계도는 의상(義湘)이 화엄경의 요체를 210자로 간추려 54각의 각이 있는 도인(圖印)에 합쳐 만든「화엄일승법계도(華嚴一乘法界圖)」를 말한다. 그 형태는 처음과 끝이 단절 없이 연결된 정방형이다. 이처럼 송광사의 가람배치는 치밀한 계획 아래 이루어졌다. 또한 법계도에 따른 의궤는 선(禪)에 기반을 두고 화엄사상을 익혔던 보조국사의 사상과도 상통하는 것으로 송광사 가람의 특성을 단적으로 이 대웅보전 구역에서 발견하게 된다.(홍윤식,『한국의 가람』, 민족사, 1997, p.36.

27　『曹溪山松廣寺史庫』「國師殿重刱上樑銘幷序」, 韓國寺誌叢書 2집, 아세아문화사, 1977, pp.164-169 : 高峯末孫宏刱寺宇法界圖之軆形.

28　앞의 책, p.278.

29　『牧隱文藁』卷14「碑銘」普濟尊者謚禪覺塔銘 幷序 條 : 謂松廣寺東方第一道場.

30　『牧隱文藁』卷8「詩」代書奉簡松廣和尙 條.

31　홍윤식, 앞의 책, pp.356-357.

32　홍윤식, 앞의 책, p.372.

33　胡舜申, 김두규 역『地理新法』, 비봉출판사, 2005, p.92 : 然文曲大率遇吉 則同爲吉. 乃爲文采.

34　楊均松, 김두규 역『撼龍經‧疑龍經』, 비봉출판사, 2009, p.84, p.87 : 文曲正形蛇行樣 此星柔 順最高情. 凡起星峰必有情 自然連接左右生.

35　徐善繼 徐善述『地理人子須知』上, 北京 : 華齡出版社, 2007, p.218 : 淸者爲秀星 性行明潔 度量汪洋之應. 秀星 主聰明文章 智巧明潔 度量及女貴.

36　『燕轅直指』卷6「留館別錄」樓觀寺廟 條 : 文昌星君。主天下文事 士子所崇奉 以求利達者也.

37　『秋江集』卷6「雜著」: 高麗侍中姜邯贊爲宋使云 此文曲星精.

38　楊筠松, 김두규 역,『撼龍經‧疑龍經』「下篇」, 비봉출판사, 2009, p.271 : 大凡有形必有案.

39　최창조,『靑烏經‧錦囊經』, 민음사, 1993, pp.122-127 : 若水之波 若馬之馳. 其來若奔 其止若尸 若龍若鸞或騫或盤.

40　村山智順, 崔吉城 譯,『조선의 풍수』, 민음사, 1990, p.52.

41　『發微論』「生死篇」: 有氣者爲生 無氣者爲死 活動者爲生 粗硬者爲死.

42　李能和,『朝鮮佛教通史』下, 보련각, 1990, p.252.

43　양은용,「도선국사 비보사탑설의 연구」『도선연구』, 민족사. 1999, p.127 참조.

44　고익진,『한국고대불교사상사』, 동국대출판부, 1985, p.227.

45　『淵泉翁遊山錄』: 說法殿之虛靜 東方丈之幽閒 皆古禪宿之法音所流演(신대현,『조계산 송광사』, 재단법인대한불교진흥원, 2010, p.84 재인용).

46　양균송, 김두규 역, 앞의 책, p.259 : 穴若不隨龍上星 斷然是假不是眞.

47　장영훈,『산나고 탑나고 절나고』, 도서출판 담디, 2007, p.234, p.274

48　辜託長老, 淸浩仙師외 역,『入地眼全書‧善成堂藏板』, 청운문화사, 2003, p.220 : 穴依龍以乘內氣.

49　최창조,『좋은 땅이란 어디를 말함인가』, 서해문집, 1990, p.197.

50　朝鮮總督府,「大乘禪宗曹溪山重創記」『增補校正朝鮮寺刹史料』上, 고려서림, 1986, p.275 : 境勝而地肥甘泉而林茂眞 可謂 修心養性集衆 作福之所也.

참고문헌

『練藜室記述 別集』

『東門選』

『世宗實錄』

『燕轅直指』

『牧隱文藁』

『牧隱文藁』

『秋江集』

『發微論』

『淵泉翁遊山錄』 : 신대현, 『조계산 송광사』, 재단법인 대한불교진흥원, 2010.

『曹溪山松廣寺史庫』「國師殿重刱上樑銘幷序」, 韓國寺誌叢書 2집, 아세아문화사, 1977.

강건기, 김성우, 권희경, 『송광사』, 대원사, 2004.

고익진, 『한국고대불교사상사』, 동국대 출판부, 1985.

辜託長老, 淸浩仙師 외 역, 『入地眼全書 - 善成堂藏板』, 청운문화사, 2003.

두산백과(www.doopedia.co.kr), 검색일 : 2013. 6. 10.

徐善繼, 徐善述 『地理人子須知』, 北京 : 華齡出版社, 2007.

송광사 홈페이지(www.songgwangsa.org), 검색일 : 2013. 5. 19.

楊筠松, 김두규 역, 『撼龍經 · 疑龍經』, 「下篇」, 비봉출판사, 2009.

양은용, 「도선국사 비보사탑설의 연구」『도선연구』, 민족사. 1999.

李能和, 『朝鮮佛敎通史』下, 보련각, 1990.

장영훈, 『산나고 탑나고 절나고』, 도서출판 담디, 2007.

조명제 외 3인 역주, 『曹溪山松廣寺史庫』, 「山林部」, 혜안, 2009.

朝鮮總督府, 「大乘禪宗曹溪山重創記」, 『增補校正朝鮮寺刹史料』上, 고려서림, 1986.

천득염, 마한역사교실(http://mahan.wonkwang.ac.kr), 전남의 천년고찰, 송광사, 검색일 : 2013. 5. 19.

村山智順, 崔吉城 譯, 『조선의 풍수』, 민음사, 1990.

최원석, 「한국에서 전개된 풍수와 불교의 교섭」, 『대한지리학회지』제44권 제1호 통권 130호, 대한지리학회, 2009.

최창조, 『좋은 땅이란 어디를 말함인가』, 서해문집, 1990.

최창조,『靑烏經・錦囊經』, 민음사, 1993.

胡舜申, 김두규 역,『地理新法』卷上, 文曲論, 비봉출판사, 2005.

홍윤식,『한국의 가람』, 민족사, 1997.

제4장

선찰대본산 범어사 입지의 풍수환경과 공간구성

제4장

선찰대본산 범어사 입지의 풍수환경과 공간구성

Ⅰ.창사이념인 화장세계(華藏世界)의 장엄(莊嚴)을 실천한 범어사

　범어사는 부산을 대표하는 금정산의 품안에 안겨, 창사이념인 화장세계의 장엄을 실천하였다. 특히, 범어사는 선(禪)을 특화한 사찰로 해인사, 통도사와 함께 영남의 3대 사찰이다. 범어사는 이름에 걸맞게 수많은 고승을 배출하였고, 우리 불교사에 있어서 선종의 종찰로 우뚝 선 모습이다. 또한, 덕숭문중과 함께 조계종의 양대 문중으로 자리한 범어문중의 중심사찰로서 그 위상을 드러내고 있다. 현재는 범어총림으로 새 출발하여 새로운 영역을 구축하는 모습이다.

　범어사를 비롯한 우리의 전통사찰은 독특한 입지환경을 통해, 각각의 특징적인 모습을 드러내고 있다. 여기에 더해 공간구성도 사찰의 특성과 조화를 이루는 모습을 보이는데, 이 또한 우리 전통사찰이 가진 특징이라 할 수 있다. 특히 범어사는 한적함과 아늑함을 통해 안정적인 수행의 공간을 만들고자 하였으며, 입지와 공간구성은 자연지형과 조화를 이루면서도 전통사찰의 특징을 고스란히 간직한 모습이다. 이러한 범어사를 기존에는 주로 건축적 측면에서 연구가 이루어졌고,[1] 풍수적 관점[2]과 기타 관점[3]에서 이루어진 연구는 소략한 실정이다. 우리 전통사찰의

---

* 『선도문화』 제19권(2015. 9.)에 게재.

특징적인 모습은 다양한 각도에서 조명되어야 함에도 불구하고, 아직 편중된 모습을 보이고 있는 것이 사실이다. 따라서 본 연구는 범어사 입지와 공간구성에 반영된 특징적인 모습을 풍수적 관점에서 살펴보고자 한다. 특히 형세적 관점에 중점을 두고자 하며, 선찰대본산禪刹大本山이라는 특징 속에는 어떤 모습으로 승화·발전되고 있는지 밝혀보고자 한다. 이를 위해 현재의 범어사를 기준으로 여러 풍수문헌자료와 현장조사를 통해 살펴본다.

우리 전통사찰의 입지선정과 공간구성은 여러 연구에서 확인된 것처럼 풍수에 바탕을 두고 이루어졌다. 이를 통해 합리적인 공간구성으로 승화되고 있는데, 이는 불교가 가진 특징적인 모습이라 할 수 있다. 다시 말해서 불교는 전통문화와 사상, 그리고 신앙까지도 모두 수용하고 있으며, 불교가 지향하는 사상과 풍수논리는 절묘한 조화를 바탕으로 이루어졌다는 것을 확인시켜준다.

II. 범어사의 연혁과 입지환경

1. 1,300여 년의 역사를 가진 범어사

범어사는 1,300여 년이라는 긴 세월의 역정만큼이나 우뚝한 탈속의 세계를 구현하고 있다. 우선 창사의 이념인 화장세계의 장엄을 주변 환경과 조화를 통해 이루어냈다.[4] 이와 같이 오랜 역사와 전통을 바탕으로 창사이념을 실천한 범어사는 화엄종 10찰 중의 하나이며, 일제강점기에는 31교구 본산의 하나였다. 현재는 조계종 제14교구 본사이다.

범어사가 처음으로 언급된 기록은 최치원이 지은 「당대천복사고사주번경대덕법장화상전唐大薦福寺故寺主翻經大德法藏和尚傳」이다. 여기에서 최치원은 범어사를 화엄종의 십찰로 언급하고 있다.[5] 이후에 일연스님의 『삼국유사』「의상전교義湘傳敎」에도 화엄십찰로 다시 등장한다.[6] 그 외에도 범어사 창건에 대한 기록은 목판본인 「고적古蹟」과 「범어사창건사적梵魚寺創建事蹟」,[7] 그리고 「금정산범어사 초창급중건金井山梵魚寺初創及重建」 등이 있다.[8]

범어사 창건과 관련하여 기록에 따라 약간의 차이가 있는데, 「범어사창건사적」에는 신라 흥덕왕 때에 창건되었다고 기록하고 있다. 반면에 「고적」에는 당 문종 태화 19년(乙卯) 신라 흥덕왕 때에 창건되었다는 기록이 있다.[9] 그런데 태화라는 연호는 827년부터 835년까지 사용한 연호이기 때문에, 태화 19년은 존재하지 않는다. 이에 대해 채상식과 최완수는 각각 다른 주장을 하고 있는데, 먼저 채상식은 을묘년은 태화 9년에 해당하고 흥덕왕 10년에 해당하는 것이니, 태화 19년은 9년의 착오 내지는 오기라고 인식하였다.[10] 반면에, 최완수는 문묘왕 19년 기묘己卯를, 착오를 일으켜 태화 19년으로 기록한 것이라 주장한다. 그 이유로 문무왕 19년(679)은 의상대사가 태백산에 부석사를 지은 지(676) 3년 뒤의 일이고, 당나라 수군을 제압한 지 3년이 지난 시기로 문무왕의 연출이 가능했다는 주장을 담고 있다.[11] 이러한 두 사람의 주장은 나름 일리가 있으나, 각각의 인식에는 한계가 있는데 모두 착오 내지는 오기라는 것이다. 물론 이러한 사항이 오기나 착오일 수도 있겠으나, 그렇게 단순한 이유라고 하기보다는 의도적인 것을 완전 배제할 수 없다면 아울러 고려할 필요가 있다.

그 외에 금정산과 범어사에 대한 기록은 『신증동국여지승람新增東國輿地勝覽』 동래현조東萊縣條에 나타나는데 다음과 같다.

> 금정산은 현의 북쪽 20리에 있으며, 산마루에 3장丈 정도 높이의 돌이 있는데, 위에 우물이 있다. 둘레가 10여 자이며, 깊이는 7치쯤 된다. 물이 항상 가득 차 있어 가뭄에도 마르지 않고, 빛은 황금색이다. 세상에 전하는 말로는, 한 마리의 금빛 물고기가 오색구름을 타고 하늘에서 내려와, 그 속에서 놀았다 하여 이렇게 그 산을 이름 지었고, 인하여 절을 짓고 범어사라 불렀다.[12]

이러한 창건설화는 『세종실록』 「지리지」를 비롯해서, 동계스님이 지은 「범어사창건사적」에도 나타난다.

한편, 범어사의 중건과 관련하여 고려 때의 기록은 전하지 않아 알 수 없는 반면에, 조선시대에는 전하는 기록이 비교적 많아 보다 자세히 알 수 있다. 범어사는 임진왜란 때 모두 불타버려 10여 년을 폐허로 있다가, 선조 35년(1602)에 중건하였으나, 또 다시 화재를 당하였다. 광해군 5년(1613)에 여러 고승들의 협력으로 중창하여 법당과 요전, 불상과 십왕상, 그리고 필요한 모든 집기什器를 갖추었다고 하는데, 이에 대한 자세한 내용은 숙종 40년(1714) 봉상이 쓴 「미륵조상중수기」가 있다.

범어사는 임진왜란 당시 모든 전각이 불타고 남은 승려들이 초막을 짓고 생활하였다. 그러나 임란을 계기로 범어사는 새로운 국면을 맞이한다. 숙종 29년(1703) 부의 서북쪽 금정산에 산성을 쌓을 때 승영사찰僧營寺刹의 역할을 맞게 되면서, 임란의 피해로부터 거의 벗어난다.[13] 선조 35년(1709)에는 홀연히 미륵전 터에서 부처님 얼굴 반쪽이 나타났다는 기록이 전한다. 이후 인조 16년(1638) 인흡 등이 보호각을 세우고, 선각이 개금하였으며, 숙종 40년(1714)에는 명학이 미륵전과 미륵불상을 중수하였다고 한다. 「법당중수겸단확기法堂重修兼丹雘記」에는 임란 후 선조 35년(1602)에 묘전 등이 초창하고, 효종 9년(1658)에 해민이 중창하여 삼존불을 신조하여 모셨다고 한다. 그 외에도 범어사는 지속적으로 중창이 이루어져 부산을 대표하는 사찰로 성장하였다.

2. 호국사찰로서의 범어사

범어사는 부산시 금정구 범어사로 250에 위치한다. 범어사가 위치한 금정구는 부산의 최북단에 위치하며 육로교통의 관문에 해당한다. 이러한 금정구의 역사에 대해 『세종실록』「지리지」동래현조에는 다음과 같이 기록하고 있다.

> 본디 거칠산군居漆山郡인데, 경덕왕이 지금의 이름으로 고쳤다. 고려 현종 무오년에 울주 임내蔚州任內에 붙였다가, 뒤에 현령縣令을 두었는데, 본조 태조 6년 정축에 비로소 병마사겸판현사兵馬使兼判縣事를 두었다가, 금상今上 5년 계묘에 첨절제사로 이름을 바꾸었다. 속현이 1이니, 동평현이다. 본래 대증현인데, 경덕왕이 지금의 이름으로 고쳐서 동래군의 영현으로 삼았고, 고려 현종 무오년에 양주 임내에 붙였는데, 본조 태종 5년 을유년에 본현에 내속시켰다가, 기축년에 다시 양주로 붙였고, 금상 10년 무신에 도로 본현으로 붙였다. 부곡이 2이니, 고지도와 조정이며, 향이 1이니, 생천이다. 사방 경계는 동쪽으로 기장에 이르기 15리, 서쪽으로 량산에 이르기 32리, 남쪽으로 대해에 이르기 19리, 북쪽으로 량산에 이르기 22리이다.[14]

이와 같이 금정구의 역사는 신라 35대왕 경덕왕 이전부터 시작된 이후, 고려와 조선시대를 거치면서 많은 변화를 겪게 되는데, 이는 범어사의 오랜 역사를 대변하는 모습이다. 범어사가 위치한 금정산은 오랜 역사만큼이나, 긴 행룡을 통해 그 위치를 확정한다.

그림 1 해동지도 중 동래(출처 : 규장각한국학연구원)

금정산은 양산의 원효산에서 시작하여 장군봉(727m)과 상계봉(638m)을 거쳐 백양산(642)까지 이어져, 고원견산(504m)과 구덕산(562m), 시약산(590m), 승학산(495m)으로 이어진 금정산맥을 이루고 있다.[15] 범어사는 태백산맥의 연봉들이 남해로 달려서 끝닿은 곳, 해발 801m의 금정산 자락이 동쪽으로 완만하게 흐르면서 계명봉과 만나는 넓은 경사지대에 자리 잡았다.[16] 특히, 주봉인 고당봉은 낙동강 지류와 동래구를 흐르는 수영강의 분수계를 이루는 화강암의 봉우리이다. 가람배치는 자연지형에 따라 계곡과 평행하여 동향하는 모습이다. 건축물의 구성은 대웅전을 중심으로 불전 7동, 누 2동, 문 3동, 영각 1동, 요사 등 대소 건물 160여 동의 건물군을 형성하고 있다. 여기에 청련암을 비롯하여 내원암, 계명암, 대성암, 금강암, 안양암, 미륵암, 원효암, 사자암, 지장암 등의 암자를 포함한다.

범어사의 가람배치와 관련하여 가장 오래된 기록으로는, 숙종 26년(1700) 제월담권霽月曇捲이 보제루와 종루, 불이문, 천왕문등을 건립하는 등 본격적인 중창불사와 함께 사지의 정비를 도모한 기록으로「고적」이 있다. 범어사가 현재와 같은 가람을 구성하게 된 것은 17세기 초 묘전화상妙全和尙의 역사 이후라 한다.

범어사의 창건목적이 왜적의 침입에 대비한 것이라 하는데,「고적」에는 "이 절은 실로 국가의 긴요한 비보사찰이라 후대에 어진이가 계속하여 나서 계승하지 않고, 국가에 병란이 일어나 도왜島倭가 입침하거든, 곧 고문을 찾아 범어사를 중창하고, 장육의 미륵상과 사방천왕과 대범제석과 비로자나불과 문수동자와 금강을 잡은 신중상을 조성하여 화엄을 독송하는 소리가 항상 끊어지지 않게 하면, 천과가 자연소멸하고 왜구도 또한 퇴치되며 어진 이가 대대로 끊어지지 않을 것"[17]이라 하였다. 이와 같이 범어사는 불교를 통해 전란을 극복하고, 더 나아가 자연지형을 이용하여 왜적의 침입에 대비하고자 하였다.

『회남자』「병략훈」에는 적을 방어하는 데 있어서 지리地理만큼 편리한 것이 없다고 하였는데,[18] 범어사는 금정산의 지형적 특징을 통해 방어효과를 극대화하였다. 먼저 범어사의 주산인 금정산은 우람함과 함께 크게 환포하여 포용하는 형상이다.[19] 포용과 환포, 그리고 반배反背와 비주飛走 같은 형상은 서로 대비되는 개념으로, 산의 면배를 구분하는 기준점이다. 이를『지리인자수지』는 유정有情과 무정無情의 구분이라 하였다면,[20]『의룡경』은 완만함과 험한 벼랑으로 대비시키고 있다.[21]

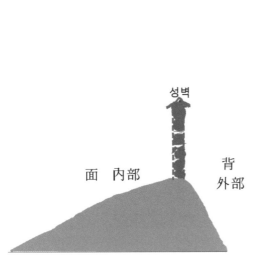

그림 2 면배를 이용한 방어수단

그림 3 1872년 지방지도−금정산성진지도
(출처 : 규장각한국학연구원)

그림 2와 같이 면은 완만한 경사를 이룬 곳으로 환포하는 안쪽에 해당한다면, 배쪽은 가파른 경사를 이룬다. 범어사는 이러한 면배의 특징을 활용하여 방어효과를 극대화하였는데, 이를 살펴보면 다음과 같다.

첫째, 그림 3과 같이 범어사는 금정산성을 배후에서 지원할 수 있는 가장 요충지에 입지하였고, 이를 적절히 활용하는 모습이다. 『숙종실록』에는 "부 뒤에는 금정산이 있고, 산 뒤에는 범어사가 있는데, 이 두 곳은 다 성을 쌓기에 알맞다."[22]라는 기록이 있는데, 이는 앞에서 전제한 내용을 입증하고 있다.

둘째, 범어사의 승려들을 금정산성의 지원요원 내지는 수비요원으로 활용할 수 있었다. 깊은 산속에 위치한 범어사는 외부에 노출되지 않았고, 승려가 가진 특수한 신분은 밖의 전황을 파악ㆍ전달하는 데 유용한 측면이 강했기 때문이다. 이러한 이유로 임진왜란 당시에 범어사는 철저히 파괴되었고 초창기의 모습을 알 수 없게 되었다.

III. 의상대사가 건설한 범어사 입지의 풍수환경

최치원이 지은 숭복사 비문은 불교가 우리나라에 전파된 이후, 중요사찰의 입지선정은 풍수에 바탕을 두고 이루어졌다는 것을 확인시켜준다.[23] 이와 같이 우리의 전통사찰은 풍수가에 의해 입지선정이 이루어졌음에도 불구하고, 누가 선정하고 공간을 구성하였는지 기록으로 남기는 데 인색하였다. 그러나 범어사 창건기록인 「고적」에는 상지관은 예공화상이라고 분명히 밝히고 있다. 여기에서 예공화상銳公和尙은 의상대사를 말하는 것으로, 의상대사는 당나라 유학을 통해 당시에 유행하던 강서학풍의 풍수를 익힌 것으로 보인다. 따라서 범어사의 입지에 반영된 풍수적 특징을 살펴보는 것은 그 의미가 크다.

1. 범어사에 정기를 제공하는 주산과 주룡

그림 4 범어사 주산과 전경(출처 : http://gyotonghungbo.tistory.com)

『회남자』「병략훈」에는 지리라는 것은 뒤가 높고 앞이 낮으며, 좌측에 구릉이 있고 우측에 계곡이 있는 것이라 하였는데,[24] 이를 풍수에서는 주산과 안산, 그리고 좌청룡과 우백호라 한다. 이러한 각각의 요소들은 서로 조화를 이루어야 한다.

먼저 주산의 형상에 대해, 『금낭경』「사세편」에는 우뚝 솟을 것을 제시하였는데,[25] 이는 우람함만을 제시한 것이 아니라, 주변 환경과 어우러질 수 있는 조건까지를 포함하고 있다. 혈처에 정기를 제공하는 역할로서 주산은 중요한 의미를 갖는데, 범어사의 주산인 금정산이 갖는 특징을 살펴보면 다음과 같다.

첫째, 금정산은 우뚝 솟은 것에 그치지 않고, 아름다움까지 간직한 모습이다. 이는『금낭경』「사세편」의 요구를 수용하는 데 그치지 않고, 형상이 특출함에 이르면 존귀함이라고 한,[26]『설심부』와도 부합하는 모습이다.

둘째, 금정산은 백두대간의 완전 끝자락을 차지한 모습이다. 이는 풍수적 관점에서 중요한 의미를 갖는데, 더 이상의 행룡을 멈춘 용진처는 가장 정제된 기를 응결시키는 혈을 맺는다. 따라서 범어사는 백두대간의 정제된 순한 기가 응결된 혈처에 자리한다.

셋째, 금정산은 강한 지기를 간직한 산이다. 금정산은 우뚝 솟아 앞에서 살펴본 바와 같이『금낭경』「사세편」의 요구를 충족하는 모습이지만, 산 정상을 비롯하여 산비탈조차도 수많은 바위로 뒤덮여 있다. 또한, 대웅전을 비롯한 상단의 주요 전각과 일주문 주변조차도 온통 바위투성이다. 이러한 모습은 범어사 입지에서 전반적으로 나타나는 현상으로 특정한 전각만이 해당하는 것은 아니다. 이를 박환이 덜 되었다고 해석할 수도 있겠으나, 한편으로는 강한 지기를 가졌다고 해석할 수 있다.

넷째, 금정산은 환포하는 모습을 통해 완벽한 보국을 만들었다. 범어사는 주산과 안산, 그리고 좌청룡과 우백호 등으로 구성된 완벽한 보국의 한복판에 자리한다. 그리고 중심을 향해 출맥한 주룡은 범어사의 중심을 관통하는 모습이다. 특히 보국의 중심에서 출맥한 정룡은 정통성과 중심적인 위치를 상징하는 것으로, 가장 핵심적인 의미를 갖는 혈을 결지할 수 있다.

그림 6과 같이 범어사의 전각은 횡으로 길게 배치하였는데, 이것은 하나의 용맥에 의지하지 않고 여러 용맥에 의지하였다는 것을 반증한다. 반면에 여러 개의 용맥 중에서 가장 정통성을 가진 정룡이 어느 전각과 관련성을 가졌는지를 알 수 있다면, 이는 가장 핵심적인 입지를 차지한 건축물을 찾을 수 있는 것이다. 이와 같이 풍수가 갖는 다양한 장점은 그 자체로도 의미가 있지만, 전통건축을 이해하는 데 있어서 가장 핵심적인 조건요소가 되기도 한다.

2. 범어사의 혈처에 자리한 금어선원

성불은 불교적 가르침의 궁극적 목적이라 할 수 있다. 이러한 깨달음을 이루려면 시절과 터와 사람인연, 즉 천시와 지리와 인사가 합일되어야 한다.[27] 특히, 지장보살은 대지의 지모신地母神을 불교적으로 수용한 것이라고 할 때, 전통불교가 추구하던 땅에 대한 인식의 한 면을 확인할 수 있다. 이와 같이 여느 터와 다른 특별한 장소에 대하여 범상치 않은 지세로 표현되는 특징들을 풍수는 혈穴이라는 하나의 요체로 설명하고 있다.

그림 5 대웅전 뒤편의 바위 중 거북바위

한국 불교사찰의 가람배치는 불교교리에 바탕을 둔 체용설體用說[28]에 근거한 것으로 보고 있지만,[29] 풍수적 관점에서 보면 가람배치는 혈처에 가장 중요한 건축물을 배치하는 과정이었다고 정의할 수 있다. 이는 불교사찰의 입지선정이 풍수논리에 의해 선정되었고 배치되었다는 논리와도 부합한다. 왜냐하면, 혈穴은 풍수의 지향점이자 목표로서 지기가 응결된 곳이기 때문이다.

그렇다면, 범어사의 혈처는 어디에 해당할까? 이를 살펴보기 위해서는 입수룡의 행룡이 어느 건축물에 이르러 멈추었는지를 살펴볼 필요가 있다. 왜냐하면 『입지안전서』에는 "혈은 내기를 타기 위해 용에 의존한다."[30]라고 하였기 때문이다. 따라서 입수룡의 행지行止를 통해 혈이 결지한 건축물을 유추할 수 있는데, 우선적으로 건물 뒤쪽에서 입수하는 용의 모습을 살펴보아야 한다.

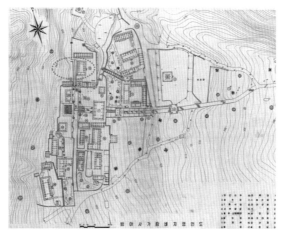

그림 6 범어사 배치도(출처 : 문화재청)

그림 7 용감호요
(출처 : 『지리인자수지』)

그림 6과 같이 범어사의 가람배치는 중요 건축물을 상·중·하로 나누어 옆으로 늘어세우는 배치를 하였다. 이와 같이 상·중·하로 배치된 건축물 중에서 입수룡을 통해 지기를 전달받을 수 있는 조건을 갖춘 곳은 상단에 위치한 건축물이다. 그중에서 우선적으로 검토할 수 있는 건축물이 대웅전[31]과 관음전, 그리고 금어선원이 해당한다. 따라서 대웅전과 관음전, 그리고 금어선원 입수룡의 특징과 혈의 결지 여부를 살펴보면 다음과 같다.

첫째, 대웅전의 입수룡은 그림 5와 같이 온통 바위투성이로, 지기의 전달과는 거리가 멀다. 최고의 풍수서인 『청오경』에는 기는 흙을 타고 전달된다고 하였듯이,[32] 입수룡이 온통 바위투성이로 정기를 제공받지 못하는 대웅전의 입지는 혈처가 될 수 없다.

둘째, 관음전의 입수룡도 대웅전 못지않게 바위가 많은 모습이다. 이는 입수룡이 순하고 부드럽게 박환되지 못하였다는 것으로 혈을 맺기에는 부족한 모습이다. 혈은 주산의 정기가 응축한 곳으로 가장 부드럽고 순한 모습을 가져야 하기 때문이다.

셋째, 금어선원을 살펴보면 그림 6과 같이, 부드럽고 순한 입수룡이 곧장 금어선원으로 입수하는 모습이다. 『금낭경』「기감편」에는 기가 모이고, 멈춘 곳이 곧 풍수라는 논리를 통해,[33] 혈의 결지요건을 제시하였다. 혈은 용맥의 흐름이 멈추고 기가 응결한 곳으로, 기부하고 포전하는 모습을 갖춰야 하는데, 금어선원은 부합하는 모습이다.

그 외에도 금어선원이 혈처에 해당하는 이유를 살펴보면, 범어사의 지형은 좌청룡에 해당하는 계명봉이 우백호에 비해 훨씬 높고 가까이에 위치한 모습이다. 그림 7과 같이 정혈법 중에 하나인 요감정혈법饒減定穴法의 원리와 부합하는 모습이다. 즉, 강한 쪽은 덜어내고 부족한 부분은 보탠다는 원리로 청룡백호 중에 보다 크고 높은 곳으로 치우쳐 혈을 맺는다는 원리이다. 이는 힘이 센 곳의 기운을 덜어내기 위해 혈을 맺는 것이고, 약한 쪽에 보다 넉넉한 공간을 배려하여 부족함을 보충토록 하는 자연의 섭리를 반영한 것이다. 따라서 이러한 요감정혈법의 원리를 적용해보아도 금어선원은 혈이 결지하는 조건과 부합하는 모습이다.

3. 균형과 조화를 이룬 범어사의 사격과 물길

『금낭경』「기감편」에는 기는 바람을 만나면 흩어진다고 하였다.[34] 사격은[35] 기가 흩어지지 않도록 방어하기 위한 방편으로 그 필요성이 대두되었으며, 보국을 형성할 필요성 또한 제시되었다. 보국은 곧 환포하는 주변 산들에 의해 형성되는 것으로, 보국의 크기에 의해 음택과 양택의 용도가 구분되고, 양택의 경우에는 도시의 크기를 결정하는 기준점이 된다. 또한 보국 속에 안겨 형성된 공간은 아늑하고 안정되어 기를 응축할 수 있는 조건을 갖추게 된다.

범어사는 그림 4와 같이 우람한 주변 산세에 의해 형성된 품 안에 파묻힌 듯 안겨 있는 모습이다. 좌청룡은 계명봉으로 가깝고 높은 모습이나, 우백호는 멀고 낮다. 또한 안산도 그림 8과 같이 멀고도 뚜렷한 모습을 보이지 못한다. 이는 균형과 조화라고 하는 우리의 전통풍수미학의 한 축이 미흡한 모습이다.

그림 8 범어사의 안산　　　　　　　　　그림 9 범어사의 좌청룡인 계명봉

우리의 전통풍수미학의 바탕에는 통일과 대비, 대칭, 균형, 비례, 절제, 음률 등과 같은 다양한 조건요소를 통해 아름다움을 실천하는 기법이 존재하였다. 물론 풍수도 균형과 조화라는 조건을 제시하였으며, 어느 하나의 사격만이 지나치게 크고 높은 것보다는 서로가 어우러지는 조화를 보다 중요시하였다. 또한, 음양의 조화를 통한 공간구성의 환경요인으로 산과 물이 활용되었다. 즉, 움직임이 없어 음이라 인식한 산과, 움직임을 모태로 한 물은 양이라 해석하는데, 풍수에서 물은 필수적으로 보기와 양기, 호기, 관기의 특징을 간직한다. 또한 보호와 수위, 그리고 관방의 모습으로 실천되는데, 혈 앞쪽을 경계 짓는 물을 풍수에서는 '수성水星'이라 부른다.[36] 이러한 '수성'을 오행으로 분류하기도 하는데, 표 1과 같다.

표 1 물 형상의 오행 분류(출처 : 『지리담자록』)

구분	목성수	화성수	토성수	금성수	수성수
형상					

범어사의 물길은 앞쪽에서 Y자 형상을 이루고 있어 화성수성을 이루고 있다. 『지리인자수지』에는 "화성수성은 첨사파쇄한 것이니 극흉하다."[37]라고 하였다. 따라서 이러한 화성수를 길흉론의 관점에서 논하면, 가장 흉상으로 분류한다. 이는 단순히 형상만을 논하여 길흉을 살핀 것으로 한계성을 갖는다. 왜냐하면 풍수는 자연지형과 합리적인 조화를 추구하는 학문으로 양을 대표하는 물이 음양교배를 통해, 새로운 생명의 탄생으로 연결되기 때문이다. 이에 대해 『황제내경』「음양응상대론」에는 "음양이란 천지의 도이고 만물의 벼리이며 모든 변화의 근원이고 죽고 사는 것의 원천이며 신명의 창고"[38]라고 하였던 것이다. 그럼에도 불구하고 단순히 길흉론으로 대비시키는 것은 한계성을 가지는데, 음양의 조화라는 관점과 주변 환경과의 어우러짐이 간과되었다는 점도 함께 고려되어야 한다.

그림 10 범어사의 우백호

4. 금계포란형의 범어사

풍수에서 물형을 논할 때 여러 요인들을 반영한다. 먼저 주산의 형상을 오행으로 분류하고, 이에 따른 물형을 제시하는 것이 일반적이지만, 주변 산의 형세를 기준으로 물형을 제시하기도 한다. 그 외에도 지명地名은 중요한 기준점으로 작용하는데, 지명 자체가 지형적인 특징과 전혀 별개가 아니라는 점에서 중요하게 활용되었다. 이와 같이 다양성을 바탕으로 물형론은 구성되었고, 합리적인 논의과정을 거쳐 발전하였지만, 물형론은 한계

形卵抱鷄金

그림 11 금계포란형
(출처 : 『지리인자수지』)

성이 분명하여 풍수논리의 한 영역으로 정착하는 데에 제한적인 모습을 보인다. 보는 각도와 사람에 따라 다른 결과를 도출하였기 때문에 논리적 발전을 이루기는 어려웠고, 단지 풍수영역의 다양성과 예술적 아름다움을 드러내는 하나의 술법으로 제시될 수밖에 없었다. 그럼에도 불구하고 물형론은 다양성을 바탕으로 혈을 설명하는 기법으로 활용되었고, 여러 활용성을 제시하였다.

앞에서 살펴본 바와 같이 풍수 물형론은 주산의 형상 외에도, 지명이나 산 이름이 중요한 모티브가 되었다. 그런 차원에서 범어사의 경우에는 고당봉과 계명봉은 우선적으로 고려될 수밖에 없는 구조이다. 왜냐하면 범어사를 둘러싼 여러 봉우리 중에서도 자신만의 산 이름을 가진 봉우리라는 점은 그만큼 특징적인 모습과 중요성을 가졌기 때문이다. 따라서 계명봉을 기준으로 범어사의 물형을 정하면, 계명암 불사[39]에서 나온 일곱 개의 돌을 알로 보아 금계포란형金鷄抱卵形이라 할 수 있다. 금계포란형이라는 물형이 타당성을 갖는 것이 어우러졌다는 것과, 범어사의 혈 형상을 묘사한 것은, 산 이름과 일곱 개의 돌을 알로 비유한 그림 7과 그림11의 산도가 닮은 모습을 하고 있기 때문이다.

또 다른 물형으로 등장할 수 있는 것이 장군대좌형將軍大坐形이다. 범어사의 좌청룡과 우백호의 형상을 보면, 좌청룡의 계명봉이 북과 같은 형상이라면, 우백호 자락은 깃발처럼 생겨, 마치 장군이 작전을 지휘하는 모습을 유추할 수 있다. 반면에 장군대좌형은 현실성을 반영하고 있는데, 비록 장군이라 할지라도 전쟁터에서는 고달픈 법으로, 범어사는 온통 바위로 뒤덮여 열악한 환경이다. 이는 넉넉함에서 오는 여유보다는 열악함을 극복하기 위해 치열한 수행을 할 수밖에 없는 현실과 접목된다.

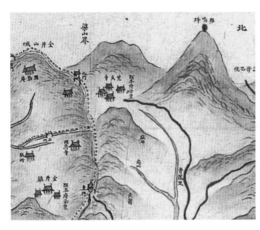

그림 12 1872년 지방도 중 범어사　　　　　그림 13 계명봉-북 형상
(출처 : 규장각한국학연구원)

그림 14 범어사의 우백호-깃발모양

　　한편, 선행연구자인 박운용과 임영빈, 윤경철은 범어사의 물형으로 청룡승천형을 제시하였다
면,[40] 장영훈은 행주형을 제시하였다.[41] 먼저 박운용 등이 제시한 청룡승천형은 주산만을 가지
고 제시한 물형으로 범어사와 관련성을 살피는 데 소홀하였다는 한계성이 있다면, 장영훈의 행
주형은 합리적인 타당성을 가지기 어렵다. 행주형을 물형으로 제시하려면 합리적인 근거를 제
시하여야 한다. 예를 들면 지명이나 혹은 배와 관련한 특징적인 모습을 근거로 제시하여야 하는
데, 이러한 특징적인 모습을 찾기 어렵다는 것은, 행주형이 합리적인 물형으로 자리하기 어려운
것이다. 물론 물형론이 갖는 한계성에 대해『설심부』에서 "호랑이는 사자와 비슷하고 기러기는
봉황과 다르지 않게 보이지만 만일 조금만 차이가 있어도 지록위마의 우를 범하는 꼴"[42]이라고
하여 주의하고 경계할 것을 이미 지적하고 있음에도 불구하고, 장영훈의 행주형은 타당성을 확

보하기 어렵다. 따라서 지형조건이 갖는 특징적인 모습을 무비판적으로 받아들이기보다는, 합리적이고 논리적인 틀 속에서 살펴볼 필요성은 크다.

5. 호순신의 지리신법과 부합하는 범어사의 좌향

고대 문명에서는 물이 생명의 근원으로, 종자가 되는 액체로, 지구 자궁의 즙으로 신성시 되었다. 자연히 고대의 모든 창조신화들은 물을 거의 같은 맥락에서 다루고 있다.[43] 이러한 특징적인 모습은 동양의 사상 속에서도 전혀 다르지 않은 모습으로 나타난다. 즉, 생명 탄생의 논리를 천지의 생성과 우주의 구조, 기상의 변화 등에서 음양은 모든 행위의 시작이자 끝이라는 인식을 바탕에 가지고 있었다. 최고의 풍수서인『청오경』도 같은 논리의 연장선에 존재하였고, 이기풍수의 방향성을 제시하였다.[44]

하나의 건축 환경이 특정한 좌향을 갖기까지 검토되는 향은 무수한 방향을 가질 수 있으나, 시간성과 상상적 의미가 내포되는 절대향絶對向과 지세, 시계, 실존성을 가지는 상대향相對向으로 나눌 수 있는데,[45] 향법론에서는 음양과 오행의 형이상학적形而上學的 논리구조를 통하여 좋고 나쁨을 해석한다. 그러나 향법론에서 각 방위에 대한 음양오행의 배분은 일정하지 않고 여럿이다.[46] 실제로 건축물의 좌향 결정은 형세풍수에 부합하는 좌향 결정과 이기풍수에 충실한 좌향 결정법이 존재한다. 특히 형세풍수에 바탕을 둔 좌향 결정은 주산순응형[47]과 안산중시형,[48] 그리고 주·안산혼합형[49]이 있는데, 범어사의 좌향 결정은 주산순응형이 기준이 되었다. 즉, 범어사의 주요건축물도 입수룡의 흐름에 순응하는 배치를 위해 정동향에서 남으로 15° 틀어진 신좌을향으로 좌향을 결정하였다. 반면에 안산중시형과 주·안산혼합형이 활용되지 못한 배경에는 안산이 뚜렷하지 못했기 때문이다.

범어사의 좌향 결정에 활용된 이기풍수는 현재 기록이 없어 정확한 활용법은 알 수 없다. 그러나 범어사가 임진왜란으로 모두 불타고 다시 재건되었다는 점에서, 조선시대를 풍미한 호순신의 지리신법이 활용되었을 것으로 추정되는데, 범어사의 금어선원 좌향과 입수룡, 그리고 득수와 파구를 기준으로 호순신의 지리신법 적용 여부를 확인해보면 표 2와 같다.

표 2 범어사의 지리신법 적용 여부 검토

구분	입수룡	대오행	좌향	득수			파구			부합 여부
				포태	구성	길흉	포태	구성	길흉	
범어사	신辛(좌左)	수水	신좌을향 辛坐乙向	간艮	쇠衰	좌보 左輔	길吉	진辰	묘墓	파破軍	흉凶	○

범어사의 좌향은 신좌을향으로 간득에 진파로 호순신의 지리신법에 부합한다. 특히 입수룡이 중요한데, 신^申 입수에 좌선하는 모습이다. 이를 통해 범어사의 좌향 결정에 조선시대를 풍미한 호순신의 지리신법이 활용되었다는 추정이 가능해진다.

Ⅳ. 유 · 불 · 도가 어우러진 범어사의 공간구성과 지형적 특징

중국의 불교건축은 풍수의 영향을 크게 받았으며, 풍수는 불교건축의 공간구성에 있어서도 큰 영향을 주었다.[50] 또한, 선종의 흥성과 결부되어 풍수 역시 활발하게 전개되었다. 특히, 선종 사찰지의 선택에 풍수가 깊이 간여하였는데, 이러한 과정은 한국에서 온 유학승들에게 그대로 전수됨으로써, 한국의 선종사찰 입지에 반영되는 결과를 낳았다.[51] 따라서 범어사 공간구성에 반영된 특징을 살펴볼 필요성은 크다.

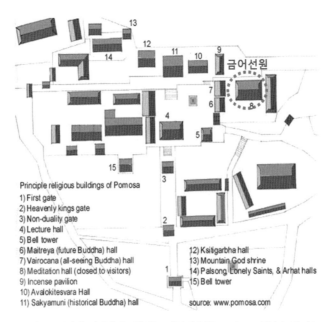

그림 15 범어사 가람배치도(출처 : 네이버 블로그 Disney Think Tank)

그림 16 범어사 전경(출처 : 『조선고적도보』)

오늘날 범어사에 남아 있는 40여 동의 건물은 통일신라시대에 창건한 이래, 그 유구한 역사만큼이나 무수한 중건과 중창을 반복한 결과이다. 그러므로 현재의 모습만으로 창건 당시의 범어사 가람배치의 면모를 추정하는 것은 쉽지 않다.[52] 물론 범어사 가람배치의 원형은 문헌자료를 참고하는 방법이 있으나, 현재 가람배치의 특징적인 모습은 보다 중요한 의미를 갖는다. 왜냐하면 오랜 세월을 거쳐 타당성과 합리성에 대한 검토가 이루어졌고, 이를 통해 가장 의미 있는 가람배치가 실현되었기 때문이다.

범어사 가람배치의 특징적인 모습은 그림 15와 같이 대웅전을 중심으로 일주문과 천왕문, 불이문의 삼문을 통해 곧장 진입하는 형식을 선택하였다. 가람의 중심축선에 대웅전을 배치한 것 외에는 특이한 모습을 찾을 수 없으며, 수많은 가람배치에서 확인할 수 있는 일반적인 특징으로 특이한 모습을 찾을 수 없다. 반면에 금어선원[53]은 범어사 가람배치에서 가장 특징적인 모습이다. 왜냐하면, 풍수에서 가장 핵심적인 의미를 갖는 혈처에 금어선원을 배치한 것은, 범어사의 중심공간이 금어선원이라는 것을 확인시켜주기 때문이다. 그 외에도 금어선원은 그림 16과 같이 자연지형과 건축물의 배치를 활용하여 외부와 차단하는 효과를 누리고 있다. 즉, 금어선원 앞쪽의 전순부위의 높은 언덕과 대웅전 쪽에 건물을 배치하여 외부공간과 분리하는 배치를 실현하였다. 이는 금어선원이 가장 보호받아야 할 공간이라는 것을 의미한다.

여기에 더해 범어사의 가람배치는 금정산의 산세에 따라 상단과 중단, 그리고 하단으로 구성하였다. 즉, 어산교에서 불이문 뒤 계단까지를 하단이라 하고, 그 계단을 오르면 중단이라 하며, 여기서 계단을 더 오르면 상단이다. 상단에 자리한 건축물은 대웅전과 관음전, 팔상전, 독성각,

나한전, 지장전이, 중단에는 미륵전과 비로전, 심검당, 보제루, 종루가, 하단에는 일주문과 천왕문, 불이문이 위치한다. 선행연구에 따르면 상단[54]은 불단으로, 중단[55]은 보살단 혹은 신중단으로 구분하였다. 하단[56]은 신중단과 영단으로 구분하는 모습을 보인다. 이러한 범어사의 상·중·하 삼단의 공간구성은 불교의 삼보사상과 유가의 삼합사상, 그리고 혈의 높이에 따른 삼세심혈법과 절묘하게 어우러지는 모습을 보인다. 즉, 불교의 삼보사상인 불·법·승과 유가의 천·지·인 삼합사상은 천혈과 인혈, 그리고 지혈과 같이 풍수에서 혈의 높이로 구분하는 삼세심혈법과 부합하는 모습이다. 이와 같이 혈의 높이를 기준으로 구분한 삼세심혈법은 범어사의 입지조건과 공간구성에 부합하는 모습을 보인다.

상단은 불의 영역에 해당하고, 풍수적 관점에서는 천혈天穴이라 할 수 있다. 중단은 승의 영역이라 할 수 있는데, 이는 인혈人穴에 해당한다. 하단은 법의 영역으로 지혈地穴에 해당하는데, 천·지·인 삼합사상과 불·법·승의 삼보사상이 조화를 이룬 모습이다.[57] 이와 같이 범어사의 공간구성은 풍수와 불가, 그리고 유가적 관점에서 설명할 수 있으며, 지형적 특징과 어우러지는 모습이다. 그러므로 범어사의 공간구성은 시대적 변화에 따라 다양한 사상적 배경에 입각한 형태로 현실 속에 자리하였고, 지형적인 특징과 조화를 이루며 하나의 형태로 자리한 것이다.

따라서 범어사의 입지는 불가와 유가사상이 종합되었고, 자연환경과 지형조건이 합리적으로 조화를 이루면서 논리적 틀 속에서 공간구성을 이루었다. 이는 범어사가 가진 특징적인 모습이지만, 우리 전통사찰의 입지와 공간구성의 한 특징적인 모습이기도 하다.

V. 불교와 풍수적 특징이 조화를 이룬 대표적 사찰 범어사

범어사는 부산을 대표하는 금정산의 한 자락을 차지한 사찰로서, 특히 선禪을 특화한 사찰이다. 범어사는 해인사, 통도사와 함께 영남의 3대 사찰이라 하는데, 수많은 고승을 배출하여 우리 불교사에 있어 선종의 종찰로서 우뚝 선 모습이다. 1,300여 년이라는 긴 세월의 역정만큼이나 우뚝한 탈속의 세계를 구현한 범어사는 우선 창사의 이념인 화장세계의 장엄을 주변 환경과의 조화로 이루어냈다.

범어사가 처음으로 언급된 기록은 최치원이 지은 「당대천복사고사주번경대덕법장화상전」이다. 그 외에 범어사의 창건에 대한 기록은 목판본의 「고적」과 「범어사창건사적」, 그리고 「금정산범어사초창급중건」 등이 있다. 특히, 목판본인 「고적」에는 범어사의 입지를 선정한 상지관은 예공화상이라 하여 의상대사라는 점을 분명히 하였다. 의상대사는 당나라 유학을 통해 당시에 유행하던 강서학풍의 풍수를 익혀 선종사찰 입지선정의 기준점을 제시하였다. 실제로 그가 창건한 부석사의 입지와 범어사의 지형조건은 비슷한 모습을 보인다. 이상과 같이 다양한 요인이 어우러진 범어사의 풍수적 특징을 살펴보면 다음과 같다.

첫째, 범어사의 주산인 금정산은 백두대간의 완전 끝자락을 차지한 모습으로 우람함과 함께 크게 환포하는 형상이다. 특히 보국의 한 중심을 향해 출맥한 주룡은 범어사의 한 중심을 관통하는 모습이다. 하지만 금정산은 우뚝 솟은 산의 위엄만큼이나 산 정상을 비롯하여 산비탈까지도 수많은 바위들로 뒤덮여 있다.

둘째, 한국 불교사찰의 가람배치는 불교교리에 바탕을 둔 체용설에 근거하였지만, 풍수적 관점에서는 혈처에 가장 중요한 건축물을 배치하는 것이다. 따라서 범어사의 사찰성격을 대변하는 금어선원이 혈처에 입지한다. 이는 범어사가 선 수행을 통한 선찰본산의 입지를 이룬 배경과 혈처에 금어선원을 배치한 것은 풍수논리를 현실 속에 실천한 것이다.

셋째, 범어사의 사격은 균형과 조화를 이루지 못한 모습이다. 즉, 범어사의 주산인 고당봉과 좌청룡과 우백호는 모두 우람함과 환포하는 모습으로 아름다운 모습이다. 그러나 좌청룡 자락은 계명봉으로 훨씬 가깝고 높은 모습인 데 반하여, 우백호는 계명봉에 비해 멀고 낮다. 안산도 멀고 뚜렷한 모습을 확인할 수 없는데, 이는 균형과 조화라고 하는 우리의 전통풍수미학에 부합하지 않는다. 또한, 범어사의 물길은 화성수의 형상인데, 이를 길흉론의 관점에서는 흉상으로 분류하지만, 음양의 조화라는 관점과 주변 환경과의 어우러짐까지를 고려한다면, 이를 길흉론만으로 설명할 수는 없다.

넷째, 범어사는 금계포란형이다. 물형은 가장 특징적인 모습을 바탕으로 물형을 정하는 법인데, 범어사를 둘러싼 여러 봉우리 중에서도 계명봉과 같이 자신만의 산 이름을 가진 봉우리는 그만큼 특징적인 모습과 중요성을 가졌다고 할 수 있다. 따라서 자신만의 이름을 가진 계명봉을 기준으로 범어사의 물형을 정하면, 금계포란형은 가장 타당한 물형이라 할 수 있다.

다섯째, 범어사의 가장 핵심적인 건물인 금어선원의 좌향은 조선시대를 풍미한 호순신의 지리신법에 부합하는 모습이다. 이는 임진왜란 이후 중건되는 과정에서 당시에 풍미한 호순신의 지리신법이 적용되었다는 것을 확인시켜준다.

통일신라시대에 창건한 범어사의 공간구성은 오랜 역사를 통해 무수한 중건과 중창을 반복하면서, 여러 특징적인 모습을 확인할 수 있는데 다음과 같다.

첫째, 풍수는 불교건축의 공간구성에 있어 큰 영향을 주었는데, 특히 선종의 흥성과 결부되어 선종사찰지의 선택에 풍수가 깊이 간여하였다. 이러한 특징적인 모습은 고스란히 범어사의 입지선정과 공간구성에 반영되었다.

둘째, 범어사 가람배치의 특징적인 모습은 대웅전을 중심으로 일주문과 천왕문, 불이문의 삼문을 통해 곧장 진입하는 형식을 선택하였다. 이는 일반적인 사찰의 모습과 차별성을 찾기 어려운데, 범어사의 특징적인 모습은 금어선원에서 찾을 수 있다.

셋째, 범어사의 가람구성은 금정산의 산세에 따라 상단과 중단, 그리고 하단으로 구성되었다. 상단은 불단으로, 중단은 보살단 혹은 신중단으로, 하단은 신중단과 영단으로 구분하지만, 불가의 삼보사상과 유가의 삼합사상, 그리고 풍수의 삼세심혈법과 절묘하게 어우러지는 모습이다. 즉, 불교의 삼보사상인 불·법·승과 유가의 천·지·인 삼합사상은 천혈과 인혈, 그리고 지혈과 같이 풍수에서 혈의 높이로 구분하는 삼세심혈법과 부합하는 모습이다.

넷째, 범어사는 지형조건을 적절히 활용하여, 방어기지인 금정산성 배후지원시설의 역할을 충실히 수행하였다. 『숙종실록』에서 확인할 수 있는 것처럼, 범어사는 금정산성을 배후에서 지원할 수 있는 가장 요충지에 입지하였고, 이를 적절히 활용하는 모습을 보인다.

따라서 범어사는 풍수적 입지선정과 공간구성을 불교적으로 승화하여, 한국 선불교 수 사찰의 지위를 차지하는 모습이다. 특히, 범어사의 성격을 대변하는 혈처에 금어선원을 배치함으로써, 불교와 풍수적 특징이 조화를 이룬 대표적 사찰이라 할 수 있다.

미주

1 정승안, 「범어사의 건축공간에 대한 주역사회학적 분석」 『한국학논집』 제51집, 계명대학교 한국학연구소, 2013, pp.357-384.
　　서치상, 「한국불교 전통사찰의 建築物公簿에 관한 연구 : 범어사 건축대장을 중심으로」 『건축역사연구』 19(6), 한국건축역사학회, 2010, pp.209-232.
　　서치상, 윤석환, 「범어사 보제루의 복원을 위한 건축형식 연구」 『건축역사연구』 18(6), 한국건축역사학회, pp.127-144.
　　서치상, 2003, 「朝鮮後期 梵魚寺 僧人工匠의 東萊地域 造營活動」 『건축역사연구』 12(3), 한국건축역사학회, 2009, pp.39-52.
　　윤석환, 한삼건, 「梵魚寺 伽藍配置의 中壇領域 變化에 관한 硏究 - 寫眞과 圖版을 中心으로 -」 『건축역사연구』 14(4), 한국건축역사학회, 2005, pp.41-58.
　　김윤정, 서치상, 「범어사 팔상독성나한전의 중건과 건축특성에 관한 연구」 『대한건축학회지』 26(6), 대한건축학회, 2010, pp.179-186.
　　윤석환, 『범어사의 가람배치 변화에 관한 연구』, 울산대학교 박사학위논문, 2006.

2 윤기봉, 「범어사 입지와 공간구성에 관한 풍수지리 분석」, 영남대학교 석사학위논문, 2010.

3 이태호, 「일제강점기에 전승된 開花形 사찰지도 : 부산 범어사와 양산 통도사의 全景圖 및 그 형식적 연원에 대하여」 『한국고지도연구』 2(2), 한국고지도학회, 2010, pp.5-34.
　　채상식, 「범어사 소장 『三國遺事』의 자료적 가치」 『지역과 역사』 제27호, 부경역사연구소, 2010, pp.203-226.
　　김광식, 「범어사의 사격과 선찰대본산」 『선문화연구』 2권, 한국불교선리연구원, 2007, pp.139-177.
　　김정호, 최송현, 최인태, 양순자, 이상철, 「부산 금정산 범어사계곡 낙엽활엽수림의 식생구조」 『한국환경생태학회지』 25(4), 한국환경생태학회, 2011, pp.581-589.
　　채상식, 「한말, 일제시기 梵魚寺의 사회운동」 『한국문화연구원논총』 제4집, 이화여자대학교 한국어문화연구소, 1991, pp.137-165.
　　강대민, 「범어사 3.1운동의 재조명」 『대각사상』 제14집, 대각사상연구원, 2010, pp.41-85.

4 채상식, 서치상, 김창균, 『범어사』, 대원사, 2004, p.38.

5 「唐大薦福寺故寺主翻經大德法藏和尙傳」 『崔文昌侯文集』 : … 海東華嚴大學之所 有十山焉 中岳公山美理寺 南岳智異山華嚴寺 北岳浮石寺 康州迦倻山海印寺普光寺 熊州迦倻峽普願寺 鷄龍山岬寺 括地志所云 碳藍山是朔州華山寺 良州金井山梵魚寺 琵瑟山玉泉寺 全州母岳山國神寺 更有如漢州負兒山靑潭寺也 此十餘所 …

6 『三國遺事』 卷4 「義解」 제5 義湘傳教 : … 湘乃令十刹傳教 太白山浮石寺 原州毗摩羅 伽倻之海印 毗琵之玉泉 金井之梵魚 南嶽華嚴寺等是也 …

7 『梵魚寺誌』, 亞細亞文化社, 1989, pp.3-22에 전문이 실려 있다.

8 『梵魚寺誌』, 亞細亞文化社, 1989, p.266.

9 「古蹟」 『梵魚寺誌』, 亞細亞文化社, 1989, p.15 : 梵魚寺 乃大唐文宗十九年 季乙卯 新羅興德王時所創也.

10 채상식, 서치상, 김창균, 『범어사』, 대원사, 2004, p.10.

11 최완수, 『명찰순례』 ①, 대원사, 1997, p.374.

12 『新增東國輿地勝覽』 卷23 「慶尙道」 東萊縣 : 在縣北二十里 山頂有石 高可三丈 上有井 圓十餘尺 深七寸 許有水常滿 旱不渴 色如黃金 世傳有一金色魚 乘五色雲從天 而下游泳 其中以此名其山因創寺名梵魚.

13 서치상, 「朝鮮後期 梵魚寺 僧人工匠의 東萊地域 造營活動」 『건축역사연구』 12(3), 한국건축역사학회, 2003, p.39.

14 『世宗實錄』「地理志」東萊縣：本居漆山郡 景德王改今名 顯宗戊午 屬蔚州任內 後置縣令 本朝太祖六年丁丑 始置兵馬使兼判縣事 今上五年癸卯 改稱僉節制使 屬縣一 東平 本大甑縣 景德王改今名 爲東萊郡領縣 顯宗戊午 屬梁州任內 本朝太宗五年乙酉來屬 己丑 復屬梁州 今上十年戊申 屬還于縣 部曲二 古智道 調井 鄕一 生川 四境 東距機張十五里 西距梁山三十二里 南距大海十九里 北距梁山二十二里.

15 문화재청, 『부산범어사 대응보전수리보고서』, 부산금정구청, 2004, p.90.

16 채상식, 서치상, 김창균, 『범어사』, 대원사, 2004, p.38.

17 문화재청, 「古蹟」, 앞의 책, p.92 : 此寺寶國家 極要神補矣 如有後代 一士無繼立 而人孫國家兵起 島倭入侵乃審 古文而重營梵魚丈六彌勒四方天王 大梵帝釋及毘盧文殊童子 執金剛神衆之像誦 華嚴聲常不絶 干戈自滅賊倭退 而一士繼不絶矣.

18 劉安, 안길환 역, 『淮南子』「兵略訓」, 명문당, 2001, p.398 : 勢莫便於地.

19 금정산의 우람함을 노래한 시가 『東文選』卷4「五言古詩」送崔咸一直郞出按慶尙조에 다음과 제시되었다.

　　　　　　　　　　　　　高中址
　　　금정산은 높고 높아　　　　　金井山高高
　　　바위 많은 봉우리가 천목산 같아라　　嚴巒似天目
　　　그 아래는 동래성　　　　　　下有東萊城
　　　연기와 노을 고목에 서려 있네　　煙霞棲古木
　　　세상에서 말하는 신선 사는 곳　　世稱神僊居
　　　땅은 맑고 사람은 속되지 않았네　　地淸人不俗
　　　　　　　- 하략 -

20 徐善繼 徐善述, 김동규 역, 『地理人子須知』「龍의 面背」, 명문당, 1992, p.250.

21 양균송, 김두규 역, 『감룡경·의룡경』, 비봉출판사, 2009, p.238 : 若是面時寬且平 若是背時多陡岸 面時平坦中立穴 局內必定朝水媛.

22 『肅宗實錄』숙종 2권, 1년 2월 6일(갑오)

23 숭복사 비문에는 '영대라는 것은 아래로는 땅의 지맥을 받고, 위로는 하늘의 맘에 맞추어 반드시 사상에 구원을 맞추어야 천백 대 동안 그 끼친 복을 보전할 수 있다'고 하였다. 특히 '但得靑烏善視'는 '청오의 관점에서 얻었다'는 뜻으로, 여기에서 '청오'는 『청오경』혹은 풍수를 의미하는 용어에 해당한다. 따라서 통일신라 시기의 원성왕 때에 풍수를 의미하는 청오는 일반명사화되었고, 입지선정에 있어서 풍수에 의한 입지선정 또한 일반적인 현상이었다는 것을 확인시켜준다.

24 『淮南子』卷15「兵略訓」, 深圳市河山開發有限公司 : 所謂地利者 後生而前死 左牡而右牝.

25 『錦囊經』「四勢編」: 玄武垂頭.

26 [唐]卜應天, 『雪心賦』「論五星轉換」, 北京理工大學出版社, 2008, p.93 : 形以特達爲尊.

27 최원석, 『우리 땅 풍수기행』, 시공사, 2006, p.88.

28 여기에서 體와 用은 불교경전에 자주 등장하는 말로서, 體는 本體라는 뜻이고, 用은 化用, 곧 변화의 작용이며, 그 용도라는 뜻이다. 이러한 문구는 『金剛三昧經』과 『金剛三昧經論』에 자주 등장한다.

29 윤석환, 『범어사 가람배치 변화에 관한 연구』, 울산대학교 박사학위논문, 2004, p.25.

30 辜託長老, 淸浩仙師외 역, 『入地眼全書·善成堂藏板』, 청운문화사, 2003, p.220 : 穴依龍以乘內氣.

31 장영훈은 『영남의 풍수』에서 범어사의 혈처로 대응전을 제시한다. 그러면서 금정산 주봉에서 출맥한 용이 대응전에 이르러 멈췄다는 것이다. 특히, 대응전 뒤편에 자리한 거북바위가 비단 이곳에만 있는 것이 아니고, 금강암과 내원암, 청련암, 안양암, 원효암 등 각 암자마다 있다는 사실은 천 거북 만 자라의 강한 길기가 금정산으로부터 이어진 결과라는 것이다. 이러한 장영훈의 주장은 풍수이론에 근거한 혈처에 대한 설명이라기보다는 형국론적 관점과 정황적인 요인, 설화 등에 바탕을 둔 특징이 있다. 그 외에도 윤기봉은 영남대학교 석사학위논문(2010) 대부분을 장영훈의 논리를 그대로 인용하여 범어사의 혈처로 대응전을 제시하고 있다.

32 『靑烏經』: 地有佳氣, 隨土所起.

33 『錦囊經』「氣感編」: 聚之使不散 行之使有止 故謂之風水.

34 『錦囊經』「氣感編」: 氣乘風則散.

35 주산과 안산, 그리고 좌청룡과 우백호와 같은 혈을 중심으로 한 모든 산과 물체를 포괄한다.

36 　高友謙, 『中國風水文化』, 北京 團結出版社, 2006, p.103.

37 　徐善繼 徐善述, 김동규 역, 『앞의 책』, p.875.

38 　『黃帝內經』「陰陽應象大論」: 陰陽者 天地之道也 萬物之綱紀 變化之父母 生殺之本始 神明之府也.

39 　계명암 법당 터에서 알같이 생긴 돌이 일곱 개가 나왔다고 한다(윤기봉, 「범어사 입지와 공간구성에 관한 풍수지리
　　분석」, 영남대학교 석사학위논문, 2010, p.91).

40 　박운용, 「금정산 범어사의 지형적 고찰」, 대한토목학회 학술발표자료, 1998.

41 　장영훈, 『영남의 풍수』, 동학사, 1995, p.120.

42 　『雪心賦正解』 卷4「穴論形異及沙水凶形應驗」: 虎與獅猊相似 雁與鳳凰不殊一或少差 指鹿爲馬.

43 　알레브 라이틀 크루티어 저, 윤희기 옮김, 『물의 역사』, 예문, 1997, p.22.

44 　『靑烏經』: 向定陰陽 切莫乖戾 差以毫釐 繆以千里.

45 　張聖浚, 「風水地理의 局面이 갖는 建築的 想像力에 관한 考察」, 『대한건축학회지』 22(85), 대한건축학회, 1978, pp.20-21.

46 　玄重英 朴贊龍, 「朝鮮時代 傳統住宅 風水의 坐向,-良洞마을에 대한 事例 硏究」 『韓國庭園學會誌』 16(3), 한국정원학회,
　　1998, p.57.

47 　주산순응형 : 주산(主山)에서 혈처(穴處)에 연결된 입수룡(入首龍)은 사람으로 치면 탯줄과 같은 역할을 하기 때문에,
　　좌향(坐向)을 정할 때 입수룡의 흐름에 순응(順應)하는 좌향(坐向)선택법이 가장 일반적이고 흔한 좌향선택법(坐向選
　　擇法)이다.

48 　안산중시형 : 안산(案山)은 주산(主山)과 대비(對比)되는 산(山)으로 앞쪽에 위치하여 시각적(視覺的)인 강한 영향을
　　미치게 된다. 이러한 이유에서 건축물의 좌향(坐向) 선택에 있어서 중요한 요소 중의 하나로 작용하게 되는데, 방향
　　의 앞과 뒤를 구성하는 요소로서도 중요하게 여길 수밖에 없다.

49 　주 · 안산혼합형 : 일반적으로 좌향(坐向)을 정할 때 입수룡(入首龍)의 흐름과 크게 벗어나지 않을 경우에는 특히 아
　　름다운 안산(案山)을 향해서 좌향(坐向)을 정하게 된다. 그렇지만 입수룡(入首龍)의 흐름에 순응(順應)하면서도 특히
　　아름다운 안산(案山)을 선택한 경우를 주 · 안산혼합형(主 · 案山混合形)이라 한다.

50 　劉沛林, 『風水-中國人的 環境觀』, 上海三聯書店, 1995, pp.259-261.

51 　최원석, 「한국에서 전개된 풍수와 불교의 교섭」 『대한지리학회지』 44(1), 대한지리학회, 2009, p.79.

52 　박은경, 정은우, 한정호, 전지연, 『범어사의 불교미술』, 선인, 2011, p.19.

53 　범어사가 선찰대본산이 된 것은 1913년이다. 이와 같이 범어사가 선찰의 중심이 된 배경에는 1898년 성월(惺月)스님
　　초청으로 범어사에 온 경허스님(1846-1912)이 수선결사(修禪結社)를 하고, 뒤이어 1899년 10월 1일 산내암자인 금강
　　암에서 금강선사(金剛禪社), 1900년 10월 안양암에서 안양선사(安養禪社), 1901년 4월 내원암에서 내원선사, 1902년
　　계명암에서 계명선사를 각각 개원해 선풍을 진작시켰다. 1909년엔 범어사의 안심료, 원응료, 금당 등 세 곳을 합쳐
　　원응선사(圓應禪社, 금어선원 전신)를 열어 우리나라 근대 선의 진원지가 되면서부터이다.

54 　대웅전(大雄殿)과 비로전(毘盧殿), 대적광전(大寂光殿), 무량수전(無量壽殿), 극락전(極樂殿), 아미타전(阿彌陀殿), 용
　　화전(龍華殿), 미륵전(彌勒殿), 약사전(藥師殿), 천불전(千佛殿), 삼천불전(三千佛殿), 팔상전(八相殿), 화엄전華嚴殿) 등
　　이 해당한다.

55 　문수전(文殊殿)과 원통전(圓通殿), 관음전(觀音殿), 지장전(地藏殿), 응진전(應眞殿), 팔상전(), 나한전(八相殿), 오백성
　　중전(十六應眞殿), 십육응진전, 조사당(祖師堂) 등이 해당한다.

56 　명부전(冥府殿)과 십왕전(十王殿), 산신각(山神閣), 칠성각(七星閣) 등이 해당한다.

57 　장영훈, 앞의 책, pp.114-115 참조.

참고문헌

『錦囊經』(奎章閣本)

『東文選』

『三國遺事』

『世宗實錄』

『雪心賦正解』(卜應天古版本)

『肅宗實錄』

『新增東國輿地勝覽』

『靑烏經』(奎章閣本)

『崔文昌侯文集』

『黃帝內徑』

『淮南子』(淸浙江書局刊本)

[唐] 卜應天, 『雪心賦』, 중국: 北京理工大學出版社, 2008.

高友謙, 『中國風水文化』, 北京: 團結出版社, 2006.

辜託長老, 淸浩仙師의 역, 『入地眼全書 - 善成堂藏板』, 청운문화사, 2003.

문화재청, 『부산범어사 대웅보전수리보고서』, 부산금정구청, 2004.

박은경, 정은우, 한정호, 전지연, 『범어사의 불교미술』, 선인, 2011.

徐ㅎ善繼 徐善述, 김동규 역, 『地理人子須知』, 명문당, 1992.

서치상, 「朝鮮後期 梵魚寺 僧人工匠의 東萊地域 造營活動」 『건축역사연구』 12(3), 한국건축역사학회, 2003.

알레브 라이틀 크루티어, 윤희기 옮김, 『물의 역사』, 예문, 1997.

양균송, 김두규 역, 『감룡경 · 의룡경』, 비봉출판사, 2001.

劉安, 안길환 역, 『淮南子』, 명문당, 2001.

劉沛林, 『風水 - 中國人的 環境觀』, 중국: 上海三聯書店, 1995.

윤석환, 『범어사 가람배치 변화에 관한 연구』, 울산대학교 박사학위논문, 2004.

작자미상, 『梵魚寺誌』, 亞細亞文化社, 1989.

張聖浚, 「風水地理의 局面이 갖는 建築的 想像力에 관한 考察」, 『대한건축학회지』 22(85), 대한건축학회, 1978.

장영훈, 『영남의 풍수』, 동학사, 1995.

채상식, 서치상, 김창균, 『범어사』, 대원사, 2004.

최완수, 『명찰순례』 ①, 대원사, 1997.

최원석, 「한국에서 전개된 풍수와 불교의 교섭」 『대한지리학회지』 44(1), 대한지리학회, 2009.

최원석, 『우리땅 풍수기행』, 시공사, 2006.

한국고전종합DB.

玄重英 朴贊龍, 「朝鮮時代 傳統住宅 風水의 坐向 - 良洞마을에 대한 事例 研究」 『韓國庭園學會誌』
    16(3), 한국정원학회, 1998.

제5장

쌍계총림 쌍계사 입지의 풍수환경과 공간구성논리
- 금당을 중심으로 -

제5장

쌍계총림 쌍계사 입지의 풍수환경과 공간구성논리
– 금당을 중심으로 –

Ⅰ. 지리산 자락의 아름다운 풍광을 자랑하는 쌍계사

쌍계총림 쌍계사雙磎叢林 雙磎寺는 경상남도 하동군 화개면 쌍계사길 59에 위치한다. 2013년도에 조계종曹溪宗의 총림叢林으로 지정됨에 따라 쌍계사는 새롭게 도약하는 계기를 만든다. 총림은 범어로는 Vindhyavana라고 하는데, 빈타파나貧陀婆那라 음역하여 단림壇林이라고도 한다. 이러한 총림은 참선수행도량인 선원禪院과 경전 교육기관인 강원講院, 계율전문교육기관인 율원律院, 염불전문 교육기관인 염불원念佛院을 모두 갖춘 사찰을 말한다. 이와 같이 쌍계사는 불교의 전문 교육기관을 모두 갖춘 명실공히 총림으로서 그 위상을 높이 드러내는 모습이다.

쌍계사는 선원으로 유명세를 타고 있는데, 여기에는 선원의 입지가 갖는 특징적인 모습과도 깊은 관련성을 갖는다. 또한 전통사찰의 입지선정은 풍수와 밀접한 관련성을 바탕으로 이루어졌다는 점에서 쌍계사 입지의 특징적인 모습을 살펴보는 것은 의미 있는 연구가 되리라 생각한다. 현재 쌍계사와 관련한 연구는 가람배치 관련 연구[1]와 진감선사대공탑眞鑑禪師大空塔 관련 연구,[2] 탱화 관련 연구,[3] 5층 석탑 관련 연구,[4] 쌍계사 창건 관련 연구,[5] 한시 관련 연구,[6] 전설 관련 연

---

* 『동아시아불교문화』 제21집(2015. 3.)에 게재.

구,[7] 기타 연구[8] 등 다양한 방면에서 연구가 이루어졌다. 하지만 쌍계사의 입지와 관련한 연구는 미흡한 실정이다. 따라서 본 연구에서는 쌍계사 입지의 풍수적 특징을 현장조사와 문헌고찰을 통해 살펴보고자 한다. 특히 쌍계사를 대표하는 금당선원의 풍수적 특징을 살펴보고, 금당영역과 대웅전영역으로 나누어 쌍계사입지와 공간구성의 특징을 아울러 살펴보고자 한다.

쌍계사는 조선시대에 여러 번에 걸쳐 중수가 이루어졌으며, 대부분의 가람배치가 완성되었다는 점에서 출간된 시기를 고려하지 않고 각종 풍수서風水書를 통해 가람구성의 풍수논리를 살펴본다.

쌍계사는 지리산 자락에 자리하고 있어 아름다운 풍광을 자랑한다. 풍광만큼이나 풍수적 길지에 입지하여 그 아름다움을 빛내는 사찰이다. 이와 같이 산수와 풍광이 어우러진 입지의 특징적인 모습은 전통사찰 입지 연구의 필요성을 더욱 드높이는 계기가 되었다. 이는 우리 선조들의 입지선정의 지혜를 확인할 수 있는 좋은 본보기가 된다는 점에서도 연구의 필요성은 크다고 할 것이다.

II. 쌍계사의 입지환경과 연혁

1. 삼산오악사상(三山五岳思想)과 쌍계사의 입지환경

이중환은 『택리지』 「복거총론」에서 "지리산은 남해가 있는데, 이는 백두산의 큰 줄기가 다

그림 1 여지도 중 하동부
(출처 : 규장각한국학연구원)

한 곳이다. 그래서 일명 두류산頭流山이라고도 한다. 세상에서 금강산을 봉래蓬萊라 하고, 지리산을 방장方丈이라 하고, 한라산을 영주瀛州라고 하는데, 이른바 삼신산三神山"[9]이라고 기록하고 있다. 『성소복부고惺所覆瓿藁』에도 "이른바 방장이란 곧 세상에서 말하는 지리산이다. 그 산의 우람하고 우뚝 솟은 모습이 영남과 호남에서 으뜸이고, 승려 중 수행이 높은 자가 여기에 모이며, 사찰과 암자 중 크고 화려한 것이 거의 수백 군데였으며, 그 층층진 돌길과 우뚝한 정상의 풀·나무·안개·구름의 기이하고 굉장하고 풍부함이 삼산三山 중 제일"[10]이라 하였다. 이와 같이 지리산은 예부터 영산靈山으로 불렸는데, 여기에는 다양한 특징들을 간직하고 있었기 때문이다. 이를 학봉 김성일은 다음과 같이 노래하였다.

천지 기운 뒤엉켜서 기상이 웅장하니	磅礴乾坤氣象雄
맨 처음에 앉힌 것은 누구의 솜씨런가	厥初開莫孰爲工
북황처럼 솟구쳐서 높이가 삼천리고	北荒騰踔三千里
남극처럼 크고 높아 무게가 만 근이네	南極穹窿一萬重
양곡과 우연이 손바닥 위 나눠 있고	暘谷虞淵分掌上
현진과 백해가 잔 속에 보이누나	玄津白海看杯中
동천에는 바퀴만 한 학의 깃털 있을 거니	洞天應有車輪翅
긴 바람을 타고 자궁 알현하길 원하노라	願借長風謁紫宮[11]

　김성일은 지리산을 '천지 기운 뒤엉켜서 기상이 웅장하다'고 하였는데, 이러한 사고의 바탕에는 풍수적 사고가 자리한다. 또한 신라시대부터 전해져온 삼산오악사상과 밀접한 관련성을 가진다. 왜냐하면 삼산三山[12]은 내력산奈歷山과 골화산骨化山·혈례산穴禮山을 말한다면, 오악五岳[13]은 토함산吐含山과 지리산智異山, 계룡산鷄龍山, 태백산太白山, 부악父岳(팔공산八公山)을 말하기 때문으로, 삼산은 대사大祀의 대상으로 삼았다면, 오악은 중사中祀의 대상으로 삼아 제사를 지냈던 것이다. 특히 지리산은 오악 가운데에서도 남악南岳에 해당되어 신령스러운 산으로 인정받고 있었다.[14]

　삼산오악사상과 같은 토속신앙은 불교가 전래된 이후 우리나라가 불교와 무연한 이방국토異邦國土가 아니라 본래 불국토佛國土였다는 불교신앙으로 발전하게 되면서 영산 곳곳은 보살의 주처로 바뀌게 되었다. 또한 그곳에 무수한 명찰들이 자리하게 되는데, 지리산 남쪽 기슭에는 쌍계사雙磎寺를 비롯한 화엄사華嚴寺·천은사泉隱寺·연곡사燕谷寺, 동東에는 법계사法界寺·대원사大原寺, 북北에는 실상사實相寺 등이 그것이다.[15] 이와 같이 지리산은 삼산오악사상과 같은 토속신앙이 지형적 특징들과 조화를 이루면서 수많은 사찰을 품 안에 안게 되었다. 특히 지리산과 섬진강이 어우러져 아름다운 풍광을 자랑하는 곳에 쌍계사는 입지하고 있다.

　쌍계사가 위치한 하동은 서쪽으로 섬진강을 사이에 두고 전남의 구례·광양과 이웃해 있다. 섬진강은 전북 진안에서 발원하여 하동군과 구례군이 만나는 화개면에 이르면서부터 강폭이 넓어져 하동의 서쪽 경계를 이루고 있다. 하동이라는 지명은 섬진강의 동쪽에 위치하여 붙여진 지명이다. 이와 같이 쌍계사는 지리산의 장엄함과 섬진강의 평화스러움이 절묘한 조화를 이룬 곳에 자리하고 있다. 『하동군지河東郡誌』에는 "지리산 천왕봉으로부터 굴곡사주屈曲斜走하여 남으로 백여리에 와서 호중별구를 열고 배후에 학봉鶴峰을 등지고 앞에는 섬진강을 안대하여 좌편에는 신흥新興으로부터 장천長川에 흐르고 우편에는 불일佛日에서 흘러오는 석간수石間水가 있어 기절하고 청승함이 남방의 대가람을 이루었다."[16]라고 한다.

『세종실록』「지리지」에는 쌍계사가 위치한 하동에 대해 "본디 한다사군韓多沙郡인데, 경덕왕이 하동군河東郡으로 고치고, 고려에서 그대로 따랐다가, 현종 무오년에 진주 임내任內에 붙였으며, 명종 임진년에 비로소 감무監務를 두었다. 본조 태종 갑오년에 남해현을 합하여 하남현령으로 일컫다가, 을미년에 다시 나누어서 하동현감을 두었다. 별호는 청하淸河"[17]라고 기록하고 있다. 그러면서 "땅이 기름지고, 기후는 따뜻"[18]하다고 한다.

2. 쌍계사는 삼법화상이 육조 혜능대사의 머리뼈를 안치

쌍계사는 신라 성덕왕 21년(722)에 의상대사의 제자인 삼법화상三法和尙이 육조 혜능대사의 정상頂相(머리)을 봉안하고 난야蘭若[19]를 세운 것이 그 시초이다. 즉, 쌍계사의 창건은 삼법화상이 육조 혜능대사의 정상을 안치한 것으로부터 시작된다. 그러나 이때는 난야라는 조그마한 수행처에 불과했던 것으로 여겨진다. 쌍계사가 실제 가람으로 그 모습을 드러내게 된 것은 신라 말 진감선사眞鑑禪師[20]에 의해서이다.

쌍계사는 진감선사에 의해 비로소 가람으로서의 면모를 드러내게 되었는데, 당시에는 옥천사라 하였다. 「쌍계사진감선사대탑공비雙磎寺眞鑑禪師大塔空碑」에 따르면, "이웃산의 절도 옥천玉泉이라고 불렀는데 이름이 서로 같아 여러 사람의 혼동을 일으켰다. 장차 같은 이름을 버리고 다르게 하려면 마땅히 옛 이름을 버리고 새 이름을 지어야 했는데 절이 자리 잡은 곳을 살펴보게 하니 절 문이 두 줄기 시냇물이 마주하는 데 있었으므로 이에 제호를 하사하여 쌍계雙磎라고 하였다."[21]라고 한다. 이로부터 옥천사玉泉寺는 쌍계사라는 이름으로 오늘에 이르고 있다.

쌍계사에 관한 고려와 조선 전기의 자세한 문헌자료는 없으나, 현존하는 사료들을 살펴보면 먼저 명종 5년(1549)에 청허淸虛 휴정休靜이 쓴「지리산쌍계사중창기智異山雙磎寺重創記」를 들 수 있다. 다음으로 임진왜란 이후의 기록물인 철종 9년(1857) 침명한성枕溟翰醒(1801~1876)[22]이 쓴「영남하동쌍계사사적기문嶺南河東雙磎寺事蹟記文」과「삼신산쌍계사사적비명병서三神山雙磎寺事蹟碑銘幷書」등[23]이

그림 2 쌍계사진감선사대탑공비

그들이다. 그 외에 쌍계사가 소실되고 벽암선사가 중창한 이후의 기록으로「영남하동쌍계사사적기문嶺南河東雙磎寺事蹟記文」에 비교적 상세히 기록되어 있다. 기문에는 철종 8년(1857) 침명한성枕溟瑈醒이 쓴 것으로 각 영역을 구성하는 전각과 사역의 확장된 면모를 상세히 기록하고 있다. 이러한 기록물을 토대로 쌍계사의 중수 혹은 중창 연혁을 정리해보면 표 1과 같다.

표 1 쌍계사의 중수기록(출처 :『하동 쌍계사 대웅전 수리보고서』문화재청, 2007)

중수		연대	화주	비고
초창	신라	성덕왕 21년(646)	삼법화상	『쌍계사 대웅전 수리보고서』
제1중수	신라	신라 말	진감선사	「쌍계사진감선사대탑공비」
제2중수	조선	세조 12년(1466)	선비대사	
제3중수		중종 1년(1506)	진주목사 한사개	
제4중수		명종 5년(1549)	서산대사西山大師	
제5중수		명종 5년(1549)	승려 중섬	「지리산쌍계사중창기智異山雙溪寺重創記」
제6중수		중종 38년(1543)	운수승 혜수	「지리산쌍계사중창기」
제7중수		인조 14년(1636)	승려 덕화 벽암당 각성, 소요당 태능	「영남하동쌍계사사적기문」 「삼신산쌍계사사적비명병서」
제8중수		숙종 1년(1675)	인계	
		숙종 21년(1695)	백암당 성총	
제9중수		영조 11년(1735)	법훈	
제10중수		고종 1년(1864)	담월潭月, 용담龍潭	
제11중수	근대	1975년	고산杲山	

쌍계사는 세조 12년(1466) 선비대사의 팔상전 중수와 중종 1년(1506) 진주목사 한사개韓士价의 중수, 그리고 명종 5년(1549) 서산대사의 중수가 이어진 것으로 보아 사격寺格이 매우 높았던 것으로 보인다. 그 외에 표 1에 나타난 중요문헌자료의 내용을 살펴보면 다음과 같다.

첫째, 「지리산쌍계사중창기」의 기록에 따르면, 중종 35년(1540)에 세월이 오래되어 탱자가지가 숲을 이루고 비석이 나무꾼들에 의해 박락되어 있는 것을 보고, 승려 중섬仲暹이 조정에 나아가 비석이 지극한 보배임을 알리고 조치를 취해줄 것을 간하였다. 이에 예조에서는 반경 5리에 금표禁標를 세워 그 안에서는 나무를 치거나 불을 놓는 것을 금하여, 3년이 지나지 않아 주변 풍광이 예전과 같은 모습을 되찾았다. 이에 팔영루八詠樓 5칸의 지붕을 다시 이고 대공탑비의 앞뒤에 석대를 쌓았으며, 연못을 만들어 물을 흐르게 하였다. 중종 38년(1543) 여름에 운수승 혜수雲水僧 惠修가 중창할 뜻을 세우고 시주를 모집하였는데, 몇 해가 지나지 않아 대웅전을 세우고 차례로 금당과 방장을 지어 낙성을 하였다. 이는 임진왜란 이전의 쌍계사의 면모를 살필 수 있는 중요한 자료이다.[24]

둘째, 「영남하동쌍계사사적기문」과 「삼신산쌍계사사적비명병서」에 따르면, 임진왜란으로 폐허가 된 사찰을 인조 14년(1636) 승려 덕화德化가 화주가 되고 벽암당碧巖堂 각성覺性과 소요당逍遙堂 태능太能 등이 협력하여 협소한 옛 터에서 벗어나 지금의 자리에 별도로 중창하였다. 이때 응진당·명왕전·관음전을 비롯하여 화엄전·팔영루와 여러 요사를 건립하고 뜰 가운데에 현재의 진감선사대공령탑비를 두었다. 그 뒤 숙종 1년(1675)에 인계印戒, 숙종 21년(1695)에 백암당 성총栢庵堂 性聰, 영조 11년(1735)에 법훈法訓이 중수하였으며, 고종 1년(1864) 봄에 담월과 용담의 원력으로 육조정상탑전의 7층 보탑을 건립하였다. 이후에도 전각이나 불상 등의 개채가 계속되었으며, 1975년을 전후하여 고산에 의해 현재 모든 전각의 중수가 이루어졌다.

따라서 쌍계사가 현재의 모습과 같은 2개의 영역으로 가람 구성이 완성된 것은 임진왜란 이후라 할 것이다.

III. 쌍계사 입지의 풍수환경

1. 신선사상의 발로, 지리산 자락에 입지한 쌍계사

우리나라의 전통적인 사상은 불교와 유교를 양축으로 하여 형성되어 왔지만, 그 외에 도교와 풍수, 그리고 무속신앙(shamanism) 등이 일정한 요소로 습합되어 형성되어왔다. 그중에서도 특히 노자사상은 도교의 주류를 형성하고[25] 있기 때문에, 노자사상도 우리의 사상 속에 녹아들어가 나름의 영향력을 행사하고 있다. 이 중에 풍수는 불교사찰의 입지선정에 지대한 영향을 미쳤다.

쌍계사의 주산은 지리산인데, 지리산의 본래 이름은 지리산智利山이다. 이것은 대지문수사리보살大智文殊師利菩薩에서 '지智'자와 '리利'자를 가져온 것이다. 중생을 제도하기 위해 현신한 문수보살의 지혜가 깃들어 있는 산이라는 의미라고 한다. 그런 의미가 계승되고 재해석되는 가운데 지리산智異山[26]이라고 불리기도 하고 지리산智理山[27]이라고 불리게도 된 것[28]이라 한다. 이 밖에도 여러 가지 호칭이 있는데, 신선사상의 발로이자 삼신산의 하나인 방장산方丈山, 산세와 풍모의 미학적 장중함을 드러내는 덕산德山, 민중적 변혁의식의 장소성이 반영된 불복산不伏山과 반역산反逆山 등도 지리산의 또 다른 별칭이다. 이와 같이 지리산은 불교적인 성향이 강하지만, 도교적인 의미도 일정 부분 반영하는 모습이다.

사명당 유정惟政은 우리나라 명산을 비교하면서, 금강산은 수이불장秀而不壯이요, 지리산은 장이 부수壯而不秀요, 묘향산은 역수역장亦秀亦壯이라 하였다. 이는 지리산의 웅장함을 강조한 말인데, 지리산은 전라남·북도와 경상남도에 걸쳐 그 위용을 자랑한다. 이와 같이 지리산은 백두대간의 정기가 더 이상의 행룡을 멈추고 우뚝 솟구친 산으로서, 예부터 영산靈山으로 알려져 있었다. 지리산은 남한 내 최고봉인 천왕봉天王峯(1,915m)을 주봉으로, 서쪽 끝의 노고단老姑壇(1,507m), 서쪽 중앙의 반야봉般若峯(1,751m) 세 주봉을 중심으로 여러 갈래로 나누어진다.[29] 쌍계사는 지리산 주봉인 천왕봉에서 형제봉으로 가는 길목에서 하나의 맥을 분지한 자락이 길게 행룡行龍하여 지친 몸을 쌍계사 계곡을 만나 몸을 푼 곳에 위치한다.

그림 3 금당의 안산-탐랑 목성체

쌍계사의 중심축을 이룬 건축물은 금당이다. 금당은 쌍계사에서 가장 오랜 역사성을 가지고 있을 뿐만 아니라, 쌍계사를 대표하는 건축물이다. 금당의 좌우측에는 동방장東方丈과 서방장西方丈과 같은 선방禪房을 거느리고 있어 그 위상을 드러낸 모습이다. 물론 쌍계사의 중심건축물은 대웅전이지만, 가장 중심이 되는 건축물은 역시 금당이기 때문이다. 중심건축물의 파악은 곧 주산이 어떤 산인지를 확인할 수 있는 중요한 근거가 되는데, 쌍계사의 중심을 차지한 금당은 지리산자락에 의지하고 있으며, 좌우측에 청룡과 백호를 거느리고 완벽한 보국을 형성하였다.

금당의 안산은 그림 3과 같이 탐랑 목성체貪狼 木星體 중에서도 문필봉文筆峯이라고 하는 뾰족한 봉우리가 겹겹이 늘어선 모습이다. 이는 금당이 지향하는 바를 드러낸 것으로, 이곳에서 치열한 수행이 이루어진다는 것을 표명한 것이다.

2. 쌍계사의 혈처를 차지한 금당

쌍계사는 그림 4와 같이 금당영역과 대웅전영역으로 크게 나눌 수 있다. 특히 쌍계사의 연혁을 통해 사찰형성과정을 살펴보면, 금당영역에서 대웅전영역으로 확장된 것으로 볼 수 있다. 왜냐하면 금당영역이 당초 쌍계사를 건설한 터로 추정되는 곳이기 때문이다.

이와 같이 선문가람에서는 불보적佛寶的·법보적法寶的 이미지의 중정 일곽은 비교적 간략히 취급하고 대신에 조사 선맥禪脈의 이미지를 갖는 선원과 조사 부도탑 등의 수선공간을 보다 중요하게 취급하는 것을 기조로 삼았다.[30] 수선공간은 선문가람에 있어서 가장 중요한 선학적禪學的 종지를 고양시키는 데 있었고, 이를 쌍계사는 육조 혜능六祖 慧能의 정골頂骨을 모신 금당을 가장 핵심적인 의미를 가진 혈처에 입지시켰다. 이를 「삼신산쌍계사대웅전상량문三神山雙磎寺大雄殿上樑文」에서는 다음과 같이 제시하였다.

> 화개는 원래 육조의 지시로 세상의 금당을 이루었고, 삼신산은 본래 서복의 입에서 나와 천하의 명산이 되었다. 이로 말미암아 해안의 선종은 이 안에서 홀로 결단하여 법계에 향기를 심어 더불어 즐겼으며, 청구의 기이하고 수승함은 이 땅에서 크게 일컬어져 진리를 탐구함에 어진 나라에서 더할 수 없는 보배가 되었다. 이 지역은 곧 금당의 보익補翼이 되고 옥천의 새로운 터전이 되었다.[31]

그림 4 쌍계사 전경과 영역구분(출처 : 문화재청 자료에 추가 작도)

이미 중국에서는 선종禪宗과 풍수의 결합이 두드러지고 있었으니, 육조 혜능이 풍수사 진아선陳亞仙을 만나 보림사寶林寺 터를 정한 바 있다.[32] 이러한 특징적인 모습은 우리 불교에 깊은 영향을 주었고, 입지선정의 핵심적인 요인으로 자리하게 된다. 물론 쌍계사의 경우에도 예외가 될 수 없다. 쌍계사가 총림으로 자리한 배경에는 금당으로 대표되는 선찰이라는 점이 보다 중요한 의미를 갖지만, 금당이 갖는 입지의 특징적인 모습과도 무관하지 않다. 왜냐하면, 금당이 주산에서 발맥한 주룡과 좌우 청룡백호가 완벽한 조화를 이루며 기氣를 융취融聚한 곳이기 때문이다. 이와 같이 쌍계사의 핵심공간인 금당이 가장 풍수적 특징이 반영된 곳이라 할 수 있는데, 여기에 반영된 풍수적 특징을 살펴보면 다음과 같다.

그림 5 금당의 입수룡　　　　　　그림 6 와혈窩穴에 위치한 금당

첫째, 금당은 삼세심혈법[33]의 천혈에 해당한다. 금당은 108계단을 올라야 하는 높은 곳에 위치하는데, 지리산 자락에 입지한 쌍계사의 주변 산세는 높고 웅장한 지형조건을 갖추고 있어, 혈도 높은 곳에 맺어야 한다. 이는 풍수논리에서 제시한 주변 산세가 높으면 혈도 높은 곳에 맺는다는 논리와 부합하는 모습이다. 물론 금당이 육조 혜능의 정골을 모시고 있으므로 선종의 성지라는 개념이 반영되어 가장 높은 위치를 차지하였다는 점도 고려되었을 것이지만, 보다 직접적인 이유로는 풍수적 입지선정 논리가 반영되었다.

둘째, 음래양수陰來陽受의 논리에 부합한다. 『발미론』「자웅편雌雄論」에는 "양룡陽龍은 음혈陰穴을 취取하고, 음룡陰龍은 양혈陽穴을 취取한다."[34]고 하였는데, 금당의 입지는 그림 5와 같이 볼록한 음룡으로 입도入道하여 그림 6과 같이 오목한 양혈을 맺는 모습이다. 이는 음양의 조화를 통한 혈의 결지법을 제시한 것으로, 음래양수한다는 표현은 이를 입증한다.[35]

셋째, 진응수를 통해 기氣의 갈무리와 혈의 결지 여부를 확인할 수 있다. 혈의 결지 여부를 확인하는 방법중에 하나로 제시되는 것이 상분하합上分下合의 모습인데, 상분하합上分下合하는 결과물의 대표적인 모습이 혈처의 하부에서 솟아나는 진응수眞應水이다. 금당하부에는 그림 7과 같이 작은 우물이 곧 진응수로 금당에 혈이 결지하였음을 입증하고 있다. 이와 같이 입지선정에 반영된 풍수적 특징과 혈의 결지 여부는 여러 요소들을 통해 확인할 수 있다.

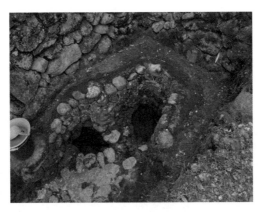

그림 7 금당하부의 진응수

그 외에 우리 전통사찰의 입지선정에 반영된 사상적 배경과 특징 속에는 다양한 요인들을 반영하게 된다. 사색의 장소로서의 불교적 해석과 음양론, 풍수, 그리고 자연과 하나 되는 도가道家의 사상마저 거부감 없이 수용하여 가장 불교적 논리 속에 녹여냈던 것이다. 이러한 특징적인 모습을 이해하기 위해서는 다양한 각도와 넓은 시각으로 바라봐야 하는 것이다.

3. 취기 가득한 공간을 구성한 雙磎寺의 사격과 물길

『금낭경』「기감편」에는 "기승풍즉산氣乘風則散"이라 하여 '기는 바람을 맞으면 흩어진다'는 의미 있는 주장을 한다. 이에 대해『음양이택전서陰陽二宅全書』에는 "산은 거대한 형세로 내달리는 모습인데, 좌우가 에워싸 바람이 불어오지 못하게 하면 맥이 있다."[36]라고 하였다. 이를 통해 풍수에서는 좌우측의 사격은 혈처의 정기가 바람에 흩어지지 않도록 하는 역할에 대한 논리적 기반을 만들게 된다. 또한, 사격은 기의 안정과 아늑함을 이루도록 하는 역할이 주어진 것이다. 그러므로 기와 바람은 서로가 막고 막아야 하는 관계성을 정립한다. 하지만 대부분의 풍수논리는 사격의 역할과 의미에 대해 논하기보다는 길흉론에 보다 집착하는 모습을 보인다. 이는 본래 풍수가 추구하는 논리적 근간을 정확히 이해하지 못한 극히 표피적인 해석과 활용이라 할 수 있다.

쌍계사의 핵심영역을 차지한 금당은 그림 8과 같이 주산과 좌우 청룡백호, 그리고 안산이 서로 어우러져 아름다운 보국을 만들어 아늑한 공간 구조를 만들게 된다. 또한 높은 곳에 위치하여 사찰 경내를 한눈에 내려다볼 수 있는 조감의 기회마저 확보하였다. 물론 대웅전의 영역도 금당영역과 마찬가지로 사격에 의해 보국을 이룬 모습이나 균형과 조화를 이루지 못한 한계성을 갖는다. 하지만「삼신산쌍계사대웅전상량문」에는 "아름답구나. 집터를 보면 촌 영감조차 찬탄하고, 불당이 이루어지니 산새들이 치하한다. 불일이 다시 밝아지니 비추지 않는 곳이 없고, 선풍이 다시 떨치니 세월이 갈수록 더욱 꽃다움이 있다."[37]라고 찬사를 보내고 있다.

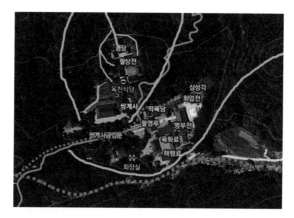

그림 8 쌍계사의 보국과 물길(출처 : 다음 지도에 추가 작도)

표 2 물 형상의 오행 분류(출처 : 『지리담자록』)

구분	목성수	화성수	토성수	금성수	수성수
형상					

『동림조담』에는 "물이 명당에 출입한 것은 사람의 혈맥이 왕래한 것과 같다."[38]라고 하였는데, 쌍계사는 경내의 두 줄기의 물길로 인해 쌍계사라 하였다. 특히 경내를 가르는 물길은 쌍계사를 취기 가득한 공간을 구성하였다. 그림 8과 같이 쌍계사의 물길은 일주문 앞에서의 합수를 통해 안과 밖을 나누고, 내부공간을 두 곳으로 나누는 역할마저도 완벽하게 수행하였다. 또한, 목성체의 큰 물길과 구불구불한 수성체의 작은 물길은 수생목水生木의 상생논리를 통해 쌍계사를 취기 가득한 공간을 구성하는 데 일조하는 모습이다. 이를 「삼신산쌍계사대웅전상량문」에는 "땅의 영령은 길이 미진 국토를 보전하고, 하늘의 기운은 영구토록 다함 없는 원기를 모아지이다."[39]라고 하였던 것이다.

4. 호순신의 지리신법에 부합하는 쌍계사의 좌향

앞에서 살펴본 바와 같이 쌍계사는 신라 성덕왕 21년에 창건되어 진감선사에 의해 사찰의 모습을 갖추게 된다. 하지만 고려시대의 기록은 정확하지 않아 알 수 없으며, 조선시대에 이르러 여러 번의 중창이 이루어진다. 특히 임진왜란 때 쌍계사는 모든 전각이 불에 타버리는 아픔을 겪게 된다. 이러한 쌍계사의 중창과 변화과정을 정리한 표 1을 통해 쌍계사의 주요 건물이 조선 중기 이후에 건설되었다는 것이다. 이는 조선왕실을 중심으로 크게 유행하던 호순신의 지리신 법이 적용되었을 가능성을 배제하기 어렵다. 따라서 쌍계사의 대웅전과 금당의 좌향을 호순신 의 지리신법의 적용 여부를 살펴보는 것은 당시 사찰건축의 좌향 결정의 단초를 찾을 수 있으리 라 생각한다.

표 3 쌍계사의 지리신법 적용 여부 검토결과

구분	입수룡	입수룡 대오행	좌향	득수				파구			부합 여부
					포태	구성	길흉		포태	구성	길흉	
대웅전	술戌(좌)	수水	묘좌유향 卯坐酉向	축 丑	쇠 衰	거문 巨門	길 吉	유 酉	욕 浴	문곡 文曲	흉 凶	○
금당	임壬(좌)	화 火	임좌병향 壬坐丙向	갑 甲	생 生	탐랑 貪狼	길 吉	신 申	병 病	염정 廉貞	흉 凶	○

쌍계사의 지리신법 적용 여부를 검토한 결과는 표 3과 같이 대웅전과 금당이 모두 부합하는 모습이다. 따라서 당시 유행하던 호순신의 지리신법은 좌향 결정의 중요한 요인으로 작용하였 다는 근거를 제시해준다. 이는 사찰건축도 입지선정과 좌향 결정에 있어서 당시 유행하던 이기 론의 영역을 크게 벗어나기 어렵다는 것을 확인할 수 있다.

하지만 이러한 특징적인 모습은 쌍계사를 건설할 당시의 기록이 있었으면 쉽게 확인할 수 있 겠으나, 기록이 없는 관계로 현재의 상태를 기준으로 측정하였다. 따라서 당시의 측정과 다른 결과를 도출할 수 있는 가능성을 배제할 수 없다. 왜냐하면 당시의 풍수를 활용하는 방법과 크 게 차이가 있지는 않겠지만, 나경의 측정위치와 방법으로 인해 미세한 오차는 상시 존재하는 요 인이 될 수 있기 때문이다.

Ⅳ. 참선공간이 핵심적인 입지를 선점한 쌍계사의 공간구성

불교 사상에서 땅은 주목할 만한 주제라고 할 수 있다. 땅과 관련한 불교적 논의의 틀은 지장 사상, 만다라론, 성불론成佛論의 측면에서 구할 수 있다. 특히, 지장사상의 근원은 바라문적인 최상의 가치이던 하늘을 부정하고 땅 위에 나투어진 현실을 무엇보다도 극진하게 존중하던 불교의 실상관에서 우러나온 것이다.[40] 이와 같이 우리 전통사찰의 입지선정은 불교적 입지관과 자연적 입지관이 조화를 이루면서 이루어졌다. 여기에 더해서 민간신앙이라고 할 수 있는 기존 종교가 습합되는 과정에서 새로운 입지관이 등장하였다. 먼저 자연적 조건으로는 자연지형을 고려하였다면, 사상적 요인으로는 불교적 관점과 민간신앙, 그리고 풍수사상이 함께 고려되었다. 특히, 자연지형으로 대변되는 지형과 지세는 풍수와 구분하기 어려울 정도로 대동소이한 모습을 보이는데, 사찰 입지선정에 있어서 중요한 기준점으로 작용하였다.

『조선불교통사』에 따르면 원래 선종은 중국에서 성립당시부터 사원 택지법을 중심으로 풍수참을 받아들이고 있었다.[41] 특히 신라의 수많은 입당승들이 선법을 전래한 당나라 말기에는 이른바 강서지법으로 대표되는 형세풍수가 이미 강서지방에 유행하고 있었으며, 신라승의 대부분이 그곳에서 전심하였다.[42] 이러한 강서지법의 풍수는 선종의 사원 택지법을 수용한 사찰의 입지선정과 가람배치에 활용되었다. 「진감선사비명병서眞鑑禪師碑銘竝書」에 따르면, 쌍계사는 신라 성덕왕 23년(723) 의상대사의 제자 삼법三法에 의해 입지선정이 이루어졌다. 쌍계사의 초창 모습을 통해 입지선정에 어떤 인식과 사고를 바탕으로 이루어졌는지 살펴볼 수 있는 자료가 「진감선사비명병서」에 다음과 같이 기록되어 있다.

> 남쪽 기슭에서 살 만한 곳을 얻어 선려를 지으니, 뒤로는 안개 낀 언덕에 기대고 앞으로는 구름에 잠긴 시내를 굽어보게 되었다. 눈앞을 맑게 하는 것은 돌을 거스르는 물소리이다. 봄 시내의 꽃과 여름의 소나무, 가을 골짜기의 달빛과 겨울 산의 눈과 같은 데 이르러서 임야! 사시가 모습을 바꾸고 만상이 빛깔을 달리하며 백뢰가 화합해 읊조리고 천암千巖이 빼어남을 다툰다.[43]

쌍계사의 입지에 대해 '뒤로는 안개 낀 언덕에 기대고 앞으로는 구름에 잠긴 시내를 굽어보게 되었다'고 밝힌 바와 같이, 전통적인 입지선정의 기준이 된 배산임수에 바탕을 두었음을 확인시켜준다. 이는 비단 쌍계사의 입지에만 적용된 것이 아니라, 현재나 당시의 입지선정에 있어서 기본조건이었다는 점에서 오랜 전통이었음을 확인할 수 있다. 그 외에도 쌍계사의 입지는 지리산 골짜기가 깊고 커서 밖에서는 그 형체를 알기 어려운 곳이기도 하다. 이와 같이 크고 깊은 골짜기는 여러 사람들이 왕래하기 어려워 수행처修行處로서 알맞은 조건을 가졌다고 할 수 있는데, 이중환은 이러한 곳을 "절이나 도관 지리로 합당"[44]한 곳이라 하였다.

쌍계사는 「진감선사비명병서」에서 확인한 것처럼, 초창기에는 선려禪廬라 표현한 초라한 선방禪房이 있었다. 이는 쌍계사의 시발점으로 금당영역이 먼저 건축되었다는 것을 확인시켜주는 것으로,「영남하동부쌍계사사적기문」에도 초창시기에 금당이 있었다는 것을 확인할 수 있다.[45] 이때 선정한 입지가 가장 의미 있는 혈처를 선점하였고, 여기에 금당을 중심으로 한 선방이 들어서게 되었다. 다시 말해서 쌍계사는 금당을 중심으로 서방장과 동방장으로 대변되는 참선공간이 가장 핵심적인 입지를 선점하게 되면서, 쌍계사의 실질적인 중심공간을 금당영역이 차지하였다. 이러한 특징적인 모습을 통해 쌍계사가 지향하는 방향성을 짐작해볼 수 있는데, 쌍계사가 참선을 중시하는 풍토가 자리하게 된 배경을 찾은 셈이다.

한편, 쌍계사의 독특한 가람배치는 그림 9와 같이 중심을 가르며 흐르는 물길에 의해 금당영역과 대웅전영역을 자연스럽게 분리하고 있다. 이때 물길은 공간의 분리를 자연스럽게 받아들이도록 하는 효과까지도 극대화하는 모습이며, 매우 자연스러운 모습을 연출하였다. 뿐만 아니라 건축물의 좌향조차도 자연지형과 부드럽게 연결되는 특성을 실현하는 데 있어서 각각의 영역에 자리한 건축물이 직교하고 있음에도 이를 의식하지 못하도록 하였다. 이러한 공간분리가 건축물의 배치와 공간구성을 통해 인위적인 공간구성이 아닌 물길에 의해 분리되면서, 공간구성의 중요한 의미를 제시하였다. 즉, 두 개의 공간으로 구분된 영역은 쌍계사의 지향점과 부처님의 위상에 대한 고려가 중요하게 반영되었다.

대웅전을 중심으로 한 대웅전영역과 금당을 중심으로 한 금당영역으로 구분할 수 있는데, 표면적으로는 대웅전영역이 쌍계사의 중심을 차지하고 있으나, 실질적인 쌍계사의 중심영역은 금당영역이다. 이와 같이 대웅전이 쌍계사의 중심공간을 차지하고 있음에도 불구하고, 대웅전영역이 쌍계사의 실질적인 중심영역이 되지 못하고, 표면적 중심에 머문 배경에는 대웅전이 혈처에 자리하지 못한 이유가 가장 크다. 또한 대웅전이 창건 당시에 건설된 것이 아니고, 나중에 건설되었다는 한계성을 극복하지 못한 측면도 있다. 그럼에도 불구하고 대웅전을 공간의 중심에 배치한 것은 석가모니 부처님을 봉안한 대웅전을 가람의 한쪽에 배치할 수는 없기 때문이다. 다시 말해서 석가모니 부처님의 위상에 걸맞도록 가장 중심에 가장 큰 건축물을 통해 상징성을 부각하였던 것이다.

따라서 쌍계사는 입지선정과 공간구성에 있어서 사찰의 지향점에 해당하는 금당을 가장 핵심적인 의미를 갖는 혈처에 배치하였으나, 석가모니 부처님을 모신 대웅전이 가진 위상과 의미를 아울러 배려하는 공간구성을 이루었다. 즉, 쌍계사가 지향하는 방향을 실천하기 위해 금당을 쌍계사에서 가장 높고 핵심적인 위치에 배치하였다면, 대웅전을 사찰공간의 중심에 배치하고 또한 가장 크게 건축함으로써, 석가모니 부처님이 가진 불교에서의 위상을 존중하면서도 사찰의 지향점을 실천하는 절묘한 절충점을 찾았다고 해석할 수 있는 것이다.

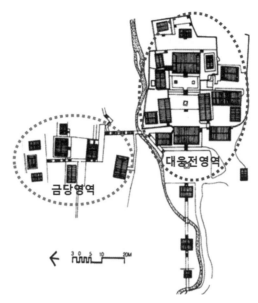

그림 9 쌍계도 배치도(출처 : 정은숙, 1997, p.69)

V. 절묘한 조화를 이룬 쌍계사의 가람배치

쌍계총림 쌍계사는 경상남도 하동군 화개면 쌍계사길 59에 위치한다. 쌍계사는 2013년도에 조계종의 총림으로 지정됨에 따라 새로운 도약의 계기를 만든다. 총림은 범어로는 Vindhyavana 라고 하는데, 참선수행도량인 선원과 경전 교육기관인 강원, 계율전문교육기관인 율원, 염불전 문 교육기관인 염불원을 모두 갖춘 사찰을 말한다. 특히, 쌍계사는 금당선원으로 대표되는 선 수행의 사찰로 유명한데, 여기에는 선원의 입지가 갖는 특징적인 모습과도 깊은 관련성을 갖는 다. 이는 전통사찰의 입지선정이 풍수와 밀접한 관련성을 바탕으로 이루어졌다는 점을 입증하 는 모습이다.

쌍계사의 창건은 삼법화상이 육조 혜능대사의 정상頂相을 안치한 것으로부터 시작된다. 쌍계 사는 신라 성덕왕 21년(722)에 의상대사의 제자인 삼법화상이 육조 혜능대사의 정상(머리)을 봉 안하고 난야를 세운 것이 그 시초이다. 그 후 진감선사에 의해 비로소 쌍계사가 가람으로서의 면모를 드러내게 되는데, 당시에는 옥천사라 하였다. 마침 옥천사라는 동명의 사찰이 인근에 있 었고 이를 극복하고자 새로운 이름을 지어야 했다. 새 이름을 지어야 했는데 절이 자리 잡은 곳 을 살펴보게 하니 절 문이 두 줄기 시냇물이 마주하는 데 있었으므로 이에 제호를 하사하여 쌍계 라고 하였다고 「쌍계사진감선사대탑공비」는 밝히고 있다. 이로부터 옥천사는 쌍계사라는 이름으로 오늘에 이르고 있는 것이다.

앞에서 이미 밝힌 것처럼 우리 전통사찰은 풍수적 관점에서 입지를 선정하였는데, 쌍계사의 경우에도 전혀 다르지 않다. 따라서 쌍계사 입지의 풍수적 특징을 살펴보면 다음과 같다.

첫째, 지리산을 태조산으로 삼은 쌍계사는 주산으로부터 발맥한 주룡의 정기를 금당金堂에 제공하는 모습이다. 금당의 안산은 탐랑 목성체 중에서도 선禪을 상징하는 문필봉이 겹겹이 늘어선 모습이다.

둘째, 쌍계사의 혈처穴處는 금당金堂이다. 쌍계사의 연혁을 통해 사찰형성과정을 살펴보면, 금당 영역이 당초 쌍계사를 건설한 당시의 터로 추정되고 있으며, 금당영역에서 대웅전영역으로 확장되었다. 이를 통해 쌍계사는 금당을 중심으로 한 공간구성이 창건 당시부터 이루어진 것이 확인되고 있다. 이는 쌍계사가 선문가람으로 인식되는 특징과도 일치하고 있는데, 가람의 구성에 있어서도 조사선맥祖師禪脈의 이미지를 갖는 선원 등의 수선공간을 보다 중요하게 취급한 기조와도 일치한다.

셋째, 쌍계사의 금당은 주변 사격에 의해 아늑한 공간을 구성한다. 즉, 주산과 좌우 청룡백호, 그리고 안산이 서로 어우러져 이름다운 보국을 만들고, 높은 곳에 위치하여 사찰 경내를 한눈에 내려다볼 수 있는 조감의 기회마저 확보하였다. 물론 대웅전의 영역도 금당영역과 마찬가지로 사격들에 의해 완벽한 교쇄交鎖를 통해 보국保局을 이룬 모습이다.

네 번째, 쌍계사의 지리신법 적용 여부를 검토한 결과, 대웅전과 금당이 모두 부합하는 모습이다. 현재의 쌍계사는 표 1과 같이 조선조에 이루어진 중창에 의해 완성된 모습이다. 따라서 당시 유행하던 호순신의 지리신법은 좌향 결정의 중요한 요인으로 작용하였다는 근거를 제시해준다.

쌍계사의 입지선정은 풍수를 바탕으로 이루어졌으며, 사찰의 공간구성조차도 합리적으로 배치하였다. 즉, 물길에 의해 양분된 가람의 구성을 금당영역과 대웅전영역으로 나누고, 이들 영역의 전각을 직교배치하여 각각의 역할과 의미를 부여하였다. 특히 일주문의 중심축선에 자리한 대웅전영역은 많은 전각을 배치하고 있어 중심영역처럼 인식되고 있으나, 실질적인 쌍계사의 중심영역은 금당영역이다. 이러한 가람배치가 이루어진 배경에는, 혈처와 비혈처로 대변되는 풍수적 특징과 부처님의 위상과 같은 다양한 요인들이 중요하게 작용하였다.

이상과 같이 쌍계사의 공간구성이 물길에 의해 양분된 것 외에도, 특이한 가람구성이 이루어진 배경에는 쌍계사 입지가 갖는 합리적인 활용이라 할 것이다. 이는 풍수가 선종사찰의 입지를 선정하는 오랜 전통으로 자리하였다는 것을 확인시켜주고 있으며, 풍수가 가진 불교적 위상까지도 확인할 수 있다. 특히 풍수는 공간구성에 있어서도 사찰의 지향점뿐만 아니라 석가모니 부처님의 위상까지를 고려한 배치가 절묘한 조화 속에 이루어질 수 있도록 중요한 역할을 담당하였다.

1 이영운, 「17·18세기 하동 쌍계사의 배치와 전각구성의 변화 : 지리산 유람기 분석을 중심으로」, 경기대학교 석사학 위논문, 2011.
   정은숙, 「쌍계사 가람구성의 특성에 관한 연구」, 경상대학교 석사학위논문, 1999.

2 정영호, 「雙谿寺 眞鑑禪師大空塔의 推定」『고문화』 12, 한국대학박물관협회, 1974, pp.3-14.
   손환일, 「孤雲 崔致遠의 書藝研究 : 雙溪寺 眞鑑禪師大空塔碑를 중심으로」『동양예술논총』 제4집, 강암서예재단, 2000, pp.35-145.

3 한민수, 홍종욱, 「고대 안료의 성분분석 연구 : 쌍계사 탱화 안료를 중심으로」『보존과학연구』 24집, 국립문화재연구소, 2003, pp.131-152.
   김정희, 「雙磎寺의 佛畫」『성보』 제5호, 대한불교종계종, 2003, pp.47-72.
   정성화, 「朝鮮後期 雙磎寺佛畫의 연구」, 동국대학교 석사학위논문, 1997.

4 선창국, 정충기, 김재관, 「쌍계사 오층 석탑 부지의 지진 응답 특성 평가를 통한 1936년 지리산 지진 세기의 정량석 분석」『대한토목학회논문집』 제28권 제3호, 대한토목학회, 2008, pp.187-196.
   김재관, 류혁, 「쌍계사 오층석탑 실물 크기 모델의 동적 거동 시험」『한국지진공학회논문집』 5(4), 한국지진공학회, 2011, pp.51-66.

5 김정권, 「眞鑒禪師 慧昭의 南宗禪 受容과 雙谿寺 創建-新羅下代 南宗禪 受容의 한 例-」『역사와 담론』 제27집, 호서사학회, 1999, pp.1-36.

6 최재남, 「仙區 雙溪寺와 漢詩」『한국한시연구』 제4호, 한국한시학회, 1996, pp.169-202.

7 김승찬, 「진감선사와 쌍계사 전설」『한국민족문화』 15집, 부산대학교 한국민족문화연구소, 2000, pp.259-285.

8 김종민, 「쌍계사 성보박물관 소장 백지묵서『묘법연화경』 제6권 斷簡의 고찰」『불교미술사학』 제5집, 불교미술사학회, 2007, pp.473-491.

9 『擇里志』 「卜居總論」 山水 : 智異山在南海 上是爲白頭之大盡脈 故一名頭流山 世以金剛 爲蓬萊 以智異爲方丈 以漢拏爲瀛洲 所謂三神山也.

10 『惺所覆瓿藁』 卷7「文部 4」沙溪精舍記 : 夫所謂方丈 卽世所稱智異山也 山之磅礴鎭峙 雄於二南 釋子之行持者 咸萃於玆 而 伽藍蘭若之巍煥者 殆數百區 其層砐絶頂草樹煙雲之奇壯 富有甲於三山.

11 『鶴峯全集』 卷1「詩」途中望智異山.

12 『三國史記』 제32권「雜誌 제1」祭祀條에는 "첫째는 나력산(奈歷山)[습비부], 둘째는 골화산(骨火山)[절야화군], 셋째는 혈례산(穴禮山)이다."(大祀 三山 一奈歷習比部 二骨火切也火郡 三穴禮大城郡)라고 기록하고 있다.

13 『삼국사기』 제32권「잡지 제1」제사조에는 "오악은 동쪽의 토함산(토함산)[대성군], 남쪽의 지리산(지리산)[청주], 서쪽의 계룡산(계룡산)[웅천주], 북쪽의 태백산(태백산)[나이군], 중앙의 부악산(부악산)[공산이라고도 한다. 압독군이다."(中祀 五岳 東吐含山[대성군] 南地理山[청주] 西雞龍山[웅천주] 北太伯山[내이군] 中父岳[일운공산 압독군])라고 기록하고 있다.

14 『國朝寶鑑』 卷10「世祖朝1」에는 양성지의 상소문에 따르면, "三角山을 中嶽으로, 金剛山을 東嶽으로, 九月山을 西嶽으로, 智異山을 南嶽으로, 長白山을 北嶽으로 삼았다."라고 한다.

15 문화재청, 『하동쌍계사대웅전수리보고서』, 문화재청, 2007, p.93.

16 『河東郡誌』「쌍계사 가람구성의 특성에 관한 연구」, 경상대학교 석사학위논문, 1997, p.83 재인용.

17 『世宗實錄』「地理志」경상도 진주목 하동현 : 本韓多沙郡 景德王改爲河東郡 高麗因之. 顯宗戊午屬晋州任內 明宗壬辰 始置

監務. 本朝太宗甲午 合南海縣, 號河南令.

18 『世宗實錄』「地理志」 경상도 진주목 하동현∴ 厥土肥 風氣暖 墾田一千二百六十二結.

19 민중서림, 『한한대자전』, 민중서림, 2004, p.1806에는 난야는 절 혹은 사원(寺院)이라고 한다.

20 쌍계사 대웅전 앞마당 한가운데 서 있는 「진감선사대공영탑비문(眞鑑禪師大空靈塔碑文)」에 의하면 진감선사 혜소(慧昭)는 전주 금마(金馬, 현재 익산) 사람으로 혜공왕 10년(774)에 출생하였다. 「삼신산쌍계사사적비명병서」에 따르면, 창건주 진감 선사의 불가(佛家)에서의 이름은 혜소요, 속성은 최씨니 지금의 전주 금마 출신이다. 부친은 최창원이요, 모친은 고씨다. 모친이 잠깐 선잠에 들었는데 어떤 맑은 승려가 투명한 유리 항아리를 주면서 '어머니의 아들이 되기를 원합니다' 하고는 홀연히 보이지 않았다. 태어나면서 한동안 울지 않는 전생에 선근을 심은 수승하고 영험한 싹이었다. 신라 애장왕 5년 갑신년에 세공의 특사로 참예하여 당에 들어가 창주 신감선사를 만나 뵈었더니 '헤어진 지 얼마 지나지 않았거늘 또 만났도다'라고 감탄하여 서둘러서 머리를 깎아주니 불이 마른 쑥을 태우듯 물줄기가 낮은 데로 흐르듯 서로 오랜 세월의 인연을 깨달았고 대중들은 동방의 성인이라고 칭송하였다.

21 문화재청, 『譯註 韓國古代金石文』Ⅲ, 1992, 「雙磎寺眞鑑禪師大空塔碑」: 有玉泉之號 爲名所累衆耳致惑將俾弃同 卽異則宜捨 舊從新使目示其寺之所 枕倚則以門臨 複澗爲對乃錫 題爲雙溪焉申.

22 조선 후기의 승려. 호는 침명(枕溟), 성은 김(金)이고 본관은 경주이다. 순조 1년(1801) 4월 고흥에서 태어났다. 순조 15년(1815) 15세에 팔영산 능가사에 있던 숙부 권민(權敏)에게서 승려가 되고, 춘파(權敏)에게서 구족계를 받았다. (이정 편저, 『한국불교 인명사전』, 불교시대사, 1993, p.327)

23 이들 자료는 청학루(淸鶴樓)와 성보박물관에 보관된 현판류 및 개인 문집 등에 단편적으로 기록되어 있는 것들이다.

24 문화재청, 『하동쌍계사대웅전수리보고서』, 문화재청, 2007, p.97.

25 노자(老子) 사상을 핵(核)으로 하고 거기에 신선술(神仙術)과 장생술(長生術) 등과 중국적 샤머니즘이 결합된 형태이다. 이후 이질적인 요소, 즉 주술적이고 종교적인 요소들과의 접목을 통하여 심하게 변질된다.

26 쌍계사의 진감선사 비문에 '지리산(智異山)'이라는 표기가 있다. 그 외에 조선시대에 편찬된 『고려사(高麗史)』에도 오늘날과 같이 지리산(智異山)으로 표기되어 있다.

27 고려시대 편찬된 『삼국사기(三國史記)』 통일신라 흥덕왕조 828년에는 "당에 들어갔다가 돌아오는 사신 대렴이 차나무 씨앗을 가지고 오니, 왕이 지리산(地理山)에 심게 하였다."라고 하는 기록이 최초이지만, 『삼국사기(三國史記)』 기타 기사에도 지리산(地理山)으로 표기되어 있다. 지리산의 산 이름은 다양한 의미와 특징적인 배경을 가졌는데 살펴보면 다음과 같다.
첫째, 어리석은 사람이 머물면 지혜로운 사람(智者)으로 달라진다 하여 지리산(智異山)이라 하였다고 한다.
둘째, 조선조 태조 이성계가 왕위를 찬탈하려고 명산에 기도를 드리러 다닐 때였다. 백두산과 금강산 신령은 쾌히 승낙하였는데 지리산 신령은 승낙하지 않았다. 그래서 지혜(智慧)가 다른[異] 신선이 사는 산이라 하여 지리산(智異山)이라 부르게 되었다고 한다.
셋째, 백두산이 흘러와 된 산이라 하여 백두산(白頭山)의 '頭', 흐를 '流' 두류산(頭流山)이라고도 하고, 남해에 이르기 전에 멈추었다 하여 머물 '留' 두류산(頭留山)이라고도 한다. 이를 순우리말로 지리산의 산세가 두루뭉실하여서 '두루', '두리'를 한자로 차자하여 두류(頭流)가 되었다고도 한다.

28 프레시안, 2013. 6. 4.

29 국립공원관리공단 지리산국립공원사무소, 『지리산이천년』, 보고사, 2010, p.55.

30 정은숙, 「쌍계사 가람구성의 특성에 관한 연구」, 경상대학교 석사학위논문, 1997, p.34.

31 「三神山 雙溪寺 大雄殿 上樑文」 『하동 쌍계사 대웅전 수리보고서』, 문화재청, 2007, pp.108-109 : 花開元是六祖之指示 成世上之金堂 三神本來徐市之口出爲天下之名山 由是 海岸禪宗獨斷於此中植香而興樂於法界 靑邱奇勝大稱於玆地探眞而莫寶於仁方 此局乃 金堂之補翼玉泉之新基.

32 최원석, 『우리땅 풍수기행』, 시공사, 2006, p.18.

33 삼세심혈법(三勢尋穴法)은 주변 사격의 높이에 따라 혈의 높이도 달라진다는 논리이다. 즉, 높이에 따라 천혈(天穴)과 인혈(人穴), 그리고 지혈(地穴)로 구분하게 되는데, 이 중에 가장 높은 위치를 차지한 혈을 천혈이라 한다.

34 『發微論』「雌雄篇」: 陽龍取陰穴, 陰龍取陽穴.

35 여기에는 중요한 인식의 차이가 존재하는데, 우리가 평소에 사용하는 음양의 논리와는 반대로 적용된다. 즉, 凸부분을 양(陽)이라 하고, 오목한 凹부분을 음(陰)이라 하는 것을, 풍수에서 용과 혈의 모습을 해석할 때에는, 이를 반대로 대입하게 된다. 즉, 볼록함을 음(陰)이라 하고 오목함을 양(陽)이라 한다. 이러한 해석을 하는 배경에는 물을 양(陽)

이라 하고 산을 음(陰)이라 하는 음양론에서 출발한다. 따라서 양(陽)의 세상에서 볼록함을 양(陽)이라 하는 것을 음(陰)의 세상에서는 볼록함을 음(陰)이라 하는 것이고, 오목함을 마찬가지로 양(陽)이라 인식하는 것이다. 그런 차원에서 볼록한 입수룡은 음래(陰來)하고 오목한 혈(穴)은 양혈(陽穴)이라 해석하면 음래양수(陰來陽受)하는 논리는 성립하는 것이다.

36 『陰陽二宅全書』卷1 華亭姚瞻旂輯 : 山以大勢莽馳 左右環抱 風不能吹 乃爲有脈.

37 「三神山 雙溪寺 大雄殿 上樑文」『하동 쌍계사 대웅전 수리보고서』, 문화재청, 2007, pp.108-109 : 懿乎 脊宇而野叟讚歎 成堂而山禽致賀 佛日再明無有不燭 禪風復振有久彌芳.

38 양형석, 홍성서 공역,『捉脈賦‧洞林照瞻 譯解』, 한국학술정보, 2013, p.161 : 水之出入於明堂 猶人之有血脈往來也.

39 「三神山 雙谿寺 大雄殿 上樑文」『하동 쌍계사 대웅전 수리보고서』, 문화재청, 2007, pp.108-109 : 地靈長保於微塵之刹 刹 天氣永湊於無極之元元.

40 박희선,『천수심경 대다라니』, 송산출판사, 1987, p.93.

41 李能和,『朝鮮佛敎通史』下, 보련각, 1990, p.252.

42 양은용, 「도선국사 비보사탑설의 연구」『도선연구』, 민족사, 1999, p.127 참조.

43 朝鮮總督府,「眞鑑禪師碑銘幷書」『增補校正朝鮮寺刹史料』上, 고려서림, 1986, p.194 : 南嶺之麓 爽塏居最經始禪盧 却倚霞 嶺俯壓雲澗 淸眼界者 隔江遠岳爽耳根者逆石飛湍 至如春谿花 夏徑松秋塏月 冬嶠雪 四時變態萬象 交光百籟和 唸千嚴競秀嘗.

44 이중환, 이익성 옮김,『擇里志』「卜居總論」, 을유문화사, 2008, p.206 : 只宜寺觀.

45 「嶺南河東府雙磎寺事蹟記文」: 全堂一位則初創時爲 六祖影堂也.

참고문헌

『發微論』(通行本)

『惺所覆瓿藁』

『世宗實錄』

『陰陽二宅全書』, 上海 文明書局, 1926.

『擇里志』(奎章閣本)

『鶴峯全集』

국립공원관리공단 지리산국립공원사무소, 『지리산이천년』, 보고사, 2010.

문화재청, 『하동쌍계사대웅전수리보고서』, 문화재청, 2007.

문화재청, 『譯註 韓國古代金石文』 Ⅲ, 「雙磎寺眞鑑禪師大空塔碑」, 문화재청, 1992.

박희선, 『천수심경 대다라니』, 송산출판사, 1987.

양은용, 「도선국사 비보사탑설의 연구」 『도선연구』, 민족사. 1999.

양형석, 홍성서 공역, 『捉脈賦 · 洞林照膽 譯解』, 한국학술정보, 2013.

李能和, 『朝鮮佛教通史』 下, 보련각, 1990.

이중환, 이익성 옮김, 『擇里志』, 을유문화사, 2008.

정은숙, 「쌍계사 가람구성의 특성에 관한 연구」, 경상대학교 석사학위논문, 1997.

朝鮮總督府, 『增補校正朝鮮寺刹史料』 上, 고려서림, 1986.

최원석, 『우리땅 풍수기행』, 시공사, 2006.

프레시안, 2013. 6. 4.

한국고전종합DB.

제6장

부석사 입지의 풍수환경과 좌향에 관한 연구

제6장

부석사 입지의 풍수환경과 좌향에 관한 연구

Ⅰ. 자연지형에 순응한 부석사

경상북도 영주시 부석면 부석사로 345에 위치한 부석사는 대한 불교조계종 제16교구 본사인 고운사의 말사로서 봉황산 자락에 포근히 안겨 있다. 무량수전으로 인해 유명해진 부석사는 안양루에서 바라보는 경치가 아름다운 사찰로도 널리 알려져 있다. 뿐만 아니라 의상대사가 당나라에 유학하고 돌아오던 길을 밝혀준 선묘설화와 돌이 떠 있다고 하는 부석으로도 많은 관광객을 유인하고 있다. 이와 같이 부석사는 아름다운 풍경과 설화로 인해 그 이름을 널리 알렸으며, 많은 관광객을 끌어들이고 있다.

그러나 부석사가 가진 근본적인 특징 중에는 자연지형에 순응하면서도 아름다운 경관을 활용하여 절묘한 공간구성을 만들어놓았다는 점이다. 이는 부석사 가람배치가 축대의 조성과 함께 축선을 꺾는 등 다양한 특징들을 반영하여, 다른 사찰과 차별화되는 특이한 요인들로 구성되었기 때문이다. 이와 같이 부석사는 우리 전통사찰이 가지는 특징 중에서도 입지환경에 따라 건축물 배치의 축이 다른 모습으로 나타날 수 있다는 것을 보여주는 대표적인 사례이다. 그렇다면

---

* 『동방학』 제30집(2014. 2.)에 게재.

우리 전통건축의 입지를 이해하는 데 있어서 우선적으로 검토해야 하는 사항은 무엇이 있을까? 먼저 우리 전통건축의 특징은 건축물 자체에만 있는 것이 아니라, 입지환경과 상황에 따라 다양한 변수들이 작용하였다. 그리고 이러한 특징적인 요인들은 다시 건축물에 다양한 형태로 영향을 미쳤다. 그러나 보다 근본적인 바탕에는 풍수사상이 자리하고 있었고, 입지선정에 있어서 가장 우선적으로 검토되었다.

풍수는 이론부분과 실제 현장을 답사하면서 오랜 세월 수련하는 과정을 통해 일정 수준에 이를 수 있으며, 전통건축의 입지에 반영된 풍수원리와 공간구성의 특징을 읽어낼 수 있다. 물론 이러한 독해력과 이해력은 '아는 만큼 보인다'는 풍수서의 가르침에서 벗어나기 어려우며, 논리적 틀 속에서의 해석도 또한 그 수준을 넘어서기 어렵다. 현재 우리의 전통건축연구는 풍수를 소홀히 다루면서, 전통건축 입지에 반영된 풍수를 제대로 인식하지 못하고 있으며, 학문적 영역 안으로 끌어들이는 데 한계를 보였다. 다시 말해서 우리 조상들이 지향했던 풍수활용에 대하여 제대로 된 논리와 인식을 갖지 못하고 서양식으로 전통건축을 해석하는 극히 어색한 모습을 보여왔다. 뿐만 아니라 전통 건축연구는 서양 건축논리에 기대어, 우리 전통건축에 반영된 입지선정기준에 대한 이해 부족과 풍수를 단지 미신이라는 편견으로만 인식하고 이를 받아들이는 연구를 소홀히 하였다. 또한 우리의 전통건축을 이해하는 데 있어서 입지가 가지는 특징적 요인에 대한 비중이 큼에도 불구하고 보다 깊이 있는 연구가 이루어지지 않았다. 이는 우리 전통건축의 특징에 대한 이해가 부족했다고밖에 할 수 없다. 그런 차원에서 풍수가 어떤 식으로 영향을 미쳤으며, 입지선정과 공간구성의 방향설정에 어떻게 반영되고 영향을 미쳤는지에 대한 연구는 필수적이라 할 수 있다.

부석사와 관련한 연구는 공간구성과 배치 관련 연구[1]와 괘불과 관련한 연구,[2] 건축적 연구,[3] 창건설화와 관련한 연구[4] 등이 있다. 그럼에도 부석사의 입지가 갖는 특징적인 모습과 다양한 공간구성의 원리 속에 숨겨진 풍수적 관점의 연구는 미흡한 실정이다.

따라서 본 연구는 부석사 입지와 축선이 꺾인 모습에 나타난 풍수적 특징을 밝혀보는 것을 목적으로 한다. 이를 위해 현장조사와 함께 문헌고찰을 통해 III절에는 부석사 입지의 풍수환경을, IV절에는 부석사의 축선과 좌향에 대해 살펴보았다.

II. 부석사의 입지환경과 연혁

1. 진실로 법륜을 펼 수 있는 땅 부석사

부석사는 경상북도의 최북단인 영주시 부석면 부석사로 345에 위치한다. 이러한 영주시의 지형조건은 해발 200m의 분지로서, 남북이 길고 동서로는 협소하다. 또한, 소백산맥이 서남쪽으로 뻗어 주봉인 비로봉(1,439m)과 국망봉(1,421m), 연화봉(1,394m)과 죽령을 경계로 하여 도솔봉(1,315m)으로 이어진 소백산 산록 고원부지에 형성되어 있다. 동쪽으로는 봉화군, 서쪽으로는 충청북도 단양군, 남쪽으로는 안동시와 예천군, 북쪽으로는 강원도 영월군과 접경을 이루고 있으며, 소·태백권 교통의 중심도시이다.[5]

부석사가 위치한 현재의 영주시는 조선시대에는 순흥부에 해당한다. 이러한 순흥부의 역사적 변천에 대해『세종실록』「지리지」에 자세히 기록되어 있는데, 이를 살펴보면 다음과 같다.

> 본디 고구려의 급벌산군及伐山郡인데, 신라에서 급산군岌山郡으로 고치고, 고려에서 흥주興州로 고쳤다. 현종 무오년에 길주吉州 임내任內에 붙였다가, 뒤에 순안현岌山郡으로 이속移屬시키고, 명종 1년에 비로소 감무監務를 두었는데, 충렬왕 갑술년 태胎를 안치하고 흥녕현興寧縣으로 고쳐서 령令을 두었으며, 충숙왕 계축년에 또 태를 안치하고 승격시켜 지흥주사知興州事로 삼았고, 충목왕 무자년에 또 태胎를 안치하고 순흥부順興府로 승격시켰다. 본조 태종 계사년에 예例에 의하여 도호부로 고쳤다. 별호別號는 순정順政이다. 진산鎭山은 소백산小白山이다.[6]

부석사의 입지는 1872년 만들어진 지방도 중 순흥부 지방도를 보면, 백두산에서 발원한 지맥이 남으로 흘러 소백산에서 거대한 분출을 이루고, 맥이 흘러 봉황산과 국망봉, 소백산을 맺게 되었고, 봉황산에서 하나의 지류가 흘러 부석사가 위치한 지점에 국을 형성한다.

『순흥읍지順興邑誌』에는 순흥부 동쪽 35리에 부석사가 있다고 하면서, 부석사가 현재의 위치에 입지하게 된 경유에 대해서는 설명이 없다. 그러나 이를 설명해주는 문헌자료가 아이러니하게도 송나라의 『송고승전宋高僧傳』[7]「당신라국의상전唐新羅國義湘傳」

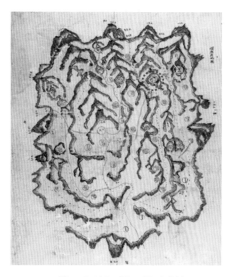

그림 1 1872년 지방도 중 순흥부

에 전한다. 즉, 의상이 신라에 입국한 이래 사찰 창건을 위해 여러 곳을 유람하였고, 이 중 백제, 고구려의 바람과 마소가 미치지 못하는 땅을 선정했다고 전하고 있다. 의상이 사찰의 입지를 정하고 난 후 "땅이 신령하고 산이 빼어나 진실로 법륜을 펼 수 있는 땅"이라고 하였다고 한다.[8] 여기에서 법륜을 펼칠 만한 땅이라는 개념이 무엇인지 정확하게 알 수는 없으나,『순흥읍지』에는 봉황산이 태백산으로부터 구불구불 남으로 뻗어 여러 봉우리와 골짜기를 이루면서 높게 우뚝 서 있는데, 이절은 그 남쪽에 있는데 영남제일의 명승이라고 극찬한다.[9] 이에 대해 이중환은『택리지』「복서총록」에서 "태백산과 소백산 또한 토산이지만 흙빛이 모두 수려하다. 대개 태백산과 소백산의 천석은 모두 낮고 평평한 골 안에 있고, 산허리 위에는 돌이 없기 때문에 산이 아무리 웅장해도 살기가 없다. 옛날 술사 남사고가 소백을 보고는 갑자기 말에서 내려 넙죽 절을 하며 '이 산은 사람을 살리는 산이다'라고 하였다."[10]라는 것이다. 단순히 태백산과 소백산이 돌이 많지 않아 험하지 않은 것에 그치지 않고, 난세에 사람을 살릴 만한 지형조건을 가진 곳이라는 보다 폭넓은 인식을 제시한다. 그리고 이중환은 순흥은 땅이 메마르고 기후는 따뜻하다고 하면서 "시내와 산의 형세와 토지가 비옥한 것이 안동 여러 곳의 유명한 마을과 비슷하다. 까닭에 소백산과 태백산 아래와 황강상류는 참으로 사대부가 살 만한 곳"[11]이라 한다. 이러한 문헌자료의 내용을 통해 보면 법륜을 펼쳐볼 만한 땅이라는 불가(佛家)의 개념과 유학사상에 바탕을 둔 풍수사상이 다르지 않았던 것으로 보인다. 왜냐하면 부석사의 입지를 선정하는 과정에서 보여준 기준과 이중환의『택리지』에서 보여준 인식이 전혀 다르지 않다는 점이 이를 입증하기 때문이다.

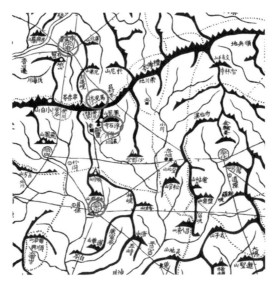

그림 2 대동여지도-부석사

2. 선묘설화를 간직한 부석사

신라의 불교는 눌지왕 때 전파되어 법흥왕 때에 수용된 뒤 크게 발전한다. 중국을 통하여 한반도에 전입된 교학불교는 신라불교로 하여금 종파성을 띠게 하였는데, 가장 특징적인 종파가 화엄종과 법상종이다.[12] 부석사는 화엄종의 초조인 의상에 의해 창건되는데 그의 전법제자들에 의해 지켜온 주요사찰이다. 의상대사도 676년 이곳 부석사에 자리한 이후 입적할 때까지 이곳에 머물렀다고 한다.

부석사의 창건에 대해 『삼국사기』에는 "고승 의상이 왕지를 받들어 부석사를 창건하였다."[13]라는 기록이 나타난다. 『삼국유사』에도 여러 부분에 걸쳐 의상이 부석사를 창건한 기록이 나타난다.[14] 이후 부석사는 여러 번에 걸쳐 중창이 이루어지는데, 원융국사 비문에 따르면 원융국사가 정종 9년(1043)에 중창을 한 것이 보인다. 그리고 『봉황산부석사개연기鳳凰山浮石寺改椽記』에 따르면, 고려 우왕 2년(1376)에 중건하였다는 기록도 있다. 조선시대에 들어와 성종 21년(1490)에 조사당을 중수하고, 성종 24년(1493)에 조사당을 단청하였다. 명종 10년(1555)에는 화재로 안양루가 화재로 소실된다. 그러나 선조 9년(1596)에서 11년에 이르는 동안에는 석린스님에 의해 안양루가 중건된다. 영조 22년(1746)에는 화재로 추승당과 만월당, 서별실, 만세루, 범종각 등이 소실되었으나, 그 이듬해 중수하였다.[15]

한편, 부석사에 전해져 오는 설화가 『오주연문장전산고五洲衍文長箋散稿』 「원효의상변증설元曉義湘辨證說」에 다음과 같이 소개되고 있다.

> 의상이 득도得道한 뒤에 서역西域의 천축天竺으로 들어가려 할 때 평소 거처하던 방문 앞 낙수 지는 자리에 주장자拄杖子를 꽂으면서, '내가 떠난 뒤에 이 주장자에 반드시 가지와 잎이 생겨날 것이며, 이 나무가 말라죽지 않으면 내가 죽지 않았음을 알 것이다.' 하였는데, 그가 떠난 뒤에 사승寺僧들이 흙으로 그의 상像을 만들어 그가 거처하던 방 안에 안치하였고 창문 밖에 꽂아놓은 주장자는 바로 가지와 잎이 생겨나 아무리 해와 달만 내리비치고 비와 이슬이 내리지 않아도 죽지 않고 집 높이의 길이로 자랐다. 그렇다고 집 높이보다 더 자라지도 않고 겨우 1장丈 남짓하며 천 년이 지난 오늘에도 변함이 없다. 광해주光海主 시대에 역신逆臣 정조鄭造가 영남관찰사嶺南觀察使로 이 절에 와서 보고는 '선인仙人이 짚던 지팡이이니, 나도 짚어보고 싶다.'며 즉시 톱으로 베어갔는데, 바로 이어 두 개의 줄기가 생겨나 이전처럼 자랐다. 인조仁祖가 반정反正한 뒤에 정조는 역모에 의해 복주伏誅되었으나, 이 나무는 지금도 사철 푸르고 또 잎도 떨어지지 않으므로 중들이 이를 비선화飛仙花라 부른다.[16]

그림 3 선묘각   그림 4 부석사의 상징인 부석

그 외에 부석사의 전설은 중국 송대宋代의 승려 찬녕贊寧이 저술한『송고승전』「의상전」에 '당 신라국의 성자'라는 제목으로 자세히 기록되어 있다. 그리고 13세기 때 일본의 승려 명혜明惠가 쓴『화엄연기華嚴緣起』에는 그림과 함께 이 전설이 기록되어 있다. 그러나 정작『삼국유사』「의상 전교」에는 의상대사가 화엄 교리를 전파하는 과정과 부석사를 창건하는 내용만이 있을 뿐, 선묘 와 관련한 내용은 없다. 그럼에도 불구하고 현재 경상북도 북부 일대에 전해지는 선묘설화의 내 용을 살펴보면 다음과 같다.

> 의상이 당나라에 가서 공부할 때 어느 신도의 집에 머물게 되었는데, 집주인의 딸 선묘가 의상을 사모하게 되었다. 의상은 그저 의연하게 대처하였으며, 공부를 모두 마친 뒤 그 신도의 집에 들러 집주인에게 인사하고 귀국길에 올랐다. 그것을 뒤늦게 안 선묘는 자신이 준비한 법복과 각종 용 품을 부랴부랴 함에 담아 의상이 있는 해안으로 달려갔다. 하지만 의상이 탄 배는 벌써 멀리 떠나 버렸다. 선묘는 자신이 가져온 함을 바다에 던진 뒤, 용으로 변해 대사를 모시면서 그의 불도를 이루게 해달라는 주문을 외웠다. 그랬더니 선묘는 용으로 변했으며, 배의 바닥을 받쳐 의상이 무 사히 고국으로 돌아갈 수 있게 도왔다. 신라에 귀국한 의상은 불법을 전파하던 중 자신이 원하는 절을 찾게 되었다. 그런데 그곳은 권종이부權宗異部의 무리들이 수백 명씩 모여 사는 곳이었다. 그 런데 그때 항상 의상을 따라다니며 지키던 선묘룡이 나타나 공중에서 커다란 바위로 변신하더니 절의 정상을 덮고 떨어질 듯 말 듯했다. 이것을 본 많은 승려들이 혼비백산하여 사방으로 흩어져 달아났다. 그리하여 마침내 의상은 이 절에 들어가 화엄경을 펴내기 시작했고, '돌이 공중에 떴다' 하여 이 절의 이름을 부석사浮石寺로 지었다.

이러한 설화를 바탕으로 부석사에는 선묘각이 자리한다. 선묘각은 무량수전 북서쪽 모서리에 위치하고 있는데, 의상대사의 창건설화와 관련된 인물인 선묘를 모신 건물이다. 비록 규모가 작고 기단도 없어 초라하지만 창건설화를 간직한 건물이다.

한편, 이러한 선묘설화를 당시 신라의 정치적인 상황과 연결시켜 해석하는 모습도 보인다. 즉, 기존의 기득권 세력과의 다툼 속에서 어렵게 화엄종을 펼쳐가는 고난의 역사를 제시하는 것으로 해석하기도 한다.

Ⅲ. 부석사의 풍수환경

1. 봉황이 내려앉은 형상의 부석사 주산

우리나라의 풍수사상은 절대성을 지니게 되어 사회생활과 일상생활에 기본이 되었다.[17] 그래서 우리 전통건축의 입지선정과정에서 우선적으로 살피는 것이 풍수였다. 특히, 전통과 역사를 간직한 중요 건축물의 경우에 풍수는 더욱더 중요하게 다루어졌다.

풍수는 입지를 선정하는 데 있어서 우선적으로 주산을 살피기 마련이다. 주산은 혈을 뒤에서 든든히 받쳐주는 산이라는 의미 외에도 주산에 의해 결정되는 요소가 다양하다. 이를 살펴보면 다음과 같다.

첫째, 주산의 형상은 곧 혈의 형상을 결정한다. 양균송은『감룡경』「변혈편」에서 "혈이 용 위의 봉우리 모양을 따르지 않으면, 그러한 혈은 단연코 가짜이거나 혈이 아닌 것"[18]이라 하여, 주산에 의해 혈의 형상이 결정된다는 논리적 배경을 제시한다.

둘째, 주산은 혈의 결지 여부를 판단하는 기준이 된다. 이에 대해 호순신은『지리신법』「주산론」에서 이를 간파한 바 있다.[19]

셋째, 주산은 혈을 찾는 심혈법의 가장 우선순위에 해당할 뿐만 아니라, 혈을 입증하는 증혈론의 가장 우선순위로 논의된다.

넷째, 물형론의 관점에서도 주산의 형상을 기준으로 형국을 논한다는 점에서 주산의 중요성은 크다.

이와 같이 풍수에서 주산은 중요하게 다루어졌고, 형상에 대한 요구조건도 중요하게 인식되었다. 이를『금낭경』「사세편四勢編」에는 "현무는 머리를 똑바로 드리워야 한다."[20]고 하였던 것이다. 이와 같이 주산은 우뚝 솟아야 하고 잘 생겨야 하는데, 부석사의 주산은『금낭경』「사세편」에서 제시한 조건에 부합하는 모습이다. 부석사의 주산인 봉황산은 그림 5에서 보는 것처럼, 마치 새가 내려앉아 날개를 접는 모습으로 보인다. 이를 봉황산이라 명명한 것은 선조들의 지혜와 풍수인식이 반영된 결과라 할 수 있다.

반면에 안산도 주산 못지않게 중요한 의미를 갖게 되는데, 『의룡경』에는 "무릇 주산이 있으면 반드시 마주하여 안산이 있기 마련"[21]이라 하였다. 이와 같이 안산은 전면의 공간을 구성하는 중요한 구성요소로써뿐만 아니라, 좌향을 결정하는 중요요인으로 작용한다. 또한, 항상 보이기 때문에 전면의 시각적인 효과를 지배한다. 그렇다면 부석사의 안산은 어떤 특징적인 모습이 있을까?

그림 5 부석사의 주산

그림 6 안양루에서 본 안산의 모습

그림 7 박물관 언덕에서 본 안산

그림 8 부석사 안산의 모습

첫째, 부석사의 안산은 보는 위치에 따라 다른 느낌으로 다가온다. 안양루의 기둥과 나무 잎 사이로 보이는 모습은 그림 6과 같이 마치 해가 떠오르는 모습이다. 반면에 현재 부석사 박물관이 위치한 언덕에서 바라보면, 그림 8과 같이 마치 새가 날개를 활짝 펴고 날아드는 모습이다. 이러한 모습을 형국론의 관점에서는 귀소형歸巢形이라 하는데, 앞에서 언급한 것처럼 보는 위치와 각도에 따라 전혀 다른 모습으로 인식된다.

둘째, 부석사의 좌향은 안산이 중요한 기준점이 되었다. 왜냐하면 부석사의 중심건물인 무량수전의 좌향은 안산의 가장 아름다운 모습이 정면에 보이도록 하였기 때문이다. 이러한 원리는 풍수에서 주산과 안산을 선택하는 기준으로, 혈처에 건축물을 배치할 때에는 주산과 안산이 가장 아름다운 모습으로 보이도록 하는 것이다. 이는 산의 모습이 보는 장소와 각도에 따라 다른 모습으로 보일 수 있다는 점을 이미 인식하고 있었다는 반증이기도 하다.

따라서 주산과 안산은 건축주와 입지선정에 관여한 풍수가의 눈에 최고라는 인식으로 다가가야 선택되었다고 할 수 있으며, 좌향 결정에 있어서도 중요한 기준으로 작용하였다.

그 외에 부석사 주산의 형상을 구성론九星論으로 분류하면 탐랑성貪狼星이고, 안산은 무곡성武曲星이다. 이를 오행으로 분류하면 주산은 목형체이고 안산은 금형체라 한다. 이러한 분류기준은 양균송의『감룡경』과 명대에 출간된『지리인자수지』가 기준이 되었다.

2. 부석사의 혈과 무량수전의 배치

그림 9 혈처에 자리한 무량수전

그림 10 무량수전과 안양루 앞쪽의 축대

풍수에서 좋은 입지를 선정하기 위해 노력하는 목적은 혈을 찾기 위한 것이다. 이러한 혈은 태조산으로부터 출맥한 용이 중조산과 소조산을 거쳐 혈처에 이르러 모든 정기를 융결한 곳이다. 따라서 혈은 풍수가 추구하는 길흉화복론의 정점으로, 길한 기운이 인간의 욕구를 충족시켜 줄 것이라는 기대가 서려 있는 곳이다. 이러한 혈처에 어떤 건축물을 앉힐 것인가는 전적으로 건축주의 요구가 반영된다. 반면에 어떤 모습으로 앉힐 것인지는 풍수가의 의지가 반영되었다. 즉, 혈처를 찾는 과정과 어떻게 배치할 것인가는 풍수가의 몫이지만, 어떤 건축물을 입지시킬 것인가는 건축주의 의도가 반영되는 것이다. 그런 차원에서 전통건축의 입지선정과 공간구성은 건축주와 풍수가의 합작품이라 할 수 있다. 이는 전통건축의 특징적인 모습으로, 혈처를 알면 가장 핵심적인 건축물이 어딘지를 알 수 있으며, 그 건축물이 추구하는 핵심사상이 무엇인지 파악할 수 있다.

혈은 우선적으로 주산의 정기를 받아 융결해놓은 곳으로, 먼저 주산과 연결되어 있으면서 혈처에 정기를 전달하는 주룡과의 관계를 우선적으로 살펴야 한다. 즉, 주룡의 기세와 행룡 과정에서 변화하는 모습, 그리고 경사도와 탈살 여부도 함께 살펴야 하는 중요사항이다. 그리고 혈을 맺는 모습을 살펴야 하는데 혈은 경사지보다는 평지에 맺는데, 이를『의룡경』에서는 "진룡은 낮고도 평탄한 것을 가장 귀하게 여긴다."[22]라고 하였다. 또한 용맥이 멈춘 곳에 혈을 맺게 되는데 이를『호수경狐首經』에서는 "혈은 그 멈춘 곳을 타는 것"[23]이라 하였다. 그 외에 혈이 갖는 특징적인 모습 중에 하나로 혈처가 평탄하고 배부른 모습을 보이는데, 이를 기부포전肌附鋪氈이라 한다.

이러한 조건 요소를 모두 충족한 곳을 혈이라 할 때, 부석사의 경우에는 무량수전이 차지한 것이다. 무량수전은 고려시대 형식의 건물로서, 눈의 착시를 방지하고자 기둥의 중간부분을 배부르게 가공한 배흘림기법을 비롯, 주심포형식의 공포형식으로 웅장하면서도 아름답기까지 한 유명한 건축물이다. 그렇지만 무량수전의 중요성은 건축물의 역사와 아름다운 형식 그 이전에 부석사의 가장 핵심적인 영역인 혈처에 위치한다는 점이다. 주산과 안산, 그리고 좌우 청룡백호로 구성된 가장 아늑한 입지를 무량수전이 차지한 것이다. 또한, 부석사의 입지에서 가장 아름다운 형상으로 보이는 안산이 정면으로 보이는 곳이기도 하다. 이는 앞에서 제시한 것처럼 중요 건축물의 중심에서 볼 때 가장 아름다운 형상을 안산으로 선택한다는 전제조건에 부합하는 모습이다. 그러므로 부석사가 추구하는 종교적 사상의 중심에는 무량수전이 있었고, 이를 실천하는 방법으로 혈처에 무량수전을 배치한 것이다. 무량수전은 영겁의 끝없는 지혜를 모신 전각으로, 이를 실천하는 방법으로 아미타불을 동쪽을 향해 봉안한 것이다. 그 외에도, 부석사의 축이 틀어진 비밀의 열쇠를 간직하고 있으며, 특징적인 모습을 풀어줄 중심점에 위치하는 건축물이기도 하다. 왜냐하면, 혈처가 건축물을 모두 수용하고 마당까지를 조성할 정도가 되었으면 좋겠으나, 부족한 경우에는 경사지에 축대를 조성하여 평탄한 마당을 만들어야 했기 때문이다.

3. 부석사의 좌향과 지리신법

호순신의 지리신법은 하륜河崙(1347-1416)에 의해 처음 소개된 이후에 왕궁은 물론 왕릉에 이르기까지 좌향 설정의 중요기준 향법으로 자리한다. 물론 부석사의 무량수전은 고려시대 건축되었으니, 호순신의 지리신법이 적용되었는지는 알 수 없다. 그러나 호순신의 지리신법이 비록 조선시대에 풍미하였다고 하지만, 송대에 이미 만들어진 이론이니 만큼 고려시대에 활용되지 않았다는 그 어떤 근거도 없다. 다시 말해서 호순신의 지리신법이 전혀 반영되지 않았다는 어떠한 증거도 아직까지는 확인된 바가 없다. 뿐만 아니라 고려시대는 풍수가 매우 성행하였으며, 송나라와의 교류도 활발하였다는 점에서 지리신법의 적용 가능성을 완전히 배제할 수는 없다. 또한, 부석사가 조선시대에 이르러 여러 번의 중수가 이루어졌다는 점은 가능성을 배제하기 어려운 것이다.

표 1 부석사 무량수전의 『지리신법』 적용 여부 검토

구분	입수룡	대오행	좌향	득수				파구				부합 여부
					포태	구성	길흉		포태	구성	길흉	
무량수전 無量壽殿	계 癸	토 土	계좌정향 癸坐丁向	간 艮	대 帶	문곡 文曲	흉 凶	곤 坤	묘 墓	파군 破軍	흉 凶	×

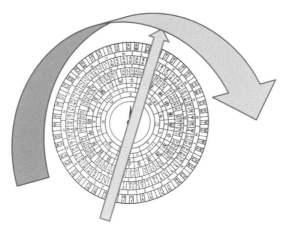

그림 11 부석사의 좌향

호순신의 이론적 배경에는, 입수룡과 득수 그리고 파구가 어우러진 향법의 논리를 구성한다. 여기에는 음양오행陰陽五行과 구성법九星法이 어우러져 있으며, 홍범오행洪範五行이라 불리는 대오행大五行을 사국四局으로 나누어 득수와 파구를 구분한다. 즉, '길한 방향에서 득수하고 흉한 방향으로 나가야 한다'는 것이 호순신의 지리신법 이론의 핵심논리를 구성한다.

부석사 무량수전에 대해 지리신법을 적용해보면, 표 1과 같이 적용되지 않았다. 무량수전의 좌향은 계좌정향癸坐丁向이고 간득艮得에 곤파坤破로 좌선수左旋水이다. 그러나 우선룡右旋龍에 좌선수左旋水이어야 한다는 풍수서의 논리에는 부합하지만, 호순신의 지리신법에는 부합하지 않는다. 따라서 무량수전을 건설할 당시에는 나름의 향법론이 있었을 것으로 보이지만, 현재 당시에 주로 활용되던 풍수서가 전하지 않아 정확한 향법론을 알 수는 없다. 이렇게 된 배경에는 고려왕조에서 많은 폐해를 가져온 풍수에 대한 거부감에서 출발한다. 즉, 새롭게 출발한 조선왕조에서는 풍수를 완전히 버릴 수는 없었지만, 그렇다고 고려의 풍수를 그대로 답습할 수는 없었다. 그래서 이를 극복하는 새로운 대안이 필요하였고, 고려시대에 활용되던 풍수서를 불태우기에 이른다. 이는 고려의 풍수서가 전하지 못하는 계기가 되었다. 이에 대해『택당집澤堂集』에는 "조종조祖宗朝에서 고려시대의 폐단을 없애기 위한 일환으로, 지리에 관한 서적들을 모조리 불태워 버리고는, 오직 청오靑烏와 금낭錦囊 등 10여 권의 책만을 남겨 관상감觀象監에서 학습하도록 하였다."[24]라고 하여 이를 입증한다.

4. 봉황포란형(鳳凰抱卵形)의 부석사

형국론形局論은 갈형론喝形論이라고도 하며 혈을 중심으로 주변 산세의 형상을 인물人物, 금수禽獸, 화수花樹 등 여러 형상으로 분류하고,[25] 정기가 어느 부위에 집중되어 있는지를 설명하기 위한 풍수이론 중에 하나이다. 형국론을 도입한 배경을 살펴보면, 우주만물은 저마다 모양이 있고 형形을 이루는 곳에는 그에 상응하는 기氣가 존재한다는 것이다. 원시시대에는 자연현상을 설명할 때 자기 주변에 있는 동식물을 표준으로 삼았다. 따라서 토템(totem) 신앙까지를 의인화하는 경향을 보이게 되며, 이러한 형국론은 여기에서 유래가 시작되었다고 할 수 있다.[26] 또한 물형의 형상이 사람의 길흉에 영향을 미친다는 생각은 원시시대부터 유물신앙으로 존재했었다. 풍수 성립 초기에는 이것이 개입되지 못하다가 발달과정에서 유물 신앙적 관념이 이입되었다. 만물에 차이가 나는 것은 그것이 지니고 있는 기의 차이 때문인 것이고, 이 기의 상象이 형으로 나타나는 만큼 물의 원기元氣를 알아낼 수 있다는 사고가 형국론으로 발전한 것으로 본다.[27]

표 2 주산의 형상과 주 적용 형국의 비교

주산主山의 오행五行	목형체木形體	화형체火形體	토형체土形體	금형체金形體	수형체水形體
주主 적용適用 형국形局	인물형人物形	인물형人物形	동물형動物形	비조류형飛鳥類形	용사류형龍蛇類形

『설심부정해』에는 표 2와 같이 "목성과 화성은 주로 사람의 모양에, 금형은 날짐승을 대비시킨다. 혈을 취함에 있어서는 사람과 심장과 배꼽과 음부에, 날짐승은 날개와 둥우리와 볏에, 길짐승은 여러 길짐승은 여러 짐승의 모양에, 그리고 용사류는 코와 이마와 귀와 배와 머리와 꼬리

에 빗대어 행한다."[28]라고 하여 주산의 형상과 혈의 결지, 그리고 형국론의 특징을 아울러 제시하고 있다. 즉, 산의 모양을 동물이나 새, 사람 등에 비유하는 방법을 활용하여 보다 혈처를 찾기쉽도록 하는 방법 중의 하나이다. 주산의 형세를 오행으로 분류하여 형국을 논할 수 있는데, 목성체와 화성체는 인물형에 주로 비유하고, 토성체는 동물형에, 그리고 금성체는 비조류형飛鳥類形에 수성체는 용사류형龍蛇類形에 주로 비유한다. 왜냐하면 우뚝 솟은 형상인 목형과 화성체는 사람이 서 있는 형상에 비유하기 좋기 때문이고, 토성체는 산 위가 평평하여 짐승의 등허리와 비슷하기 때문이다. 금성체는 산형이 둥글어 새의 머리와 비슷한 형상이기 때문이며, 수성체는 뱀이나 용의 꿈틀거림과 비슷한 형상이기 때문이다.

부석사의 주산은 그림 1과 같이 새의 모습인데, 이를 봉황산이라 명명한 것은 절묘했다. 여기에『설심부정해』의 논리를 적용해도 비조류에 해당되어 차이가 없다. 또한, 안양루 기둥 사이로보이는 안산은 그림 2와 같이 마치 해가 떠오르는 모습처럼 둥근 모습이다. 이러한 둥근 모습의안산과 봉황산의 주산을 통해 유추 가능한 형국은 봉황포란형이라 할 수 있다. 그러나 그림 3은새가 날개를 활짝 펴고 날아드는 형상으로, 이를 형국론에서는 귀소형歸巢形이라 한다. 이를 해석하면 새가 둥지를 찾아 날아든다는 뜻이니 부석사는 새가 찾아드는 곳이라 할 수 있다. 그만큼아늑하고 안정적인 지형조건을 가졌다고 해석할 수 있는 것이다.

IV. 부석사의 축선과 좌향론

1. 부석사의 건설과정과 해석의 한계성

풍수를 적용한 건축물을 건설하기 위해서는, 우선적으로 혈처에 대한 위치 파악이 이루어져야 한다. 이는 중심건물의 위치선정과 배치, 그리고 높이와 좌향 결정에 중요한 기준점으로 작용하기 때문이다. 특히 지표면의 높이는 굴착과 평탄작업, 그리고 축대조성에 활용된다.[29] 이러한 일련의 작업을 진행한 후에 본격적으로 위치선정과 좌향 결정이 이루어지고 나서, 건축물의공사가 진행된다.

따라서 건축물의 위치선정과 좌향 결정, 그리고 건축물의 배치와 같은 선행 작업과정에 있어서 풍수가의 역할은 절대적이었다고 할 수 있다. 실제로 기단의 조성과 건축행위가 이루어지기전의 선행과정, 즉 측량과 건축물의 배치, 그리고 좌향 결정 등과 같은 일련의 과정은 풍수가의영향력 하에 이루어지는 것으로, 풍수가의 역할은 결단코 작은 비중을 차지했다고 할 수 없는 것이다. 그럼에도 불구하고 전통건축연구는 입지선정과 공간구성, 그리고 배치의 중요 부분을 차지하는 풍수연구가 이루어지지 않은 상태에서, 단지 건축물의 구성과 공간배치를 피상적으로 해석하는 우를 범하고 있다. 보다 근본적인 입지영역의 연구가 이루어지지 않음으로써 전통건축이 자연지형조건과 어우러지는 건축물을 만들어낸 사상적배경과 원리를 밝혀내는 데 소극적인 모습이다. 다시 말해서 입지선정과 설계과정에서 일어난 일련의 특징적인 모습들이 생략된 채, 완성된 건축물의 모습만을 해석하는 어색한 작업이 계속해서 이루어지면서, 그 전개과정에 대한 이해부족과 논리의 한계성을 드러내고 있다. 부석사만 해도 상부와 하부의 축이 다른데, 이와 같은 현상이 왜 생긴 것인지 뚜렷한 논리적 해석을 제시하지 못하고 있다. 이러한 배경에는 입지가 가지는 특징과 설계자의 의도를 제대로 이해하지 못한 데서 기인한다. 건축물의 배치와 축선, 그리고 공간구성은 입지의 특성과 떼려야 뗄 수 없는 관계성을 가진다. 현대건축처럼 입지조건을 무시하고 마구 파헤쳐서 건설하지 않았고 자연과 어우러지는 건축물이 완성될 수 있었던 배경에는 입지조건에 대한 충분한 이해를 바탕으로 건축이 이루어졌기 때문이다. 이와 같이 전통건축의 특징적인 모습이 나타난 배경에는 다음과 같이 세 가지 원인들이 반영되었다.

첫째, 풍수논리가 반영되었다. 특히, 형세 풍수의 기본적인 조건을 수용하고 반영하였다. 왜냐하면, 자연지형의 장점을 반영하는 형태로 대지조성과 건축물의 배치가 이루어졌기 때문이다.

둘째, 어쩔 수 없는 조건적 제한요인이 존재하였다. 지금과 같이 장비가 없어 대지조건에 최대한 순응해야 했고, 최소한으로 훼손 내지는 인공적인 작업을 진행할 수밖에 없는 조건적 제한 요인이 존재하였다.

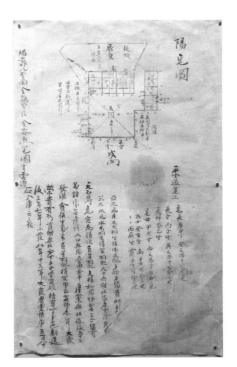

그림 12 양택도(출처 : 동아시아건축역사연구실)

셋째, 경제논리가 반영되었다. 장비가 아닌 인력과 동물 등의 힘을 빌려 진행하는 작업은 자재의 운반과 가공 등이 전적으로 같은 공간에서 이루어져야 하는 상황에서 자연지형을 크게 변형시키기에는 너무 많은 경제적 부담이 있다. 이러한 경제논리의 반영은 자연에 가장 가까운 개발이 이루어질 수밖에 없었다.

그런 차원에서 경사지를 개발해야 했던 부석사는 건축물을 배치하기 위한 평탄작업이 선행되어야 했고, 이를 극복하는 합리적인 방법으로 돌을 이용한 축대를 조성하였다.[30] 또한 그림 12와 같이 무량수전과 마당을 지나 범종각으로 흐르는 용맥의 흐름에 최대한 순응하는 건축물을 배치하기 위해서는 현재와 같이 축선을 틀 수밖에 없었던 것이다. 이는 가장 중요한 건축물을 풍수적 특징이 집약된 혈처에 배치해야 했고, 자연지형의 특징적인 모습을 수용하여 건축물을 배치해야 했던 당시 상황이 고스란히 반영된 것이라고 할 수 있다.

2. 부석사의 좌향 결정 방법론

자연 속에서 자연의 순리대로 생활하려는 우리민족 특유의 생활방식은 건축재료뿐만 아니라 배치, 사고방식 등 건축사상의 형성에 절대적인 영향을 주었다.[31] 따라서 화엄사상을 선양하는 사찰들은 새로운 이념과 지역적 중대성에 따라 주로 비탈진 산중턱을 칸칸이 막아 높은 축대를 쌓아올려 위엄을 세우고 그렇게 해서 마련된 마당마다 여러 건물들을 벌여놓았다. 위에서 내려다보면 저 멀리까지 한눈에 조망할 수 있는 시야를 제공하면서 아래에서 쳐다보면 또한 한눈에 웅장함을 느낄 수 있게 사찰이 배치되어 있다. 이와 같이 공간배치가 짜임새 있고 웅장하고 장중한 느낌을 주도록 설계되었다.[32] 여기에 풍수논리는 중요한 의미로 활용되는데, 불교의 흥성에 비례하여 풍수설도 상당히 유포되었기 때문이다.[33]

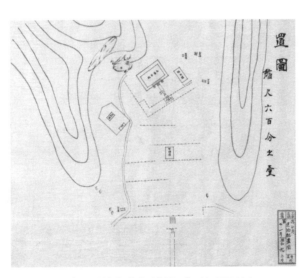

그림 13 부석사 배치도(출처 : 『조선고적도보』)

풍수논리는 길흉론과 화복론만을 바탕으로 구성된 것이 아니다. 단지 길흉론과 화복론은 풍수를 널리 알리는 데 활용되었을 뿐이다. 그러나 길흉론과 화복론이 보다 부각되면서 풍수에 논리가 없고 이론적 바탕이 없이 단순히 신비한 영역처럼 인식되었을 뿐이다. 그러나 풍수가 오랜 세월 그 명맥을 유지하고 우리의 일상 속에 뿌리 깊이 자리한 배경에는 탄탄한 논리적 근거가 자리하고 있었다. 즉, 자연의 상태를 깊이 관찰하고 연구하여 가장 합리적인 특징들을 체계화하는 과정이 지속적으로 이루어졌던 것이다. 따라서 전통건축의 입지선정과 공간구성을 이해하기 위해서는 풍수논리의 특징을 깊이 이해하지 않고 그 바탕을 이룬 특징적인 모습을 도출하기 어려운 것이다. 그런 차원에서 부석사의 공간구성과 건축배치의 축이 틀어진 배경을 풍수적 관점에서 살펴보면 쉽게 이해할 수 있다. 왜냐하면 풍수논리에 의해 좌향을 결정하였고, 건축물의 배치와 축이 형성되었기 때문이다.

부석사 건축물의 축이 설정된 배경을 이해하기 위해서는 우선적으로 검토할 사항이 풍수에서 좌향을 결정하는 방법, 세 가지에 대한 이해가 선행되어야 한다. 즉, 주산순응형과 안산중시형, 그리고 주·안산혼합형으로 크게 나눌 수 있는데, 이를 보다 구체적으로 살펴보면 다음과 같다.

첫째, 주산순응형은 주산에서 뻗어 나온 주룡의 흐름에 순응하는 좌향 결정법이다.

둘째 안산중시형은 주룡의 흐름에서 약간 벗어나더라도 아름다운 안산을 향하도록 좌향을 결정하는 방법이다.

셋째, 주·안산혼합형은 주룡의 흐름에 순응하면서, 아름다운 안산을 향하도록 하는 좌향 결정법으로 가장 형세적으로 완벽한 조건을 갖췄다고 할 수 있다. 이러한 좌향 결정법은 강서지법으로 대표되는 형세 풍수에 바탕을 둔 좌향 결정법으로 형세풍수를 중시한 우리전통건축의 특징적인 모습이다. 그렇다면 부석사의 좌향은 어떻게 결정하였을까? 두 부분으로 나누어 생각할 수 있다.

첫째, 무량수전과 안양루의 좌향은 계좌정향癸坐丁向으로 같은데, 이 부분은 주룡의 흐름에 충실하면서 전면의 아름다운 안산을 향하도록 좌향을 결정한 주·안산혼합형이다.

둘째, 범종각을 비롯하여 아래쪽에 위치한 여러 전각들은 주산에서 뻗어 나온 주룡의 흐름에 충실한 주산순응형으로 좌향을 결정하였다.

이와 같이 부석사의 좌향 결정에 있어서 차이를 보이는 배경을 살펴보면, 무량수전이 위치한 부분과 아래 범종각 등이 위치한 부분은 같은 용맥 선상에 위치하고 있으나, 근본적인 특징에서 차이를 보인다. 즉, 부석사의 지형적 특성은 주산에서 중출맥으로 나온 용맥이 무량수전에 혈을 결지하고, 남은 여기餘氣가 방향을 좌로 틀어서 붙어 있는 형국이다. 즉, 안양루가 위치한 축대부분이 전순氈脣이라면, 범종각 등이 입지한 용맥 부분은 지기하고는 상관없이 길게 늘어서 있는 여기에 해당한다. 이와 같이 지기와 관계없이 남은 기운에 의지해서 붙어 있는 지형적인 특징을 여기라 하는데, 이를『지리인자수지』를 통해 그 특징을 살펴본다.

대개 용龍이 길고 힘이 클 때는 결혈結穴되는 곳의 기氣가 심히 왕성하나, 그 기를 모두 거두어들이

지 못하는 것이므로 그 여기餘氣가 길게 나가는 것이다.[34]

이러한 여기를 풍수적 특징으로 활용하는 기법을 절장纖杖이라 한다. 절장이란 혈처를 활용하고 남은 여기 부분에 보조적인 역할을 맡기는 것이니만치, 여기는 혈처를 지탱하는 성격이 강하다. 실제로 범종각등의 건축물은 무량수전을 보조하는 성격이 강하다는 점에서 여기의 성격과 부합한다. 이러한 특징적인 모습은 부석사뿐만 아니라 우리 전통건축의 일반적인 특징이라 할 수 있다.

3. 부석사의 건물배치와 공간구성

『설문해자說文解字』에는 "산은 베풂이다. 능히 기를 베풀고 퍼지게 하여 만물을 생성케 한다."[35]라고 하였다. 풍수에서 가장 이상적인 지형조건으로 제시한 것이 주산과 안산, 그리고 좌우 청룡백호가 서로 감싸 안아 가장 푸근한 지형을 만든 곳이다. 이러한 특징을 합리적으로 수용한 곳을 혈이라 하는데, 이 혈처는 주산의 정기를 고스란히 간직하기 위해 좌청룡과 우백호, 그리고 안산 등으로 보호를 받는 공간을 선택한 것이다. 또한 음양의 교배를 통해 보다 성숙된 공간을 구성하고자 하였으며, 이러한 물은 곧 좌향 결정에 있어서 중요한 포인트로 작용하였다. 음인 산과 양인 물이 서로 교배하기 위해서는 서로가 충분히 마주하는 구조가 이루어져야 하는 것이며, 들어오고 나가는 특징적인 모습이 혈처와 논리적 틀 속에서 타당성을 담보하여야 했던 것이다. 이를 나경패철을 통해 일정한 틀 속에서 살펴보는 것을 이기론풍수라 하는데, 이러한 풍수도 좌향과 공간구성에 일정 부분 영향을 미쳤다. 물론 이러한 이기론은 시대적으로 유행을 탔으며, 다양한 논리성과 모순점을 동시에 가지고 있어, 일부 풍수가들에 의해 비판받기도 하였다.

앞에서 살펴본 것처럼, 부석사 무량수전은 고려 때 세워진 건물인 만큼 고려시대에 유행하던 이기풍수가 반영되었을 것으로 추정된다. 하지만 현재로서는 어떤 향법론이 반영되었는지 알기 어렵다. 왜냐하면, 당시에 활용되던 풍수서가 현재 전해지지 않고 있어 정확히 알기 어렵기 때문이다. 그러나 부석사 무량수전을

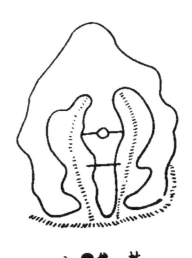

그림 14 절장(출처 : 장법도장)

비롯한 건축물의 배치를 살펴보면 이기론적인 요소보다는 강서지법으로 알려진 형세풍수가 보다 큰 의미를 가지고 반영되었다는 것이 확인된다. 왜냐하면 앞에서 살펴본 것처럼 주산과 안산이 중시되었고, 용맥의 흐름에 순응하는 건축물의 배치가 이를 입증하는 형국이다. 또한 좌우 청룡백호가 혈처를 잘 감싸주고 있으며, 명당수가 혈처와 음양교배를 절묘하게 이루는 형국을 하고 있기 때문이다.

한편, 부석사의 건축물 배치에는 비보풍수적인 모습도 아울러 나타나고 있다. 혈처에 입지한 무량수전이 진정 혈처로 거듭나기 위해서는 음양교배는 필수적인데, 무량수전 좌측에서 발원한 물이 혈과 음양교배를 하고 안양루 아래로 흘러 범종각 쪽으로 곧장 빠져나가는 형국이다. 즉, 범종각 쪽으로 흘러나가는 물은 가운데 부분이 낮은 지형조건을 따라 곧장 흘러가게 된다. 원래 음양교배가 이루어진 물은 그 뒷모습을 남기지 않아야 한다는 풍수서의 요구를 충족해야 하는 법인데, 부석사의 지형조건은 이를 만족하기 어려운 상황이다. 그래서 이를 막아주는 역할을 범종각에 부여한 것이라 할 때, 축선이 꺾이는 지점에 범종각을 건설함으로써 비보의 역할을 맡긴 것이라 할 수 있다. 이를 보다 자세히 살펴보면 다음과 같다.

첫째, 혈처의 무량수량과 음양교배를 끝낸 물이 그림 15와 같이 곧장 나가는 모습을 가리기 위해 범종각을 배치한 것이다.

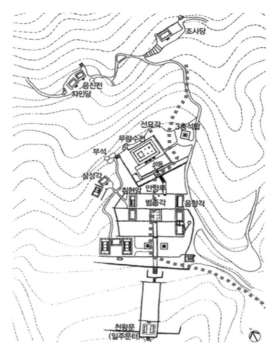

그림 15 부석사 배치도와 물길(출처 : 문화재수리기술자 시험 준비생들 모임)

둘째, 축선이 꺾이는 지점에 아무런 건축물을 배치하지 않았다면, 앞쪽이 횅하니 빈 듯한 느낌이 나는 것을 범종각을 배치함으로써, 꽉 찬 공간을 구성하고자 하였다.

셋째, 축선이 바뀐 곳에 범종각과 축대를 배치함으로써 축선이 급격하게 바뀐 것을 거의 인식하지 못하도록 하는 착시효과를 노렸다고 볼 수 있다. 뿐만 아니라 범종각을 안양루와 같이 옆으로 나란히 배치하였다면, 축선이 급격하게 꺾인 것이 표가 날 수 있겠으나, 길게 종 방향으로 배치함으로써 자연스럽게 동선이 연결되는 효과를 연출하였기 때문이다.

이러한 특징적인 모습까지를 이해하고 방향성을 제시하기 위해서는 풍수이론뿐만 아니라 많은 실전 답사를 통해, 땅을 보는 안목이 길러져야만 가능하다. 즉, 이론만으로는 지형이 생긴 모습을 이해하고 논리적 틀 속에서 합리적인 설명이 가능하지 않기 때문이다.

V. 당시의 시대상과 경제적 특징을 반영한 부석사

경상북도 영주시 부석면 부석사로 345에 위치한 부석사는 봉황산 자락에 포근히 안겨 있다. 이러한 부석사는 무량수전으로 널리 알려진 사찰이지만, 안양루에서 바라보는 경치가 아름다운 사찰로도 또한 널리 알려져 있다. 그러나 부석사 가람배치가 다른 사찰과는 다른 특이한 점이 있고 이를 다양한 각도에서 바라보기도 하지만 뚜렷한 연구 성과를 내놓지 못하고 있다.

부석사는 화엄종의 초조인 의상에 의해 창건되는데, 그의 전법제자들에 의해 지켜온 주요사찰이다. 의상대사도 676년 이곳 부석사에 자리한 이후 입적할 때까지 이곳에 머물렀다고 한다. 『삼국사기』와 『삼국유사』에는 부석사의 창건에 대한 기록을 남기고 있다. 『봉황산부석사개연기』에 고려 때의 중수에 대한 기록이 나타나고 있으며, 『오주연문장전산고』에는 비선화와 관련한 설화가 전한다. 그 외에도 선묘와 관련한 설화가 전하고 있으며, 실제로 선묘각이 부석사의 한 자락을 차지하고 있다.

부석사의 입지와 공간구성에는 풍수적 특징이 중요하게 작용하였는데, 이를 살펴보면 다음과 같다.

첫째, 부석사 주산의 형상은 탐랑貪狼 목성체이고, 안산은 무곡貪狼 금성체이다. 이는 단순히 형상만을 추구하기보다는 혈처에 위치한 중요 건축물에서 보이는 가장 아름다운 형상을 선택한 결과이다.

둘째, 혈처에는 중요 건축물을 배치하기 마련인데, 부석사의 경우에는 무량수전을 입지시켰다. 이는 부석사의 종교적 지향점이 무량수전으로 귀결된다는 의미를 가진다.

셋째, 고려시대에 창건된 무량수전은 조선시대를 풍미한 호순신의 지리신법에는 부합하지 않는 모습이다.

넷째, 부석사의 형국론은 주산과 안산의 형상을 통해 유추 가능한데, 봉황포란형과 귀소형이 제시될 수 있다. 이는 『설심부정해』의 논리와도 부합하는 모습이다.

그 외에 부석사의 입지와 공간구성에서 가장 특징적인 모습으로 대두되는 것이 여러 단의 축대조성과 축선이 꺾인 모습일 것이다. 이러한 특징적인 모습이 나타난 배경에는 다음과 같은 특징이 반영되었다.

첫째, 풍수논리는 자연지형의 형태에 충실하면서도, 가장 합리적인 공간구성과 배치를 실천하는 데 있어서 가장 우선적인 특징으로 작용하였다. 즉, 혈처에 배치된 무량수전의 좌향은 가장 아름다운 안산을 선택하였고, 범종각을 비롯한 하부부분은 여기에 해당하는데 절장법을 활용한 건축물을 배치하는 노련함을 실천하였다.

둘째, 대지조건에 최대한 순응해야 했고, 최소한으로 훼손 내지는 인공적인 작업을 진행할 수밖에 없는 제한적 조건이 존재하였다. 즉, 지금과 같이 장비가 없어 인력으로 대지를 조성하고 건축물을 배치해야 했던 당시의 상황은 입지가 가진 특징적인 모습에 어느 정도는 순응해야만 하는 어쩔 수 없이 제한적인 요소가 존재하였다.

셋째, 경제논리가 반영되었다. 장비가 아닌 인력과 동물 등의 힘을 빌려 진행하는 작업은 자재의 운반과 가공 등이 전적으로 같은 공간에서 이루어져야 하는 상황에서 자연지형을 크게 변형시키기에는 너무 많은 경제적 부담이 이루어져야 했기 때문에 자연에 가장 가깝게 개발이 이루어질 수밖에 없었다.

그 외에도 부석사의 공간구성에는 다음과 같은 특징적인 요인들이 반영되었다.

첫째, 이기론적인 요소보다는 강서지법으로 알려진 형세풍수가 보다 큰 의미를 가지고 반영되었다.

둘째, 부석사 건축물 배치에는 비보풍수적인 모습도 아울러 나타나고 있다. 즉, 무량수전의 전면에서 곧장 빠져나가는 물길을 가리기 위해 범종각을 건설하여 비보하는 모습을 보인다.

셋째, 축선이 바뀐 부분에 범종각과 축대를 건설함으로써 축선이 급격하게 바뀐 것을 인식하지 못하도록 하는 효과를 노렸다.

이상과 같이 부석사는 다양한 지형조건을 반영하여 자연과 하나 되는 공간구성을 이루어냈다. 특히 중요 건축물을 혈처에 배치하고 자연지형에 순응토록 축선에 변화를 실천하는 모습 속에는 당시의 시대상과 경제적 특징까지 반영하는 모습이다. 더 나아가 입지가 갖는 특징을 실천하는 데 있어서, 풍수는 가장 중요한 의미와 실천력을 가지고 있다.

1 　류근석,「부석사 외부공간의 시지각적 연출기법에 관한 연구」, 호서대학교 석사학위논문, 2006.
　　정기태, 이찬,「메를로-퐁티 현상학으로 본 부석사 공간 연구」『한국실내디자인학회 논문집』v.21 n.3 통권92호, 2012.
　　양상현,「佛國土 사상에 따른 多佛殿 사찰의 造營 개념 연구 : 불국사, 법주사, 부석사의 불전 배치를 중심으로」『건축역사연구』 제14권 제2호 통권 42호, 한국건축역사학회, 2005, pp.41-55.
　　박홍균,「초기화엄불교 산지가람중 경사지에 건축된 사찰들의 건물배치디자인 전개의 시각적 유사성에 관한 연구 : 부석사, 화엄사, 해인사를 중심으로」『대한건축학회지』v.11 n.01 (통권 37호), 대한건축학회, 2009, pp.55-63.
　　송지성,「부석사의 공간구조에 의한 시각 커뮤니케이션 연구」『한국디자인문화학회지』13권 1호, 한국디자인학회, 2007, pp.117-123.
　　진경돈, 이강업,「浮石寺의 立地選定背景과 配置變化特性에 관한 考察」『한국조경학회지』16, 3, 33, 한국조경학회, 1989, pp.7-20.

2 　이영숙,「浮石寺 掛佛의 고찰」『문화사학』제34호, 한국문화사학회, 2010, pp.147-177.
　　김선희,「浮石寺 三身三世佛掛佛圖 硏究」, 동국대학교 석사학위논문, 2010.
　　정광용,「浮石寺 祖師堂 壁畵 調査에 따른 赤外線 TV카메라 利用」『보존과학연구』7, 국립문화재연구소, 1986, pp.243-263.
　　이은희,「浮石寺 掛佛의 화풍과 화승」『강좌 미술사』제26호, 한국미술사연구소, 2006, pp.811-836.

3 　홍종화,「9-11세기 중반 부석사 무량수전 영역의 건축계획과 구성요소-선종과 화엄종을 중심으로 하는 종파관계의 변화와 부석사의 대응을 중심으로-」『대한건축학회지』27(9), 대한건축학회, 2011, pp.231-240.
　　홍재동, 임충신,「부석사의 석단 고찰 :『화엄경』「십지품」과의 관계를 중심으로」『건축역사연구』제19권 제2호 통권 69호, 한국건축역사학회, 2010, pp.21-42.
　　정기철,「취원루를 통해서 본 영주 부석사 건축 공간의 변천」『건축역사연구』제20권 제3호 통권 76호, 한국건축역사학회, 2011, pp.59-82.
　　최종윤,「浮石寺 石築景觀과 寺刹 空間 활용에 관한 考察-부석사 석축을 사례로 -」『지리학논총』제44호, 서울대 국토문제연구소, 2004, pp.127-145.

4 　김숭제,「浮石寺 創建에 미친 土俗信仰과 佛敎와의 融合 및 文武王의 護國信仰의 影響에 관한 硏究」『대한건축학회지』22, 대한건축학회, 1989, pp.59-68.

5 　영주시청 홈페이지(http://www.yeongju.go.kr), 검색일 : 2013. 10. 3.

6 　『世宗實錄』「地理志」慶尙道 / 安東大都護府/ 順興都護府 : 本高句麗 及伐山郡 新羅改爲岌山郡 高麗改爲興州. 顯宗戊午 屬吉州任內 後移屬順安縣. 明宗一年 始置監務 忠烈王甲戌 安胎 改爲興寧縣 置令. 忠肅王癸丑 又安胎 陞爲知興州事. 忠穆王戊子 又安胎 陞爲順興府. 本朝太宗癸巳 例改爲都護府 別號順政. 鎭山 小白.

7 　『宋高僧傳』은 북송의 찬녕(贊寧)이 988년에 기록한 고승에 대한 기록으로 이 책에는 신라의 의상대사와 원효대사에 대한 일대기가 수록되어 있다.「의상전」에는 부석사 창건과 관련된 연기설화가 수록되어 있는데, 그 내용이 설화적이기는 하나, 부석사 창건과 관련된 연기를 접할 수 있는 유일한 자료이다.

8 　문화재청,『부석사조사당수리실측조사보고서』, 2005, p.82.

9 　『順興邑誌』「佛宇」, 문화재관리국,『榮州浮石寺補修淨化竣工報告書』, 1980.

10　이중환 저, 이익성 옮김,『擇里志』「卜居總論」, 을유문화사, 2008, pp.175-176 : 小白又土山也 然土色皆秀 … 凡大小白泉石 皆在洞府低平處山 腰以上無石 故雖雄大而少殺氣. … 方士南師古 見小白輒下馬拜曰 此活人山也.

11　이중환 저, 이익성 옮김, 앞의 책, p.211 : 溪山物色土地 生利興安東諸名村 相上下焉 故曰二白之下 潢水之上 實爲士大夫可居之處

12 문화재청, 『부석사무량수전실측조사보고서』, 2002, p.63.

13 金富軾, 이병도 역주, 『三國史記』권7 「新羅本紀」 文武王條, 을유문화사, 1990, p.143 : 十六年 春三月 高僧義相奉旨創浮石寺.

14 『三國遺事』卷2 「文虎王法敏」, 卷3 「前後所狀舍利」, 卷4 「義相傳敎勝詮髑髏」, 卷5 「眞定師考 善雙美」

15 문화재청, 앞의 책, pp.64-66 참조

16 『五洲衍文長箋散稿』第20輯 「元曉義湘辨證說」: 嶺南順興府 太白小白兩山之間 有浮石寺 卽羅時古刹 而義相奉旨所創者 殿後有一巨岩 橫而堅 上又有一巨岩 如屋下覆 驟看似上下相承接 細察二石間不相連壓 而有此二空隙 以繩度之 出入無碍始知其爲浮也 寺以此得名 此理須不可曉也 寺門外 有息沙如塊 自古不溺 削之又起 似生壞 義相得道 將入西域天竺也 植杖於所居寮門簷曰 吾去後 此杖必生枝葉 此樹不枯死 則可知吾不死也 義相去後 寺僧卽所居塑像安置 樹在窓外 卽生枝葉 雖日月照之 雨露不沾 而長至屋宇 亦不穿上 僅一丈有餘 千年如一 光海朝 逆臣鄭造 以嶺伯至寺見之 曰仙人所杖 吾亦欲杖 卽令鋸斷而去後 卽抽二莖 如前而長 仁廟反正 造以逆伏誅 至今四時長靑 亦無凋落 僧人號爲飛仙花云.

17 박언곤, 『한국건축사상사강론』, 문운당, 2007, p.259.

18 양균송, 김두규 역, 『撼龍經·疑龍經』 비봉출판사, 2009, p.259 : 穴若不隨龍上星 斷然是假不是眞.

19 호순신은 주산이 되어서 만약 모호하고 구별하기 어려우면, 그 기가 왕성하지 못하고, 만약 비스듬히 기대어 있는 듯하면, 그 기가 바르지 못하며, 만약 고개를 쳐들고 시신을 받아들이지 않으려는 형상이면, 그 기가 응하지 않는다(爲主山 而或模糊不淸 則其氣不勁 鬚鬚有之 則其氣不盛 橫斜倚附 則其氣不正 昂頭拒尸 則其氣不應)고 하였다.

20 『錦囊經』 「四勢編」: 玄武垂頭.

21 양균송, 김두규 역, 앞의 책, p.271 : 大凡有形必有案.

22 양균송, 김두규 역, 앞의 책, p.214 : 正龍低平最貴重.

23 장성규 김혜정 옮김, 『狐首經』 「地元篇」 『완역풍수경전』, 문예원, 2010, p.336 : 穴乘其地.

24 『澤堂集別集』卷11 「啓山志」 風水驗應論 : 祖宗朝懲麗代弊 盡焚地理諸書 只存靑烏錦囊等書十餘卷 屬觀象監習學.

25 정경연, 『정통풍수지리』, 평단, 2008년, p.703.

26 정경연, 위의 책, p.701.

27 최창조, 『한국의 풍수사상』, 민음사, 1990, p.180.

28 『雪心賦正解』卷4 「穴論形異及沙水凶形應驗」: 如木火二星多結人形其穴取心臍陰 金星多結禽形其穴取翼窩冠星 土星多結獸形 水星多結蛇形 其穴取鼻穎耳腹頭尾之類.

29 혈처에서 혈토가 나올 때까지 굴착 작업을 진행하여, 혈토가 나오는 높이가 결정되어야 한다. 이를 기준으로 마당을 비롯한 주변부의 평탄작업이 이루어져야 한다. 그러기 위해서는 전순 부위에 축대를 축조하여 혈처에서 굴착작업이 진행된 높이와 균형을 이루어야 한다.

30 이러한 특징을 불교 교리적 관점에서 연구한 홍재동·임충신의 연구에 따르면, 부석사 석단의 특징은 『화엄경』 「십지품」의 내용을 부석사의 각 석단에 대응시키면 현재 전각이 남아 있는 석단뿐만 아니라 전각이 없는 곳도 「십지품」에 내포된 의미와 잘 대응 되었다는 것이다. 또한, 석단의 높낮이에 의한 전환, 석단의 전환에 의한 축의 굴절 등도 형식적 측면에서뿐 아니라 상징적 의미의 측면에서도 「십지품」의 내용과 잘 대응되었다. 뿐만 아니라 이들 석단에 의해 구성된 터는 『화엄경』의 설법장소와 모인 회수, 설법 내용 등과도 일치하였다. 그러므로 부석사의 외부공간은 『화엄경』 그러므로 부석사의 외부공간은 『화엄경』 「십지품」의 내용과 설법회수와 장소 등을 구성요소로 삼아 이들 모두를 아우를 수 있는 건축공간을 구성하였다고 판단할 수 있다. 왜냐하면 『화엄경』에서 나타나고 있는 것과 같은 종교적인 수행체험을 얻기 위한 기본적인 상황설정을 함으로써 교리강학의 도량을 구성할 수 있었기 때문이다. 즉, 『화엄경』의 무대인 연화장세계를 알 수 있다. (홍재동, 임충신, 「부석사의 석단 고찰 - 『화엄경』 「십지품」과의 관계를 중심으로 -」『건축역사연구』 제19권 제2호 통권 69호, 2010, p.41.)

31 박언곤, 앞의 책, p.30.

32 조성호, 성동환, 「신라 말 九山禪門 사찰의 입지 연구 : 풍수적 측면을 중심으로」『한국지역지리학회지』 제6권 3호, 2000, p.60.

33 최원석, 「한국에서 전개된 풍수와 불교의 교섭」『대한지리학회지』 제44권 제1호 통권 130호, 2009, p.79.

34 徐善繼 徐善述, 김동규 역, 『地理人子須知』, 명문당, 1992, p.263 : 徐善繼 徐善述, 『地理人子須知』, 華齡出版社, 2007, p.160 : 盖緣龍力大 到結穴處氣其旺盛 一齊收斂不盡 故此去猶長余.

35 『說文解字』: 山宜也 謂能宜散氣 生萬物也.

참고문헌

『錦囊經』

『雪心賦正解』(卜應天古版本)

『世宗實錄』

『順興邑誌』

『五洲衍文長箋散稿』

『澤堂集別集』

金富軾, 이병도 역주,『三國史記』, 을유문화사, 1990.

문화재청,『부석사조사당수리 · 실측조사보고서』, 2005.

문화재청,『부석사무량수전실측조사보고서』, 2002.

박언곤,『한국건축사상사강론』, 문운당, 2007.

양균송, 김두규 역,『撼龍經 · 疑龍經』, 비봉출판사, 2009.

이중환, 이익성 옮김,『擇里志』, 을유문화사, 2008.

장성규 김혜정 옮김,『狐首經』『완역풍수경전』, 문예원, 2010.

조성호, 성동환,「신라말 九山禪門 사찰의 입지 연구 : 풍수적 측면을 중심으로」『한국지역지리학회지』제6권
　　　　3호, 2000.

정경연,『정통풍수지리』, 평단, 2008.

최원석,「한국에서 전개된 풍수와 불교의 교섭」『대한지리학회지』제44권 제1호 통권 130호, 2009.

최창조,『한국의 풍수사상』, 민음사, 1990.

영주시청 홈페이지(http://www.yeongju.go.kr), 검색일 : 2013. 10. 3.

한국고전종합DB.

제7장

마곡사 입지의 풍수환경과 공간구성

제7장

마곡사 입지의 풍수환경과 공간구성

Ⅰ. 산태극 수태극의 마곡사

충청남도 공주시 사곡면 마곡사로 966에 위치한 마곡사는 비록 천년고찰이라 하지만 정확한 건립연대조차 알 수 없다. 현재 마곡사의 연혁에 대해서는 마곡사 홈페이지에 소개된 내용을 참조할 수밖에 없어 보다 자세한 내용을 알기 어렵다. 하지만 마곡사 연혁에 대해 소개한 홈페이지조차도 오류가 많은 것으로 알려진 「태화산마곡사사적입안泰華山麻谷寺事蹟立案」을 인용하여 제시하는 수준에 머물러 있다.

이와 같이 마곡사의 역사와 특징을 살펴보면 마곡사에 대한 기록은 미미한 실정이다. 그러나 마곡사 입지의 특징을 살펴보면, 웅장하면서도 짜임새가 갖춰져 있다. 특히 사찰 터를 구성한 물길이 서로 얽혀서 산태극 수태극의 형상을 이루고 있는데, 이것이 마곡사 입지의 가장 특징적인 모습이라 할 수 있다. 여기에 풍수는 보다 중요한 의미를 가지고 있었고 입지선정에 활용되었다.

풍수는 입지선정에 있어서 이론적 근거제공에 그치지 않고, 다양한 특징을 도출하였으며 입지선정의 기준을 제시한다는 점에서 그 의미는 컸다고 생각된다. 풍수서에서 물과 산줄기는 전혀 다

---

* 『동아시아불교문화』 제19집(2014. 9.)에 게재.

른 모습으로 가는 것이 아니고 함께 가는 것이라 하였는데, 물 따로 산 따로가 될 수 없듯이 자연의 지형적 조건을 그대로 수용하는 모습이다. 이런 다양한 자연지형 속에서 우리 전통사찰 역시 입지 선정은 각 사찰마다 다른 모습으로 나타나게 되는데, 마곡사 입지의 특징은 물길에서 찾을 수 있다. 특히 마곡사의 입지는 절묘하게 세 줄기의 능선과 물줄기가 서로 어우러져 산태극 수태극의 형국을 이루고 있다. 이를 마곡사는 탁월한 건축물 배치와 공간구성을 통해 서로 별개로 존재하는 것이 아니라, 마치 자연 속에 한 몸으로 인식되도록 하는 입지선정과 공간구성의 전형을 실천하고 자 하였다. 이는 우리 전통건축 입지선정의 특징과 공간구성의 방향성을 제시한 것이다.

현재 마곡사와 관련한 연구는 가람배치와 공간구성 관련 연구[1]와 마곡사 건축물 관련 연구,[2] 마곡사의 활동 관련 연구,[3] 기타 연구[4] 등이 있으나, 풍수 관련 연구는 소략한 실정이다.[5] 따라서 본 연구에서는 마곡사 입지의 특징을 문헌고찰과 현장조사를 통해 살펴보고, 공간구성에 반영 된 불가와 도가, 유가사상은 풍수와 어떻게 어우러져 하나의 논리적 틀 속에 자리하게 되었는지 알아본다. 특히 두 곳으로 나누어진 사찰의 영역 중에서 사찰의 주 건축물에 해당하는 대웅보전 과 영산전을 중심으로 살펴본다. 더불어 좌향 측정과 공간구성의 특징조차도 주 건축물인 대웅 보전과 영산전을 중심으로 살펴보는 것을 원칙으로 한다.

불교는 우리의 전통신앙과 사상, 그리고 문화를 포용하고 수용하는 자세를 보였다. 이는 불교 가 갖는 다양한 장점 중에 하나라고 할 수 있겠으나, 불교의 특징적인 모습이라 인식할 수도 있 다. 특히, 불교는 전통적인 지리인식인 풍수와 밀접한 관련성을 바탕으로 사찰 입지선정과 공간 구성에 적극 활용하는 모습을 보인다.

II. 마곡사의 역사와 입지선정 배경 분석

1. 만세도록 없어지지 않을 땅 마곡사

천년고찰 마곡사는 충남 공주시 사곡면 운암리의 태화산 동쪽 산허리에 있다. 마곡사와 관련 하여 전하는 문헌자료로는 「태화산마곡사사적입안」과 「선교양종대본산마곡사연기략초禪敎兩宗大 本山麻谷寺緣起略抄」, 「충청우도공주판지서령태화산마곡사대광보전중창기忠淸右道公州判地西嶺泰華山麻谷寺大光寶 殿重創記」, 「마곡사대웅전중수기麻谷寺大雄殿重修記」 등이 있다. 그러나 마곡사는 앞에서 살펴본 것처럼 오랜 역사를 가진 천년고찰이지만, 문헌자료별로 차이가 있는 등 정확한 기록이 전하지 않는 관 계로 여러 이설이 있다. 먼저 마곡사라는 사찰의 이름에 대해서도 두 가지 설이 제시되고 있는 데 다음과 같다.

첫째, 신라의 보철화상寶徹和尙이 설법을 전도할 때 신도信徒가 삼밭의 삼대같이 많이 모여 삼 마자麻字를 넣은 마곡사로 지었다고 한다.[6] 이러한 주장은 마곡사를 소개한 안내문에도 제시되고 있다.

둘째, 보조선사普照禪師가 당唐에서 애법愛法한 보철선사寶徹禪師의 호가 마곡麻谷인데, 그와 법연法緣을 기리고자 마곡사라 했다는 것이다.[7] 이러한 차이에도 불구하고 마곡사라는 사찰명과 관련하여 보철화상[8] 혹은 보철선사寶徹禪師라는 동일인물로 추정되는 스님이 제시된 점은 그나마 공통점이라 할 수 있다. 또한, 마곡사는 창건연대도 정확하지 않을 뿐만 아니라 창건자도 기록에 따라 다르게 나타나는데, 이를 살펴보면 다음과 같다.

첫째, 마곡사의 창건기록은 철종 2년(1851) 임원횡이 기록한 것으로 알려진 「태화산마곡사사적입안」에 따르면, 선덕 12년(643) 자장율사가 창건한 것으로 전한다. 그러나 일연一然의 『삼국유사』와 『속고승전續高僧傳』에는 이러한 언급이 없다.

둘째, 「선교양종대본산마곡사연기약초禪教兩宗大本山麻谷寺緣起略抄」에서는 창건자가 보조선사 체징體澄이라 한다.[9]

셋째, 마곡사에 보관된 기문들을 통해 확인할 수 있는데, 「충청우도공주판지서령태화산마곡사대광보전중창기」(이하 대광보전중창기大光寶殿重創記)에는 "당 정관 17년(643) 계묘癸卯에 자장율사가 나라 안에 사찰을 많이 건설하였는데, 이 절은 3번째 건설한 것"[10]이라 한다. 「마곡사대웅전중수기」에도 "태화산 마곡사는 신라대의 자장율사에 의해 창건한 이래 보조선사가 중건하기까지 5번의 중창이 있었다."[11]라고 한다. 이러한 기록으로 볼 때 마곡사는 자장율사가 창건한 것으로 볼 수 있으나, 당시 신라의 승려인 자장율사가 백제의 한복판에 절을 창건하는 것이 가능했을까 하는 의문은 있다.

마곡사의 중창에 대하여 「대광보전중창기」라는 현판기록이 전하는데 다음과 같이 기록되어 있다.

> 마곡사의 두 번째 중건은 범일梵日에 의해 이루어졌고, 세 번째는 도선道詵에 의해, 네 번째는 보조普照에 의해, 다섯 번째는 박을 비롯한 각순覺淳과 여러 승려에 의해 이루어졌다는 인영이 기록한 사적에 기록되어 있다고 한다.[12]

이러한 「대광보전중창기」는 마곡사의 중건과정을 한눈에 살펴볼 수 있도록 제시하였다. 그러나 범일스님과 도선국사, 그리고 보조선사로 이어진 중건과정은 약간의 오류를 범하고 있다. 여기에 제시된 선사들의 생존연대를 살펴보면 보조선사(804-880)가 가장 빠르고 범일국사梵日國師

(810-889)가 다음이며, 도선국사(827-898)[13]가 그다음이다. 이들이 비슷한 시기에 생존하였고 활동하는 장소가 달랐다는 점에서 「대광보전중창기」 내용에 의문을 가질 수밖에 없다. 반면에 사찰에 전하는 기록 중에 「태화산마곡사사적입안」는 「대광보전중창기」의 오류를 바로 잡고 있다.

> 대저 이 사찰의 창건은 처음에 자장이 하였고, 보조선사가 다시 조성하였으며, 범일이 3차로 조성
> 하였고, 도선이 네 번째로 조성하였으며, 각순과 여러 승려가 다섯 번째로 지었다. 그 후에 화재
> 가 일어났고 무너짐과 참폐가 이루 기록할 수 없을 정도이다. 다시 건립하고 중수하였던 승려와
> 공적이 있는 자들을 본 절의 사적에 바로 적어 더하거나 빼지 않고자 한다.[14]

이러한 기록을 볼 때 마곡사는 여러 번의 중창을 거쳐 현재의 모습으로 발전한 것이다. 「대광보전중창기」의 기록은 일부 신뢰성이 담보되지 못하였다고는 하지만, 두 문헌자료는 중창이 여러 번에 걸쳐 이루어졌다는 점은 분명히 확인시켜준다. 이후에도 조선시대를 거치면서 마곡사는 중창이 이루어진 것으로 보인다. 「태화산마곡사사적입안」에는 세조와의 인연을 소개하면서 마곡사가 '만세도록 없어지지 않을 땅'이라고 찬탄하였다는 것이다. 특히 영산전의 현판을 써줬다는 기록과 함께 군왕대의 전설은 사실과 관계없이 풍수적 관점에서 나온 말이라 생각된다.[15]

이와 같이 마곡사에 대한 문헌자료는 적고 정확성이 부족하지만, 신라 때 자장율사에 의해 개창된 것으로 보이며, 여러 번의 중창을 거치게 되었다.

2. 전통사찰의 입지선정 배경과 풍수(風水)

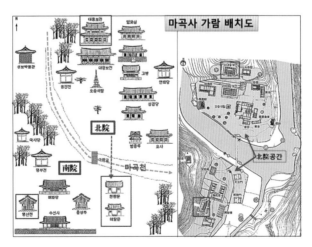

그림 1 마곡사 가람 배치도(출처 : 채영석, 2012)

일찍이 한국건축에 있어서 입지에 대한 인식 속에는 한국 고유의 특성들이 반영되었다. 특히 불교는 입당승들에 의해 전파된 강서풍수江西風水의 특징을 상당 부분 흡수하여 입지선정의 기준으로 활용한 측면이 강하다. 이에 대하여『조선불교통사』에는 선종은 중국에서 성립 당시부터 사원 택지법을 중심으로 풍수참風水讖을 받아들이고 있었다[16]고 논리적 근거를 제시한다.

또한, 풍수 길지에 해당할 것을 요구하는 것에 그치지 않고, 주변 환경과 어우러져 하나가 될 수 있는 조화로움과 치우침이 없는 균형감을 중시하였다. 이러한 특징들은 땅 위에 건설할 건축물 못지않은 중요성을 갖게 되며, 그것이 종교건물일 경우 대지의 상징성과 더불어 더욱 중요한 의미를 갖게 된다. 물론 이러한 전통건축 입지에 대한 사고의 바탕에는 땅이 단순히 자연공간이 아닌 정령(精靈, amina)으로 가득 차 있는 신화적 공간神話的 空間으로 이해되고 있었으며, 그에 따른 신성개념神聖概念과 땅 위 자연물에 살아 있는 대상으로서 신성시하려는 원초적 의식이 입지에 반영되어 왔던 것이다.[17] 그 외에도 여러 사상적인 결합이 이루어졌는데, 강한 기를 제압하는 성격을 가진 압승壓勝의 의미를 가지고 선정되었다.『동문선』에는 "금천衿川 동쪽에 산이 솟아 있는데 그 형세가 북으로 달려가 마치 걸어가는 범과 같고, 돌이 높이 솟아 있어 세상에서 이를 호암虎巖이라 부른다. 술가가 형극을 살펴보고, 바위 북쪽 모퉁이에 절을 세우고는 호압사虎押寺[18]라 이름하였고, 그 북쪽으로 7리를 가면 다리가 있는데 궁교弓橋라 이르고, 또 그 북쪽 10리쯤에 암자가 있어 사자암[19]이라 부르니, 이는 그 행동하는 범의 형세를 제압하기 위한 것"[20]이라고 하여 이를 입증한다. 뿐만 아니라 "관음굴[21]은 천마산에 있는데, 역수의 근원에 압승하여 가장 비보가 되었다."[22]라고 하여 압승과 비보가 사찰 입지의 한 방편이었다는 것을 확인시켜준다. 그리고 허虛하고 부족한 부분을 보완하기 위한 비보적인 성격조차도 아울러 가지고 있었다. 고려 태조가 창업한 뒤에 도선국사의 말을 들어 지리의 결점이 있는 곳을 보충하기 위하여 각처에 절을 짓게 하였으니, 이것이 비보사찰이다. 여기에 그치지 않고 새로 절을 짓지 말라고 하는 유훈을 남긴다.『고려사절요高麗史節要』에 따르면 "태조 때에는 반드시 산천의 순하고 역한 것을 보아 사찰을 세워 지리에 따라 편안하게 하였는데, 후대에 와서는 장상과 여러 관원과 불량한 중들이 산천의 길흉을 묻지도 않고 절을 세워 명칭을 원당願堂이라 하여, 지맥을 손상시켜 재변이 자주 일어났습니다. 폐하께서 음양관陰陽官을 시켜 이를 검토하게 하여 무릇 비보사찰 외에는 모두 제거하여 뒷세상 사람들에게 본보기가 되지 말게 하소서."[23]라고 하여 당시 비보사찰의 인식을 보여준다. 이러한 생각은 비단『고려사절요』에만 나타나는 것이 아니다.『도은문집陶隱文集』에는 "우리 태조가 개국하던 초기에 불자가 비보설을 가지고 그럴듯하게 건의하자, 그 말을 자못 신용하여 탑묘塔廟를 많이 세웠는데, 지금 이야기하는 금주衿州 안양사[24]의 탑과 같은 것도 그 가운데 하나"[25]라는 기록을 남긴다.『고려사高麗史』에 따르면 고려 초에 도참설을 주장한 도선의 밀기密記에 비보소로 지정된 곳이 전국적으로 3,800군데나 되었으며, 신종 1년(1198)에는 아예 산천비보도감山川裨補都監을 설치하여 이에 대한 일을 관장하게까지 하였다.[26] 이러한 사찰을 통해 비보에 대한 인식은 강했고, 그 지나침은 다양한 부작용을 양산하였으며 이를 비판하는 의식도 또한 나타나기 시작한다. 이에 대해서『동사강목』에는『보한집補閑集』을 보충하여 "음양가들이 각기 도참설圖讖說을 고집하여 서로 비보할 것을 주장하므로 임금이 이를 물으니, 의가 대답하기를, '음양은『주역周易』에 근본 한 것이나『주역』에서는 지리의 비보를 말하지 않았는데, 후세의 궤탄자詭誕者들이 이를 그릇 논하여 문자를 만들고 뭇사람을 유혹하기에 이른 것입니다. 더군다나 도참설圖讖說이란 허황하고 괴망하여 하나도 취할 만한 것이 없습니다.' 하니, 임금이 참으로 그렇다고 하였다."[27]라는 기록을 남긴다.

Ⅲ. 마곡사 입지의 특징과 공간구성

이중환은『택리지』「팔도총론八道總論」에서 "고을의 서북쪽에 무성산茂城山이 있다. 이 산은 차령의 서쪽 줄기가 맺혀서 된 것으로 토산이 빙 돌았고 그 안에 마곡사와 유구역이 있다. 골에 간수물이 많으며, 논이 기름지고, 또 목화, 기장, 조를 가꾸기에 알맞아 사대부와 평민이 여기 한 번 살면 흉년 풍년을 알지 못한다. 넉넉한 살림을 보전하여 떠돌거나 이사해야 하는 근심이 적게 되니 대개 낙토樂土"[28]라고 하였다. 이에 더해 "유구 마곡사 두 골짜기 사이를 피란할 곳",[29] 즉 십승지十勝地라고 한다. 이러한 이중환의 주장 속에는 물이 갖는 풍요로움으로 인해 평시나 난세에, 그리고 평민과 사대부 모두가 안정적인 삶이 보장된다는 의미를 갖는다. 즉, 십승지가 갖는 특징적인 모습을 가졌다는 것이다.

그 외에도 마곡사는 예로부터 경치가 아름다운 곳으로 이름이 높았다. 특히, 마곡사의 봄 풍경은 아름답기로 유명하여 '춘마곡春麻谷 추갑사秋甲寺'라는 말이 있다. 숙종 때의 문신 옥오재玉吾齋 송상기宋相琦(1657-1723)도, 『유마곡사기遊麻谷寺記』에서 "십여 리 길가에 푸른 시냇물과 흰 바위가 있어서 저절로 눈이 트였다."[30]라고 노래한다. 그 외에도 성호星湖 이익李瀷은『성호선생전집星湖先生全集』에서 마곡사를 방문하고 노래한 시를 다음과 같이 남기고 있다.

돌길이 구불구불 골짜기는 굽이 도는데	石磴盤陁洞壑回
궁장과 탑겁이 아스라이 높이 솟았어라	宮墻塔劫迥崔嵬
처마 꽃 그림자 아래 향기 맡음이 익숙하니	簷花影下聞香熟

기수라 총림 중에 뜻 맞아서 찾아왔노라	祇樹叢中適意來
붉은 누각에 높이 둘러선 천불을 우러르고	紫閣高瞻千佛擁
푸른 산엔 가로로 오정의 옮을 빌리노라	靑山橫借五丁開
외로운 중이 나를 인도해 서암에 묵게 해	孤僧引我西巖宿
영은당 깊은 곳에서 조용히 술잔 잡노라	靈隱堂深穩把桮[31]

조선 후기의 매천梅泉 황현黃玹도 『매천집梅泉集』에서 마곡사의 풍경을 다음과 같이 노래하였다.

칠흑 같은 소나무가 멀리 보이더니	遠看松似墨
마을이 다한 곳에 총림이 들어 있네	村盡有叢林
물과 돌이 서로 깨끗함을 겨루고	水石淸相敵
깊은 골에 흩어져 이곳저곳 암자 있네	庵寮散各深
세태가 경박하니 복지만 찾는 것이고	世澆尋福地
사람은 늙으면 선심이 일어나지	人老發禪心
산행의 고생을 잊을 수 있는 것은	忘却山行苦
새들의 노랫소리가 듣기 좋기 때문이지	嚶鳴競好音[32]

이와 같이 성호 이익과 매천 황현은 마곡사의 아름다운 풍광을 노래하였다. 특히 마곡사의 물길은 삼태극의 형상을 이루고 있는데, 이는 다양한 의미를 갖는다.

우리의 전통사상 속에는 태극이 강한 의미를 가지고 사상적 근간을 이루고 있는데, 우주의 창조는 태극의 창조라 한다. 또한 우주의 운동은 태극의 운동에서 출발한다고 하는데 운동의 모체에는 물이 있다는 것이다. 따라서 물과 태극은 불가분의 관계를 가지게 되며, 이러한 관계성은 마곡사 입지선정의 배경 속에 전통적인 사고의 복합체적 성격이 강하게 나타났다. 즉, 종교적 사고와 전통사상이 조화를 이룬 곳이라는 논리적 근간을 형성하였고, 이러한 특징적인 모습은 조선 통불교운동의 초석을 마련하게 된다.

종교건축 전반에는 그 종교가 갖고 있는 유토피아적 세계관 또는 신의 세계를 구현하려는 노력이 공통적으로 작용하게 된다. 본래 초기사찰의 공간배치에 있어서 각 종파의 형성과 사상(미륵계, 유가계, 화엄계, 선사상)에 따라 배치의 특성을 달리하고 있다.[33] 화엄의 중심사상인 '여래출현如來出現, 일승보살도一乘菩薩道, 법계연기法界緣起'로 생각해보면, 모든 우주 만물이 '연기법緣起法'에 따라 생성, 소멸하지만 모든 불성을 찾아 보살행을 통하여 윤회에 벗어난 부처의 세계를 표현하였음을 알 수 있다. 또한 '나와 너는 하나이고 자연과 우리는 하나' 라는 모든 생명을 포함한 우주의 무생물, 자연현상, 인간 사회현상 등 모든 것을 통섭하여 각자의 중요성과 소중함을 일깨워 주는 것으로 인간만이 아닌 모든 생명의 깨우침을 배우고 실천하는 종합공간으로 '해인삼매海印三昧'의 넓은 바다와 같다. 외부 건축사원은 내향적 '향하래向上來'의 수행도량의 의미도 있지만, '향하거向下去'의 뜻에서 중생 구제의 목적과 뜻이 더 강하게 반영되어 그 기능과 역할에 맞게 형성되었다고 본다.[34] 이러한 삼원사고의 원천은 창조성의 세 극성을 의미하며 형이상학적인 신명극神明極 · 존재론적 문명극文明極 · 현실적 홍익극弘益極으로 이들은 각각 천상의 신명세계 창조성, 지상의 문명세계 창조성, 그리고 인간의 혼명세계 창조성을 표상하고 있다.[35]

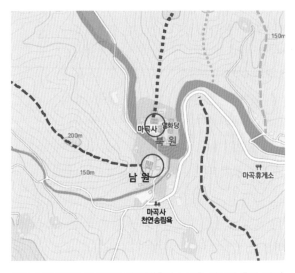

그림 2 마곡사의 입수룡과 마곡천(출처 : 다음 지도에 추가 작도)

특히 마곡사의 물길처럼 산태극 수태극 형상에 대해서는 다양한 해석이 가능하다. 그림 2와 같이 세 줄기의 능선과 물길이 어우러져 만든 북원과 남원, 그리고 진입공간으로 구성된 세 개의 공간구성을 통해 각 지형의 특징을 새롭게 해석할 수 있는 것이다. 즉, 다양한 동양사상을 통해 삼三이라는 숫자가 갖는 의미와 특징을 유가적儒家的 관점과 도가적道家的 관점, 그리고 불가적佛家的 관점에서 해석할 수 있는데 다음과 같다.

첫째, 유가사상은 삼三을 하늘이라 인식했다. 퇴계는 『퇴계집退溪集』「계몽전의啓蒙傳疑」에서, "삼은 하늘의 상"[36]이라 하였고, 『황극경세서皇極經世書』를 인용하여 "주역에 진짜수가 있는데 삼三뿐이라 하늘을 셋으로 한다."[37]라고 하였다. 『백호통의白虎通義』에도 "천도天道는 삼三으로 이루어지지 않는 것이 없다. 천天에는 삼광三光, 즉 해와 달과 별이 있고, 지地에는 삼형三形, 즉 높은 곳, 낮은 곳, 평지가 있고, 사람에게는 삼등三等, 즉 군부, 부친, 스승이 있다. 물은 삼三으로 완성되므로 처음이 있고 중간이 있고 끝이 있다."[38]라고 했다. 이는 곧 삼三을 하늘이라 인식한 근거가 되었다.

둘째, 도가적 관점에서 살펴보면, 삼三은 만물의 생을 완성하는 숫자로써[39] 그 의미는 크다고 할 수 있다. 노자는 "도는 일一을 생하고 일一은 이二를 생하고 이二는 다시 삼三을 생하고 삼三은 만물을 생한다."[40]라고 하였기 때문이다.

셋째, 불가에서는 삼도三塗[41]와 삼색三色[42], 그리고 삼계三界[43]와 같은 삼으로 표현되는 다양한 사상적 기반을 가지고 있었고, 삼세三世[44]와 삼보사찰[45]과 같이 현실 속에 자리하는 삼의 의미는 컸다.

이와 같이 마곡사의 산태극 수태극 물길에 의해 만들어진 공간은 유가의 '하늘'이라는 인식과, 도가의 '만물의 생을 완성한다는 의미', 그리고 불가佛家의 '삼도와 삼색, 그리고 삼계의 세계'를 현실 속에 실천하는 장이 되었던 것이다.

Ⅳ. 마곡사 입지의 풍수환경 분석

1. 문헌별로 차이를 보이는 마곡사의 주산

마곡사 입지의 특징을 「마곡사조사전상량문麻谷寺祖師殿上樑文」에는 "백두대간에서 차령으로 이어진 부파지지不破之地 여기 산령의 기운이 힘차게 뻗어 내리고 물은 고즈넉이 태극으로 감싸며 천하의 영지를 만들었다."[46]라고 설명하고 있다. 더 나아가 산령의 기운과 물이 태극으로 감싼 지형 조건을 통해 마곡사의 길지론을 제시하였다. 이와 같이 마곡사의 입지는 백두대간을 거쳐 속리산에서 출발한 금북정맥[47]의 정기를 온몸으로 받아들이고 있다.

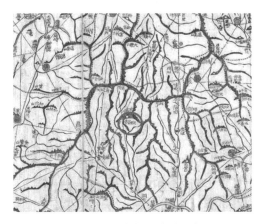

그림 3 대동여지도상의 마곡사

그러나 마곡사의 뒤를 든든히 받쳐주고 정기를 제공하는 주산에 대해 표 1과 같이『신증동국여지승람』과『여지도서輿地圖書』, 그리고『마곡사사적입안』에 제시되고 있는데, 특이하게도 이들 문헌은 무성산과 태화산으로 각기 다르게 기록하고 있다. 즉,『신증동국여지승람』에는 마곡사가 무성산茂城山에 있다고 하였고,[48]『여지도서』의 산천조山川條에도 "무성산茂城山은 천안 광덕산으로 뻗어와 마곡사의 주맥"[49]이라고 한다. 그러나「태화산마곡사사적입안」에는 마곡사의 주산이 태화산泰華山이라 기록하고 있다.

아! 백두산의 한줄기는 구불구불 완만히 흘러 남쪽으로 내려와서 강원도에 이르러 철령이 되었고 철령은 서쪽 양광계로 들어가고 북쪽은 오관, 송악이 되었으며 남쪽으로는 삼각, 목멱이 되었다. 철령의 한줄기는 동쪽으로 돌아 금강산이 되었고, 서쪽으로 돌아 소백산이 되고 소백산은 남쪽으로 돌아 주흘, 속리산이 되었다. 속리산은 서쪽으로 돌아 차령, 광덕이 되었고 광덕은 남쪽으로 돌아 화산이 되었다. 임해용자가 내려와 술득갑파戌得甲破[50]의 형국이 되었으니, 그 빼어난 절경은 동방제일의 복된 땅이다.

표 1 마곡사 주산의 문헌별 비교

구분	출처	특징	비고
무성산	『신증동국여지승람』	너무 멀고 물길로 분리됨	주산이 될 수 없다.
	『여지도서』		
태화산	「마곡사사적입안」	남원南院과 연결됨	일주문에 태화산 마곡사라 현판

그렇다면 마곡사의 주산으로 제시된 각각의 산이 마곡사와 어떤 관련성을 가지고 있는지 구글 지도를 통해 살펴보면, 그림 4와 같이 태화산[51]은 마곡사의 영산전이 있는 남원 부분과 관련성을 맺고 있으나, 대웅보전과 같은 주 건축군이 있는 북원과는 마곡천에 의해 분리된 모습이다.

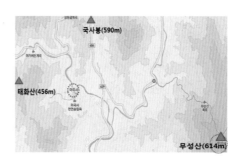

그림 4 마곡사 주변 산 분포(구글 지도에 추가 작도)

『신증동국여지승람』과『여지도서』에서 제시한 무성산(614m)은 마곡사와 거리가 멀 뿐만 아니라, 물길로 분리되어 있어 마곡사의 주산이라 할 수 없다. 그렇다면, 마곡사의 주산이라 부를 수 있는 산은 어디일까? 마곡사의 주산이 되기 위해서는 우선적으로 마곡사의 주 건축물인 대웅보전이 위치한 북원지역에 정기를 전달하는 봉우리이어야 한다. 이러한 전제조건과 부합하는 산으로는 국사봉(590m)이 해당한다. 그러나 이 산 또한 주산이라 부르기에는 부족함이 있어, 마곡사의 주산으로 불리지 못한 것으로 보인다. 그 이유를 풍수에서 찾아보면『지리인자수지』에서 "혈에서 주산까지가 멀면 마땅치 않은 것"[52]이라 하였다. 그런 점에서 국사봉은 너무 멀리 떨어져 있어, 마곡사의 혈처와 직접적인 관련성을 갖지 못하였다. 이러한 연유로 국사봉은 마곡사의 북원과 직접적으로 연결되어 있음에도 불구하고 주산이라 불리지 못한 것으로 판단된다.

이와 같이 마곡사의 태화산과 무성산, 그리고 국사봉은 각각 한계성을 가지고 있다. 그럼에도 불구하고 그림 5와 같이 마곡사의 일주문에는 태화산 마곡사라 현판하고 있는데, 여기에는 의미 있는 추정과 해석이 가능하다. 이를 살펴보면 다음과 같다.

그림 5 마곡사 일주문

첫째, 마곡사의 중심공간이 영산전을 중심으로 한 남원부분이라 인식한 것이라 할 수 있다. 각 사찰은 현판을 쓸 때 주산 혹은 진산을 제시하고 사찰 명을 쓴 경우가 많은데, 영산전이 남원부분의 중심 건축물에 해당할 뿐만 아니라 태화산과 직접 연결되어 있기 때문이다.

둘째, 앞에서 제시한 것처럼, 영산전 현판을 세조가 썼다는 점을 주목할 필요성이 있는데, 세조가 써준 영산전 현판은 그 의미가 크다. 왜냐하면 왕이 현판을 썼다면 그 사찰의 가장 중심적이고 의미 있는 전각의 현판을 썼을 가능성이 크기 때문이다.

셋째, 마곡사의 현판 혹은 일주문을 조성할 당시에 태화산이 가장 대표성을 가졌다고 인식하였기 때문에, 이를 바탕으로 태화산 마곡사라 현판을 하였을 가능성이 있다.

한편, 마곡사의 안산은 주산과 달리 전면 가까이 자리하고 있으나, 뚜렷하게 아름다움을 간직하지는 못하였다. 이를 통해 마곡사 입지가 갖는 한계성을 살펴보게 되었으나, 반면에 완벽하게 환포한 물길과 주변 산들이 만든 보국은 아름다운 지형조건을 가졌다. 이를 이중환은 십승지로 제시한 것이며, 김구 선생이 일제의 눈을 피해 은신한 사찰이 되었다고 할 수 있다. 즉, 산태극 수태극의 물길과 주변 산세가 절묘한 조화를 통해 천연의 요새를 형성한 것이다.

2. 선교일치(禪敎一致)를 실천한 마곡사(麻谷寺)의 혈(穴)

우리의 전통건축은 풍수와 밀접한 관련성을 가지고 건설되었다. 즉, 풍수논리가 사찰에 도입되었고 이러한 특징적인 모습은 입지선정에 반영되었으며, 가장 핵심적인 공간을 혈처에 입지시키는[53] 실천적인 모습을 드러냈던 것이다. 이는 중요한 의미를 갖는데, 사찰이 지향하는 방향성을 혈처에 입지한 건축물을 통해 간접적으로 드러내는 효과도 있었다.

이러한 원리를 통해 삼보사찰로 일컬어지는 해인사와 통도사, 그리고 송광사의 특징적인 모습도 유추할 수 있었던 것이다. 삼보사찰의 특징을 풍수논리로 해석하면, 가장 핵심적인 공간을 혈처에 입지시켰고, 혈처에 입지한 핵심공간은 그 사찰의 대표성을 갖는다. 즉, 법보사찰인 해인사는 대장경을 보관한 장경각을 혈처에 입지시켰다면,[54] 불보사찰인 통도사는 부처님의 진신사리眞身舍利를 혈처穴處에 안치하였던 것이다.[55] 송광사는 승보종찰僧寶宗刹답게 스님들이 수행하는 공간인 수선사修禪社를 혈처에 입지시키는 모습을 연출하였다.[56] 이러한 특징적인 모습을 통해 사찰의 입지선정은 혈처와 밀접한 관계성으로 연결되었다는 것을 확인할 수 있다.[57] 마곡사의 경우에도 예외가 아니었으며, 앞에서 전제한 혈처의 개념은 그대로 건축물의 공간 속에 반영되었다.

이를 실천하기 위해 남원에서는 영산전을 혈처에 입지시켰다. 즉, 군왕대君王垈[58]로 대변되는 주룡은 강하고 힘찬 지기가 영산전[59]에 이르러 행룡을 멈추고 그 지기를 모으게 된다. 반면에 북원에서는 국사봉에서 부터 긴 행룡을 통해 모아진 지기를 대웅보전[60]에 이르러 응결시키게 된다.[61] 이는 마곡사의 지향점을 실천한 것으로 수행공간의 중심 건축물인 남원의 영산전과 교화 중심 건축물인 북원의 대웅보전을 혈처에 입지시킨 것은 마곡사가 지향하는 바가 수행과 교화를 동시에 수용한 사찰이라는 것을 확인할 수 있다. 따라서 마곡사를 대표하는 영산전과 대웅보전을 통해 사찰의 입지선정과 공간구성의 배경에는 길지를 선정하는 데 그치지 않고, 사찰의 나아갈 방향성이 공간구성 속에 녹아들도록 하였던 것이다. 다시 말해서 남원의 영산전과 북원의 대웅보전을 혈처에 입지시킴으로써, 앞에서 보조가 선교일원론을 실천하는 장으로 마곡사를 인식한 배경과 부합하는 모습이다.

그림 6 남원의 영산전

그림 7 북원의 대웅보전

3. 장풍국(藏風局)과 득수국(得水局)을 동시에 만족한 마곡사

풍수에서 물은 다양한 의미를 갖는데, 우선적으로 '들어오는 물은 보여야 하고, 나가는 물은 보이지 않아야 한다'고 한다. 이러한 주장의 이면에는 물로 인한 자연재해와 밀접한 관련성을 가진다. 즉, 들어오는 물이 주는 위험성을 우선적으로 인지하여야만 생존할 수 있다는 의식이 잠재되어 있는 것이다. 반면에 물이 가져다주는 이점에 대해서도 다양한 각도에서 바라볼 필요성은 크다.

첫째, 물은 인간의 생명과 같다. 물 없이는 단 한순간도 인간은 생존이 불가능하기 때문이다.

둘째, 식량의 생산에 물은 절대적인 의미를 갖는다. 물 없이 식물이 자랄 수 없으니 이 또한 중요한 의미를 갖는다.

셋째, 물은 순환의 원리를 실천한다. 더러움을 씻어내고 상류의 침전물을 하류로 날라주는 중요한 순환의 원리를 실천하는 것이다.

넷째, 미기후뿐만 아니라 주변의 기후환경에 지대한 영향을 미치게 된다.

이와 같이 풍수에서 물이 갖는 의미는 크다. 하지만 풍수는 복합체적인 모습을 통해 완성되는 것으로, 산세山勢와 지세地勢, 그리고 수세水勢로 형성되었다. 여기에 도가사상과의 결합은 더욱 풍성한 사상적 기반을 형성한다. 풍수는 친자연적인 모습을 완성하게 되었으며, 더 나아가 논리적 틀을 확충하는 계기가 되었다.

그런 차원에서 우리 전통사찰의 입지선정은 땅과 물이 갖는 기운에 대한 이해가 컸으며, 자연과 하나되는 모습을 도출하였다. 또한, 풍수를 바탕으로 길지에 사찰을 건립하는 실질적인 모습을 보여주었다.

풍수에서는 산에 의해 형성된 국세를 장풍국이라 한다면, 물에 의해 이루어진 국세를 득수국으로 분류한다. 이러한 분류는 입지에 지대한 영향을 미치게 되었고, 공간구성과 인간의 삶에 미치는 영향이 클 수밖에 없었다. 마곡사는 앞에서 제시한 것처럼 물이 국세를 형성하는 데 중요한 의미를 가졌지만, 아울러 산에 의해 형성된 국세조차도 완벽하여 장풍국과 득수국을 동시에 만족하는 형국이다. 즉, 산수가 절묘한 조화를 이룬 곳이라 할 수 있는데, 이는 마곡사가 불교 수행공간으로서 가진 뛰어난 장점이다.

그림 8 1910년대 마곡사(출처 : 『조선고적도보』)　　　　그림 9 마곡사의 물길(구글 지도에 추가 작도)

마곡사의 주변 산세를 살펴보면, 그림 8과 같이 국사봉(590m)과 옥녀봉(361m), 그리고 무성산(613m)이 에워싼 곳에 있다. 이를 통해 장풍국藏風局을 유추할 수 있다면, 국사봉에서 발원한 마곡천이 사찰 내를 가로지르고 여기에 동쪽의 개울물이 합쳐져 수태극水太極을 이루는 형국은 득수국을 유추할 수 있다(그림 9 참조). 실제로 「마곡사조사전상량문」에는 마곡사의 물길이 태극太極의 형상을 하였다는 언급이 있다. 마곡사를 일군 세 개의 용맥과 물길이 어우러져 산태극 수태극의 형상을 이룬다. 즉, 산태극山太極 수태극水太極의 형상이 어우러진 물길이 마곡사를 대표하는 특징이라고 해도 과언이 아니다. 그만큼 마곡사의 지형조건은 풍부하고 특징적인 모습을 보이는데, 수태극 물길에 의해 자연스럽게 북원北院과 남원南院으로 분리된 공간을 구성하였다.

이와 같이 양분된 마곡사의 공간구성은 지형적인 특징과 무관할 수 없었고, 이를 통해 선교일치禪敎一致의 모습을 실천하였다. 즉, 남원의 핵심을 차지한 영산전은 석가모니가 영취산에서 설법하는 영산회상靈山會上을 의미하는 전각으로 수행을 상징한다면, 북원의 대웅보전은 화엄사상에 근거를 둔 불전으로 대중들의 교화를 상징한다.[62] 따라서 마곡사는 지형조건이 산태극 수태극의 조화를 이루어냈던 것처럼, 교화와 수행의 공간을 마곡사라는 하나의 울타리 속에서 통합하는 구성을 이루었고, 선禪과 교敎를 같은 공간 속에서 실행하였다.

4. 마곡사의 좌향론(坐向論)

『주역』「계사전상繫辭傳上」에는 역은 "위로는 천문을 관찰하고, 아래로는 지리를 관찰한 것"[63]이라고 하였다. 천문의 영역인 하늘과 지리의 영역을 역이라 하였다면 방方은 방위方位 · 방소方所의 뜻이다. 즉, 공간성을 말한 것으로 불교에서는 모든 공간을 동 · 서 · 남 · 북의 사방과 동남 · 남서 · 서북 · 북동간의 사간四間과 상하를 합쳐서 시방時方이라 하고, 이 시방에 무수한 세계가 있다고 본다. 이러한 관점에서 볼 때 방위가 갖는 무한의 세계를 제시한 말이지만 이것이 곧 마곡사와 곧바로 연결되는 것은 아니다. 마곡사의 방위론은 다양한 가능성을 가지고 있으며, 시대적 상황과 주변환경 등이 서로 어우러져 가장 합리적인 특징으로 나타날 수 있다고 할 수 있다. 즉, 자연환경조건(Natural Environment Condition)과 인문사회환경조건(Man-made Environment Condition)이 조화를 이룬 것으로 이는 일조의 조건과 경관조건, 동선조건, 예의 조건, 길흉의 조건[64] 등이 결합한 것이다.

이를 풍수적 관점에서는 좌향론으로 제시하였는데, 좌향론은 다양성을 바탕으로 하나의 풍수영역으로 자리한다. 이러한 특징들을 종합하여 이기론理氣論이라 하는데, 이기론은 언제나 같은 논리와 특징만으로 구성되지는 못하였다. 즉, 시대적 변화와 필요에 의해 다양한 의미가 가미되면서 여러 형태로 나타나기도 하였던 것이다. 이를 극복하기 위해 기존의 이기론이 가지는 문제점을 보완하는 형태로 나타나기도 하지만, 서로 충돌과 상충하는 모습을 보이기도 한다. 이러한 특징 역시 논리적 모순으로 인해 한계성을 가졌고, 한편으로는 이기론의 무용론이 제기되는 근거가 되기도 하였다. 이기론의 근본적인 구성은 음양론과 오행론五行論이 어우러져 논리적 틀 속에 자리하기도 하지만, 하나의 술수의 모습으로 나타나기도 한다. 즉, 논리적 바탕을 가진 경우에는 시대적인 발전에 따라 꾸준히 인용되었으나, 술수의 영역에 자리한 이기론은 극히 지엽적인 모습으로 자리하였다. 또한 다른 이기론과의 연계성도 가지지 못할 뿐만 아니라, 이를 추종하는 소수의 풍수가들에 의해 활용되는 제한적인 모습을 가진다.

삼국시대에 창건한 마곡사의 좌향 결정에 반영된 이기론은 어떤 형태였는지 현재로서는 알 수 없다. 이는 기록 부재와 함께 당시의 풍수서 역시 전해져 오는 것이 없기 때문이다. 그렇지만 마곡사는 임진왜란 때 폐사된 이후에, 건축물을 재건하고 재배치하면서 당시에 유행하던 호순신의 지리신법을 적용하지 않았다고 할 수 없다. 따라서 마곡사의 좌향이 재건되고 재배치되는 과정에서 실제 어떤 특징적인 모습이 반영되었는지 살펴보면 표 2와 같다.

표 2 마곡사의 지리신법 적용 여부 검토결과

구분	입수룡	입수룡대오행	좌향	득수				파구				부합여부
				포태	포태	구성	길흉	포태	포태	구성	길흉	
영산전	신辛 : 좌선左旋	수水	신좌을향 辛坐乙向	미未	양養	탐랑 貪狼	길吉	인寅	병病	염정 廉貞	흉凶	○
대웅보전	계癸 : 좌선左旋	토土	계좌정향 癸坐丁向	신申	왕旺	우필 右弼	길吉	손巽	장葬	파군 破軍	흉凶	○

표 2에 따르면, 마곡사의 수행공간인 영산전과 주 건물인 대웅보전은 호순신의 지리신법에 부합하는 모습을 보인다. 이러한 배경에는 여러 이유가 존재할 것으로 보이지만, 특히 중요한 의미를 갖는 것은 이들 건축물이 모두 조선시대에 다시 건설되었다는 점을 확인시켜준다. 이들 건축물은 임진왜란 때 전부 불타고 효종 때 각순대사에 의해 다시 건설된 것으로 알려진 건축물이다 보니, 이 같은 결과가 나오는 것은 어쩌면 당연한 것이다. 실제로 풍수가들은 형세론에 치중하기도 하고 이기론에 보다 중점을 두기도 하지만, 좌향을 결정하는 데 있어서 이기론에 바탕을 둔 향법론을 완전히 배제하는 경우는 드물다. 또한, 당시에 유행하는 향법론 자체를 활용하지 않는 경우도 드물기 때문에, 이에 대한 검토는 지속적으로 이루어져야 한다.

5. 갈룡음수형(渴龍飮水形)의 마곡사

마곡사의 형국形局은 그림 10과 같이 가운데 마곡천을 두고 세 마리의 용이 물을 마시기 위해 달려드는 형국이다. 이를 한자어로 표기하면 갈룡음수형渴龍飮水形이라 할 수 있으나, 다른 관점에서는 산태극 수태극의 연화부수형蓮花浮水形이라 제시된 경우도 있다.

이와 같이 형국론은 보기에 따라 누구나 공감할 수 있는 모습을 유추하기도 하지만, 여러 각도에서 다양한 의견이 제시될 수도 있는 것이다. 그렇다고 해서 그 자체가 틀렸다고 할 수는 없으나 공감을 가질 만한 요인을 유추하는 것은 더욱더 중요한 의미를 갖는다. 이를 염려하는 풍수서가 등장하였는데, 『설심부정해』에는 "호랑이는 사자와 비슷하고 기러기는 봉황과 다르지 않게 보이지만 만일 조금만 차이가 있어도 지록위마指鹿爲馬의 우를 범하는 꼴"[65]이라고 하여 주의하고 경계할 것을 지적하고 있다. 반면에 이러한 형국론이 풍수에서 지형을 바라보는 시각의 다양성을 가질 수 있다는 옹호론도 함께 있는 것이 사실이다. 풍수논리를 바탕으로 실제 현장을 바라보는 시각은 다양하고 공통적인 의견을 제시하는 데 분명 한계를 보이기도 하지만, 이는 자연의 현상을 오직 하나의 시각만으로 바라보기 어렵다는 반증이기도 하다. 다시 말해서 오묘한 자연의 이치를 그렇게 단순하게 한 가지 시선만으로 바라보는 것 자체가 어불성설이라는 점에서 비판받아야 하는가 반문하게 된다. 물론 비판받을 만한 요인들도 상당 부분 존재한다는 것 자체를 부정하는 것은 아니지만, 다양한 시선과 의견 자체가 부정되어야 한다는 것은 지나치다는 생각이다. 즉, 획일적 사고 속에서 어느 하나만의 생각이 선이고 그렇지 않으면 무조건 악이라는 논리는 학문의 다양성을 저해하는 요인이 될 수 있다는 점 때문이다. 또한 자연을 보는 각도와 위치, 그리고 특징적인 모습을 도출하는 방법에 있어서도 합리적 사고의 다양성은 보장되어야 한다. 오히려 무심코 보기 쉬운 자연지형을 사람과 동물, 그리고 식물 등에 비유하는 다양한 인식의 관점에서 본다면, 사고의 프리즘을 넓히는 계기가 되리라 생각한다. 이런 합리적인 시각과 의견들이 제시될 수 있도록 하는 논리와 이론 등을 더욱 발전시켜가는 노력이 선행되어야 할 것이다. 그런 차원에서 형국론은 풍수에서 차지하는 비중은 크지 않으나, 풍수의 영역을 미학과 미술적 요인으로 발전시켜가는 중요한 기준점으로 작용할 수 있으리라는 생각이다. 또한, 풍수의 형국론은 더욱더 다양한 분야에서 수용되어 합리적인 논의의 대상으로 발전시킬 수 있는 영역이라 생각한다.

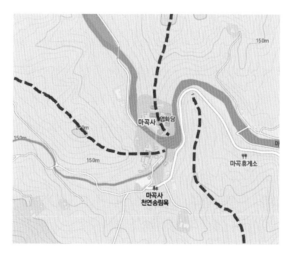

그림 10 마곡사의 지형도(다음 지도에 추가 작도)

V. 유가와 도가사상을 적극 수용한 마곡사

현재 마곡사는 대전·충남 지역소재 70여 개의 사찰을 관장하는 조계종 제6교구 총본산으로 그 위치를 차지한다. 뿐만 아니라 근대에는 독립운동가인 백범 김구 선생의 은거지로서도 널리 알려진 사찰이다.

불교가 이미 우리의 의식 속에 깊이 자리하고 있듯이, 풍수도 크게 다르지 않다는 점에서 나름의 공통점을 찾을 수 있다. 자연을 거스르지 않고 자연과 하나 되려는 노력도 또한 닮은 점이다. 자연 그 자체를 인정하고 서로가 배척하지 않으면서 조화될 수 있는 방향성을 찾는 과정조차도 닮아 있는데, 이는 진정 풍수가 추구하는 특징적인 모습이라 할 수 있다. 바람과 물로 대변되는 풍수는 종교적인 모습을 갖지는 않았으나, 어떤 종교와도 결합되어 종교가 추구하는 바를 현실 속에 실현할 수 있는 역량도 아울러 가지고 있다. 이러한 특징들이 풍수의 장점이자 단점으로 다가가지만, 현대 도시사회가 안고 있는 다양한 문제점을 해결하고 방향성을 찾는 데 있어서 중요한 역할을 수행하리라 기대하는 것도 사실이다.

마곡사는 천년고찰이라 하지만 정확한 창건연대를 알지 못한다. 창건자에 대해서도 「태화산마곡사사적입안」에는 자장율사를, 「선교양종대본산마곡사연기략초」에서는 보조선사 체징을 제시하고 있어 기록에 따라 다른 모습을 보인다. 먼저 자장율사를 창건자로 보기에는 신라의 승려인 자장율사가 백제의 한복판에 절을 창건하는 것이 과연 가능했을까 하는 의문이 있다. 또한, 창건자에 대한 기록상의 오류만큼이나 중건기록에도 오류가 발견되고 있는데, 이에 대한 뚜렷한 근거를 찾을 수 없다. 마곡사는 여러 번의 중창을 거쳐 현재의 모습으로 발전한 것으로 보이는데, 기록물의 신뢰성이 담보되지 못하였다고 하지만, 두 문헌자료는 여러 번에 걸쳐 중창이 이루어졌다는 것은 분명히 확인시켜준다. 마곡사에 대한 창건자와 중건에 대한 오류만큼이나 태화산과 무성산으로 대변되는 주산에 대한 기록상의 차이도 발견된다. 이는 마곡사 입지의 특징적인 모습으로 주산이 갖는 의미가 크지 않았다는 것으로, 오히려 삼합수의 물길이 마곡사를 대변한다는 것을 입증시켜준다.

마곡사의 특징적인 모습은 산과 물이 절묘한 조화를 이룬 공간구성에 있으나, 특히 물줄기에 의해 양분된 공간은 교화와 수행공간의 중심으로 자리한다. 남원의 영산전은 석가모니가 영취산에서 설법하는 영산회상을 의미하는 전각으로 수행을 상징한다면, 북원의 대웅보전은 화엄사상에 근거를 둔 불전으로 대중들의 교화를 상징한다. 이와 같이 수행과 교화의 공간이 물에 의해 양분된 마곡사의 독특한 공간구성은 선교일원론의 원리를 실천한 것으로 고려시대 마곡사를 중창한 보조는 선과 교를 같은 공간에 배치한 셈이다. 이를 실천하는 데 있어서 불교는 전통사상을 포함한 유가儒家와 도가道家의 사상마저도 포용하는 모습을 보인다. 또한, 불교는 입지선정을 위해 풍수를 적극 활용하였고 다양한 특징적인 모습으로 실천되었는데, 마곡사 입지의 풍수적 특징을 살펴보면 다음과 같다.

첫째, 문헌에 따라 마곡사의 주산으로 태화산과 무성산이 제시되고 있는데, 마곡사 일주문에는 '태화산 마곡사'라 현판을 하고 있다. 이는 마곡사의 중심공간을 태화산과 연결된 영산전이라 인식한 것이다. 왜냐하면 각 사찰은 현판을 쓸 때 주산 혹은 진산을 제시하고 사찰명을 쓴 경우가 많은데, 이때에도 가장 중심적인 의미를 가진 전각과의 관련성을 바탕으로 하기 때문이다.

둘째, 마곡사의 혈은 남원은 영산전이, 북원은 대웅보전이 차지한 모습이다. 이러한 배치는 선과 교를 대표한 건축물을 배치함으로써 선교를 동시에 추구한 마곡사의 특징적인 모습을 대변한다.

셋째, 마곡사의 물길을 통해 만들어진 산태극과 수태극형상은 세 개의 공간을 만들게 된다. 즉, 북원과 남원, 그리고 진입공간이라는 세 개의 공간을 구성하게 되는데, 이들 공간은 각각의 역할과 의미를 갖는다. 여기에서 삼三이 갖는 의미와 특징은 유가와 도가, 그리고 불교적 관점에서 해석이 가능하다. 불교적 관점에서는 삼도三道와 삼색三色, 그리고 삼계三界와 같은 삼三으로 표현되는 다양한 사상적 기반과 삼세三世와 삼보사찰과 같이 현실 속에 자리한다. 반면에 유가와 도가에서 주장하는 삼三의 의미는 하늘과 만물의 생을 완성하는 숫자로 인식하였다.

넷째, 마곡사의 좌향은 조선시대를 풍미한 호순신의 지리신법에 부합한다. 이는 임진왜란 때 모두 불탄 이후에 다시 중건이 이루어지는데, 이때 당시에 유행하던 호순신의 지리신법을 적극 활용한 것으로 판단된다.

다섯째, 마곡사의 형국론을 살펴보면 목마른 용이 물을 마시러 달려드는 형국인 갈룡음수형이라 할 수 있다. 다른 관점에서는 수태극 산태극이 어우러진 연화부수형으로 보기도 한다. 이는 형국론의 한계성이라 할 수도 있겠으나, 사고의 다양성과 자연을 바라보는 인식의 범위를 넓힐 수 있다는 점도 아울러 존재한다.

이상과 같이 마곡사의 입지를 살펴본 결과, 마곡사는 물에 의해 양분된 남원과 북원에서 선교 일치를 확립하였다. 특히, 마곡사는 풍수를 중요한 의미로 활용하여 입지선정의 틀과 합리적인 공간구성을 완성하였으며, 우리 전통사고의 인식 속에 깊이 자리한 유가와 도가사상마저도 적극적으로 수용하였다.

미주

1 정기태 외 1명, 「장자 사유로 본 마곡사 공간 연구」『한국실내디자인학회논문집』제21집 5호 통권 94호 2012, pp.363-371.
정기태 외 1명, 「마곡사의 입지 및 배치형식에 관한 연구 - 주변 경관과의 상관성을 중심으로」『한국전통조경학회지』제17권 3호, 1999, pp.67-74.
노양종, 「공주 마곡사의 건축 공간 및 의장구성 원리에 관한 연구」, 충남대학교 석사학위논문, 2006.
신창식, 「마곡사에 관한 연구 - 특히 가람형성의 배경이 된 밀교사상에 대하여」, 성균관대학교 석사학위논문, 1990.

2 김사덕 외 2명, 「목조 문화재 파손요인에 관한 연구-마곡사 심검당, 김주태 가옥」『보존과학연구』15호, 1994, pp.125-155.
박종서, 「사하취락의 연구 - 마곡사 사하촌락을 중심으로」『공주대학교 논문집』24집, 1986, pp.371-387.
고인룡 외 1인, 「바로크적 특성으로 본 한국 사찰건축-공주 마곡사를 중심으로」『한국건축인테리어 디지털 디자인학회 논문집』제2권 1호 통권 2호, 2002, pp.39-44.

3 김진원, 「일제 강점기의 마곡사 포교활동 연구」『중앙사론』제21집, 2005, pp.685-730.
사문경, 「일제하 본사 주지의 역할과 그 성격-마곡사의 경우를 중심으로」『한국불교학』통권37호, 2004, pp.253-287.

4 박종암, 「충청도 사찰의 세시풍속 연구: 마곡사를 중심으로」, 공주대학교 석사학위논문, 2003.
강성복, 박종익, 「공주 태화산 산향계(山饗稧)의 성격과 산신제 : 19세기말~20세기 세동리 산향계 문서를 중심으로」『한국민속학』제51집, 2010, pp.215-245.

5 이현구, 「마곡사의 풍수지리 입지연구」, 대구한의대 석사학위논문, 2008.

6 오마이뉴스, 2008. 11. 13. 여행, 대전충청.

7 대한불교신문, 『한국의 사찰』①, 대한불교신문, 1993, p.205.

8 보철화상과 관련한 기록은 『孤雲集』卷2「無染和尚碑銘」에 나타난다. '麻谷寶徹和尚'이라고 언급하면서 그의 행적을 칭송하는 모습이다.

9 『緣起略抄』에는 신라 문성왕 2년 보조선사 체징(體澄)이 당나라에 건너가 선지식을 두루 돌아보고 귀국하여 교화사업에 힘을 쏟았던 그 해에 이절을 개산했고, 또 사명도 보조선사가 당에서 애법(愛法)한 보철선사의 호가 마곡인데 그의 법연(法緣)을 기리고자 마곡사라 했다는 것이다.(대한불교신문, 『한국의 사찰』①, 대한불교신문, 1993, p.205)

10 「忠淸右道公州判地西嶺泰華山麻谷寺大光寶殿重創記」, 공주마곡사 대웅보전 · 대광보전 정밀실측조사보고서(상), 문화재청, 2012, p.30 : 唐貞觀十七年癸卯 慈藏律師多設 國中伽藍而玆寺 實而第三也.

11 「麻谷寺大雄殿重修記」공주마곡사 대웅보전 · 대광보전 정밀실측조사보고서(상), 문화재청, 2012, p.30. : 泰華山麻谷寺 刱自羅代慈藏律師 而至於普照國師 重建者凡五也.

12 「忠淸右道公州判地西嶺泰華山麻谷寺大光寶殿重創記」, 공주마곡사 대웅보전 · 대광보전 정밀실측조사보고서(상), 문화재청, 2012, p.34 : 再造於梵日 三建於道詵 四修於普照 五成於朴也外及覺淳諸僧 事載僧印英所記寺蹟也.

13 신라 말기의 중. 성은 김(金). 고려의 임금들은 그를 매우 높여, 현종(顯宗)은 대선사(大禪師), 숙종(肅宗)은 왕사(王師), 인종(仁宗)은 선각국사(先覺國師)의 존호(尊號)를 각각 주었다. 그의 음양지리설(陰陽地理說)은 중국의 것을 고려화(高麗化)한 것이며, 우리나라 절터는 그가 정한 것이 많다 한다. 시호는 요공(了空)이다.

14 「태화산마곡사사적입안(泰華山麻谷寺事蹟立案)」공주마곡사 대웅보전 · 대광보전 정밀실측조사보고서(상), 문화재청, 2012, p.33 : 大槪此寺初刱於慈藏 再造於普照 三建梵日 四修於道詵 五成於覺淳 諸僧而其後之回祿無數頹圮與替之弊 不可勝記 而改建重修之僧徒 有功力者 正載於本寺之事蹟圓中 更不欲架墨而.

15 공주마곡사 대웅보전·대광보전 정밀실측조사보고서(상), 문화재청, 2012, p.37.

16 李能和, 『朝鮮佛教通史』下, 보련각, 1990, p.252.

17 임수현, 「사찰의 입지선정과 풍수지리의 적용에 관한 연구」, 영남대학교 석사학위논문, 2004, p.46.

18 호압사는 서울시 금천구 시흥2동 234 삼성산에 위치한다. 삼성산은 숲보다는 바위가 많은데, 바위가 마치 호랑이 형상을 하고 있어 호암산이라고도 부른다. 본문에서 소개한 것과 같이 호압사는 비보사찰의 성격이 강하다.

19 서울시 동작구 국사봉1길 235-14의 관악산 줄기인 삼성산 국사봉 아래에 자리한 사찰로, 1398년에 무학대사가 창건하였다고 전해진다.

20 『東文選』卷98「虎巖說」虎巖說 : 衿之東有山峙焉 勢北馳如行虎 有石巉巖 世號 爲虎巖 術家相之 立寺於巖之北隅 曰虎押 去其 北七里有橋 曰弓橋 又其北十里有菴 曰獅子 此 所以壓其行虎之勢也.

21 개성시 박연리 천마산 기슭에 위치한 사찰로서, 고려 광종 21년(970)에 법인국사가 창건하였다.

22 『東文選』卷113「觀音窟落成」觀音窟落成. 慶讚華嚴經疏 : 惟觀音窟在天磨山. 壓勝逆水之源. 最 爲裨補.

23 『高麗史節要』卷13「丙辰二十六年」: 在聖祖代 必以山川順逆 創浮屠祠 隨地以安 後代將相群官 無賴僧尼等 無問山川吉凶 營立佛宇 名爲願堂 損傷地脉 灾變屢作 惟陛下 使陰陽官檢討 凡神補外 輒削去 無爲後人觀望.

24 경기도 안양시 만안구 석수동 안양예술공원 부근에 위치한 전통사찰로서, 고려를 건국한 왕건이 금주와 과주를 정벌하려고 삼성산을 가던 중 산꼭대기의 구름이 5색 빛을 띠는 것을 보고 사람을 시켜 알아보라고 하였는데, 이때 구름 밑에서 노승(老僧)이 내려오게 되면서 지금의 자리에 사찰을 세우게 되어 안양(安養)이라는 호칭을 붙였다고 한다.

25 『陶隱文集』卷4「記」衿州安養寺塔重新記 : 我太祖開國之初 佛者有以神補之說干之者 頗用其言 多置塔廟 若今衿州安養寺塔 其一也.

26 『高麗史』卷18 毅宗世家, 卷77 百官志 諸司都監各色

27 『東史綱目』第7하 壬戌年 文宗 36년 : 執圖讖 互言神補 上問之 覲對曰 陰陽本乎易 易不言地理神補 後世詭誕者曲論之 以至成文字惑衆人 況圖讖荒虛怪妄 一無可取 上深然之 補閑集補.

28 이중환, 이익성 옮김, 『택리지』「팔도총론」, 을유문화사, 2008, p.95 : 州西北有茂盛山 是車嶺西枝所結 土山盤回 內有麻谷寺維鳩驛 洞壑多澗水 而水田饒沃 又宜木綿黍栗 士大夫與平民 一居於此不知年之豊凶 多保全富厚而少流 離遷徙之患 蓋樂土也.

29 이중환, 이익성 옮김, 앞의 책, p.95 : 維麻兩水間爲避.

30 『玉吾齋集』卷13「記」遊麻谷寺記 : 十餘里 露傍淸泉白石 己自開眼.

31 李瀷, 『星湖先生全集』卷2「詩」麻谷題察上人詩軸.

32 黃玹, 『梅泉集』卷3「詩 己亥稿」麻谷寺.

33 심재학, 「불교사찰의 영탑원의 도입과 설계기준」 『대각사상』5집 , 대각사상연구원, 2002, p.328.

34 심재학, 앞의 논문, p.319.

35 김용환, 「단군사상과 한얼태교 연구」 『단군학연구』 제16호, 단군학회, 2007, p.242.

36 李滉, 『退溪集』「啓蒙傳疑」, 민족문화추진회, 1977, p.144 : 三天之象.

37 李滉, 앞의 책, p.147 : 易有眞數 三而己 參天者.

38 班固, 신정근 역주 , 『백호통의』, 소명출판, 2005, p.122.

39 오토베츠의 『Die geheimnissvolle Welt der Zahlem』에서도 3에 대해 아우르고 종결시키는 숫자, 즉 어떤 사안을 '조화롭게 완성시키는' 숫자라고 규정하고 있다.

40 『老子』제42장 : 道生一 一生二 二生三 三生萬物.

41 불교의 이상을 실현하는 과정인 견도(見道)와 수도(修道), 무학도(無學道)를 말한다.

42 세 가지의 색법(色法)으로 구사(俱舍)에서는 오근(五根), 오경(五境), 무표색(無表色)이다. 성실(成實)에서는 오근(五根), 사경(四境), 사대(四大)이다. 법상(法相)에서는 오근(五根), 오경(五境), 법처소섭색(法處所攝色)을 말한다.

43 중생의 마음과 생존 상태를 욕계(欲界)와 색계(色界), 무색계(無色界) 세 단계로 나눈 것이다.

44 불교에서 구분하는 시간의 개념으로 과거와 현세, 그리고 미래를 의미한다.

45 불보와 법보, 그리고 승보로 구분하고 각각의 종찰이 존재한다.

46 「마곡사조사전상량문(麻谷寺祖師殿上樑文)」『공주 마곡사 대웅보전 · 대광보전 정밀실측조사보고서(상)』, 문화재청, 2012, p.78.

47 금북정맥은 한강과 금강 사이에 자리한 정맥으로, 속리산 천왕봉에서 서북쪽으로 치달으며, 말티재-구치-시루산-구봉산-국사봉-선두산-선도산-상봉재-상당산성-좌구산-칠보산-보광산-행태고개-보현산-소속리산-마이산-車峴-황색골산-걸미고개-칠현산으로 이어지고 있다.

48 『新增東國輿地勝覽』卷17「忠淸道」公州牧 : 麻谷寺 俱在茂城山.

49 『輿地圖書』「忠淸道 公州」山川, 공주 마곡사 대웅보전 · 대광보전 정밀실측조사보고서(상), 문화재청, 2012, p.81 : 茂城山 自天安廣德山來爲麻谷寺主脈.

50 「태화산마곡사사적입안」『공주 마곡사 대웅보전 · 대광보전 정밀실측조사보고서(상)』, 문화재청, 2012, p.85에는 '戊得甲破'로 기록되어 있으나, '戊'자와 '戌'자가 비슷해서 착각한 것으로 보인다. 실제로 좌향을 측정하는 나경에는 '戊'자가 없다는 점은 이를 입증한다.

51 마곡사를 둘러싸고 있는 태화산은 공주시 사곡면 · 신풍면 · 유구읍에 걸쳐 있는 산이다. 높이 614m에 이르는 태화산은 국내에서 적송이 가장 잘 보존된 곳으로도 유명하다.

52 徐善繼, 徐善述, 김동규 역,『인자수지』, 명문당, 1992, p.161.

53 박정해, 「해인사의 입지환경과 풍수」『동아시아불교문화』제17집, 동아시아불교문화학회, 2014, p.88.

54 박정해, 위의 논문, p.87.

55 박정해,「佛寶宗刹 通度寺 立地의 風水環境 解析」『동아시아불교문화』제18집, 동아시아불교문화학회, 2014, p.191.

56 박정해,「승보종찰 송광사입지의 풍수환경과 해석」『불교학보』제65집, 동국대학교불교문화연구원, 2013, p.230.

57 그렇다고 해서 모든 사찰이 이러한 논리와 일치하는 것은 아니지만 일정정도는 일치하는 모습을 보인다.

58 마곡사의 군왕대 안내판에는 "군왕대(君王坮)는 마곡에서 지기가 가장 강한 곳으로 가히 군왕이 나올 만하다 하여 붙여진 이름으로, 이곳에 몰래 매장하여 나라가 어지러워지는 것을 막기 위해 조선 말기에 암매장된 유골을 모두 파낸 후 돌로 채웠다. 조선 세조가 군왕대에 올라 '내가 비록 한 나라의 왕이지만 만세부망지지(萬世不忘之地)인 이곳과는 비교할 수가 없구나'라며 한탄하였다고 전한다."라고 기록되어 있다.

59 영산전은 석가불(釋迦佛)을 비롯한 과법칠불(過法七佛)과 현겁천불(現劫千佛)을 모심으로 천불전(千佛殿)이라고도 하며, 석가불이 영취산에서 설법하던 장면을 묘사한 영산회상영산회상(靈山會相靈山會相)을 상징하는 불전이다. (홍윤식,『한국의 불교미술』, , 서울 : 대원정사, 1988, p.87.)

60 대웅보전은 석가모니불을 모신 법당을 가리키는데, 이 법당은 석가모니불을 중심으로 약사여래불 · 아미타불을 모시고 있다. 조선시대 각순대사가 절을 다시 일으킬 때(1651) 고쳐 지은 것이라고 한다.

61 대웅보전(大雄寶殿)이 혈(穴)을 맺었다는 것을 확인시켜주는 특징으로 입수도두(入首倒頭)와 선익(蟬翼), 그리고 전순(氈脣)을 갖춰야 한다. 그런데 대웅보전의 지형적 특징은 입수도두와 선익과 전순 등의 특징적인 모습들을 모두 갖추고 있다.

62 조명화, 김봉건, 이은희, 사진 박보화,『마곡사』, 대원사, 2009, p.53.

63 『周易』「繫辭傳上」: 仰以觀於天文 俯而察於地理.

64 조인철,「풍수향법의 논리체계와 의미에 관한 연구」, 성균관대학교 박사학위논문, 2005, p.9.

65 『雪心賦正解』卷4「物以類推 穴有形取」: 虎與獅猊相似 雁與鳳凰不殊 一或少差 指鹿爲馬.

참고문헌

『高麗史』

『高麗史節要』

『老子』(王弼本)

『陶隱文集』

『東文選』

『東史綱目』

『梅泉集』

『雪心賦正解』(卜應天古版本)

『星湖先生全集』

『新增東國輿地勝覽』

『玉吾齋集』

『周易』(四部叢刊初編本)

김용환, 「단군사상과 한얼태교 연구」『단군학연구』제16호, 단군학회, 2007.

대한불교신문, 『한국의 사찰』①, 대한불교신문, 1993.

문화재청, 『공주마곡사 대웅보전·대광보전 정밀실측조사보고서』상, 문화재청, 2012.

문화재청, 「麻谷寺大雄殿重修記」, 공주마곡사 대웅보전·대광보전 정밀실측조사보고서(상), 문화재청, 2012.

문화재청, 「麻谷寺祖師殿上樑文」, 『공주 마곡사 대웅보전·대광보전 정밀실측조사보고서(상)』, 대전, 문화재청, 2012.

문화재청, 『輿地圖書』「충청도 공주」산천, 공주마곡사 대웅보전·대광보전 정밀실측조사보고서(상), 대전, 문화재청, 2012.

문화재청, 「忠淸右道公州判地西嶺泰華山麻谷寺大光寶殿重創記」, 공주마곡사 대웅보전·대광보전 정밀실측조사보고서(상), 문화재청, 2012.

문화재청, 「泰華山麻谷寺事蹟立案」, 공주마곡사 대웅보전·대광보전 정밀실측조사보고서(상), 문화재청, 2012.

박정해, 「해인사의 입지환경과 풍수」『동아시아불교문화』제17집, 동아시아불교문화학회, 2014.

_____, 「佛寶宗刹 通度寺 立地의 風水環境 解析」『동아시아불교문화』제18집, 동아시아불교문화학회, 2014.

_____, 「승보종찰 송광사 입지의 풍수환경과 해석」『불교학보』제65집, 동국대학교 불교문화연구원, 2013.

반고, 신정근 역주,『백호통의』, 소명출판, 2005.

서선계, 서선술 원저, 김동규 역,『인자수지』, 명문당, 1992.

심재학,「불교사찰의 영탑원의 도입과 설계기준」『대각사상』5집, 대각사상연구원, 2002.

오마이뉴스, 2008. 11. 13. 여행, 대전충청.

이능화,『朝鮮佛敎通史』하, 보련각, 1990.

이중환, 이익성 옮김,『택리지』, 을유문화사, 2008.

이황,『퇴계집』, 민족문화추진회, 1977.

임수현,「사찰의 입지선정과 풍수지리의 적용에 관한 연구」, 영남대학교 석사학위논문, 2004.

재단법인 대한불교진흥원,『한국의 사찰』下, 재단법인대한불교진흥원, 2004.

조명화, 김봉건, 이은희, 사진 박보화,『마곡사』, 대원사, 2009.

조인철,「풍수향법의 논리체계와 의미에 관한 연구」, 성균관대학교 박사학위논문, 2005.

채영석, 한양대 풍수대토론회 발표자료, 2012.

한국고전종합DB.

제8장

회암사 입지의 풍수환경과 해석

제8장

회암사 입지의 풍수환경과 해석

I. 고려 말 전국사찰의 총본산 회암사

회암사는 경기도 양주시 회암사길 281, 천보산 자락에 위치한다. 지금은 터만 남아 있지만 고려 말에는 전국사찰의 총본산이었다고 한다. 승려도 약 3,000명이 머물던 사찰이었다고 하는데, 특히 조선을 건국한 이성계의 스승인 무학대사와의 인연으로도 널리 알려진 사찰이다. 또한 무학의 스승인 지공선사와 나옹선사로 이어진 인연 역시 무시하기 어려운 많은 일화를 간직한 사찰이다. 그러나 세월의 무상함을 말하기에는 여러 면에서 독특한 사찰 입지의 특징이 나타나는데, 여기에는 풍수와 밀접한 관련성을 가지고 있어 회암사 터에 대해 많은 관심을 가지게 한다.

먼저 회암사 터는 주산과 안산, 그리고 좌청룡과 우백호를 갖추고 있어 풍수에서 말하는 길지의 기본적인 지형조건은 갖췄다. 또한 경사지를 평탄한 지형공간으로 조성하기 위해 계단식으로 조성한 흔적 역시 그대로 남아 있다. 현재 회암사지는 발굴된 모습만으로도 당시의 위용을 짐작케 한다. 그 외에도 폐사가 된 특징적인 모습도 찾을 수 있지 않을까 하는 기대도 하게 된다. 뿐만 아니라 회암사 입지에 대한 특징은 고려 말, 조선 초 사찰 입지의 특징적인 모습을 확인할

---

* 『동북아문화연구』 제40집(2014. 9.)에 게재.

수 있는 중요한 기준점이 된다. 또한, 무학대사와 이성계가 머물렀던 사찰이라는 점에서 왕실사찰의 특징적인 모습을 짐작할 수 있다.

그럼에도 불구하고 회암사에 대한 연구는 회엄사 입지의 발굴[1]과 사탑 관련 연구,[2] 건축 관련 연구,[3] 부도 관련 연구[4] 등이 있으나, 회암사의 입지와 관련한 연구는 소략한 실정이다. 따라서 회암사 입지의 특징을 풍수적 관점에서 살펴보는 것은 중요한 의미를 갖는다. 이를 위해 현장조사와 문헌고찰을 통해 회암사입지의 풍수적 특징을 살펴보고, 풍수적 관점에서 사찰의 성격까지도 규명해보고자 한다.

풍수 연구는 전통건축의 특징적인 모습을 살펴볼 수 있는 가장 중요한 의미를 갖는다. 먼저 입지가 갖는 특징을 살펴볼 수 있으며, 공간구성에 반영된 특징을 살필 수 있다. 뿐만 아니라 입지선정의 기준을 파악하는 데 있어서도 중요한 의미를 갖는다는 점이다. 이러한 특징 때문에 사찰뿐만 아니라 우리의 전통건축을 이해하기 위해서는 입지와 공간구성의 특징을 좌우했던 풍수 연구는 선행되어야 한다.

II. 서축 난타사와 닮은 회암사

양주는 삼국시대에는 마한에 속했을 것으로 추정되는데, 군사요충지로써 백제와 고구려가 서로 차지하고자 하였던 각축장이 되었다. 이는 천년고찰이 자리할 수 없는 이유가 되었다고 할 수 있다. 반면에 강인한 생명력을 유지할 수 있었으며 변화에 능동적으로 대처하는 능력을 가졌다고 할 수 있다.

이러한 지역적인 특징은 회암사의 성격과도 일정 부분 관련성을 가진다. 회암사가 위치한 양주도호부는 어떤 역사적 변화과정을 거쳤는지, 『세종실록』「지리지」를 통해 살펴보면 다음과 같다.

> 본래 고구려의 남평양성인데, 백제 근초고왕이 취하여, 그 25년 신미에 남한산으로부터 도읍을 옮기어 1백 5년을 지나, 개로왕 20년 을묘에 고구려 장수왕이 와서 한성을 에워싸니, 개로왕이 달아나다가 고구려 군사에게 살해되매, 이 해에 그 아들 문주왕이 도읍을 웅진으로 옮기었다. 그 뒤 79년, 신라 진흥왕 13년 계유에 (신라가) 백제의 동북쪽 변방을 취하고, 15년 을해乙亥에 왕이 북한산성에 이르러 국경[封疆]을 정하였으며, 17년 정축에 북한산주를 두었고, 경덕왕 14년 병신에 한양군으로 고쳤다. 고려가 양주로 고치어, 성종 14년 을미에 12주의 절도사를 두었는데, 양주좌신책군이라 하여, 해주우신책군절도사와 더불어 이보를 삼았다. 현종 3년 임자에 이보와 십이절도

사를 폐하여 안무사로 고치고, 9년 무오에 지양주사로 강등시켰다가, 숙종 9년 갑신에 남경류수관으로 승격시켰으며, 충렬왕 34년 무신에 한양부로 고쳤다. 본조 태조 3년 갑술에 도읍을 한양에 정하고 부치를 동촌 한골[大洞里] 에 옮겨, 다시 지양주사로 강등시켰다가, 4년 을해에 부로 승격시켜 부사를 두었고, 정축에 또 부치를 견주 옛 터로 옮겼으며, 태종 13년 계사에 례에 의하여 도호부로 하였다. 속현이 3이다.[5]

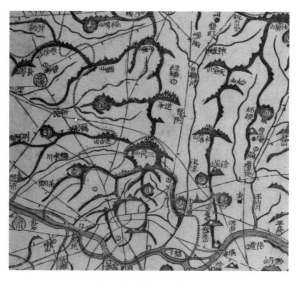

그림 1 대동여지도 중 양주 부분

우리나라의 모든 산은 백두산을 조종으로 한다. 백두산의 주맥은 백두대간을 타고 곳곳에 지기를 전달한다. 특히 한북정맥의 주맥은 추가령(599m)에서 서남으로 갈라져 백암산(1,110m)·양쌍령(686m)·적근산(1,073m)·대성산(1,175m)·수피령(780m)·광덕산(1,046m)·백운산(904m)·국망봉(1,168m)·강씨봉(830m)·청계산(849m)·현등산(36m)·죽엽산(601m)·도봉산(739.5m)·북한산(837m)·문수봉(727m)·백악산(342m) 등으로 이어져[6] 서울에 정기를 제공하고 있다. 이러한 행로를 볼 때 양주는 한북정맥의 주맥에 해당하지 않는다. 다만, 양주의 동쪽에는 천보산맥이 동북에서 서남 방향으로 지나고 왕방산(737m)과 천보산(337m)이 각각 동두천시와 포천시·의정부시에, 앵무봉(622m)이 파주시에, 남쪽에는 노고산(456m)·상장봉(534m)·만장봉(740m)이 각각 고양시와 서울시와 경계를 이루고 있다. 북쪽에는 감악산(675m)이 연천군과 접하고 있다. 그리고 중앙에는 도락산(441m)·불곡산(460m)·한강봉(436m)·일영봉(444m)이 있다. 따라서 회암사는 천보산맥의 한 자락을 차지하고 자신만의 특징적인 모습을 간직한 채 고고함마저 간직한 모습이다. 이와 같이 회암사는 풍수논리의 집합체와 같은 모습으로, 당시 입지선정의 기준점이라 할 만하다.

회암사의 창건은 언제 이루어졌는지 문헌자료가 없어 정확히 알기 어려운 것이 사실이다. 지공화상이 개기하기 전에 이미 회암사에는 사찰의 흔적이 있었던 것으로 보인다. 대덕 5년(1301)에 탄생한 보우대사의 원증국사탑명圓證國師塔銘에는 "회암사의 광지선사에게 출가"[7]하였다는 기록을 통해, 이미 회암사가 있었던 것으로 보인다.

『신증동국여지승람』에는 "회암사는 천보산에 있다. 고려 때 서역의 중 지공이 여기에 와서 말하기를, '산수 형세가 완연히 천축국 아란타 절과 같다'고 하였다. 그 뒤에 중 나옹이 절을 세우기 시작하였으나 마치지 못하고 죽었고, 그 제자 각전覺田 등이 공역을 마쳤다."[8]라고 기록하고 있다. 그러면서 "집이 무릇 2백 62칸인데, 집과 상설이 굉장히 미려하여 동방에서 첫째였고, 비록 중국에서도 많이 볼 수 없을 정도였다."[9]라고 한다. 이러한 내용이 이색이 지은 「천보산회암사수조기天寶山檜巖寺修造記」에 전하는데 다음과 같다.

> 지공이 땅을 잡아서 그 산수의 형상이 완연히 서축 난타사와 같은데, 이는 또한 지공이 스스로 말한 것이라, 그곳이 복지가 됨이 분명하다.[10]

회암사 입지는 지공이 잡았는데 서축의 난타사와 같다고 한다. 그러면서 복지가 분명하다는 표현을 통해 풍수 길지라는 인식을 제시한다.

귀국 전 나옹은 지공으로부터 "삼산三山과 양수兩水 사이를 골라 머물면 불법이 자연히 흥할 것"[11]이라는 수기를 받아 고려로 돌아왔다.[12] 이 삼산과 양수 사이란 바로 지공이 다녀간 바 있는 회암사의 위치를 가리키는 것으로, 삼산은 삼각산(북한산), 양수는 한강과 장단(임진강)을 뜻한다.[13]

회암사는 나옹대사懶翁大師에 의해 중창불사가 이루어지는데, 공민왕의 전폭적인 지원을 바탕으로 한다. 하지만 공민왕의 돌연한 죽음은 나옹에게 시련으로 다가왔고, 남쪽지방의 한 사찰로 추방되던 중 신륵사에서 돌연한 죽음을 맞는다. 그러나 엄청난 사리가 나오면서 나옹에 대한 새로운 추모열기가 고조되기에 이른다. 그 후 조선시대에 이르러 성종 3년(1472)에 세조비인 정희왕후가 정현조鄭顯祖로 하여금 다시 중건케 하였다.[14] 이에 반대하는 상소도 있었으나, 정현조와 의숙공주의 사비로 중건한다는 빌미로 이를 진행케 한다.[15]

회암사는 조선 전기까지만 해도 전국에서 가장 큰 절이었다고 하는데, 태조 이성계는 나옹의 제자이면서 자신의 스승인 무학대사를 이 절에 머무르게 하였고, 왕위를 물려준 뒤에는 이곳에서 수도생활을 하기도 했다. 이를 입증하는 유구가 발견되었는데, 어도御道유구가 드러나는 등 회암사가 궁궐과 사찰건축이 혼합된 특이한 조선 초기 가람배치를 띠고 있으며, 출토유물도 왕궁에서나 사용되는 명품들이 확인됐다.[16] 조선 초기 성종 때는 세조의 왕비 정희왕후의 명에 따라 절을 크게 넓히는 데 13년이나 걸렸다고 한다. 그 후 명종 때 문정왕후의 도움으로 전국 제일의 사찰이 되었다가, 문정왕후가 죽은 뒤에 억불정책으로 인하여 절이 불태워졌다. 이후 대사찰이 폐사되면서 순조 21년(1821)에 이응준이란 자가 이곳 법당자리에 선친의 묘소를 옮기기 위하여 절터에 남아 있던 지공과 무학의 비를 철거하였으나, 이 사실이 알려지자 나라에서 두 사람을 섬으로 유배하고, 순조 28년(1828)에 비를 원래의 위치에 다시 세웠다.[17]

그림 2 광여도 중 양주목(출처 : 규장각 고지도)

현재 회암사와 관련한 문화유적이 많이 남아 있다. 이 절이 있던 자리에서 500m 정도 올라가면 지금의 회암사가 있는데, 그 부근에는 중요 문화재들이 남아 있다. 고려시대에 세운 나옹의 행적을 새긴 회암사지선각왕사비[18]를 비롯하여, 지공의 부도 및 석등·회암사지부도·나옹의 부도 및 석등과 조선시대에 만들어진 쌍사자석등·무학대사비·회암사지부도탑·어사대비·맷돌과 당간지주, 건물의 초석들이 남아 있다.

III. 회암사 입지에 나타난 풍수적 특징

불교가 가진 가장 큰 특징 중에 하나가 전통적인 문화와 결합하며 발전해왔다. 이는 불교가 우리의 정서 속에 별 거부감 없이 스며드는 중요한 요인이 되기도 하였다. 그중에서도 풍수는 사찰을 건립하는 데 있어서 가장 중요한 선정기준으로 작용하였으며, 공간구성의 특징속에서 가장 뚜렷한 모습으로 나타나기도 하였다. 더 나아가 자연과 어우러져 파괴가 아닌 조화를 추구하는 데 있어서도 풍수는 중요한 모티브가 되었다. 또한 절묘하다고 할 수 있을 정도로 아름다운 자연환경 속에 사찰이 자리하는 데 있어서도 중요한 선정논리로 제시되었다. 이러한 입지선정의 특징적인 모습은 오랜 전통으로 자리하는데, 이를 『조선불교통사』에서는 원래 선종은 중국에서 성립 당시부터 사원 택지법을 중심으로 풍수참을 받아들이고 있었다[19]고 한다. 특히 신라의 수많은 입당승들이 선법을 전래한 당나라 말기에는 이른바 강서지법으로 대표되는 형세풍수가 이미 강서지방에 유행하고 있었으며, 신라승의 대부분이 그곳에서 전심하였다.[20]는 논리를 제시한다. 이를 통해 풍수논리는 전통사찰 입지선정의 중요한 논리적 근거가 되었으며, 이를 부인하기 어렵다는 것 또한 이미 알려진 사실이다.

그렇다면 풍수논리는 회암사에 어떤 모습으로 반영되고 특징적인 형태로 나타나는지 살펴보는 것은 큰 의미를 갖는다. 따라서 각각의 풍수논리를 바탕으로 회암사 입지에 반영된 특징적인 모습을 살펴본다.

1. 천보산 자락의 회암사

회암사의 주산은 천보산이다.[21] 천보산은 천봉산(506.1m) · 회암령 · 석문령 · 어야고개 · 축석고개 · 탁고개를 거쳐 천보산(336.8m)에 이르는 천보산맥의 한 자락을 차지한다.

『금낭경』「사세편」에 현무는 머리를 세울 것[22]을 요구하였는데, 천보산은 우뚝 솟아 회암사의 뒤를 든든히 받쳐주는 모습이다. 이에 회암사는 천보산의 정기를 한껏 뭉쳐놓은 곳에 가장 중요한 건축물을 배치하였다. 이러한 특징적인 모습을 통해 확인 가능한 전제논리는 풍수가 회암사의 입지선정뿐만 아니라, 건물의 배치와 공간구성에 깊이 관여하였고, 극히 주도적인 개념으로 자리하였다는 것을 확인시켜준다. 특히, 혈을 찾고 공간을 구성하는 데 있어서 더욱더 중요한 역할을 반영하였다. 이는 곧 사찰의 지향점과 직접적으로 연결되어 있었기 때문이다.

이와 같이 혈은 입지선정과 공간구성에 있어서 가장 핵심적인 의미를 갖는데, 어떤 특징적인 모습을 통해 이루어졌는지 살펴본다. 『명산론』에는 혈을 찾고자 하면, "첫째, 용과 혈을 취하고, 둘째 물을 취하고, 셋째, 전후좌우의 응하는 산들을 취하고, 넷째, 혈 앞에서 대면하는 안산을 취하면서 이것들을 전체적으로 잘 조화하는 것 이것이 바로 혈 법의 근본"[23]이라고 하였다. 따라서 주산과 안산, 그리고 청룡과 백호 등이 서로 조화를 이루어야 한다. 그러나 회암사의 주산인 천보산은 험한 바위로 이루어진 모습이다. 즉, 냉랭한 살기가 산 전반에 은은히 내비치고 강골, 척박의 기맥이 있음을 부인키 어렵다.[24] 이러한 험한 바위산이 곧장 혈을 맺을 수는 없는 법이니, 『설심부雪心賦』는 "골맥은 완전하게 박환함이 마땅하다."[25]라고 하였다. 이를 회암사 입지는 실천하는 모습으로 부드럽고 순한 현무봉을 그림 5와 같이 일으킨다. 이 현무봉이 회암사의 실제적인 주산으로 회암사 입지에 정기를 불어넣는 세 개의 용맥을 뻗어 내린다. 그중에 중출맥은 그림 7과 같이 회암사의 내청룡을 이룬 모습이다. 반면에 우백호 자락은 회암사의 중심에 지기를 한껏 품어내고 있으며, 또 하나의 지맥은 회암사의 좌청룡을 이룬 형상이다. 이러한 좌청룡자락은 길게 행룡하여 회암사의 외청룡과 안산을 형성하는 보국을 만드는 데 있어 가장 중요한 역할을 담당한다.

그림 3 회암사 터와 천보산

그림 4 회암사의 안산

양균송은 『의룡경』에서 "조산이 높으면 혈도 높은 곳에 소점해야 하고 조산이 낮으면 혈도 낮은 곳에 잡아야 한다."[26]라는 주장을 통해, 안산의 높낮이와 혈과의 관계성까지를 제시하였다. 이는 단순히 안산이 전면의 시각적인 효과만을 관장하는 것이 아니라, 혈의 결지기준에 일정한 영향력을 행사한다는 사실을 제시한 셈이다. 그런 차원에서 회암사의 안산을 살펴보면, 그림 4와 같이 높지 않은 아미사의 형상을 하고 있어 혈도 낮은 곳에 맺을 것이라는 짐작은 가능하다.

그 외에도 우뚝 솟은 현무봉이 좌청룡과 우백호를 뻗어 내려 회암사를 둘러싸, 포근한 보국을 형성하고 있다. 이러한 보국은 건축공간을 구성하는 중요한 기준으로 작용하게 되는데, 음택과 양택의 활용성의 구분점이 되기도 한다. 즉, 보국의 크기에 따라 음택과 양택으로 달리 활용되는데, 이를 『설심부雪心賦』에서는 "양택과 음택의 차이는 단지 명당의 넓이가 넓고 좁은 차이만이 있다."[27]라고 하였던 것이다.

2. 왕의 공간을 혈처에 배치한 회암사

현재 회암사의 성격은 정확히 규명되지 못한 상태이다. 또한 회암사가 어떻게 운영되고 있었는지 알지 못한다. 이러한 배경에는 기록이 부족한 것이 가장 큰 이유이겠지만, 가람배치에서 뚜렷한 특징을 유추하지 못한 것도 큰 이유가 되었다.

사찰의 공간구성에 있어서 어떻게 배치할 것인가는 전적으로 그 사찰의 지향점과 중점영역이 어딘가에 달렸다고 할 것이다. 왜냐하면, 각 사찰별로 각각의 수행법 중에서 보다 중점을 둔 영역이 존재하였기 때문이다. 따라서 이를 파악하기 위해서는 사찰의 지향점과 중점영역에 대한 성격규명이 우선적으로 이루어져야 한다. 그런 차원에서 회암사가 어떤 성격을 가진 사찰이었는지 알 수 있는 가장 확실한 방법으로는 혈처를 규명하는 것이다. 다시 말해서 혈이 어디에 맺혔고, 어느 건축물을 배치하였는지 확인을 통해 회암사의 성격을 규명하는 것은 가장 좋은 방법이라 할 수 있다.

그렇다면 혈은 어떤 특징적인 모습을 가졌을까? 혈은 주산과 밀접하게 연결되는 것이며, 주산의 성격을 통해 혈의 형상과 특징이 확인되는 것이다. 이를 양균송은 『의룡경』「하편」에서 혈은 주산의 형상에 따라 혈의 형상이 정해져 있다는 논리를 다음과 같이 제시한다.

높은 산이나 평지에서나 혈은 주산의 봉우리가 무엇이냐에 따라 정해진 이를 보지 않고 어찌 망녕되게 겸혈이니 유혈이니 할 수 있겠는가? 혈이 주산의 형상을 따르지 않으면 그러한 혈은 결코 가짜 혈이거나 진짜 혈이 아닌 것이다. 주산의 봉우리가 탐랑이면 그 아래 맺어지는 형은 유혈이며, 무곡이면 그 아래 맺어지는 혈은 겸혈일 것이다.[28]

그 외에 『감룡경』「변혈편」과 『의룡경』「변성편」에도 주산의 형상에 따라 혈의 형태가 달라진다고 한다. 즉, 탐랑성 주산은 유두혈을, 거문성 주산은 겸차혈을, 무곡성 주산은 와혈을, 녹존성 주산은 이벽두혈을, 문곡성 주산은 장심혈을, 파군성 주산은 과모혈을 맺고 좌보 우필성 주산은 연소혈을 맺는다고 한다.[29] 이러한 논리에 따라 회암사의 혈 형상을 살펴보면, 와혈에 해당한다. 왜냐하면, 그림 5와 같이 회암사의 실질적 주산인 현무봉이 무곡성 금성체의 형상이기 때문이다.

표 1 혈 형상 분류(출처 : 『지리인자수지』)

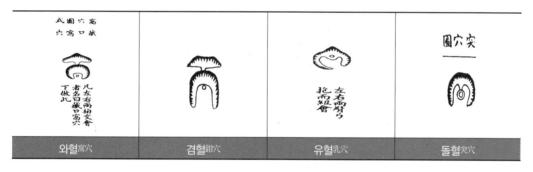

와혈窩穴	겸혈鉗穴	유혈乳穴	돌혈突穴

그렇다면 회암사는 와혈窩穴을 맺은 곳에 어떤 건축물을 배치한 것일까? 이를 확인하기 위해서는 먼저 주산의 정기를 듬뿍 안고 흘러온 주룡과의 관계성을 살펴보아야 하는데, 그림 7과 같이 회암사의 주룡은 현무봉의 우백호 자락으로, 회암사의 중심부로 입수하는 모습을 보인다. 이때 회암사의 중심축을 이룬 건축물 중에서 주룡과 직접적인 관계성을 가진 건축물로는 그림 6, 7과 같이 정청正廳[30]이 해당된다. 즉, 회암사 배치축의 가장 안쪽에 위치한 정청이 혈처에 입지한 것이다. 이를 통해 회암사의 성격을 규명할 수 있는데, 정청의 성격이 곧 회암사의 성격을 제시하는 셈이다. 다시 말해서 정청의 사용용도를 알면 앞에서 제기된 회암사의 성격을 규명할 수 있다.

그림 6 회암사 복원도상의 정청(출처 : 회암사 박물관 전시물 촬영)

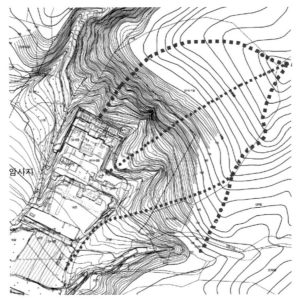

그림 7 회암사의 입수룡 (1/5,000)(출처 : 회암사 발굴보고서, 2003. 추가 작도)

고려시대에 걸쳐 풍수와 불교의 교섭은 지배세력의 주도하에 폭넓고 다양하게 이루어졌고, 정치권력은 풍수와 불교를 수단으로 이용하여 정치적 지배력을 더욱 공고히 할 수 있었다. 이 시기에 풍수와 불교는 정치지배세력과 밀접하게 결합하는[31] 양상을 보였다. 그렇다면 정청은 어떤 성격의 건축물이었을까? 정청의 용도와 성격을 살펴볼 수 있는 자료가『고려사』에 보이는데, 정청은 나옹화상을 왕사로 임명한 공민왕을 비롯하여, 공양왕이 남경 행차에서 돌아가는 길에 머물러 불사를 베풀고 많은 물품을 하사하였다. 또한, 왕은 탄신 축하를 이곳에서 받기도 하는데, 동행한 왕세자와 왕세자비는 철야 예불을 올리는 모습도 보인다.[32] 조선이 개국한 이후에는 태조 이성계가 회암사를 방문하면 머물던 공간으로 사용하였다. 이와 같이 회암사의 정청은 회암사의 가장 중요한 위치를 차지하고, 왕이 행차하면 머물던 공간으로 활용하였다. 이를 통해 회암사는 왕실사찰이라는 앞에서의 전제와 부합하는 모습이다. 그 외에도 회암사가 왕실사찰이었다는 것은 다양한 요인들이 이를 확인시켜주고 있는데 다음과 같다.

첫째, 회암사는 고려와 조선을 거쳐 왕실과 밀접한 관련성을 가졌다. 회암사가 비록 선종사찰이라 하지만, 선禪 수행修行에 방점을 두기보다는 공민왕의 왕사였던 나옹화상과 밀접한 관련성을 가지고 있었다. 조선이 개국한 이후에는 태조 이성계와 왕사 무학대사를 위한 사찰의 성격이 강했다고 할 것이다.[33] 왜냐하면 태조가 직접 회암사로 거동하기도 하지만, 쌀과 콩 등을 하사하고 있다.[34] 뿐만 아니라 무학대사가 회암사를 떠나 용문사로 가고자 하지만, 태조의 윤허가 없어 떠나지 못하는 모습은 이를 입증한다.[35] 이는 태조 이성계의 배려와 지시에 의한 것으로, 회암사의 성격을 드러낸 것이다. 물론 태조 이성계의 사후에는 왕실의 보살핌 속에 왕실을 위한 기복사찰의 성격은 강화되었다고 할 수 있다.

둘째, 회암사의 수많은 전각의 초석에 남아 있는 조각들과 계단 장식은 엄청난 경제적 지원이 없이는 가능하지 않은 유물이라는 점도 간과하기 어려운 특징을 간직하고 있다. 이는 보통의 사찰과는 확연히 다른 특징적인 모습을 간직한 것이다.

셋째, 회암사에서 정청을 가장 안쪽에 배치한 배경에는 경호가 필요하였던 특수한 요인들이 작용한 결과이기도 하다.

따라서 회암사는 왕실사찰이라는 앞에서의 전제는 입증되는 것으로, 회암사의 사찰성격도 아울러 규명된 셈이다.

3. 회암사의 축선 분석

『의룡경』에는 "좌향은 주산의 모습에 따라 달라진다."[36]라고 하였다. 이는 주산이 좌향 결정의 중요한 키 역할을 한다는 것으로, 주산이 바라보는 방향이 좌향과 밀접한 관련성을 가졌다는 것을 제시한 것이다. 또한, 주산에서 출맥한 주룡의 흐름과 좌향은 중요한 연결고리를 가지는 것이며, 이를 주산순응형主山順應形[37]이라 한다. 이와 같이 주산은 풍수에서 다양한 각도에서 그 중요성이 드러나고 있다.

주산과 안산, 그리고 좌청룡과 우백호로 둘러싼 지형을 풍수에서는 보국이라 한다. 이러한 보국은 공간구성의 중요한 기준으로 작용하기도 하지만, 수용능력까지 제한하는 모습을 보인다. 즉, 보국은 수용할 수 있는 능력정도를 측정하는 기준이 될 수 있다. 이러한 특징적인 현상은 회암사에서도 확인된다. 회암사의 지기를 전달하는 입수룡은 앞에서 제시한 것과 같이 현무봉의 중출맥과 우백호 자락으로 양분되어 있다. 그런데 실제적인 주룡의 역할은 현무봉의 우백호자락에 의지하여 중심축의 공간을 구성하는 모습이다. 현무봉의 중출맥이 주룡으로 활용되지 못하고 내청룡의 역할에 만족한 배경에는, 공간구성의 수용력을 극대화하기 위한 어쩔 수 없는 불가피성이 자리한다. 왜냐하면 사찰을 구성하는 많은 전각을 건설하기 위해서는 넓은 공간이 필요했고, 일정한 축을 중심으로 중요 건축물이 건설되어야만 했기 때문이다. 그럼에도 불구하고 중출맥을 주룡으로 활용하면, 그림 8과 같이 중심축이 너무 짧을 뿐만 아니라, 보국 속에 건축물을 배치하는 데 있어서 합리적인 공간구성이 이루어질 수 없었기 때문이다. 또한 현재의 좌향은 축좌미향丑坐未向으로 남향인데 비하여, 중출맥을 주룡으로 공간을 구성할 경우에는 갑좌경향甲坐庚向으로 서향으로 배치되어야 하는 한계성도 존재한다. 또한 공간의 구성에 있어서도 좌우 청룡백호로 구성된 자연지형과의 조화가 이루어지지 않을 뿐더러, 합리적인 공간구성이 이루어지기 어려운 측면도 아울러 고려되었다.

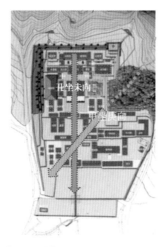

그림 8 회암사의 축선 분석(출처 : 회암사 발굴보고서, 2003. 추가 작도)

한편, 조선왕조는 고려의 풍수를 그대로 수용하기보다는 새로운 풍수술법을 도입하였다. 고려의 부패한 시대상을 과감히 개혁하겠다는 야심찬 목표를 가지고 출범한 조선은 고려의 불교와 풍수는 반드시 극복해야 하는 과제이기도 하였기 때문이다. 따라서 조선의 풍수는 비보풍수로 대변되는 고려의 다양한 풍수적 특징들을 그대로 수용할 수는 없었다. 『택당집』에 따르면, "조종조에서 고려시대의 폐단을 없애기 위한 일환으로, 지리에 관한 서적들을 모조리 불태워버리고는, 오직 청오와 금낭 등 10여 권의 책만을 남겨 관상감에서 학습하도록 하였다."[38]라는 것이다. 그래서 호순신의 지리신법을 적극 수용하였고 이를 중요시설의 향법으로 활용하였다.

4. 세 개의 물길에 의해 보호되는 회암사

물이라는 자연요소는 우리 생활에 없어서는 안 될 중요한 요소이다.[39] 이러한 사고는 서양과 동양이 크게 다르지 않았다. 고대 그리스의 철학자 탈레스(Thales)는 '물이 만물의 근원'이라 하였다면, 아리스토텔레스(Aristoteles)는 만물의 근원은 땅·물·공기·불이라 하여 물의 존재를 매우 중요하게 여겨왔다. 동양에서도 물에 대한 인식은 다르지 않았다. 특히 유가와 도가, 그리고 불가에서는 각기 다른 관점에서 물이 갖는 특성을 제시하였는데 다음과 같다.

첫째, 유가에서는 물의 속성을 자연적 질서와 덕에 비유하여 겸양과 덕을 겸비한 인간의 모습을 통해 설명한다.

둘째, 도가에서는 물이 낮은 곳으로 흐르는 특징을 바탕으로 스스로 낮추는 속성으로 이해한다.

셋째, 불가에서는 자연 순환의 원리가 한 방울의 물로부터 비롯되었다고 한다. 이러한 인식은 생을 윤택하게 하고, 인과관계에 의해 적용된다는 원리를 구성한다. 이와 같이 우리의 전통적인 관념들은 토착적 사고방식과 중국으로부터 들어온 불교와 도교, 그리고 유교사상 등이 융합되면서 형성되었다.

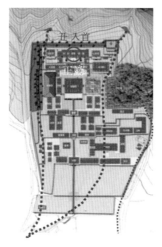

그림 9 회암사의 물길과 입수룡(출처 : 회암사 발굴보고서, 2003. 추가 작도)

『금낭경』「기감편」에는 "풍수의 법은 득수가 먼저이고 장풍은 그다음"[40]이라 하였다. 이처럼 물은 풍수에서도 가장 중요한 요인으로 인식되었다. 이를 바탕으로 회암사의 물길을 살펴보면, 그림 9와 같이 회암사의 물길은 세 개가 음양교배를 통해 정기를 제공하는 모습이다. 먼저 정청의 우측을 흐르는 물길은 앞으로 곧장 흘러가는 모습이다. 반면에 좌측의 물길은 회암사를 관통하여 음양교배를 이루는 모습이다. 또 하나의 물길은 회암사의 좌측에서 발원하여 곧장 앞으로 흘러나가는 모습이다. 따라서 회암사에서 가장 중요한 물길은 정청의 좌측에서 발원한 물길이다.

물길은 좌향 결정에 있어서도 중요하게 활용되는데, 물이 들어오는 득수와 나가는 파구는 중요한 요소로 활용되었다. 또한, 시간과 방위는 서로가 일정한 관계성을 가지는데, 서로가 합하면 길하지만 거스르면 흉하다는 논리가 성립한다. 이는 건축물의 좌향 결정에 있어서 중요기준으로 작용한다.

회암사의 좌향은 축좌미향이다. 입수룡은 축룡丑龍으로 좌선하고 있으며, 물길은 인득寅得에 곤파坤破로 좌선수左旋水이다. 이를 호순신의 지리신법을 적용해보면, 표 2와 같은 결과가 도출된다.

표 2 회암사의 『지리신법』 적용 여부 검토결과

구분	입수룡	입수룡 대오행	좌향	득수			파구			부합 여부
					포태	구성	길흉		포태	구성	길흉	
정청	축丑	토土	축좌미향 丑坐未向	인寅	병病	염정 廉貞	흉凶	곤坤	양養	탐랑 貪狼	길吉	×

호순신의 지리신법은 입수룡을 기준으로 득수와 파구에 대한 길흉을 판단한다. 그리고 길한 방향에서 득수하고 흉한 방향으로 파해야 한다는 것이 호순신의 지리신법의 가장 핵심적인 논리를 구성한다. 그러나 회암사는 표 2와 같이 호순신의 지리신법에 부합하지 않는다. 이러한 결과가 도출된 배경에는 회암사가 고려 때 지공스님에 의해 창건된 이유가 보다 크게 작용한 것으로 보인다. 회암사 창건 당시에 유행하던 향법이 있었을 것으로 보이는데, 현재 알 수 없는 점은 앞에서 제시한 것처럼 불행한 역사가 있었기 때문이다.

IV. 여말선초 사찰 입지선정의 기준을 제시한 회암사

경기도 양주시 회암사길 281, 천보산 자락에 위치한 회암사는 지금은 터만 남아 있지만, 고려 말에는 전국사찰의 총본산이었다고 한다. 회암사가 위치한 양주는 삼국시대에는 마한에 속했던 것으로 추정되는데, 군사요충지로써 백제와 고구려가 서로 차지하고자 하였던 각축장이 되었다. 그래서 천년고찰이 자리할 수 없는 이유가 되었다고 할 수 있다.

이성계의 왕사인 무학과 깊은 인연을 간직한 회암사는 무학의 스승인 나옹선사와 지공선사로 이어진 인연을 간직한 사찰이다. 실제로 회암사는 충숙왕 15년(1328)에 인도에서 원나라를 거쳐 고려에 들어온 지공화상이 인도의 아라난타사를 본떠서 창건한 266칸의 대규모 사찰이었다. 이를 『신증동국여지승람』에는 '산수 형세가 완연히 천축국 아란타 절과 같다'고 하여 이를 입증한다.

불교가 가진 가장 큰 특징 중에 하나가 전통적인 문화와 결합하며 발전하였기 때문에, 불교가 우리의 정서 속에 별 거부감 없이 스며드는 중요한 기준점이 되었다. 그중에서도 풍수는 사찰을 건립하는 데 있어서 가장 중요한 선정기준으로 작용하였으며, 공간구성의 가장 뚜렷한 특징으로 나타나기도 하였다. 이를 『조선불교통사』에서는 '원래 선종은 중국에서 성립당시부터 사원택지법을 중심으로 풍수참을 받아들이고 있었다'고 한다. 또한 중요한 논리적 근거가 되었으며, 이를 부인하기 어렵다는 것 또한 이미 알려진 사실이다. 그러나 세월의 무상함을 말하기에는 여러 면에서 독특한 사찰 입지의 특징이 나타나는데, 여기에는 풍수와 밀접한 관련성을 가지고 있다. 따라서 회암사에 반영된 풍수적 특징을 살펴보면 다음과 같다.

첫째, 회암사의 주산은 천보산이다. 주산인 천보산은 험한 바위로 이루어진 모습으로 냉랭한 살기가 산 전반에 은은히 내비치고 강골, 척박의 기맥이 있음을 부인키 어렵다.

둘째, 회암사의 가장 의미 있는 혈처에는 정청을 건설하였다. 이는 회암사의 가장 중심적인 건물이 정청이라는 뜻으로, 회암사의 성격이 규명된 셈이다. 이를 통해 확인 가능한 내용은 다음과 같다.

1) 회암사는 고려 때에 공민왕의 왕사인 나옹화상과 밀접한 관련성을 가진 왕실사찰이다.
2) 조선이 개국한 이후에는 태조 이성계와 왕사 무학대사를 위한 사찰의 성격이 강했다.
3) 태조 이성계의 사후에는 왕실의 보살핌 속에 왕실을 위한 기복사찰의 성격은 강화되었다. 이러한 이유로 회암사는 불도를 닦는 사찰이라기보다는 왕실과 연결된 왕실사찰의 성격이 보다 강했다.

셋째, 회암사의 주축은 현무봉의 중출맥이 아닌 우백호자락에 의지하였다. 이는 공간구성의 수용력을 극대화하기 위하여 어쩔 수 없이 선택한 불가피성이 자리하였다. 즉, 중출맥을 주룡으로 활용하면 중심축이 너무 짧을 뿐만 아니라, 보국 속에 건축물을 배치하는 데 있어서 합리적인 공간구성이 이루어질 수 없었기 때문이다.

넷째, 회암사의 물길은 세 개가 음양교배를 통해 정기를 제공하는 모습이다. 이들 각각의 물길에 나타난 특징을 살펴보면 다음과 같다.

1) 정청의 우측을 흐르는 물길은 앞으로 곧장 흘러가는 모습이다.

2) 정청 좌측의 물길은 회암사를 관통하여 음양교배를 이루는 모습이다. 따라서 이 물길이 회암사의 가장 중요한 물길이다.

3) 또 하나의 물길은 회암사의 좌측에서 발원하여 곧장 앞으로 흘러나가는 모습이다.

다섯째, 회암사의 좌향은 호순신의 지리신법에 부합하지 않는다. 이러한 결과가 도출된 배경에는 회암사가 고려 때 지공스님에 의해 창건된 이유가 보다 크게 작용한 것으로 보인다.

이상과 같이 회암사는 고려 말에 창건되어, 고려 말 조선 초 사찰 입지선정의 기준을 제시하였다. 특히, 고려와 조선에 걸쳐 왕실사찰로서 그 위상을 간직한 회암사는 왕실사찰의 특징과 공간구성에 반영된 특징적인 모습까지를 그대로 간직하고 있다. 뿐만 아니라 회암사는 가장 핵심적인 특징을 간직한 혈처에 왕이 머물던 공간인 정청을 배치함으로써 회암사가 지향하는 성격을 제시한 것이다. 이는 회암사가 풍수를 통해 입지선정이 이루어졌다는 것을 입증하는 것이고, 사찰성격도 아울러 제시한 것이다.

미주

1   최성봉, 「檜巖寺의 沿革과 그 寺址調查 : 伽藍配置를 中心으로」 『불교학보』 9, 동국대학교 불교문화연구원, 1972, pp.159-201.

2   이지관, 「楊州 檜巖寺 無學王師 妙嚴尊者 塔碑文 : 校勘譯註」 『가야문화』 6, 가야문화연구원, 1999, pp.231-248.

3   한지만, 이상해, 「회암사의 연혁과 정청·방장지에 관한 복원적 연구」 『건축역사연구』 제17권 제6호 통권 61호, 한국건축역사학회, 2008, pp.45-65.
    김윤곤, 「懶翁 慧勤의 檜巖寺 중창과 반불론의 制壓企圖」 『대구사학』 62권, 대구사학회, 2001, p.61.
    김철웅, 「고려말 회암사의 중건과 그 배경」 『사학지』 30권, 단국대학교 사학회, 1997, p.167.
    한지만, 「회암사지 日자형 건물지에 관한 연구」 『건축역사연구』 제19권 제2호 통권 69호, 한국건축역사학회, 2010, pp.85-100.
    홍성수, 「檜巖寺址의 建築的 特性과 復元的 考察에 관한 研究」 『신흥대학 논문집』 20호, 1997, pp.211-230.

4   조봉진, 「朝鮮前期 球形浮屠의 始原에 관한 考察 : 檜巖寺址浮屠를 中心으로」 서울대학교 석사학위논문., 1991.
    엄기표, 「檜巖寺址의 石造浮屠와 塔碑에 대한 考察」 『문화사학』 제21호, 한국문화사학회, 2004, pp.765-805.

5   『世宗實錄』 「地理志」 楊州 : 都護府 本高句麗 南平壤城 百濟 近肖古王取之 二十五年辛未 自南漢山移都之 歷一百五年. 至盖鹵王二十年乙卯 高句麗 慈悲王來圍漢城 盖鹵出走 爲麗兵所害. 是歲 子文周王移都熊津. 後七十九年新羅 眞興王十三年癸酉 取百濟東北鄙 十五年乙亥 王至北漢山城 定封疆 十七年丁丑 置北漢山州. 景德王十四年丙申 改爲漢陽郡 高麗改爲楊州. 成宗十四年乙未 置十二州節度使 號楊州左神策軍, 與海州右神策軍, 卽節度使爲二輔. 顯宗三年壬子 廢二輔十二節度使 改爲按撫使 九年戊午 降爲知楊州事. 肅宗九年甲申 置爲南京留守官. 忠烈王三十四年戊申改爲漢陽府. 本朝太祖三年甲戌 定都于漢陽 移府治于東村 大洞里 復降爲知楊州事. 四年乙亥 陞爲府 置府使. 丁丑 又移府治于見州右基. 太宗十三年癸巳 例改爲都護府 屬縣三.

6   두산백과사전(EnCyber & EnCyber.com), 검색일 : 2013. 11. 20.

7   「圓證國師塔銘」 『增補校正朝鮮寺刹史料』 上, 고려서림, 1986, p.114 : 檜巖廣智禪師出家.

8   『新增東國輿地勝覽』 卷1 「京畿」 佛宇 : 檜巖寺 在天寶山 高麗時西域僧 指空到此云 山水之形宛同天竺 阿蘭陁之寺 後僧懶翁 始建寺 未畢而死 其徒覺田等 訖工爲屋

9   『新增東國輿地勝覽』 卷1 「京畿」 佛宇 : 凡二百六十二間 棟宇像設 宏壯美麗 甲於東方 雖中國未之多見.

10   『東文選』 卷73 「記」 天寶山檜巖寺修造記 : 指空量地於後 其山水之形 宛同西竺 蘭陁之寺 又指空之所自言也. 其爲福地 盖甚明矣.

11   『懶翁和尙行狀』 : 汝還本[國, 擇三山兩水間居之, 則佛法自然興矣. (한지만, 이상해, 2008. 재인용).

12   이러한 내용은 『拭疣集』 卷2 「記類」 檜庵寺重創記에서도 확인시켜주고 있다(三山兩水之記 肇於指空).

13   『懶翁和尙行狀』 : 茲寺(檜巖寺)近對三角山 南有漢江 北有長湍 三山兩水之記 昭然可見. (한지만, 이상해, 2008. 재인용).

14   『燕山君日記』 卷44, 8년 6월 2일(임인).

15   『成宗實錄』 卷53, 6년 11년) 3월 6일(을묘).

16   경향신문, 1998. 3. 11. 15면.

17   『純祖實錄』 순조 21년 7월 23일(신미), 순조 21년 7월 27일(을해).

18   양주 회암사지 선각왕사비는 회암사 터에 서 있었던 비석으로, 고려 말의 승려인 나옹화상을 추모하기 위하여 세운 것이다. 보물 제387호이다.

19   李能和, 『朝鮮佛敎通史』 下, 보련각, 2009, p.252

20   양은용, 「도선국사 비보사탑설의 연구」 『도선연구』, 민족사. 1999, p.127 참조.

21 천보산을 회암사의 주산이라 하지만 이는 상징적인 의미를 갖는 것으로 실제적인 주산이라 할 수 없다. 왜냐하면 천보산은 회암사로부터 멀리 떨어져 있을 뿐만 아니라, 주룡을 뻗어 내려 개장과 천심을 거듭하며 회암사 뒤편의 실제적인 뒤편의 주산에 정기를 불어넣고 있다. 따라서 천보산은 회암사의 태조산(太祖山) 혹은 중조산(中祖山)의 성격을 갖는다.

22 『錦囊經』「四勢編」：玄武垂頭.

23 蔡成禹, 김두규 역,『明山論』「穴法」比峰出版社, 2004, p.104：一取山 二取水 三取應 四取對 而粘綴之 是爲根本.

24 경향신문 1993. 10. 30. 11면.

25 卜應天, 申坪 역,『雪心賦』「龍虎論」관음출판사, 1997, p.166：骨脈固宜剝換.

26 楊筠松, 김두규 역,『撼龍經・疑龍經』「上篇」비봉출판사, 2009, p.220：朝若高時高處點 朝若低時低處針.

27 卜應天,『雪心賦』「論陽宅」北京理工大學出版社, 2008, p.377：若言陽宅 何異陰宮 最要地勢寬平 不宜堂局逼窄.

28 楊筠松, 김두규 역,『감룡경・의룡경』비봉출판사, 2009, p.259：高低平地隨星 豈肯妄爲鉗乳穴 穴若不隨龍上星 斷然是假不是眞 請君更將舊墳覆 貪星是乳武鉗形.
　　이 부분은 역자(譯者)도 지적하였듯이 무곡(武曲)과 거문(巨門)의 혼동(混同)의 문제이다.『의룡경(疑龍經)』에 묘사된 내용은 무곡(武曲)과 거문(巨門)이 서로 반대로 묘사된 것이 아닌지 하는 생각이 든다. 왜냐하면 장익호(張益鎬)는『용수정경(龍水正經)』pp.60-61에서 거문성(巨門星)은 겸차혈(鉗釵穴)을 맺고 무곡성(武曲星)은 원와혈(圓窩穴)을 맺는다고 밝히고 있다. 뿐만 아니라 정경연이「정통풍수지리」에서 거문성(巨門星)은 겸차혈(鉗釵穴)을 맺고, 무곡성(武曲星)은 원와혈(圓窩穴)을 맺는다고 주장한 내용과 배치되고 있으며, 역자(譯者)의 주장처럼 양균송(楊筠松)이 무곡(武曲)과 거문(巨門)이 혼동하였다는 주장과도 일치하기 때문이다.

29 張益鎬,『龍水正經』, 종문사, 1989, pp.60-61

30 이러한 정청이 회암사를 대표하는 건축물이라는 것에 동의하지 않는 연구도 있다. 이상만과 이상해는 고려 말에 나옹이 유학을 통하여 경험했던 원대(元代) 선종가람의 제도를 회암사에 도입했기 때문이라 해석한다. 그 이유로 중창된 회암사의 모습은 이색의「천보산회암사수조기(天寶山檜巖寺修造記)」의 내용과 일치한다는 점을 들고 있다. 또한, 회암사의 정청 및 동・서방장은 원대(元代) 선종사원의 방장제도를 따라 지은 것이기 때문이라 한다.

31 최원석,「한국에서 전개된 풍수와 불교의 교섭」『대한지리학회지』제44권 제1호 통권 130호, 대한지리학회, 2009, pp.82-83.

32 『高麗史』卷46「世家」卷46「恭讓王」2, 3年 2月條：己未 王發南京 辛酉 次檜巖寺 大張佛事 窮極奢侈 飯僧千餘 使伶官奏鄕唐樂 王手執香爐 巡東西僧堂 以侑食 順妃亦隨之 又與妃及世子 禮佛徹夜 壬戌 王及世子 手施僧布一千二百匹 賜講主僧段絹各三匹衣一襲 仍御寺門 受誕日朝賀.

33 『春亭集續集』卷1「銘」朝鮮國王師妙嚴尊者塔銘 幷序에 따르면 "주상은 회암사(檜巖寺)의 나옹(懶翁)스님이 거처하던 대도장(大道場)에 들어가 지내라고 왕사에게 명하였다. 정축년(1397, 태조 6) 가을에 절의 북쪽 벼랑에 탑을 지으라고 명했는데, 왕사의 스승 지공(指空)의 부도(浮屠)가 있는 곳이었다. 무인년(1398, 태조 7) 가을에 늙었다는 이유로 사임하고 돌아가 용문사(龍門寺)에 살았다. 임오년(1402, 태종 2) 5월에 지금의 우리 주상 전하께서 또 왕사에게 명하여 회암사에 들어가 지내라고 하였다. (上以檜巖寺懶翁所居大道場 命師入焉 丁丑秋 造塔于寺之北崖 師師指空浮屠所在也 戊寅秋 以老辭歸 居于龍門 壬午五月 今我主上殿下又命入檜巖)"라는 기록이 있다.

34 『太祖實錄』太祖 卷3, 2년 1월 21일(丁卯)과 太祖 卷3, 2년 2월 24일(己亥), 太祖 卷7, 4년 4월 17일(庚辰), 太祖 卷8, 4년 10월 11일(辛丑), 太祖 卷12, 6년 8월 27일(丙午), 太祖 卷13, 7년 2월 30일(丁未)

35 『太祖實錄』太祖 卷13, 7년 3월 29일(丙子)

36 楊筠松, 김두규 역, 앞의 책, p.226：隨形向.

37 주산(主山)에서 혈처(穴處)에 연결되는 입수룡(入首龍)은 사람으로 치면 탯줄과 같은 역할을 하기 때문에 좌향(坐向)을 정할 때는 입수룡의 흐름에 순응(順應)하는 좌향(坐向)선택법이 가장 일반적이고 흔한 좌향선택법(坐向選擇法)이다. [박정해,「서원건축의 좌향 결정과 풍수적 요인에 관한 연구」『건축역사연구』제19권 제5호 통권 72호, 한국건축역사학회, 2010, p.51.]

38 『澤堂集別集』卷11「啓山志」風水驗應論：祖宗朝懲麗代弊 盡焚地理諸書 只存靑烏錦囊等書十餘卷 屬觀象監習學.

39 민영기,「건축공간에서 물의 특성에 관한 연구」『한국 건축・인테리어 디지털 디자인 학회 논문집』제8권 1호 통권 13호, 한국건축・인테리어디지털디자인학회, 2008, p.82

40 『錦囊經』「氣感編」：風水之法 得水爲上 藏風次之.

참고문헌

『錦囊經』(奎章閣本)

『高麗史』

『懶翁和尚行狀』

『東文選』

『成宗實錄』

『世宗實錄』

『純祖實錄』

『新增東國輿地勝覽』

『燕山君日記』

『春亭集續集』

『太祖實錄』

『澤堂集別集』

경향신문, 1998. 3. 11. 15면, 1993. 10. 30. 11면.

두산백과사전(EnCyber & EnCyber.com), 검색일 : 2013. 11. 20.

민영기, 「건축공간에서 물의 특성에 관한 연구」『한국 건축 · 인테리어 디지털 디자인 학회 논문집』제8권 1호 통권 13호, 한국건축 · 인테리어디지털디자인학회, 2008.

卜應天, 申坪 역,『雪心賦』관음출판사, 1997.

卜應天,『雪心賦』北京: 北京理工大學出版社. 2008.

楊筠松, 김두규 역,『撼龍經 · 疑龍經』, 비봉출판사, 2009.

양은용, 「도선국사 비보사탑설의 연구」『도선연구』, 민족사, 1999.

李能和,『朝鮮佛敎通史』下, 보련각, 1999.

張益鎬,『龍水正經』종문사, 1989.

蔡成禹, 김두규 역,『明山論』比峰出版社, 2004.

최원석, 「한국에서 전개된 풍수와 불교의 교섭」『대한지리학회지』제44권 제1호, 대한지리학회, 2009.

제9장

법주사의 역사적 변화와 풍수환경

제9장

법주사의 역사적 변화와 풍수환경

Ⅰ. 미륵신앙의 전통이 면면히 이어져오는 법주사

천년고찰 법주사는 충청북도 보은군 속리산면 법주사로 405에 위치한다. 이곳 법주사는 미륵신앙의 전통이 면면히 이어져오는 대표적인 사찰이다. 또한 법주사는 다른 사찰에 비해『삼국사기』와『삼국유사』를 비롯한 여러 문헌자료에 관련기록이 비교적 많이 남은 사찰 중에 하나이다. 우리나라의 전통사찰은 여러 전란을 겪으면서 관련기록들이 사라지게 되었고, 따라서 사찰과 관련한 연혁을 알기 어려운 것이 사실이다. 물론 여러 사적기 등이 일부를 소개하고 있지만, 많은 오류 등이 발견되고 있어 우리 전통사찰 연구의 필요성을 다시금 확인시켜준다.

현재 법주사와 관련한 연구는 다양한 각도에서 진행되었는데, 건축적 연구[1]가 주를 이루고 있다. 그 외에도 사찰림 관련 연구와[2] 관광 관련 연구,[3] 문화재의 제작기법과 부식정도 관련 연구,[4] 유물과 미술 관련 연구[5] 등이 있으나, 법주사 입지와 관련한 풍수연구는 소략한 실정이다. 따라서 본 연구는 법주사의 입지환경에 대해 풍수적 관점에서 살펴보고자 한다. 특히, 법주사의 중심 건축물인 팔상전과 실질적인 중심역할을 담당하는 세존사리탑을 중심으로 법주사에 반영된

---

* 『동아시아불교문화』 제22집(2015. 6.)에 게재.

풍수적 특징을 살펴본다. 법주사는 미륵신앙의 중심사찰로서, 다양한 특징을 간직한 사찰이라 할 수 있다.

불교가 전래되면서 이 땅은 과거 부처들과 인연이 있었던 곳이라는 사상이 퍼지기 시작하였고(佛國土緣起說)[6] 사찰 입지선정과 밀접한 관련성을 나타낸다. 이와 같이 우리의 전통 사상 속에는 산천이 수려한 땅에 신령한 기운이 깃들었다고 믿는 지령관념이 중요하게 작용하고 있었다. 물론 이러한 사례와 관련하여『삼국유사』의 기록은 다수 확인되고 있다. 여기에 더해 우리 전통사찰은 선종사원 택지법의 중심이론인 강서지법의 형세풍수를 중요한 화두로 받아들였고, 중요 전각을 혈처에 배치하는 전통이 있었다. 이러한 강서지법의 형세풍수는 현재까지도 풍수의 중심이론으로, 우리 전통사찰의 입지선정과 가람배치에 활용되었다.

따라서 우리 전통사찰 입지선정의 기준이 되었던 풍수는 불교와 어떻게 접목되고 승화되었는지 알아보는 연구의 필요성은 크다고 할 것이다. 또한 이러한 특징적인 모습이 사찰의 공간과 입지선정에 어떤 관련성을 바탕으로 이루어졌는지 밝혀볼 필요성은 크다고 할 것이다.

II. 법주사의 역사적 전개와 변화

1. 십승지에 자리한 법주사

속리산은 8가지의 이름[7]과 8개의 석문,[8] 8개의 대,[9] 그리고 8개봉[10]으로 구성되었다. 이와 같이 속리산이 8자와 깊은 인연을 맺은 것은 불교와 깊은 관련성이 바탕이 되었다. 불교의 근본교리 가운데 팔정도는 불교 실천수행의 중요한 덕목으로 실천수행의 근본도량의 성격을 갖는다.

법주사가 위치한 속리산은 신라 때부터 불렸다고 하는데,『삼국유사』「관동풍악발연수석기」에는 '속리俗離'라는 이름이 유래한 배경을 제시하였다.『신증동국여지승람』에는 신라 때 속리악俗離岳이라고 불리고 중사中祀에 올랐다[11]는 기록이 있다. 그 외에도 속리산은 봉우리 아홉이 뾰족하게 일어섰기 때문에 구봉산九峯山이라 불렸다고 하는데, 옛날부터 속리산은 조선팔경의 하나로 꼽혔으며, 기암괴석과 영봉들이 어우러진 명산이다. 이에 대해『동문선』에는 박효수가 노래한 시가 다음과 같이 전한다.

사면에 높이 솟은 푸른 연꽃 같은 봉들	嵯峨四面碧芙蓉
긴 곶 신비한 물 근원이 몇 겹이나 되는고	長岬靈源第幾重
문장대 위엔 천 년 이끼가 덮이었고	文藏臺封千古蘚

우타굴 앞엔 만 그루 소나무가 그늘졌네   于陁窟蔭萬株松[12]

　박효수는 속리산이 마치 연꽃 같다고 하면서, 깊은 골짜기에 흐르는 물까지도 그 근원이 몇 겹이나 되어 신비롭다고 하였다. 뿐만 아니라 문장대에 낀 이끼는 천년이 되었다고 하면서, 그늘진 만 그루의 소나무를 통해 긴 역사성을 제시하고자 하였다. 이러한 속리산에 대해 이중환은 『택리지』「복거총론」 산수조山水條에서 속리산이 백두산으로부터 비롯된 백두대간의 한 축을 형성하였음을 밝히고 있다.[13] 실제로 속리산은 백두대간의 한 자락을 차지하면서 금북한남정맥의 출발점에 해당한다.

그림 1 광여도 중 보은현(출처 : 규장각한국학연구원)

　이와 같이 법주사는 금북한남정맥의 출발점이자 태조산에 해당하는 속리산의 한 자락을 차지하고 있다. 속리산의 문장대로부터 행룡한 주룡은 수정봉을 우뚝 솟구쳐 올리는데, 수정봉은 법주사에 정기를 불어넣는 주산의 역할을 담당한다. 이러한 수정봉은 아름답기도 하고 웅장한 모습을 동시에 가지고 있다. 수정봉처럼 잘 생기고 중요한 역할이 부여된 산에는 그에 걸맞는 전설이 여럿 있기 마련인데, 수정봉도 예외가 아니었다. 이를 살펴보면 다음과 같다.

　첫째, 수정봉은 화재를 예방하기 위한 목적으로 작명되었다는 것이다. 법주사를 중심으로 남쪽에 남산이 위치하는데, 이 남산이 오행으로 화火에 해당하기 때문에 화기의 진압을 필요로 하였다. 즉, 남산의 영향으로 인해 자주 화재가 일어날 수 있어, 이를 방지할 필요성이 있었다는 것이다. 따라서 법주사에 화재가 일어나지 않도록 하기 위해서는 법주사의 뒤를 받쳐주는 산의 이름을 물의 성질을 가진 수성水性으로 할 필요성이 있었고, 물의 성질을 가진 수정을 법주사의 뒷산 봉우리의 이름으로 정하였다는 것이다.

둘째, 중국과 관련한 전설로 옛날 당나라 태종이 세수를 하려는데, 세숫물에 큰 거북 그림자가 비쳤다는 것이다. 이상히 여긴 태종이 유명한 도사를 불러 물으니 도사가 대답하되, 동국명산에 큰 거북의 물형이 당나라를 향하고 있어 당나라 재보를 동국으로 들어가게 하고 있으니, 사람을 보내어 동국 방방곡곡을 탐색해서라도 큰 거북 모습의 물형을 없애라 하였다는 것이다. 이에 당 태종은 도사의 말대로 사람을 파견하여 곳곳을 찾다가 마침내 속리산 수정봉에 있는 돌 거북을 발견하고, 그림 2와 같이 그 목을 자르게 하였다는 것이다. 그러고서도 안심이 안 되어 돌 거북 등 위에 10층 석탑을 쌓아 거북의 정기를 눌렀다[14]는 것이다. 비록 이러한 전설이 어느 정도의 신빙성과 사실관계를 갖는지는 알 수 없으나, 속리산과 법주사의 역사성과 스토리텔링의 이야깃거리를 풍부하게 하는 효과는 진정 크다고 할 수 있다.

그림 2 거북바위

법주사가 자리한 보은은 산이 험하고 들이 적어 무척 척박한 곳이지만, 오랜 역사성을 가진 곳으로 본래 신라의 삼년산군三年山郡이었다. 이러한 보은의 역사적 사실에 대해『세종실록』「지리지」에는 자세히 소개되고 있는데, 이를 살펴보면 다음과 같다.

> 본래 신라의 삼년산군인데, 경덕왕이 삼년군三年郡으로 고쳤고, 고려 때에 보령군保齡郡으로 고치어, 현종 9년에 상주尙州 임내에 붙이었다가, 명종 임진에 비로소 감무를 두었다. 본조 태종 16년 병신에 보녕현保寧縣의 음과 서로 같음을 피하여 보은현감報恩縣監으로 고쳤다. 딸린 부곡部曲이 1이니, 임언林偃이다.
> 명산名山은 속리산俗離山이다. 사방 경계[四境]는 동쪽으로 상주尙州에 이르기 32리, 서쪽으로 회인懷仁

에 이르기 10리, 남쪽으로 옥천沃川에 이르기 20리, 북쪽으로 청주淸州에 이르기 26리이다.[15]

이중환의 『택리지』「팔도총론」에도 보은은 메마르다고 하면서도 "관대는 속리산 남쪽과 증한 서쪽에 위치하며 들이 넓고 땅이 기름져 가장 살 만한 곳"[16]이라고 한다. 그러면서 보은을 십승지의 한 곳으로 지명하였는데, 속리산 깊은 곳에 법주사는 자리한다.

2. 사명대사가 재건한 팔상전

법주사의 창건연대는 여느 사찰과 마찬가지로 정확히 알지 못한다. 그러나 의신조사가 창건하고 진표율사가 7년 동안 머물면서 중건하였다고 전해져 오는데, 기록마다 차이가 있어 이를 살펴보면 다음과 같다. 첫째, 『신증동국여지승람』에는 의신의 창건설을 제시하고 있지만,[17] 이는 세상에 전하는 말이라는 단서를 달고 있다.

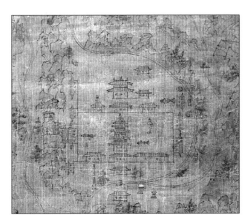

그림 3 법주사도(법주사 성보박물관 소장)

둘째, 『삼국유사』「관동풍악발연수석기」에는, 진표율사가 금산사에서 나와 속리산에 들러 길상초가 난 곳을 표시해두고 금강산에 가서 발연수사를 창건하고 7년 동안 머무른 후 영심이 진표율사의 제자가 되어 길상초가 난 곳에 길상사를 세웠다고 한다. 이를 바탕으로 법주사의 창건을 영심스님으로 보기도 한다. 이를 뒷받침할 만한 구전과 유적이 전해오는데, 천황봉 아래에 본래의 법주사 터가 전해온다. 그곳에는 대사찰 규모의 석조유물이 산재해 있다. 고려 인조 때까지도 절 이름을 속리사라 불렀다는 점으로 보아 아마도 절 이름이 길상사에서 속리사로, 다시 법주사로 바뀐 것으로 보인다는 주장도 있다.[18]

이후 법주사는 성덕왕 때에 이르러 중수했다고 하는데, 이때 조성한 석조와 돌다리, 돌확 등이 남아 있고 금칠한 장육불상이 산호전이라는 건물 안에 모셔져 있다. 이와 유사한 내용이 17세기의 중관해안이 쓴 『속리산대법주사사적기俗離山大法住寺事蹟記』에 거의 같은 내용을 담고 있다. 절의 창건 시기에 대해서는 신라 진흥왕 15년 갑술(554)에 절을 이룩하고 장육상을 조성하였다고 한다. 진평왕 때는 '사불 대승사와 법주사의 미륵전에 행행하여 장육금신상을 예배하니 대중이 만세를 불러 그대로 산호전山呼殿이라 이름하였다'는 내용을 추가하였다.[19] 하지만 이 사적기는 후에 여러 차례 다시 쓰여 지고 장정을 고쳤기 때문에 해안이 작성한 내용이 어디까지인지 의문시 된다. 또한 그 내용이 『삼국사기』 진흥왕 대의 기사에 18세기 초에 지은 『사불산대승사사적기』의 내용을 적당히 뽑아서 끼워 넣은 것으로 보여 사료로서의 신뢰도에 흠이 있다는 지적이 있다.[20]

이상과 같이 여러 논란에도 불구하고 법주사는 8-9세기에 이르러 본격적으로 수행이 이루어진 사찰이었을 것으로 추정하고 있는데, 이러한 추정의 근거로는 사찰에 남아 있는 유물들에 의해서다.

고려시대에 이르러 법주사는 왕실과의 인연을 바탕으로 본격적으로 사세를 확장하였다. 이에 대해 『속리산대법주사사적기』에는 비교적 자세한 기록을 남기고 있다. 비록 『속리산대법주사사적기』에 기록된 법주사의 창건연대가 신뢰성이 떨어진다고는 하지만, 『고려사』, 『고려사절요』 등과 일치하는 면이 많아 고려시대를 조망할 수 있는 중요한 사료적 가치를 갖기 때문이다.

조선조에 들어와서도 법주사는 왕실과의 오랜 인연을 이어간다. 『세조실록』에 따르면, 세조가 사냥을 위해 근처에 왔다가 법주사에 들른 것으로 기록되어 있다.[21] 세조 이후에 있었던 가장 큰 사건이라면 정유재란 당시 왜군의 방화와 약탈일 것이다. 『선조실록』에 따르면, 법주사는 임진왜란에는 병화를 면했지만 선조 30년(1597) 정유재란에 화를 입었다.[22]

1968년 팔상전 수리 시에 발견된 탑지에는 정유년(1597) 9월에 왜인이 진소盡燒하였다고 기록하고 있어, 정유재란으로 법주사가 큰 손실을 입었을 때 팔상전 역시 소실되었음을 알 수 있다. 이후 재건을 주도한 사람으로 탑지에는 '朝鮮國僧大將 裕淨 比丘'라 기록하였다. 여기에서 裕淨은 惟政의 오기로 사명대사를 말하는 것이다. 따라서 팔상전은 정유재란 당시에 불탄 것을 사명대사에 의해 재건된 것임을 확인할 수 있다.

조선 후기에 이르도록 법주사와 왕실의 관계는 이어지고 있었는데, 영조의 후궁 영빈의 원당을 설치한 일이 그 대표적 사례에 해당한다. 영빈 사후 1년이 지나지 않은 시점에 영빈방에서는 법주사 경내에 영빈의 원당을 건립한 것으로 보인다. 그 외에도 정조 14년(1790) 7월에는 오래 기다리던 원자(순조)가 탄생하는 경사가 왕실에 있었는데, 이때 원자의 태봉을 속리산 내 상환암에 마련했다.

『일성록』에 따르면, 철종 당시 중수할 때에 사찰 이름을 속리사라 기록하고 있다. 따라서 진표율사 창건기인 8세기 후반에는 길상사로 불리다가, 적어도 12세기 전반에는 속리사로, 14세기에는 법주사로 개칭된 것으로 보이지만, 이후에도 속리사로도 쓰고 있어 조선 말기까지 법주사와 속리사를 나란히 쓴 것으로 보인다.[23] 이를 통해 법주사 이름의 변화를 짐작해볼 수 있다.

III. 법주사 입지의 풍수 분석

1. 법주사의 주산인 수정봉

법주사는 그림 4와 같이 속리산의 품 안에 안긴 사찰로서, 속리산의 안정된 지기를 저축한 곳에 입지하였다. 즉, 천년고찰인 법주사는 속리산의 정기를 모아놓은 곳에 자리한다. 이때 정기를 제공하는 주산과 용맥에 대해 중요하게 살피게 되는데, 그만큼 그들의 역할과 의미가 크기 때문이다.

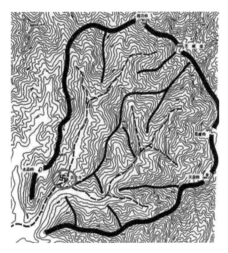

그림 4 법주사 주변도(출처 : 옥영무, 1988, p.49)

풍수에서 주봉의 정기를 품은 여러 용맥 중에서도 가장 정통성을 가진 용맥을 주룡이라 한다. 곧 주룡은 주산의 정기를 고스란히 물려받은 용맥으로, 그 품격은 높다고 할 것이다. 왜냐하면 주룡은 긴 행룡을 통해 험하고 악한 살기를 모두 털어내는 박환의 과정을 거치면서 부드럽고 순한 정기만으로 무장한 용맥으로 순화되었기 때문이다. 따라서 주룡은 앞쪽의 물길과 음양교배를 통해 새로운 생명력을 창조할 수 있는 혈을 결지하는 것이다.

주산은 혈처에 정기를 제공하고 혈의 형상과 특징까지를 지배하는 절대적인 의미를 갖기 때문에 주산의 형상을 구성과 오행으로 구분한 것이다. 구성은 양균송에 의해 처음 제시되었고 풍수의 가장 기본적인 분류법으로 자리하였다면, 송대의 료우는『구성전변九星傳變』에서 보다 세분화하는 모습을 보이고 있다. 이들은 구성의 명칭에서도 차이를 보이는데, 양균송은 탐랑성貪狼星과 거문성巨門星, 녹존성祿存星, 문곡성文曲星, 염정성廉貞星, 무곡성武曲星, 파군성破軍星, 좌보성左輔星, 우보성右輔星이라 하였다면, 료우는 태양성太陽星과 태음성太陰星, 금수성金水星, 자기성紫氣星, 천재성天財星, 천강성天罡星, 고요성孤曜星, 조화성燥火星, 소탕성掃蕩星이라 하였다. 이러한 분류법은 천문에 바탕을 두고 있으나, 료우에 의해 새롭게 제시된 구성은 양균송이 제시한 구성을 보완하고 발전시킨 측면이 강했다.

그림 5 법주사의 주산인 수정봉

반면에 주산의 형상을 오행으로 분류한 것은 양균송 이전부터 존재하고 있었을 것으로 보이는데, 음양오행론이 정립된 시기가 한대漢代이기 때문이다. 하지만 풍수서가 전하지 않아 구체적인 모습은 알 수 없다. 이후 송대 말 명대 초에 출간된『감여만흥堪與漫興』[24]에는 산의 형상을 오행으로 분류하고 구체적인 형상조차도 제시하고 있다. 이를 통해 오행 분류법은 오래전부터 분류하고 있었고 정립된 것으로 판단할 수 있다. 하지만 대부분의 풍수서는 명대의 서선계徐善繼 · 서선술徐善述 형제에 의해 저술된『지리인자수지』에 기초하여 분류하는 모습을 보인다. 이와 같은 현상이 나타난 배경에는 구체적인 형상과 특징적인 모습을『지리인자수지』를 통해 알게 되었기 때문이다.

법주사의 주산도 구성과 오행으로 분류 가능한데, 법주사의 주산은 속리산에서 비로봉과 입석대, 신선대, 문수봉, 문장대, 관음봉을 거쳐 묘봉(874m)에서 크게 방향을 틀어 수정봉을 일으키는데 법주사의 주산이다. 수정봉은 그림 5와 같이 탐랑 목성체의 형상으로 우뚝 솟아 법주사의 핵심공간에 정기를 불어넣고 있다. 특히 중출맥은 위이기복하는 자세를 통해 유두혈을 맺는 모습이다.

2. 법주사의 혈처를 차지한 세존사리탑

법주사는 앞에서 살펴본 것처럼 미륵[25] 신앙의 사찰이다. 미륵신앙은 도솔천에 있는 미륵이 미래에 하생하여 대중을 구제한다는 사상이다. 이러한 미륵불을 법주사는 마애석불로 구현하였는데 고려시대에 조성하였다. 법주사가 지향하는 사상적 배경을 형성한 미륵신앙과 마애석불은 법주사의 입구 좌측을 차지한 모습이다. 또한 법주사 물길의 파구처를 막고 선 바위에 조성되어 있다. 이들 구조물은 미륵신앙을 구현하는 중요한 구조물임에도 가장 의미 있는 위치를 차지한 것은 아니라는 것을 확인시켜준다.

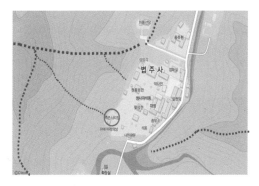

그림 6 법주사의 입수룡과 혈(출처 : 다음 지도에 추가 작도)

그렇다면 법주사의 가장 핵심적인 혈처를 차지한 건축물은 무엇이 있을까? 우선적으로 법주사를 대표하는 팔상전과 대웅보전을 검토할 수 있다. 왜냐하면 이들 건축물은 가장 웅장한 규모와 크기를 자랑하며 법주사를 대표하는 건축물이기 때문이다. 또한 법주사 공간의 중심을 차지하고 있고 규모면에서도 팔상전은 단연 압권이다. 하지만 이들 건축물은 법주사의 핵심인 혈처에 입지한 것이 아니다. 팔상전은 사찰의 중심부분에 위치하고 있으나, 평지에 자리하고 있어 정기를 제공받는 입수룡을 확인할 수 없기 때문이다. 대웅전도 굉장히 큰 규모를 자랑하고 있으나, 이 또한 정기를 제공받는 입수룡과 아무런 연관성을 갖지 못한 모습이다. 따라서 이들 건축물은 법주사의 혈처에 자리하지 못하였다는 것을 확인할 수 있다.

그림 7 팔상전   그림 8 능인전

반면에 법주사 입지의 핵심이라 할 수 있는 혈처에는 규모가 크지 않을 뿐더러 공간의 중심을 차지하지도 못한 능인전이 자리하고 있다. 특히 세존사리탑은 법주사 입지의 가장 핵심적인 의미를 갖는 혈처를 차지하고 있다. 즉, 주산인 수정봉의 중출맥이 행룡을 통해 정제된 기운을 모아놓은 곳에 자리하고 있다. 이를 통해 법주사의 중심공간이자 가장 의미 있는 특징을 간직한 건축물은 그림 9와 같이 세존사리탑이라 할 수 있다.

그림 9 혈처에 자리한 세존사리탑

세존사리탑은 법주사의 가장 중심적인 위치도 아니고 규모가 가장 큰 것도 아니며, 가장 깊은 안쪽도 아닌 곳에 배치하였는데, 법주사의 중심영역이라 인식할 수 있는지 의문이 드는 것이 사실이다. 왜 이러한 특징을 간직한 곳에 부처님의 진신사리를 모신 세존사리탑을 배치한 것인지 그 이유에 대해 살펴보면 다음과 같다.

첫째, 부처님의 진신사리는 대체재가 존재할 수 없다.

둘째, 법주사의 지형조건이 갖는 한계성을 들 수 있다. 수정봉과 앞쪽의 냇가 사이에는 넓은 평지가 존재하는데, 이러한 지형조건을 합리적으로 활용하기 위해서는 현재와 같은 가람배치가 효율적이었던 것이다. 즉, 현재 세존사리탑이 모셔진 곳에 대웅보전 혹은 다른 전각을 배치한다면 가람의 배치는 전혀 다른 양상을 보여야 한다. 또한 가람의 좌향이 현재와는 90° 틀어져야 하며, 전각을 배치하는 데 있어서 굉장히 제한적인 요소들이 많았기 때문에 어쩔 수 없는 선택이라 할 수 있다.

셋째, 미륵신앙이라는 지향점마저도 결국은 불교라는 큰 틀에서 보면 부처님의 영역에서 벗어나지 않는다는 점이다. 왜냐하면 법주사가 창건된 신라 때는 용화보전이 가람의 중심을 차지하였을 것으로 추정하는데, 용화보전의 중심을 세존사리탑이 차지하였을 가능성도 배제할 수 없기 때문이다. 즉, 우리의 전통사찰은 풍수적 관점에서 입지선정이 이루어졌고, 사찰이 지향하는 전각을 가장 핵심적인 혈처에 배치하는 경향을 보인다는 점 때문이다.[26]

3. 금성수 형상의 법주사 물길

『동림조담』「재혈편」에는 "물을 알지 못하면 가히 혈을 말할 수 없고, 물의 가는 바를 알면 혈을 안다."[27]라고 하였다. 이는 풍수에서 물이 차지하는 의미와 역할이 어느 정도인지를 제시한 것이다.

물길은 좌향 결정에 지대한 영향을 미치게 되는데, 바로 득수와 파구가 이에 해당한다. 『홍재전서』에도 "내당內堂의 물이 오감에 모두 법수에 맞아야 한다."[28]라고 하였다. 또한, 길한 방향에서 득수하고 흉한 방향으로 파구되어야 한다는 논리는 모든 향법론에서 공통적으로 활용되고 있다. 그 외에도 내파內破와 외파外破는 운세에 관계된다[29]고 하면서, 내・외파에 대해 역할과 의미를 제시하였다.[30] 또한, 득수처는 물이 들어오는 곳이기 때문에 보여야 하고, 파구처는 최종적으로 물이 나가는 곳이기 때문에 물길이 끝까지 보이지 않아야 한다. 득수처가 보여야 하는 이유는 들어오는 물이 직접적으로 위해를 미칠 수 있기 때문에, 언제든 감시 가능한 영역에 두어야 한다는 생각의 반영이다. 반면에 파구처는 나가는 곳이 보이지 않아야 된다는 이유는, 위협적인 요인들이 이미 사라졌다는 의미를 내포한다.

한문은 수구로 빠져나가는 물길의 흐름을 늦춰주고 막아주는 역할을 담당한다. 특히 산속에 건설된 사찰과 같은 경우에는, 빠른 물길로 인해 급속한 물 흐름의 문제 해결을 위해 한문은 필수적이라 할 수 있다. 물론 속리산 법주사의 경우에는 이러한 한문이 완비되어 있었고 그림 11

과 같이 나름 자신의 역할에 충실한 모습이다.

그림 10 법주사의 물길(출처 : 다음 지도)   그림 11 법주사 물길을 단속하는 한문

이러한 풍수인식을 바탕으로 법주사의 물길에 대해 살펴보면, 법주사의 물길은 법주사의 좌측에서 우측으로 흐르는데, 둥글게 환포하는 형상이다. 이를 풍수에서는 금성수라 하는데, 금성수 형상을 가장 길하다고 인식하였다.[31] 즉, 둥글게 환포하는 형상을 가장 길하다고 인식한 것은 부드럽게 서로가 받아들일 수 있기 때문이다. 이를『착맥부捉脈賦』에서는 서로가 상응하는 관계로 저절로 휘감아 돈다[32]고 하였다. 그 외에도 법주사의 물길은 그림 10에서 보는 것처럼, 음양론의 관점에서 논하기보다는 법주사의 옆을 가르는 의산방수의 형상이다. 즉, 법주사의 중심건축물인 팔상전을 비롯해서 대웅보전 등이 모두 물길을 옆에 두었다. 다시 말해서 법주사 입지와 공간구성은 우리 전통건축의 일반적인 특징인 배산임수의 논리를 따른 것이 아니라 주산과 물길 모두를 옆에 두고 있다는 점이다. 이러한 특징적인 모습은 법주사만 해당하는 것이 아니라, 해인사를 비롯해서 백양사, 불국사 등에서 확인되고 있어, 우리 전통건축의 입지선정과 비교되는 모습이다. 하지만 법주사에서도 혈처에 자리한 세존사리탑만은 배산임수의 지형조건에 부합하는 배치를 하였다.

4. 화심형의 법주사

물형론은 자연을 사람이나 동물로 혹은 새와 식물 등으로 바라보면서 혈을 설명하는 기법이다. 이러한 물형론은 풍수가 자연을 바라보는 데 있어서, 사고와 인식의 다양성을 가질 수 있는 가능성을 제시한 영역이라 할 수 있다. 이는 곧 물형론이 상상력의 영역을 넓혔고, 풍수가 갖는 다양한 사고의 영역을 넓혔다고 할 수 있다. 또한 풍수와 물형론의 범주는 단순하지 않고, 그

사고세계는 넓고 깊게 자리하고 있었다는 중요한 근거가 되었다.[33]

한편, 물형론은 다양한 형상과 지명, 그리고 상상력을 통해 제시될 수 있는데, 고려시대의 문인 박효수가 쓴 「우제속리사」라는 시를 통해 상상력의 또 다른 세계를 확인할 수 있다.

<blockquote>
높이 솟은 사면의 푸른 봉우리 연꽃 같고   嵯峨四面碧芙蓉
신 곳 신비한 물 근원은 몇 겹이나 될까?   長岬靈源第幾重[34]
     – 하략 –
</blockquote>

박효수는 속리산이 마치 연꽃과 같다고 하면서, 법주사가 연꽃의 꽃심에 해당한다고 하였다. 이를 통해 법주사의 물형을 유추한다면 곧 화심형花心形이라 할 수 있다.

표 1 주산의 형상과 주 적용 형국의 비교

주산의 오행	목형체	화형체	토형체	금형체	수형체
주 적용 형국	인물형人物形	인물형人物形	동물형動物形	비조류형飛鳥類形	용사류형龍蛇類形

반면에 물형론의 기준서라 할 수 있는 『설심부정해』의 논리에 근거하여 법주사의 특징적인 물형론을 찾을 수 있는데, 표 1과 같이 수정봉과 같은 목형체의 산은 사람에 비유한다는 것이다. 따라서 설심부정해의 논리에 따른 법주사의 물형을 유추하면 선인단좌형仙人端坐形이라 할 수 있다. 선인단좌형은 신선이 단정하게 앉아 참선한다는 뜻으로, 선을 중시하는 법주사의 성격과 풍수 물형론은 접목되는 모습이다.

이와 같이 물형론은 보는 각도와 인식, 그리고 기준에 따라 전혀 다른 해석이 가능하다. 이를 긍정적인 시각과 부정적인 시각에서 바라보기도 하지만 물형론이 가진 장점은 크다고 할 것이다.

5. 직각으로 배치된 세존사리탑과 팔상전

법주사를 대표하는 건축물은 팔상전이다. 공간의 중심을 차지하고 있을 뿐만 아니라 가장 우람한 모습이다. 또한 법주사를 찾는 대부분의 관광객들은 팔상전의 우람한 위용을 보기 위해 찾기 때문이다. 그 외에도 팔상전은 법주사가 추구하는 미륵신앙을 대변하는 건물이라는 점에서도 결코 소홀이 다루기 어려운 건물이다. 하지만 법주사의 가장 핵심적인 의미를 가진 혈처에 자리한 건축물은 부처님의 진신사리를 봉안한 세존사리탑이다. 세존사리탑은 고려 말에 세운 건축물로 알려져 있기 때문에 어떤 향법을 적용하였는지 현재는 확인할 수 없다. 왜냐하면 당시에 주로 활용하던 향법론이 무엇인지 알 수 없기 때문이다. 이와 같이 고려시대와 그 이전에 적용되던 풍수논리를 이해하기 어려운 배경에는 조선시대의 개국론자들에 의해 철저히 파괴된 것이 주원인이 되었다. 이에 대해 이식은 자신의 문집『택당집』에서 "조종조에서 고려시대의 폐단을 없애기 위한 일환으로, 지리에 관한 서적들을 모조리 불태워버리고는, 오직 청오와 금낭 등 10여 권의 책만을 남겨 관상감에서 학습하도록 하였다."[35]라는 것이다.

그렇다면 당시 중국에서 유행하던 향법은 무엇이 있었을까? 이러한 향법이 곧장 우리나라에 활용되었다고 할 수는 없지만, 어떤 관련성을 가졌는지 짐작해볼 수 있는 중요한 근거는 될 수 있기 때문이다. 또한, 이러한 특징들이 불교와도 어떤 관련을 가졌는지도 확인할 수 있다. 당시 중국 송나라에서 유행하던 향법론은 오음성리법이 있었다. 오음성리법五音姓利法은 성씨姓氏를 오음五音, 즉 궁宮·상商·각角·징徵·우羽로 분류하고, 각각의 오음에 유리한 좌향을 선택하는 방법이다. 그런데 이 법을 불교건물에 곧바로 적용하기는 어려웠을 것으로 보이는데, 그 이유를 살펴보면 다음과 같다.

첫째, 인도어를 음만 따서 한자로 표기한 불교경전을 바탕으로 해서 오음으로 나누기 어려웠다.

둘째, 오음성리법은 지극히 중국 성씨에 바탕을 둔 분류법으로 외국인의 성씨까지를 해석할 수는 없었다.

이와 같은 이유로 오음성리법[36]이 곧바로 법주사의 향법론으로 활용되었다고 단정할 수 없다. 단지 현재 확인 가능한 것은 팔상전은 축좌미향으로 정남에서 서쪽으로 30° 틀어져 있으며, 세존사리탑은 술좌진향으로 정동향에서 남쪽으로 30° 틀어져 있다. 즉, 팔상전과 세존사리탑은 서로 바라보는 방향이 그림 12와 같이 90° 직각을 이루고 있다. 이러한 좌향을 선택한 배경에는 여러 요인들이 자리하겠으나, 우선적으로 검토할 수 있는 것이 자연지형에 순응하면서 가장 합리적인 좌향을 선택한 결과물이라 할 수 있다. 그 외에 다양한 여러 좌향이 산재해 있다면 정리된 느낌보다는 산만한 느낌을 줄 수 있어, 이러한 문제점을 극복하기 위한 방편으로 볼 수도 있다.

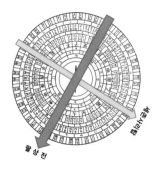

그림 12 법주사의 좌향

Ⅳ. 풍수와 교리를 합리적으로 소화한 법주사

불교와 풍수가 밀접한 관련성을 바탕으로 발전한 계기는 중국에서 비롯되었다. 이후 우리나라에 도입된 불교와 풍수는 우리만의 독특한 문화를 형성하는데, 한국불교는 장소성에 특히 방점을 두고 있었다. 이를 옛 가람의 입지와 배치에서 확인할 수 있으며, 산천의 질서와 아름다움이 모두 스며들도록 반영하였다. 따라서 한국불교의 문화와 산천의 자연미는 서로 융합되어 독창적인 아름다움을 창출하였다. 특히, 한국 사찰의 배치형식은 시대에 따라, 혹은 신앙의 내용에 따라 각기 다른 몇 개의 배치형식을 갖는다. 예컨대 교종과 선종의 가람형식이 다르고, 교종에서도 미륵계와 아미타계, 화엄계, 법화계의 가람 형식이 서로 다르다. 물론 예외도 존재하고 서로 혼합되기도 하지만 각 가람구조는 교유한 교리와 깊은 연관을 맺어왔다. 미륵계 사찰은 그 가운데에서도 가장 두드러지는 특징을 갖는다.[37]

그림 13 1910년 법주사 전경도(출처 : 『조선고적도보』)

법주사는 금산사와 동화사, 그리고 금강산 발연사와 함께 미륵신앙의 중심도량이다. 이러한 미륵계 사찰은 공통적으로 직선축상에 주요전각이 배치되는 특성을 보인다. 이러한 가람의 배치는 8세기에 이루어진 중창 때에 수정봉과 용화보전, 그리고 팔상전을 잇는 미륵신앙에 따른 배치구성이 이루어진다.[38] 여기에는 용화삼회를 상징하듯 세 개의 가람이 나란히 배치되는 익산의 미륵사 터가 갖는 백제 사찰의 특징들은 중문과 탑과 금당이 놓이는 일탑일금당제로 구성되었다. 하지만 법주사는 고려 이후에 관음봉과 대웅보전, 팔상전, 그리고 천왕문을 잇는 화엄신앙 축이 미륵신앙 구성축과 교축交軸을 이루는 이중구조체계를 형성한다. 즉, 팔상전에 2개 구성축의 중심역할을 맡기면서 수정봉과 관음봉을 끌어들여 지형 교리적 해석이 일치하도록 하는 절묘함을 보인다. 그 외에도 미륵계 사찰의 특징 중에는 연못을 활용하는 모습을 보이는데, 법주사의 경우에도 용화보전 앞에 석연지[39]가 자리하고 있었던 것이다.

이와 같이 법주사 미륵신앙의 중심공간은 용화보전을 중심으로 구성되었던 것으로 보인다. 이러한 사실은 13세기 초에 박효수가 남긴 시구를 『동문선』에서 확인할 수 있는데, 다음과 같다.

용은 탑 속에 들어가 진골을 머물렀고	龍歸塔裏留眞骨
노새가 바위 앞에 누워서 거룩한 자취를 찾았다네	騾臥嵒前訪聖蹤
길이 삼한에 복을 내릴 분이 뉘신고	永福三韓誰是主
금부처 산호전 위에 엄연히 앉아 계시네	珊瑚殿上紫金容[40]

이 시구는 법주사에서 미륵신앙과 용화보전 일곽의 중심적 의미를 부각한 것으로 보이는데, 특히 세존사리탑을 중요한 의미로 노래하는 모습이다. 이를 통해 법주사의 공간구성은 미륵계 사찰의 특징에 충실한 모습을 보이고 있다는 점을 확인할 수 있다. 따라서 법주사에서 가장 특징적인 의미를 가진 혈처에 세존사리탑을 건설한 것은, 교리와 풍수적 특징, 그리고 부처님의 사리가 갖는 존엄을 절묘한 조화 속에 실현한 것이라 할 수 있다. 다시 말해서 법주사 공간구성의 특징적인 모습은 백제사찰의 형식과 미륵계의 가람배치의 특성을 모두 수용하는 모습을 보이고 있다. 이를 실천하기 위해서는 넓은 면적의 공간이 필요하였다는 점이다. 이에 대해 다음과 같이 그 의미를 해석할 수 있다.

첫째, 법주사의 가람배치에는 교리와 시대상이 배경이 되었다. 즉, 미륵신앙을 중심교리로 삼았던 법주사는 중요전각을 일직선상에 배치하였는데, 이는 미륵신앙 사찰의 특징적인 모습을 반영한 것이다. 또한 시대적 변화에 따라 화엄신앙의 모습까지도 아울러 합리적인 틀 속에 수용하였고 가람배치에 활용하였다.

둘째, 법주사는 풍수적 관점에서 입지선정이 이루어졌다. 세존사리탑이 자리한 곳은 당초 법주사가 창건될 당시 중심영역이었던 용화보전이 자리한 곳이다. 따라서 용화보전이 있던 곳에 세존사리탑이 들어섰다는 것은, 풍수가 갖는 중요한 의미를 알고 있었고 이를 활용하였다는 것으로 풍수적 관점에서 입지선정과 공간구성이 이루어졌다는 것을 입증한다.

셋째, 법주사는 풍수와 교리를 합리적으로 소화하기 위한 절충점을 찾았다. 즉, 현재와 같은 가람배치는 최선의 공간구성이었다고 할 수 있다. 왜냐하면 혈처에 법주사를 대표하는 건축물을 배치하고, 일직선상에 중요전각과 탑을 배치하는 것은 가능하지 않았기 때문이다. 따라서 법주사는 현재와 같은 공간구성을 실행하였지만, 용화보전을 중심으로 한 중심영역을 별개로 배치하는 가람구성을 실행하였다는 해석도 가능해진다.

이와 같은 특징을 반영한 법주사는 앞에서 살펴본 것과 같이 화엄신앙의 교리에 따라 사천왕문과 팔상전, 그리고 대웅보전을 중심축에 배치하였다. 특히 법주사는 중앙에 팔상전을 배치하여 가장 중심적인 건축물처럼 보이도록 하였으나, 불전이 아닌 탑으로써 중심에 자리한 것이었을 뿐 중심적인 역할과 의미를 수행하기 위한 것은 아니었다. 그런 차원에서 법주사의 공간구성과 가람배치의 특징적인 모습은 중심에 대웅보전과 팔상전이 중심축을 형성하고 있지만, 상징적인 의미와 역할에 충실한 것으로 실질적인 중심역할을 담당한 것은 아니었다는 추론이 가능한 것이다. 즉, 실질적인 법주사의 중심은 미륵신앙에 바탕을 둔 용화보전에 있었고, 이러한 용화보전의 중심에는 세존사리탑이 자리하였던 것이다.

V. 현대건축이 나아가야 할 방향성을 제시한 법주사

이상과 같이 미륵신앙의 대표사찰인 법주사의 역사적 전개와 풍수적 특징, 그리고 공간구성에 반영된 사상적 배경을 살펴보았다.

천년고찰 법주사는 충청북도 보은군 속리산면 법주사로 405에 위치한다. 이곳 법주사는 미륵신앙의 전통이 면면히 이어져오는 대표적인 사찰이다. 우리나라의 전통사찰은 여러 전란을 겪으면서 관련기록들이 사라지게 되었고, 따라서 사찰과 관련한 연혁을 알기 어려운 것이 사실이다. 법주사의 창건연대도 여느 사찰과 마찬가지로 정확히 알지 못한다. 『신증동국여지승람』에는 의신의 창건설을 제시하였다면, 『삼국유사』 「관동풍악발연수석기」에는 진표율사와 영심스님으로 보기도 한다. 그 외에도 법주사의 명칭에 많은 변화가 있었는데, 진표율사 창건기인 8세기 후반에는 길상사로 불리다가, 적어도 12세기 전반에는 속리사로, 14세기에는 법주사로 개칭된 것으로 보이지만, 이후에도 속리사로도 쓰고 있어 조선 말기까지 법주사와 속리사를 나란히 쓴 것으로 보인다. 이를 통해 법주사 이름의 변화를 짐작해볼 수 있다.

법주사는 8-9세기에 이르러 본격적으로 수행이 이루어진 사찰이었을 것으로 추정하고 있는데, 이러한 추정의 배경에는 사찰에 남아 있는 유물들에 의해서이다. 고려시대에 이르러 법주사는 왕실과의 인연을 바탕으로 본격적으로 사세를 확장하였다. 조선조에 들어와서도 법주사는 왕실과의 오랜 인연을 이어간다. 『세조실록』에 따르면, 세조가 사냥을 위해 근처에 왔다가 법주사에 들른 것으로 기록되어 있다. 세조 이후에 있었던 가장 큰 사건이라면 정유재란 당시 왜군의 방화와 약탈일 것이다.

조선 후기에 이르도록 법주사와 왕실의 관계는 이어지고 있었는데, 영조의 후궁 영빈의 원당을 설치한 일이 그 대표적 사례에 해당한다. 그 외에도 정조 14년(1790) 7월에는 오래 기다리던 원자(순조)가 탄생하는 경사가 왕실에 있었는데, 이때 원자의 태봉을 속리산 내 상환암에 마련했다.

최치원이 지은 「숭복사비문」에 나타난 것처럼, 우리 전통사찰은 선종사원 택지법의 중심이론인 강서지법의 형세풍수를 중요한 화두로 받아들였는데, 법주사의 입지도 풍수로부터 자유롭지 못하였다는 점에서 법주사의 풍수적 특징을 살펴보면 다음과 같다.

첫째, 법주사의 주산은 수정봉으로 속리산에서 비로봉과 입석대, 신선대, 문수봉, 문장대, 관음봉을 거쳐 묘봉(874m)에서 크게 방향을 틀어 우뚝 솟은 봉우리이다. 법주사의 주산인 수정봉은 탐랑 목성체의 형상으로 우뚝 솟아 법주사의 핵심공간에 정기를 불어넣고 있다.

둘째, 법주사 입지의 핵심이라 할 수 있는 혈처에는 규모가 크지 않을 뿐더러 공간의 중심을 차지하지도 못한 능인전과 세존사리탑이 자리하고 있다. 특히 세존사리탑은 법주사 입지의 가장 핵심적인 의미를 갖는 혈처를 차지하고 있다.

셋째, 법주사의 물길은 법주사의 좌측에서 우측으로 흐르는데, 둥글게 환포한 금성수 형상의 물길이다. 법주사 물길의 또 다른 특징은 음양론의 관점에서 논하기보다는 법주사의 옆을 가르는 의산방수의 형상이다. 즉, 법주사의 중심건축물인 팔상전을 비롯해서 대웅보전 등이 모두 물길을 옆에 두었다. 하지만 법주사의 혈처에 자리한 세존사리탑만은 배산임수의 지형조건에 부합하는 배치가 이루어졌다.

넷째, 법주사의 물형은 두 가지로 유추할 수 있는데, 고려시대의 문인 박효수의 시에 바탕을 둔 물형은 화심형이라 할 수 있다. 반면에 『설심부정해』의 논리에 따른 물형은 선인단좌형이라 할 수 있다. 이를 통해 물형론은 사고의 다양성과 자연을 바라보는 인식의 영역을 확장할 수 있음을 확인시켜준다.

다섯째, 법주사의 좌향은 두 가지로 나타나는데, 대표적인 건축물인 팔상전은 축좌미향이고, 세존사리탑은 술좌진향戌坐辰向으로 서로 90° 직교하는 모습이다.

미륵계 신앙과 화엄신앙이 함께 어우러진 법주사는 여러 특징적인 모습을 가람배치와 공간구성을 통해 통합하는 모습을 보인다. 이러한 법주사 공간구성의 특징적인 모습을 살펴보면 다음과 같다.

첫째, 법주사의 가람배치에는 교리와 시대상이 배경이 되었다. 즉, 미륵신앙을 중심교리로 삼았던 법주사는 중요 전각을 일직선상에 배치하였는데, 이는 미륵신앙 사찰의 특징적인 모습을 반영한 것이다. 또한 시대적 변화에 따라 화엄신앙의 모습까지도 아울러 합리적인 틀 속에 수용하였고 가람배치에 활용하였다.

둘째, 법주사는 풍수적 관점에서 입지선정이 이루어졌다. 가장 핵심적인 의미를 갖는 혈처에 자리한 세존사리탑은 당초 법주사가 창건될 당시 중심영역이었던 용화보전이 자리한 곳이다. 따라서 용화보전이 있던 곳에 세존사리탑이 들어섰다는 것은 풍수가 갖는 중요한 의미를 알고 있었고 이를 활용하였다는 것을 입증한다.

셋째, 법주사는 풍수와 교리를 합리적으로 소화하기 위한 절충점을 찾았다. 즉, 현재와 같은 가람배치는 최선의 공간구성이었다고 할 수 있다. 왜냐하면, 혈처에 법주사를 대표하는 건축물을 배치하고, 일직선상에 중요전각과 탑을 배치하는 것은 가능하지 않았기 때문이다. 따라서 법주사는 현재와 같은 공간구성을 실행하였지만, 용화보전을 중심으로 한 중심영역을 별개로 배치하는 가람구성을 실행하였다. 즉, 법주사는 교리와 시대상, 그리고 풍수와 같은 다양한 특징 요인들을 합리적으로 활용하고 수용하는 자세를 통해 가장 이상적인 가람배치를 이루었다. 여기에는 풍수가 갖는 다양한 장점의 활용을 통해 이루어진 것으로, 여러 문제점을 안고 있는 현대 건축이 나아가야 할 방향성을 제시한 것이라 할 수 있다.

1 정연상, 「목조건축의 맞춤과 이음에 대한 소고, 5 : 법주사 대웅보전을 중심으로」『건축역사연구』제16권 제3호 통권52호, 한국건축역사학회, 2007, pp.179-190.
조규화, 「법주사 원통보전 정방형 평면의 가구구성에 관한 연구」, 경기대학교 석사학위논문, 2010.
장현석, 최효승, 「俗離山 法住寺 伽藍配置의 變遷에 관한 研究」『건축역사연구』제14권 제3호 통권 43호, 한국건축역사학회, 2005, pp.77-88.
윤희상, 「법주사 대웅보전 구조 및 기법 : 해체보수공사 과정 및 실측조사 내용을 중심으로」『건축역사연구』제12권 제2호 통권 34호, 한국건축역사학회, 2003, pp.114-119.

2 이기우, 「法主寺 寺刹林의 景觀特性과 管理方案에 關한 研究」, 한경대학교 석사학위논문, 2008.
김창환외 4인, 「속리산 법주사 일대 산림식생과 토양곤충의 종 다양성 및 유사성 분석」『한국환경생태학회 2011년 학술대회 논문집』, 한국환경생태학회, 2011.

3 박종서, 「觀光地化 에 따른 法住寺 寺下村의 變貌에 대한 研究」『공주대학교 논문집 사회과학편』21집, 공주대학교, 1983, pp.411-429.
박정연, 「俗離山 法住寺의 夏季觀光客 分析」, 청주대학교 석사학위논문.

4 한민수, 김소진, 홍종욱, 「법주사 철확의 부식상태 및 미세조직 분석을 통한 제작기법 연구」『보존과학회지』26(3), 한국문화재보존과학회, 2010, pp.269-276.

5 이은설, 「法住寺 圓通寶殿 觀音菩薩圖 硏究」, 충북대학교 석삭학위논문, 2013.
김순아, 「동국대학교박물관소장 法住寺 捌相殿 舍利莊嚴具 考察」『불교미술』제18집, 동국대학교, 2006, pp.21-53.
이영숙, 「法住寺 掛佛의 考察」『한국문화사학회 문화사학』제28호, 한국문화사학회, 2007, pp.99-123.

6 고익진, 『한국고대불교사상사』, 동국대출판부, 1985, p.227.

7 속리산(俗離山)을 옛날부터 불렸던 8개의 이름을 살펴보면, 광명산(光明山,), 지명산(智明山), 구봉산(九峯山), 소금강산(小金剛山), 자하산(紫霞山), 미지산(彌智山), 형제산(兄弟山) 등으로 불렸다.

8 8개의 석문으로는 내석문(內石門)과 외석문(外石門), 상환석문(上歡石門,), 상고석문(上庫石門,), 상고외석문(上庫外石門), 비로석문(毘盧石門), 금강석문(金剛石門), 추래석문(墜來石門)이 있다.

9 8개의 대(臺)로는 문장대(文藏臺)와 입석대(立石臺), 경업대(慶業臺), 배석대(拜石臺), 학소대(鶴巢臺), 신선대(神仙臺), 봉황대(鳳凰臺), 산호대(珊瑚臺) 등이 있다.

10 8개의 봉우리는 천황봉과 비로봉, 묘봉, 길살봉, 문수봉, 보현봉, 관음봉, 수정봉이 있다.

11 『新增東國輿地勝覽』卷16 「忠淸道」報恩縣 : 新羅時稱 俗離岳 躋中祀.

12 『東文選』卷16 「七言律詩」偶題俗離寺.

13 李重煥, 이익성 옮김, 『택리지』, 을유문화사, 2002, p.176. : 自白頭至太白 通爲一派嶺 故無星峯.

14 최현각, 김봉렬, 소재구, 『법주사』, 대원사, 2004, pp.21-22.

15 『世宗實錄』「地理志」忠淸道 淸州牧 報恩縣 : 本新羅 三年山郡 景德王改爲三年郡 高麗改爲保齡郡. 顯宗戊午 屬尙州 任內 明宗壬辰 始置監務. 本朝太宗十六年丙申 以與保寧縣音韻相近 改爲報恩縣監. 屬部曲一 林偃. 名山 俗離山. 四境 東距尙州三十二里 西距懷仁十里 南距沃川二十里 北距淸州二十六里.

16 李重煥, 이익성 옮김, 앞의 책, p.98. : 惟館垈 在俗離南 甄項西 野闊土沃 最爲可居.

17 『新增東國輿地勝覽』卷16 「忠淸道」報恩縣 : 在俗離山 世傳新羅僧義信 以白驥馱經 而來始建此寺.

18 최현각, 김봉렬, 소재구, 『법주사』, 대원사, 2004, p.15.

19 문화재청,『보은 법주사 팔상전 정밀실측조사보고서』, 문화재청, 2013, p.52.

20 최완수,『명찰순례』①, 대원사, 1994, p.219.

21 『世祖實錄』卷32, 10년 2월 28일(신해)

22 문화재청,『보은 법주사 팔상전 정밀실측조사보고서』, 문화재청, 2013, p.58.

23 문화재청,『법주사 대웅전 실측수리보고서』, 문화재청, 2005, p.103.

24 『감여만흥(堪輿漫興)』의 저자 유기(劉基)의 자(字)는 백온(伯溫)으로 원나라 무종(武宗) 지대(至大) 4년(1311) 6월 15일에 태어나 명나라 홍무(洪武) 8년(1375)에 숨을 거두었는데, 풍수와 명리에 지대한 영향을 미친 인물이다.

25 미륵이란 산스크리트어로 Maitreya, 팔리어로는 Metteya를 말하는데, 중국에서는 자씨(慈氏) 혹은 자존(慈尊)이라고 번역하기도 하였다.(김상용,『한국미륵신앙의 연구』, 동화출판공사, 1983, p.31)

26 박정해,「해인사의 입지환경과 풍수」『동아시아불교문화』제17집, 동아시아불교문화학회, 2014, p.88.

27 范越鳳, 양현석·홍성서 역,『洞林照膽』「裁穴篇」, 한국학술정보, 2013, p.208. : 蓋不知水 不可以言穴 知水之所趨 則知穴矣.

28 『弘齋全書』卷57「雜著」4 : 内堂水來去又得合法.

29 『弘齋全書』卷57「雜著」4 : 内破關初運 外破關次運

30 『弘齋全書』卷57「雜著」4 : 不論内破 但論外破 則能無舉.

31 박정해,「불보종찰 통도사 입지의 풍수환경 해석」『동아시아불교문화』제18집, 동아시아불교문화학회, 2014, p.193.

32 陶侃, 양현석·홍성서 역,『捉脈賦』「裁穴篇」, 한국학술정보, 2013, p.84. : 山若作穴 水自回環 彼此相應 内外相連.

33 박정해,「마곡사 입지의 입지환경과 공간구성」『동아시아불교문화』제17집, 동아시아불교문화학회, 2014, pp.117-118 참조.

34 『東文選』卷16「七言律詩」偶題俗離寺.

35 『澤堂集別集』卷11「啓山志」風水驗應論 : 祖宗朝懲麗代弊 盡焚地理諸書 只存靑烏錦囊等書十餘卷 屬觀象監習學.

36 오음성리법은 여러 문제로 인해 당시에도 많은 비판을 받고 있었고, 이후에 새롭게 등장한 호순신의 지리신법이 고려시대에 활용하였다는 근거를 찾기 어렵다.

37 최현각, 김봉렬, 소재구,『법주사』, 대원사, 2004, p.37.

38 張鉉錫, 崔孝昇,「俗離山 法住寺 伽藍配置의 變遷에 관한 硏究」『건축역사연구』제14권 제3호 통권 43호, 한국건축역사학회, 2005, p.86.

39 풍수에서는 석연지와 같은 연못이 있을 경우에 이를 지당수(池塘水)라 한다. 지당수(池塘水)는 행룡하는 용(龍)의 기(氣)가 옆으로 설기(洩氣)되지 않도록 호종한 원진수(元辰水)가 상분하합(上分下合)의 원리를 통해 분출(噴出)된 물이다. 따라서 지당수는 혈과 밀접한 관련성을 갖게 되며, 지당수(池塘水)안쪽에 혈(穴)이 존재한다는 의미를 갖기 때문에 지당수는 혈의 존재 여부를 확인시켜주는 중요한 현상으로 인식하였다.

40 『東文選』卷16「七言律詩」偶題俗離寺.

참고문헌

『東文選』

『世宗實錄』

『新增東國輿地勝覽』

『澤堂集別集』

『弘齋全書』

고익진, 『한국고대불교사상사』, 동국대학교 출판부, 1985.

陶侃, 양현석·홍성서 역, 『捉脈賦』「裁穴篇」 한국학술정보, 2013.

문화재청, 『보은 법주사 팔상전 정밀실측조사보고서』, 문화재청, 2013.

박정해, 「마곡사 입지의 풍수환경과 공간구성」 『동아시아불교문화』 제19집, 동아시아불교문화학회, 2014.

박정해, 「불보종찰 통도사 입지의 풍수환경 해석」 『동아시아불교문화』 제18집, 동아시아불교문화학회, 2014.

박정해, 「해인사의 입지환경과 풍수」 『동아시아불교문화』 제17집, 동아시아불교문화학회, 2014.

范越鳳, 양현석·홍성서 역, 『洞林照膽』「裁穴篇」, 한국학술정보, 2013.

李重煥, 이익성 옮김, 『택리지』, 을유문화사, 2002.

張鉉錫, 崔孝昇, 「俗離山 法住寺 伽藍配置의 變遷에 관한 硏究」 『건축역사연구』 제14권 제3호 통권 43호, 한국건축역사학회, 2005.

최완수, 『명찰순례』 1, 대원사, 1994.

최현각, 김봉렬, 소재구, 『법주사』, 대원사, 2004.

제10장

용주사의 입지환경과 정조의 풍수활용

제10장

용주사의 입지환경과 정조의 풍수활용

Ⅰ. 정조의 풍수와 용주사

경기도 화성시 용주로 136에 위치한 용주사는 이미 신라 때부터 존재하였다고 하는데,[1] 용주사가 세상에 널리 알려지게 된 계기는 사도세자의 원찰이 되면서부터이다. 원래 사도세자의 무덤은 양주 배봉산 자락에 있었으나, 정조의 즉위와 함께 현재의 장소로 이장되었고 용주사는 원찰[2]로 지정하였다. 이곳 용주사가 사도세자의 원찰로 지정된 과정은 정확한 기록이 나타나지 않고 있으나, 묘소에서 가까운 것이 그 이유가 되었을 것으로 판단된다.

조선왕조는 불교에 대해 억불정책을 쓰고 있었으나, 왕실에서 불교를 믿고 있었고 사찰에 왕의 위패를 모시고 제사를 지내는 원찰을 가지고 있었다. 이러한 전통은 조선왕조의 개창과 함께 이어진 오랜 전통으로 자리하고 있었다. 따라서 원찰과 관련한 연구의 필요성은 크다고 할 것이다.

현재 용주사와 관련한 연구는 크게 두 가지로 나눌 수 있는데, 용주사의 창건과 건축 관련연구,[3] 그리고 불화 관련 연구[4]가 그것이다. 이들 연구는 일반적인 사찰연구와 크게 다르지 않는 모습을 보이는데, 용주사의 창건과 관련한 연구와 건축적 특징에 관한 연구가 주를 이루고 있어

---

* 『동북아문화연구』 제44집(2015. 9.)에 게재.

입지에 반영된 풍수적 특징과 같은 연구는 미흡한 실정이다. 따라서 본 연구는 용주사 입지에 반영된 풍수적 특징을 살펴보고자 한다. 또한 용주사가 정조에 의해 사도세자의 원찰로 창건되었다는 점을 상기시키며, 정조의 풍수인식과 풍수적 사고에 대해 현장조사와 문헌고찰을 통해 용주사의 설립배경과 적용된 풍수논리를 살펴본다.

정조는 사도세자의 묘를 수원 화성으로 이장하기 위해 풍수를 연구하였으며 이를 실천한 곳이 현재의 융릉이다. 이와 같이 정조는 깊은 풍수실력을 바탕으로 사도세자의 묘를 이장하고 여기에 더해 용주사를 건설하였다. 따라서 용주사가 사도세자의 원찰이 될 수 있었던 배경에는 거리상 가깝다는 이유 외에도, 풍수를 중요하게 고려하였다는 점을 배제하기 어렵다. 실제로 정조는 사도세자의 묘를 이장하는 과정에서 전면에 보이는 안산을 여의주로 인식하였고, 그 중요성에 대해 굉장히 강조하는 모습을 보였다는 점에서 용주사의 입지선정과 공간구성에는 풍수와 밀접한 관련성이 있다고 할 것이다.

II. 용주사의 역사와 입지환경

1. 용주사의 창건과 연혁

조선 초에는 왕이나 왕비의 능 옆에 사찰을 건립하고 재를 올리는 것이 일반적인 모습이었다. 태조의 비인 신의왕후의 제릉에는 연경사가, 태조의 건원릉에는 개경사를 지었다. 세종의 영릉에는 신륵사가, 세조의 광릉에는 봉선사가, 성종의 선릉에는 봉은사가 자리하였다. 또한 원종의 장릉에는 봉릉사를 중건한 예가 있었다. 억불숭유정책을 추진하던 조선왕조에서 대신들의 끈질긴 상소에 의해 중단되기도 하였으나, 정조의 효심은 이를 극복하고 사도세자의 원찰을 건립하였던 것이다.

용주사가 창건되기 전에 이곳에는 갈양사라는 사찰이 있었던 것으로 기록하고 있다.[5] 또한 갈양사의 후신이라는 기록도 전한다.[6] 그러나 갈양사의 후신이 용주사라는 근거와 사료가 전하지 않는다. 1911년도에 간행된 『조선사찰사료朝鮮寺刹史料』의 용주사 관련 기록에도 갈양사와 관련한 언급이 전혀 없다. 하지만 1923년 용주사의 주지 강대련이 구전돼오던 내용을 범종에 새겨 넣음으로써 통설로 받아들여진 것이다.[7] 따라서 갈양사와 용주사의 입지가 관련성을 가졌다는 확실한 근거는 찾을 수 없으나, 중단되다시피 한 원찰건설을 반대하는 중신들에게 기존의 사찰 터를 활용한 것이라는 점을 들어, 반대할 명분을 제거하기 위한 수단이었다는 해석도 있다.[8]

그림 1 용주사 전경(출처 : 경기관광 포털)

용주사의 창건 관련 기록은 『조선사찰사료』를 통해 확인할 수 있는데, 『조선사찰사료』에는 용주사의 창건일로 "開基開國三百九十九年二月十九日午時 定礎同三月二十九日巳時 立柱同四月初十日未時 上樑同四月十五日巳時 造佛同八月十六日 點眼二十九日"[9]이라 기록하고 있다. 여기에서 개국 399년은 1790년으로 정조 14년에 해당한다. 따라서 용주사의 창건은 현륭원이 천봉된(1789, 정조 13년) 1년 후에 이루어진 것이다.

2. 용주사의 입지환경

용주사가 위치한 화성은 현재 개발로 인해 몸살을 앓고 있다. 특히 용주사 주변에는 아파트 건설 진행 여부를 둘러싼 갈등이 지속되고 있다. 도시의 발전과 더불어 개발은 어쩔 수 없이 이루어지고 불가피한 측면이 있다고 하지만, 우리의 삶이 전통을 바탕으로 성장해가는 것이라면, 전통문화와 동행은 결코 뒤떨어진 것이라 할 수 없다. 따라서 우리 전통문화의 가치성에 대한 인식변화를 통해 현대와 전통이 공존하는 방안에 대해 깊이 고민하는 계기가 되었으면 한다.

전통과 현대적 특징이 조화를 이룬 화성은 정조와 떼려야 뗄 수 없는 관계성을 가진다. 화성은 정조가 사도세자의 무덤을 천장하고 건설한 정조의 꿈과 이상이 반영된 도시이다. 정조는 화성을 건설하면서 "화성華城이라 이름한 것은 대개 화華땅의 봉인封人이 축복을 올린 뜻을 붙인 것이다. 원소園所의 주산이 곧 화산花山인데, 화花와 화華는 통하고, 부府의 남쪽에 유천柳川이 있으니, 화산류천花山柳川은 그 또한 만화방창萬化方暢한 뜻"[10]이라 하였다. 여기에는 정조가 화성을 바라보는 인식을 고스란히 반영하고 있다. 물론 용주사도 정조의 깊은 관심 속에 입지선정이 이루어졌고 건설되었다.

그림 2 1920년대의 용주사(출처 : 『조선고적도보』)

　정조는 용주사를 사도세자의 원찰이라는 상징성을 부여하는 데 그치지 않고, 길지를 선정하고자 하였으며, 융릉과 같은 범주에 위치할 것을 요구하였다. 그래서 용주사를 융릉의 주산인 화산으로부터 성황산으로 이어진 곳에 입지시켰다.[11] 이는 동질성과 접근성의 극대화를 위한 것으로, 편리성과 시간절약이라는 두 가지 관점에서 다루어졌는데 다음과 같다.

　첫째, 편리성이 고려되었는데 용주사는 융릉과 같은 능선에 자리하고, 융릉으로부터 멀지 않은 곳에 위치하였다. 여기에는 왕릉에 참배를 마치고 절에 들려 선왕의 명복을 비는 의식을 수행하는 데 있어 지나치게 멀다면 시간상의 제약이 따르기 때문이다.

　둘째, 참배의 편리성도 아울러 고려되었는데, 조선시대 원찰로 조성된 사찰의 경우에는 높고 큰 험한 산속에 자리하지 않았다는 점에서 이를 입증한다. 즉, 선·정릉의 원찰인 봉은사가 그렇고 세조의 원찰인 봉선사가 그렇다. 물론 용주사의 경우에도 낮은 산자락에 위치해서 이곳을 찾는데 전혀 불편함을 느끼기 어렵다.

　그 외에도 용주사는 얕은 산자락에 입지하여 주변 산세와 어우러져 아름다운 풍경을 자랑한다. 또한 주변 환경과 어우러져 전혀 어색함을 찾을 수 없는 모습이다. 이는 우리 전통사찰의 특징적인 모습이 곧 자연과 함께하는 모습과 전혀 다르지 않다.

III. 용주사 입지에 나타난 풍수적 특징

1. 용주사의 주산과 안산, 그리고 공간구성

　화산과 성황산으로 이어진 능선에 자리한 용주사의 주산은 그림 3과 같이 무곡 금성체의 아름다운 형상을 하고 있다. 주산과 마주 바라보는 안산도 역시 아름다운 형상이다. 하지만 용주사의 주룡은 일반적인 사찰과는 다른 모습을 보인다. 주산으로부터 출맥한 주룡이 용주사의 중심을 관통하기보다는, 용주사의 우측을 보호하는 역할에 만족하고 있어, 언뜻 보면 용주사는 골짜기에 자리한 것처럼 보인다. 이는 일반적인 사찰의 경우와는 많은 차이를 보이는 것으로, 용주사의 지형적 특징이라 할 수 있다.[12]

그림 3 용주사의 주산-무곡 금성체

이와 같이 풍수적 관점에서 전통건축의 입지를 확인하고 특징적인 모습을 살피다 보면, 입지를 선정하는 데 있어 당시 풍수가들의 고민을 읽을 수 있다. 먼저 주산과 안산을 충족해야 했고, 주룡이 힘차게 행룡하여 혈을 맺어야 하며, 여기에 건축물을 건설하려면 토목공사가 어렵지 않게 이루어져야 한다. 또한 합당한 보국을 갖추고 있어, 사찰과 같은 건축물이 들어설 수 있도록 공간을 제공하여야 한다. 이는 보국의 크기에 의해 사찰의 규모와 배치, 그리고 특징적인 공간구성이 이루어지는 것이기 때문에, 당시의 풍수가는 단순히 입지를 선정하는 것에 그치지 않았고 공간구성에 대한 다양하고 복잡한 사고를 동시에 진행하여야 했다. 입지선정이 이루어지고 입지의 특징적인 모습과 부합하는 건축공간의 구성이 이루어질 수밖에 없기 때문에, 건축물의 배치와 공간구성, 그리고 중요 건축물의 좌향을 결정하는 일과 같은 거의 대부분의 설계가 풍수가에 의해 이루어지는 구조를 가질 수밖에 없었다. 이를 확인시켜주는 자료가 많이 남아 있지 않지만, 그림 4에는 양택 공간구성기법 중에 하나인 팔택법을 통해 공간을 구분하고, 각 궁위에 합당한 배치를 실천하였다. 특히 가족 구성원의 나이와 성별에 따라 합당한 방향에 배치를 하였으며, 현대의 건축설계도와 유사한 형식으로 작성하였다. 따라서 국립민속박물관이 소장한 양택도는 풍수가에 의해 공간구성이 이루어졌다는 것을 입증시켜주는 중요한 자료라 할 수 있다.

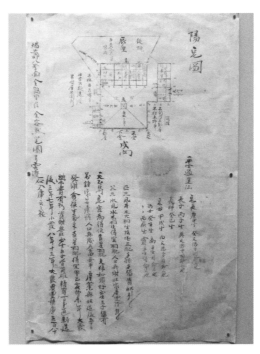

그림 4 양택도(출처 : 동아시아건축역사연구실)

우리 전통건축은 자연지형과 절묘한 조화를 이루고 있는데, 여기에는 자연지형의 특징적인 모습에 대한 이해와 이를 합리적으로 활용할 줄 아는 지혜에서 출발하였다. 그런 차원에서 당시 풍수가는 다양한 요구조건에 부합하는 지혜와 능력을 보유하고 있었고, 입지선정과 공간구성의 중요한 임무를 수행할 수밖에 없는 구조적인 특징을 가지고 있었다. 하지만 우리 전통건축의 마스터플랜(master plan)은 누구에 의해 이루어졌는지 어떤 사고와 생각을 바탕으로 이루어졌는지에 대한 연구는 이루어지지 않았다. 이와 같은 배경에는 풍수와 전통건축 입지의 특징적인 모습과 자연지형의 활용에 대한 이해부족으로 연구가 이루어질 수 있는 구조가 갖추어지지 않았다. 또한 전통건축의 연구는 주로 목구조에 편중되는 모습을 보이게 되었고, 전통건축의 공간구성과 건축물 배치에 반영된 근본적인 사고에 대한 연구가 이루어지지 않았다. 따라서 전통건축의 근본적이고 특징적인 모습을 이해하기 위해서는 입지에 반영된 풍수를 바탕으로, 당시 전통건축의 특징적인 모습을 유추하여야 할 것이다.

2. 용주사의 혈처는 시방칠등각

풍수가는 공간구성과 건축물을 배치하는 데 있어서 어떤 의도를 가지고 있었고, 가장 중요한 의미를 어느 건축물에 두었는지, 그리고 그 건축물을 혈처에 배치한 배경에는 무엇이 있는지 유추하기 위해서는 먼저 혈처를 찾아야 한다. 왜냐하면 혈은 입지선정과 공간구성에 있어 가장 중요한 의미를 갖기 때문이다. 또한 건축물을 배치하는 데 우선적으로 고려된 특징들을 유추하는 데 있어서도 가장 중요한 요인이다. 따라서 전통건축을 연구하는 데 있어서 혈처를 우선적으로 확인하여야 하는데, 혈처는 주산과 주룡을 중심으로 살피게 된다. 물론 이러한 원칙은 용주사도 예외가 될 수 없었으며, 가장 확실한 특징을 도출할 수 있는 기준이 되었다.

그림 5 혈처에 자리한 시방칠등각

그림 6 사도세자 위패를 모신 호성전

용주사의 공간구성과 지향하는 바를 알기 위해서는 호성전이 혈처에 자리하는지 살펴보아야 한다. 왜냐하면 용주사는 사도세자의 위패를 모시기 위해 건설한 사찰이기 때문에, 사도세자의 위패를 모신 호성전을 중심으로 공간구성을 하는 것은 어쩌면 당연하기 때문이다. 그러나 용주사는 일반적인 상식과 달리 시방칠등각을 혈처에 배치하면서, 호성전은 혈처도 아니고 규모가 크지도 않을 뿐더러, 용주사의 중심도 아닌 대웅전 뒤편 좌측에 배치하고 있다. 용주사가 지향하는 방향성을 제시하기 위해서라도 호성전을 혈처에 배치하는 것이 원칙이라 할 수 있으나, 시방칠등각을 배치하였는지 의문이 드는데, 여기에는 여러 이유들이 반영되었을 것으로 보인다.

첫째, 산신사상山神思想을 그대로 수용한 것이다. 당시의 의식 속에는 산에는 산신이 있고, 산신이 지배한다는 생각이 자리하고 있었다. 사도세자가 묻혀 있는 화산도 예외가 될 수 없었으며, 산에 의지해 묻혀 있는 사도세자의 묘가 안전하고 편안하기 위해서는 산신의 도움이 필요하다는 인식을 바탕에 두고 있었다. 따라서 산신에 대해 제사 지내는 산신각을 우선적으로 배려하고 받드는 선택을 한 것이라 할 수 있다.[13] 그 외에도 각 사찰은 먼저 주산의 이름을 앞에다 붙이고 뒤에 사찰의 이름을 쓰는 식으로 그 의미를 간직하고 있다. 이는 풍수가 산의 정기를 받고자 하였고 가장 중요한 의미를 갖는 산을 태조산과 중조산, 그리고 소조산 혹은 주산과 같은 개념으로 서열화하는 것에 그치지 않고, 그 산의 정기가 응결된 곳을 확보하고자 하였던 개념과 연결된 것이다. 이는 산이 갖는 권위와 상징성, 그리고 특징적인 모습을 그대로 수용한 것으로, 우리 토속신앙에서 말한 산신사상과 일맥상통하는 모습을 보인다. 즉, 산의 정기를 받는 것과 산을 지배하는 산신의 의미를 같은 개념상에 두고 보면, 그 중요성은 결코 소홀히 다루기 어려운 의미를 갖는다.

둘째, 부처님의 가피를 온몸으로 받기 위한 배려라 할 수 있다. 즉, 대웅전에서 부처님을 향해 절을 하게 되는데, 이 또한 결국엔 사도세자의 위패를 향해 절하는 것과 별반 다르지 않는 모습이기 때문이다. 그 외에도 부처님의 큰 그림자에 의지하고자 하는 나약한 인간의 모습을 건축물의 배치를 통해 실천한 것이라 할 수 있다.

셋째, 선택의 여지가 없었다는 해석도 가능하다. 즉, 용주사 입지의 특징적인 모습을 거스르기 어려운 측면이 강하다. 혈처에 부처님을 모신 대웅전을 배치하기에는 공간구성이 어려웠다. 그렇다고 사도세자의 위패를 모신 건축물을 그림 7과 같이 사찰의 한쪽 귀퉁이에 배치하는 것도 선뜻 선택하기 어려웠다고 할 수 있다. 이러한 여러 특징적인 모습 때문에 어쩔 수 없이 사도세자의 위패를 모신 호성전을 대웅전 뒤편 좌측에 배치한 것이라 할 수 있다.

그림 7 용주사 배치도(출처 : 네이버 지도에 추가 작도)

3. 용주사의 사격과 물길

용주사는 화산 자락에 푸근히 안긴 모습이다. 용주사의 입지와 주변 환경에서 특이한 모습을 찾기 어려운 것은, 모든 산들이 완전 탈살되어 순하게 박환이 이루어진 곳에 자리하기 때문이다. 이는 풍수적 사고에 기인한 것으로 용주사 입지의 특징적인 모습을 대변한다.

용주사 입지의 또 다른 특징은 앞에서 밝힌 바와 같이 우백호 자락에 의지하고 있으며, 중요한 의미를 갖는 정기조차도 우백호 자락에 의해 제공받고 있다. 반면에 용주사의 물길은 그림 7과 같이 뒤쪽에서 발원하여 좌청룡 쪽으로 흐르는 모습으로, 혈처의 전면에 흐르는 물길과 달리 음양교배가 원만하게 이루어지는 구조는 아니다. 이러한 지형적인 특징을 의산방수依山傍水라 하는데, 산과 물을 옆에 두고 있어, 의산방수는 혈의 결지와 물 흐름의 안전성을 중요하게 고려하기 마련인데 다음과 같다.

첫째, 의산방수의 지형조건은 횡룡입수依山傍水[14]의 특징적인 모습을 확인할 수 있다. 횡룡입수의 경우에는 좌청룡이나 혹은 우백호 자락에 의지해 정기를 제공받게 되는데, 특히 귀성鬼星[15]과 낙산樂山[16]은 필수적인 요소이다. 물론 용주사의 경우에는 우백호자락에서 정기를 제공받고 있으며, 귀성과 낙산을 구비한 모습이다.

둘째, 일반적으로 물길을 옆에 두기보다는 앞에 두는 것을 선호하기 마련인데, 물은 언제든 돌변해서 생명을 위협할 수 있기 때문에 관리 가능한 범주에 두고자 하였기 때문이다. 특히 용주사의 경우처럼 물이 건물의 옆쪽이나 앞쪽이 아닌 뒤쪽에서 흘러드는 것은 감시의 범주를 벗어난다. 즉, 뒤쪽에서 물이 닥쳐올 경우에 미처 대피할 시간이 적기 때문에, 항상 위험요인을 안고 있어 선호하기 어려웠다. 따라서 우리의 전통건축은 건축물의 배치와 좌향을 선택할 때 이를 중요하게 고려할 수밖에 없었고, 이를 극복할 합리적인 방법을 찾았을 것이다. 용주사의 경우에는 이곳에 건축물과 담장을 건설하지 않아, 항상 감시의 범주에서 벗어나지 않도록 하는 조치를 하였다.

4. 반룡농주형의 용주사

물형론은 형국론 혹은 갈형론이라고도 불리며, 형세풍수, 이기풍수와 같이 풍수논리의 한 축을 형성하기도 한다. 또한, 물형론은 혈을 중심으로 주변 산세의 형상을 인물과 금수, 화수 등 여러 형상으로 분류하고,[17] 정기가 어느 부위에 집중되어 있는지를 설명하기 위한 풍수이론 중에 하나이다. 즉, 물형론은 살아 있는 생명체나 사람들이 쓰고 있는 도구처럼 의인화 혹은 의물화된 특징을 통해 실현된다는 논리를 구성한다.

용주사는 정조의 여의주 사랑에서 비롯된 이름이다. 또한, 정조는 『홍재전서』에서 "화산은 본래부터 영기가 모인 곳으로, 그 형상은 서린 용이 여의주를 가지고 노는 모습"[18]이라고 하였다. 이와 같이 정조는 여의주를 무척이나 사랑하였고, 이에 대해 구체적인 상황들을 제시하기도 하였다. 특히 사도세자의 융릉隆陵은 반룡농주형盤龍弄珠形과 대주향공형對珠向空形의 명당으로 거론되던 곳으로, 효종 때에 윤선도에 의해 효종의 능지로 추천되었던 곳이다.

그림 8 건원릉과 용주사(출처 : 건릉지)

용주사는 사도세자의 융릉과 지근거리에 위치할 뿐만 아니라, 힘차게 행룡하는 입수룡과 정면에 보이는 여의주산조차도 융릉과 마찬가지로 아름다운 모습으로 하고 있어, 용주사의 물형을 반룡농주형이라 하여도 전혀 어색함을 찾을 수 없다. 이와 같이 물형은 다양한 환경요인들을 고려하여 제시하기 마련인데, 보는 관점에 따라 달리 인식할 수 있다는 점에서 비판의 대상이 되기도 한다.

물형론은 여러 비판적인 시각에서 논란을 만들고 있기도 하지만, 풍수가 갖는 다양한 인식의 범주를 넓히는 데 지대한 공을 세운 것도 사실이다. 누구나 바라보는 자연의 형상을 살아 있는 생명체로 인식하고, 여기에 사람과 동물 등에 비유하여 유추하는 모습은 풍수가 갖는 상상력의 확대라는 측면에서 적극 권장할 필요성이 크다. 풍수적 사고는 전통적인 논리의 틀인 용·혈·

사·수·향으로 대변되는 지리오결에 매몰되어 있는데, 이를 탈피할 수 있다는 점에서도 물형론은 그 역할이 지대하다.

현대의 풍수가 다양한 영역과 접목하고 발전하기 위해서는 전통의 고수도 중요하지만, 새로운 인식과 사고의 전환을 통한 활용범위의 확장을 꾀할 필요성이 크기 때문이다. 그런 차원에서 물형론은 스토리텔링을 통한 풍수사고의 범위를 넓히는 데 가장 핵심적인 요소가 될 수 있다.

5. 용주사의 좌향

호순신의 지리신법은 왕실을 중심으로 궁궐과 왕릉 건설의 좌향에 활용되고 있었다. 따라서 용주사도 조선시대를 풍미한 호순신의 지리신법을 적용하였을 것이라는 전제는 가능하다. 특히 가장 핵심적인 의미를 갖는 시방칠등각을 중심으로 좌향을 적용해보면 표 1과 같다.

표 1 용주사의 시방칠등각 『지리신법』 적용 여부 검토결과

구분	입수룡	입수룡 대오행	좌향	득수			파구			부합 여부
				포태	구성	길흉	포태	구성	길흉	
시방 칠등각	건(우) 乾(右)	금金	자좌오향 子坐午向	축丑	양養	탐랑 貪狼	길吉	정 丁	병病	염정 廉貞	흉凶	○

용주사의 시방칠등각을 나경으로 측정하면, 우선右旋 건입수乾入首에 자좌오향子坐午向이고, 축득수丑得水에 정파丁破이다. 건입수乾入首는 대오행大五行으로 분류하면 김국金局에 해당한다. 축득은 포태법으로 양養에 해당하고, 구성九星은 탐랑貪狼에 해당하여 길하다. 정파丁破는 포태법으로 병病에 해당하고 구성으로는 염정廉貞에 해당하여 흉凶하다. 따라서 길한 방향에서 득수하고 흉한 방향으로 파해야 한다는 호순신의 논리에 부합한다.

Ⅳ. 용주사와 정조의 풍수

정조와 관련한 풍수연구는 김두규에 의해 이루어진 이후,[19] 성동환[20]과 김동욱·우희중[21] 등의 연구가 있다. 이들의 연구는 주로 정조가 사도세자의 무덤을 천장하는 과정에 반영된 풍수에 초점을 맞추고 있다. 특히 성동환의 연구는 정조에게 자문한 지사들과 관련한 내용과 천장과정

에 반영된 풍수적 특징, 그리고 화성건설에 초점을 맞춤으로써, 정조가 사도세자 무덤의 천장과 용주사를 건설하는 과정에서 보여준 풍수의 정치적 활용이라 측면은 비교적 소홀히 다룬 면이 있다. 따라서 정조가 보여준 풍수를 통한 효심과 아울러 정치적 활용이라는 측면에서 조명하는 연구의 필요성은 크다고 할 것이다.

1. 용주사의 건설과 정조의 효심

정조는 용주사의 창건동기에 대해 『홍재전서』 화산룡주사봉불기복게조花山龍珠寺奉佛祈福偈條에서 현륭원顯隆園의 재궁齋宮으로 세운 것이라고 분명하게 밝히고 있다.[22] 즉, 억울하게 죽은 아버지 사도세자의 명복을 빌기 위한 것이라고 한다. 따라서 용주사는 사도세자의 원찰로 창건된 것으로 정조의 효심에서 비롯된 것이다.

정조는 사도세자의 현륭원을 천장하고 『홍재전서』 현륭원지에 자신이 구차한 목숨을 유지한 절절한 심정의 한 자락을 내비친다.[23] 그러면서 정조는 어버이를 장사 지내는 데에는 반드시 정성스럽고 성실하게 하여 후회가 있어서는 안 된다고 자신의 생각을 밝히고 있다.[24] 이러한 정조의 언행을 통해 정조가 아버지 사도세자를 향한 효의 정도를 짐작할 수 있다. 정조는 효를 실천하는 방편으로 사도세자의 능을 이장하는 것에 그치지 않고 화성을 건설하게 되는데, 이는 곧 원침을 보호하여 억만 년토록 유구하게 이어나가게 하려는 것이라고 한다.[25] 정조의 이러한 생각은 확고하였고 이를 실천하는 데 있어서 풍수를 통한 길지확보에 대한 인식 또한 컸다고 할 수 있다.

길지에 사도세자의 묘를 조성한 것이 효심으로부터 비롯되었던 것처럼, 용주사도 역시 정조의 효심을 바탕으로 길지에 건설하였다.[26] 이러한 생각은 용주사 상량문에서도 확인할 수 있는데, 지극한 효성을 바탕으로 정성을 기울여 절을 지었음을 밝히고 있어 정조의 효심과 용주사가 건립된 목적을 분명하게 드러내고 있다.[27]

그 외에 정조는 여의주에 대한 깊은 사랑을 드러내는데, 여의주 형상의 안산에 대한 정조의 집착 정도를 살펴볼 수 있다. 정조는 선친의 묘를 이장한 후에 반룡농주형의 지기를 보완하고자 그림 9와 같이 현륭원 주위 다섯 군데에 여의주에 해당하는 인위적인 소봉小峯을 만들었다. 소봉의 위치는 현재 세류봉 비행장에 있었던 응봉과 만년제 가운데 섬, 조금고개 근처 논, 융릉 남서쪽, 현릉·융릉 재실지와 건릉 입구에 있었다고 하는데, 현재는 융릉 남서쪽 여의주 봉우리만 남아 있다.

그림 9 능원침내금양전도(출처 : 건릉지)　　　　　그림 10 융릉의 곤신지

　　정조는 융릉 남서쪽에 인공 연못도 만들었는데, 이 못의 형태가 특이하게 둥근 모양이다. 동양사상에 '천원지방天圓地方'이라 하여 연못은 네모진 형상으로 만드는 것이 일반적이다. 이는 하늘 기운을 땅에 담는다는 뜻으로, 둥근 연못을 만든 것은 여의주를 상징하기 위한 것이다. 화성 방류정의 용연 역시 이곳과 똑같은 원형 연못으로 반룡농주에 대한 정조의 고집을 알 수 있다.[28] 『홍재전서』에는 "만약 분금에 구애되어 문득 주안株案을 그르치게 되면, 천성의 형국을 어기고 빈주賓主의 정의를 잃게 되는 것이니, 비록 나침반의 묘용을 모조리 얻은들 또한 무슨 보탬이 되겠는가."라고 하면서 "차라리 분금을 제쳐둘지언정 알맞은 안산을 잃어서는 안 되는 것"[29]이라고 한다. 이러한 정조의 고집은 가까운 산을 제쳐두고 멀리 위치한 여의주 형상의 안산을 선택하면서, 간艮 입수룡과 2눈금이나 벗어난 계좌정향癸坐丁向으로 좌향을 선택하는 억지스러움까지 보이고 있다.

　　정조가 생각한 길지는 주산과 안산, 그리고 좌청룡과 우백호로 대변되는 일반적인 풍수론에 그치지 않았다는 점이다. 『홍재전서』 「유서諭書」에는 "용주사 뒷산이 본신으로부터 맥을 나누어 접혀진 어병御屛과 옥궤玉几의 형상으로 웅건하게 버티고 널찍하게 펼쳐져 외청룡이 되어 겹겹으로 가리어 막고 있다. 그러니 이곳은 비록 보축을 하지 않더라도 조금도 이지러지거나 모자람이 없다."[30]고 하였다. 이와 같이 정조는 깊은 풍수실력을 바탕으로 형세적 관점과 이기적 관점에서 뛰어난 풍수실력을 겸비하였다. 즉, 정조의 풍수실력은 한마디로 설명하기 어려운 경지에 있었고, 이를 유감없이 사도세자의 원침을 조성하는 데 쏟아붓고 있다. 뿐만 아니라 용주사의 입지선정에 있어서도 원침의 입지선정에 못지않은 풍수실력을 보여주고 있다.

그림 11 사도세자와 정조 내외의 위패

또한 정조는 사도세자의 위패를 모시기 위해 호성전을 건립하였는데, 정조대왕은 성인을 모신 전각이란 이름으로 아버지를 성인의 반열에 올리고자 하였다. 지금의 호성전 안에는 사도세자 내외와 정조 내외의 영가를 그림 11과 같이 구름 용 문양의 위패를 복제하여 전각 가운데에 모시고 있다. 또한 정조대왕의 효심을 계승하고자 돌아가신 선망부모의 위패를 그 주변에 함께 봉안하여 자식된 도리를 다하고자 하였다.

그 외에도 정조는 용주사 창건이 아버지 사도세자의 명복을 빌기 위한 능침사찰로만 생각한 것이 아니라, 모든 백성들이 '불설대보 부모은중경佛說大寶 父母恩重經'[31]을 받들고 실천하여 부처님의 가르침에 따라 국가를 경영하겠다는 큰 포부를 가지고 있었다. 여기에 용주사는 정조대왕의 효심을 받들어 호성전 앞에 타 사찰에서는 볼 수 없는 부모은중경탑父母恩重經塔을 조성하여 부처님의 사리를 모시고 있다. 이는 용주사를 찾는 많은 사람들이 부모은중경탑에 예경하고 부처님께서 말씀하신 '부모님의 은혜 10가지'를 마음속 깊이 새겨 실천할 것을 바라고 있다.

2. 정조의 풍수인식과 실력

조선 후기 개혁을 주도하였던 군주 정조에 이르러 풍수는 다시 왕실로 들어가 깊이 연구된다. 정조는 당파 싸움의 폐해가 왕실을 농락하는 지경에 이른 현실에서, 그들에게 아버지 사도세자(1735-1762)의 무덤을 옮기는 일조차도 맡길 수 없음을 알게 된다. 그래서 정조는 본인이 직접 풍수를 공부하여 자신의 의지로 제대로 된 자리를 선정하고자 한다. 하지만 적어도 자신이 계획한 사도세자 능을 천장하기 전까지는 풍수에 대해서 관심이 없었다고 스스로 고백하고 있다.

> 나는 본래 감여가의 학문에 어두워 그것이 무슨 말인지 알지 못하였다. 갑오년(1774, 영조 50년) 능원에 성묘를 한 뒤로부터 은근히 뉘우치는 뜻이 있어 처음에는 옛사람의 지리를 논한 여러 가지 책을 취하여 전심으로 연구하여 그 종지宗旨를 얻은 듯하였다. 그래서 선원의 용, 혈, 사, 수를 가지고 옛날 방술과 참고해보았더니, 하자가 많고 길격은 하나도 없었다. 그러나 오히려 자신을 갖지 못하여 세속의 지사로서 안목이 있는 자를 널리 불러 그 사람의 조예를 시험해본 바, 그들의 언론과 지식이 옛 방술에 어긋나지 않아 곧 앞뒤로 전날 능원을 논한 것을 찾아 살펴보았더니 그들의 논한 바가 상자에 넘칠 정도였다.[32]

정조는 능지의 선정에서부터 능의 조성과 좌향의 결정, 그리고 정혈하는 모든 과정에 직접 관여하였다. 하나하나 일일이 직접 챙기고 지시하며 본인의 승인 하에 능지의 조성을 완성하게 된다. 그 내면에는 조정의 신하들을 믿지 않았고 믿을 수 없다는 인식이 강하게 작용하고 있었다. 정조는 그동안 왕릉을 선정하고 조성하는 과정에서 대신들에 의해 많은 농간이 자리하고 있었음을 알게 되었고, 자신의 아버지 사도세자 묘 천장과정에서만은 이러한 폐해들을 방지함으로써, 자신의 입지를 강화하고 확실히 우위에 서고자 하였다.

왕릉조성과 천장과정에는 보이지 않는 권력다툼이 존재하고 있었고, 누가 우위를 점하느냐에 따라 권력이 재편되었다. 조선의 왕은 등극과 동시에 선왕의 장례를 치르는 일을 개시하는 것으로 자신의 공식 업무를 시작하게 된다. 이때 장례일정의 전 과정을 감독·지휘하는 대신들에 의해 철저하게 세뇌의 과정을 거치게 된다. 따라서 대신들의 꼭두각시와 같은 존재로 전락할 것인가, 아니면 홀로서기를 할 것인가의 중요한 기로에 서게 된다. 이것은 군신 간에 눈에 보이지 않는 기싸움이자 권력다툼의 최첨단에 있었던 것이다.

이때 풍수는 다양한 활용성이 담보되었는데, 정치상황에 따라 여러 모습으로 그 실체를 드러내기도 하였다. 정조는 풍수가 갖는 다양한 모습을 잘 이해하고 있었고 적절히 활용하는 모습을 보이는데, 정조는 본인이 직접 공부한 풍수를 통해 자신의 정치적 목적을 수행하기도 하였다.

즉, 사도세자 원침의 천장과 화성건설, 그리고 용주사를 건설하는 일련의 과정에는 풍수가 중요한 매개체 역할을 수행하였다. 이러한 과정은 단순하게 원침의 천장만을 위한 것이 아니라 중요한 정치적 목적이 동반되고 있었다.

한편 정조는 풍수를 깊이 공부하였는데, 그가 인식하고 이해한 풍수의 모습을 『홍재전서』에 자세히 소개하고 있는데 다음과 같다.

> 산수의 법은 음양에 근본하는데 음양이란 두 기운이니, 선천인 하도와 후천인 낙서를 벗어나지 않으며 하도가 체가 되고 낙서가 용이 된다. 옛날의 성인이 상을 관찰하고 변화에 응하여 처음 팔괘를 그음에 삼십육궁이 칠십 이후가 되었다. 이런 까닭으로 혼천납갑에 음이 물러가고 양이 나아가는 것으로써 법을 삼았던 것이다. 나무는 봄에 꽃을 피우고 밤은 실내에서 싹을 틔우며 구리가 생산되는 산이 서쪽에서 무너짐에 신령스런 종이 동쪽에서 감응하였다. 그리고 땅에는 네 곳의 형세가 있음에 기운이 팔방을 따르니, 이 기운은 바람을 타면 흩어지고 물을 접하면 그치며 모이면 흩어지지 않고 가면 그침이 있다. 그러므로 이를 일러 풍수라 하는 것이다. [33]

정조는 형세풍수를 위주로 하여야 한다는 인식을 가지고 있었으나,[34] 풍수를 음양론에 기초한 하도와 낙서, 팔괘, 그리고 삼십육궁三十六宮과 칠십이七十二에 바탕을 두었다고 보았다. 또한 정조는 동기감응론을 비롯한 풍수에 대해 확고한 믿음을 가진 것으로 보이지는 않지만, 그렇다고 믿을 수 없는 술수라 매도하지도 않았다. 이것이 정조가 풍수를 바라보는 한 단면이라 할 수 있는데, 조선의 수많은 유학자들의 인식과도 크게 다르지 않은 모습을 보인다. 실제로 주자의 학문을 금과옥조처럼 여기던 조선의 유학들에게 있어서 주자의 『산릉의장山陵議狀』을 비롯한 동기감응론의 수용은 전적으로 받아들이기도, 그렇다고 부정할 수도 없는 상황에 직면해 있었다. 그래서 조선의 유학자들은 풍수를 전적으로 부정하기보다는 긍정도 부정도 아닌 어정쩡한 자세를 견지한다.[35]

이러한 인식과 달리 정조는 화복론을 바탕으로 한 동기감응론보다는 효에 바탕을 둔 모습을 보이고 있다.[36] 또한 정조는 길지를 찾기 위한 노력을 게을리 해서도 안 된다고 하였다. '천장지비天藏地秘'한 길지는 하늘의 운과 일치되어야만 가능한 것이니, 어찌 사람의 힘만으로 가능하겠는가?'라고 한다. 그만큼 길지를 찾기 어렵다는 것을 인정하면서 『시경詩經』을 인용하여 다시금 강조하고 있다.

> 길지가 완전하게 생긴 곳은 반드시 기회와 인연의 합쳐짐이 있어야 하고, 국운이 하늘의 복을 크

게 받아 번창하는 일 또한 하늘이 돕는 영웅을 기다려야 한다.[37]

그 외에도 정조는 현륭원을 이장하지 않고는 불안하여 편히 쉬지 못하였다고 밝히고 있다.[38] 그만큼 길지로 이장하고픈 맘이 컸고 이를 확보하기 위해 부단한 노력을 기울였음을 밝히고 있다.[39] 『현륭원원소도감의궤顯隆園園所都監儀軌』와 『홍재전서』에는 사도세자의 능인 건릉의 천장과정을 자세히 기록하고 있다.[40] 이를 통해 정조가 인식한 풍수와 풍수술에 대해 알 수 있는데, 정조는 풍수가 갖는 특징적인 모습은 물론 풍수술에 대해 정통한 모습을 보인다. 따라서 정조의 풍수인식은 정성을 다하고 길지를 확보하여야 한다는 생각은 확고하였다. 이러한 정조의 풍수가 완성되는 데 있어서 여러 사람의 도움을 받고 있었는데, 총호사 김익과 금성위 박명원, 그리고 지사로는 박대양과 김양직 · 주남술 · 채윤전, 성몽용 등이 활약하였다.[41]

V. 정조는 최고의 풍수가였다

이상과 같이 용주사의 풍수와 정조의 풍수논리에 대해 살펴보았다. 정조는 사도세자의 묘를 수원화성으로 이장하기 위해 풍수를 연구하였으며, 이를 실천한 곳이 현재의 융릉이다. 이와 같이 정조는 깊은 풍수실력을 바탕으로 사도세자의 묘를 이장하고 여기에 더해 화성을 건설하였다. 이러한 인식의 연장선에서 용주사를 원찰로 선정하고 중창하였다는 전제는 가능해진다. 따라서 용주사가 사도세자의 원찰이 될 수 있었던 배경에는 거리상 가깝다는 이유 외에도, 풍수를 중요하게 고려하였다는 점을 배제하기 어렵다. 실제로 정조는 사도세자의 묘를 이장하는 과정에서 전면에 보이는 안산을 여의주로 인식하였고, 그 중요성에 대해 굉장히 강조하는 모습을 보인다. 이와 같이 용주사는 정조의 각별한 관심 속에 입지가 선정되고 건설되었는데, 용주사의 풍수적 특징을 살펴보면 다음과 같다.

첫째, 주산인 성황산은 무곡 금성체의 형상으로 아름다운 모습이다. 안산 또한 아름다운 모습으로 길지조건을 구비하였다. 당시 전통사찰의 입지선정과 공간구성에는 풍수가들의 역할이 지대하였고, 이들에 의해 입지선정만이 아니고 건축물의 배치와 공간구성이 이루어졌다. 이를 확인시켜주는 자료가 국립민속박물관에 소장된 양택도에 의해 입증되고 있다.

둘째, 용주사를 대표하는 혈처에는 시방칠등각이 자리한다. 시방칠등각은 삼성각과 같은 의미가 부여된 전각인데, 이를 혈처에 배치한 배경에는 우리 토속신앙을 그대로 수용한 것이다. 즉, 사도세자의 원침이 자리한 화산은 산신이 지배한다는 생각의 연장선에서, 이들 산신에게 사도세자를 잘 보살펴달라는 염원을 반영한 것이다. 또 다른 생각은 부처님의 가피를 온몸으로 받기 위한 배려라 할 수 있다. 그 외에도 용주사의 입지조건과 부합한 배치를 하는 과정에서 나타난 어쩔 수 없는 측면이 있었다는 해석도 가능하다. 즉, 혈처가 사찰의 중심부가 아닌 한쪽에 치우쳐 있어서 대웅전과 같은 사찰을 대표하는 건축물을 배치할 수 없는 한계성 때문이라 할 수 있다.

셋째, 용주사의 사격과 물길의 특징적인 모습은 우백호가 주룡의 역할을 수행하는 모습이다. 또한 물길은 용주사의 전면을 환포하는 형상이 아닌 옆으로 흐르는 의산방수의 특징적인 모습이다.

넷째, 용주사의 물형은 반룡농주형이다. 용주사는 정조의 여의주 사랑에서 비롯된 이름으로, 용주사도 융릉의 물형과 크게 다른 모습을 확인하기 어렵다. 즉, 힘차게 행룡하는 입수룡과 이를 정면에서 바라보는 여의주산은 용주사라고 해서 전혀 다른 모습으로 보이지 않기 때문이다.

다섯째, 용주사는 왕실을 중심으로 널리 활용되던 호순신의 지리신법에 부합한다. 특히 용주사의 혈처를 차지한 시방칠등각을 나경으로 측정하면, 우선 건입수에 자좌오향이고 축득수에 정파이다. 건입수는 대오행으로 분류하면 금국에 해당한다. 축득은 포태법은 양에 해당하고 구성은 탐랑에 해당하여 길하다. 정파는 포태법으로 병에 해당하고 구성으로는 염정에 해당하여 흉하다. 따라서 길한 방향에서 득수하고 흉한 방향으로 파해야 한다는 호순신의 논리에 부합한다.

정조는 용주사의 창건 동기에 대해 『홍재전서』 화산룡주사봉불기복게조에서 현륭원의 재궁으로 세운 것이라고 분명하게 밝히고 있다. 즉, 억울하게 죽은 아버지 사도세자의 명복을 빌기 위한 것이라고 한다. 따라서 용주사는 사도세자의 원찰로 창건된 것으로 정조의 효심에서 비롯된 것이다. 사실 조선 초에는 왕이나 왕비의 능 옆에 사찰을 건립하고 재를 올리는 것이 일반적인 모습이었다. 정조는 사도세자의 위패를 모시기 위해 용주사에 호성전을 건립하였는데, 호성전은 성인을 모신 전각이란 이름으로 아버지를 성인의 반열에 올리고자 하였다. 정조는 용주사 창건이 아버지 사도세자의 명복을 빌기 위한 능침사찰로만 생각한 것이 아니라, 더 나아가 모든 백성들이 '불설대보 부모은중경'을 받들고 실천하여 부처님의 가르침에 따라 국가를 경영하겠다는 큰 포부를 가지고 있었다.

그 외에도 풍수는 조선 정치사에서 중요한 역할을 담당하였는데, 정조는 풍수가 갖는 다양한 모습을 잘 이해하고 있었고 적절히 활용하는 모습을 보인다. 본인이 직접 공부한 풍수를 통해 자신의 정치적 목적을 수행하는데, 사도세자 원침의 천장과 화성 건설, 그리고 용주사를 건설하는 일련의 과정에 중요한 정치적 목적이 동반되고 있었다.

이상과 같이 정조는 정성을 다하고 풍수 길지를 확보하여야 한다는 생각은 확고하였다. 또한 풍수가 훌륭한 정치적 수단이 될 수 있다는 점도 깊이 이해하고 있었고, 상황에 따라 적절히 활용하는 모습조차 확인할 수 있다.

1 용주사가 들어서기 전에 이곳에는 갈양사라는 절이 있었다고 전하나, 문헌자료가 없어 정확한 연관성과 근거는 찾을 수 없다.

2 능침원찰에 대한 용어는 다양하게 사용되었다. 서치상은 능침사찰로, 김봉렬은 능침수호사찰로, 봉은사 실측조사보고서에서는 능침사찰, 능찰, 능사, 조포사란 용어를 사용하였다. 경기도지정문화재 실측조사보고서에는 능사, 능침, 재궁이라는 용어를 사용하고 있다.

3 용주사의 창건과 관련한 연구는 다음과 같다.

정해득,「正祖의 龍珠寺 創建 研究」『사학연구』제93호, 한국사학회, 2009, pp.147-190.; 서치상,「朝鮮後期 陵寢寺刹의 造營에 관한 研究-龍珠寺 創建工事를 중심으로」『대한건축학회지』제47호, 대한건축학회, 1992, pp.131-138.

용주사의 건축과 관련한 연구는 다음과 같다.

유호건,「조선시대 능침원당 사찰의 건축특성에 관한 연구 : 용주사를 중심으로」, 경기대학교 석사학위논문, 2008.; 이강근,「龍珠寺의 건축과 18세기의 創建役」『미술사학』제31집, 한국미술사연구회, 2008, pp.101-131.; 이남규,「華城 隆健陵·龍珠寺 지역 역사 문화적 배경과 그 의미 : 최근의 유적발굴조사 내용을 중심으로」『미술사학』제31집, 미술사학연구회, 2008, pp.133-153.; 손창수,「龍珠寺의 建築的 特性에 關한 研究」, 성균관대학교 석사학위논문, 1999.

4 용주사의 불화관련 연구는 다음과 같다.
류화숙,「용주사감로탱화의 고찰」, 동국대학교 석사학위논문, 2005; 최선일,「용주사 대웅보전 목조석가삼존불좌상과 조각승 : 戒初比丘를 중심으로」『동악미술사학』제4호, 동악미술사학회, 2003, pp.73 -87.; 임재훈,「화성 용주사 대웅보전 포벽화의 제작기법 및 손상도 평가」, 충북대학교 석사학위논문, 2014; 강관식,「용주사 후불탱과 조선후기 궁중회화 : 대웅보전〈삼세여래체탱〉의 작가와 시기, 양식 해석의 재검토」『미술사학』제31집, 미술사학연구회, 2008, pp.5-62.; 강영철,「조선후기 龍珠寺 佛畵의 硏究」, 동국대학교 석사학위논문, 2001; 김경섭,「龍珠寺 大雄寶殿 三佛會圖의 硏究」, 동국대학교 석사학위논문, 1997; 양용선,「용주사 대웅보전 단청양식의 고찰 : 문채에 반영된 궁궐장식 요소의 분석을 중심으로」, 동국대학교 석사학위논문, 2009; 백승경,「朝鮮後期 龍珠寺 및 인근 王室願刹의 佛畵 硏究」, 부산대학교 석사학위논문, 2005.

5 『朝鮮佛敎總報』1, 1917, p.26. : 右葛陽寺 即今龍珠寺前身舊號也.

6 『龍珠寺梵鐘銘』2 : 城隍山之前身花山 葛陽寺之後身龍珠寺 新羅文聖王十六年五月創建 同時鑄此梵鐘佛紀二千九百五十年七月住持釋松居大蓮記.

7 이강근,「龍珠寺의 건축과 18세기의 創建役」『미술사학』제31집, 한국미술사연구회, 2008, p.104.

8 이강근, 위의 논문, p.106.

9 조선총독부,『朝鮮寺刹史料』上, 고려서림, 1986, pp.47-48.

10 『弘齋全書』卷176「日得錄16」訓語三 : 是府之名以華城 蓋寓華封祝聖之意也. 園所主山即花山 而花與華通 府治之南 有柳川焉 花山柳川 其亦萬化方暢之意也.

11 이 산은 칠보산(七寶山)으로부터 이어진 산 능선으로 칠보산이 곧 태조산(太祖山)에 해당한다.

12 일반적인 사찰의 경우에는 주룡이 사찰의 중심부를 관통하여 가장 중심적인 건축물에 정기를 불어넣는 것에 비하면 특이하다 할 수 있다.

13 우리나라 토속신앙의 한 자락을 차지한 산신의 의미를 되새기기 위해 사찰에서 수용한 칠성각 혹은 산신각은 산이 갖는 권위를 인정한 것이기도 하다.

14 행룡(行龍)하는 주룡(主龍)의 측면에서 맥(脈)이 나와 혈(穴)을 결지하는 입수형태(入首形態)다.

15 귀성(鬼星)은 횡룡입수에서 입수룡의 반대편에 붙어 있는 작은 지각으로, 용(龍)과 혈(穴)을 지탱하고 기(氣)를 혈(穴)로 밀어주는 역할을 담당한다.

16 낙산은 횡룡입수된 혈장에서 뒤가 허한 것을 보호해주는 산이다. 낙산(樂山)은 횡룡입수된 혈장에서 뒤가 허(虛)한 것을 보호해주는 산이다.

17 정경연,『정통풍수지리』, 평단, 2008, p.703.

18 『弘齋全書』卷28「綸音」3, 諭水原民綸音 己酉 : 花山 鍾靈有自 其象則盤龍弄珠.

19 김두규,『내 운을 살려주는 풍수여행』, 동아일보사, 2008.

20 성동환,「현륭원 천원과 화성건설을 통해 본 정조의 풍수지리관」『한국사상사학』제17집, 한국사상사학회, 2001, pp.121-167.

21 김동욱·우희종,「顯隆園의 입지선정과 원침계획에서 正祖의 역할」『건축역사연구』제17권 5호, 한국건축역사학회, 1998, pp.23-37 .

22 『弘齋全書』卷55「雜著」花山龍珠寺奉佛祈福偈 : 寺爲顯隆園齋宮而建也.

23 『弘齋全書』卷16「誌」顯隆園誌 : 小子不肖 抱徹天極地之冤 不死至于今 冥然苟然頑然如土石者 且有待於錫胤而託重 得遂誕報之大願至祝.

24 『弘齋全書』卷57「雜著四」遷園事實 一〇己酉 : 君子之葬親 必誠必信 勿之有悔.

25 『弘齋全書』卷169「日得錄九」政事四 : 華城之築城鑿池 設行宮置留都 卽拱護園寢億萬年悠久之計也.

26 정조는 비참하게 죽어간 아버지 사도세자의 원침을 옮기고 추존왕으로 삼아 사도세자의 원을 풀어주고자 하였다. 이러한 일련의 과정에는 복잡한 정치적 난관들이 도사리고 있었고 이를 극복하기 위한 정조의 부단한 노력이 함께 하였다. 물론 이러한 진행과정에는 정조의 효심이 중요하게 작용하였다. 정조는 풍수를 통해 길지를 선정하는 것이 보다 중요한 의미를 갖는다는 생각이 확고하였다. 따라서 정조는 본인이 직접 풍수를 공부하였고, 이를 현실 속에 실천하여 사도세자의 원침을 조성하는 데 우선적으로 활용하였다. 입지를 선정하고 좌향과 정혈처를 정하는 일련의 과정에 정조는 직접적으로 관여하는 모습을 보인다. 또한 화성을 건설하는 데 정조의 정성과 관심의 도는 굉장하였는데, 여기에서도 정조의 풍수실력은 유감 없이 발휘된다.

27 蔡濟恭,「花山龍珠寺 上樑文」『용주사』, 사찰문화연구원, 1993, p.237. : 惟我主上殿下 孝源百行 … 精誠默凝 格上天而相感吉慶旋至 徹下地而昭休 乃以靡不用極之忱 遂決於爲建寺之議.

28 박천우,「정조의 화성건설」『수원학연구』, 수원시, 2007, p.186.

29 『弘齋全書』卷38「諭書」諭顯隆園都監諸臣書 己酉 : 若拘於分金而閃失珠案 則違天成之形局 失賓主之情義 雖盡得羅經之妙用 亦何益哉 則寧廢分金 不可失之案.

30 『弘齋全書』卷38「諭書」諭園官及地方官水原府使書 : 龍珠寺後山 自本身分脈 作帳合御屛玉几之形 雄峙闊展 爲外靑龍 重重遮障 此處雖不補築 少無虧欠.

31 불교 경전의 하나로, 수나라 말기에서 당나라 초기에 간행되었다. 부모의 은혜가 한량 없이 크고 깊음을 설파하여 그 은혜에 보답할 것을 가르치는 경전이다. 1권으로 되어 있다.

32 『弘齋全書』卷57「雜書4」予於堪輿家學 素泛眛不省其爲何說 自甲午省園以後 瞿然有悔懊意 始取古人論地理諸書 潛心玩索 若有得其宗旨 於是以先園之龍穴砂水 參之古方所論 疵欠居多 而吉格則絶無矣. 然猶不敢自信 廣招世所稱地師之有眼目者 扣其所存 其言論知識 不悖於古方 則輒使奉審 前後之進舊園山論者 殆溢于箱篋.

33 『弘齋全書』卷131「故寔 3 朱子大全 2」: 夫山水之法 本於陰陽 陰陽者二氣也. 不外乎先天之河圖 後天之洛書 而河圖爲體 洛書爲用 古之聖人 觀象應變 始畫八卦 三十六宮 爲七十二候 是以渾天納甲 乃以陰退陽進爲法 木華於春 栗芽於室 銅山西崩 靈鐘東應 地有四勢 氣從八方 是氣也. 乘風則散 界水則止 聚之則不散 行之則有止. 故謂之風水.

34 김두규,『내 운을 살려주는 풍수여행』, 동아일보사, 2008, p.263.

35 박정해, 한동수,「조선 유학자들의 동기감응론 인식」『한국민족문화』41집, 2011, p.129.

36 『弘齋全書』卷57「雜書4」遷園事實 一〇己酉 : 君子之葬親 必誠必信 勿之有悔 或不能致誠信於其初者 固爲終身之恨 而悔猶不之改 則不孝又孰甚焉.

37 『弘齋全書』卷57「雜書4」: 然吉地之功全胚胎 必有機緣之湊合 邦籙之慶錫熾昌 亦待保佑之靈應.

38 『弘齋全書』卷57「雜著四」遷園事實 一〇己酉 : 而尤以先寢之未叶吉兆 爲至恨至冤 每時節展省 遍審岡麓 怵惕悸恐 不遑寧處.

39 『弘齋全書』卷57「雜著四」遷園事實 一○己酉 : 嘗分遣地師 歷審先陵內占標及畿湖諸山.

40 효자(孝子)였던 정조는 자신의 아버지를 위해 새로운 길지를 확보하고 천장하게 되는 데 있어 철저히 풍수적인 요소를 반영하고 있었다. 그리고 풍수를 부정하지도 않았고 자신의 문집인『홍재전서(弘齋全書)』에 상세히 기록을 남기고 있다. 대부분의 유학자들이 풍수적인 바탕에서 길지를 선정하고 건축하고 있으면서도, 기록으로 남기는 것에 인색했던 것에 비하면 상당히 고무적이다. 이것은 정조 자신의 풍수실력에 대한 자신감의 반영일 수 있고, 오랜 숙원을 달성하였기 때문에 이를 기록으로 남기고 싶었다고 할 수 있다.

41 『弘齋全書』卷58「雜著五」遷園事實 象設第三 : 摠護使金熤 錦城尉朴明源 率地師 副司果朴大良 副司勇金養直 朱南述 蔡潤銓 前五衛將成夢龍.

참고문헌

『弘齋全書』

『朝鮮佛教總報』1, 1917.

『龍珠寺梵鐘銘』2

김동욱 · 우희종, 「顯隆園의 입지선정과 원침계획에서 正祖의 역할」『건축역사연구』제17권 5호, 한국건축역
　　　사학회, 2008.

김두규, 『내 운을 살려주는 풍수여행』, 동아일보사, 2008.

박정해, 한동수, 「조선 유학자들의 동기감응론 인식」『한국민족문화』41집, 2011.

박천우, 「정조의 화성건설」『수원학연구』, 수원시, 2007.

성동환, 「현륭원 천원과 화성건설을 통해 본 정조의 풍수지리관」『한국사상사학』제17집, 한국사상사학회,
　　　2001.

이강근, 「龍珠寺의 건축과 18세기의 創建役」『미술사학』제31집, 한국미술사연구회, 2008.

정경연, 『정통풍수지리』, 평단, 2008.

조선총독부, 『朝鮮寺刹史料』上, 고려서림, 1986.

蔡濟恭, 「花山龍珠寺 上樑文」『용주사』, 사찰문화연구원, 1993.

한국고전종합DB.

제11장

오대산 적멸보궁 입지의 풍수환경과 해석

제11장

오대산 적멸보궁 입지의 풍수환경과 해석

Ⅰ. 진신사리보장처 적멸보궁[*]

　오대산 적멸보궁은 강원도 평창군 진부면 오대산 중대에 자리한다. 적멸보궁은 신라시대 이래 진신사리보장처眞身舍利保藏處라는 점에서 불교계의 관심과 주목을 받아왔다. 특히 적멸보궁은 오대산의 주봉인 비로봉(1,563m)을 태조산으로 삼아 지기 가득한 곳에 자리한다.

　최치원이 지은 숭복사 비문은 불교가 우리나라에 전파된 이후에 중요사찰의 입지선정은 풍수에 바탕을 두고 이루어졌다는 것을 확인시켜준다.[1] 특히, 이들 사찰은 깊은 산속에 자리하면서도 절묘하다 싶을 정도로 입지선정의 중요성을 제시하였다. 또한 풍수논리의 핵심을 차지하는 건축물은 풍수의 핵심적인 의미를 갖는 혈처에 입지시켰다. 이는 불교와 풍수사상이 결합되어 입지선정의 기준점으로 활용되었다는 것을 확인시켜주는 것으로, 비단 불교건축만의 특징적인 모습이 아니라 오랜 역사를 간직한 전통건축유적을 통해 확인할 수 있다.

　풍수가 갖는 특징은 자연과의 조화를 통한 합리적인 입지선정을 목표로 한다. 이에 대해 신라의 입당승들은 형세풍수의 발상지라 하는 강서지역의 유학을 통해 우리나라에 사찰 입지의 전

---

* 『동아시아불교문화』 제23집(2015. 9.)에 게재.

형을 완성해갔다. 특히, 부처님의 진신사리를 모신 적멸보궁은 그 의미가 클 수밖에 없었고 특별한 의미로 인식되었기에, 입지선정에 지대한 영향을 미칠 수밖에 없는 구조였다. 이와 같이 불교는 부처님의 진신사리를 가장 중요하게 인식하고 있었고, 이를 풍수적 특징이 가장 잘 반영된 입지에 안치하였다. 소위 명당이라 부르는 혈처에 안치하였으며 사찰의 핵심적인 의미를 부여하였다. 오대산 적멸보궁은 5대 적멸보궁[2] 중에 하나로, 적멸보궁이 자리한 입지는 중요한 의미를 갖는다. 따라서 오대산 적멸보궁과 관련한 입지에 대해 풍수적 특징을 살펴보는 것은 그 의미가 크다. 또한 당시 입지선정기준과 풍수인식에는 어떤 사고가 반영되었는지 살펴볼 필요성은 크다. 하지만 당시의 풍수서만으로 이해하기 쉽도록 구체적인 설명을 하는 데 한계가 있어 시대구분 없이 여러 풍수서를 바탕으로 살펴본다. 오대산 적멸보궁의 입지에 대한 풍수적 해석 연구는 이학동(2000)에 의해 이루어졌으나,[3] 적멸보궁의 주변 지형을 지리학적 관점에 중점을 두고 있어, 풍수적 특징에 대한 해석은 부족한 실정이다. 따라서 본 연구는 적멸보궁의 입지가 갖는 특징을 형세적 관점과 이기론적 관점에서 현장조사와 문헌고찰을 통해 오대산 적멸보궁의 역사적 변화와 아울러 풍수 특징을 살펴본다.

오대산 적멸보궁과 관련한 문헌자료는 많지 않아, 『삼국유사』와 『조선왕조실록』, 『오대산사적』,[4] 『오대산중대적멸보궁불량문五臺山中臺寂滅寶宮佛糧文』,[5] 『불종찰약사』 등을 통해 살펴보고자 하지만, 작은 파편들을 모을 수 있는 실정이다.

II. 오대산 적멸보궁의 입지환경과 연혁

1. 오대산 적멸보궁의 입지환경

오대산은 강원도 평창군 진부면과 홍천군 내면 경계에 있는 산으로, 태백산맥 중심에서 차령산맥이 서쪽으로 길게 뻗어나가는 첫머리에 우뚝 솟은 산인데 면적은 303.9km²이다. 오대산은 비로봉毗盧峰(1,563m)을 주봉으로 남서쪽으로 소대산小臺山(1,270m)과 호령봉虎嶺峰(1,560m), 소계방산(1,490m)을 뻗어 내린다. 동쪽으로는 상왕봉上王峰(1,493m)과 두로봉頭老峰(1,422m), 동대산東臺山(1,434m), 노인봉老人峰(1,338m) 등으로 이어진다. 이와 같이 오대산은 각각의 봉우리들이 에워싸고 있어 보국을 만들고 분지를 형성하였는데, 적멸보궁은 분지의 한중심을 차지한 중대에 위치한다. 그 외에 분지의 한복판에는 북한강北漢江의 지류인 오대천이 비교적 깊은 협곡을 이루면서 남류한다.

오대산의 지명과 관련하여 『세종실록』「지리지」에는 "봉우리 다섯이 고리처럼 벌려 섰는데, 크기와 작기가 고른 까닭에 오대산이라 한다."[6]라고 하였다. 그 외에도 두 가지 설이 있는데, 이를 살펴보면 다음과 같다.

첫째, 동서남북, 그리고 중앙에 각각 오대가 있어 오대산이라 하였다는 것이다. 즉, 동쪽에 만월대滿月臺, 서쪽에 장령대長嶺臺, 남쪽에 기린대麒麟臺, 북쪽에 상삼대象三臺, 중앙에 지공대知工臺가 있어, 이들 5개의 대를 꼽아 오대산이라 불렀다고 한다.

둘째, 오대五臺에 각기 석가 · 관음 · 미타 · 지장 · 문수와 같은 부처가 상주하며 설법하는 성지라서 오대산이라 이름 붙였다고 한다. 실제로 오대산에는 대한불교 조계종의 제4교구 본사인 월정사와 상원사, 중대 적멸보궁, 북대사, 중대사, 서대사 등과 같이 유서 깊은 사찰과 아울러 오대산 사고가 있다.

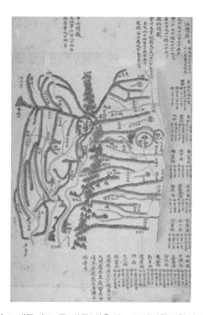

그림 1 해동지도 중 강릉부(출처 : 규장각한국학연구원)

조선시대에 오대산은 강릉대도호부에 편입되어 있어 지금과는 다른 편제였다.[7] 오대산이 편입되었던, 강릉부에 대해 『세종실록』「지리지」를 통해 살펴보면 다음과 같다.

본래 예濊의 고국古國인데, 한나라 무제 원봉元封 2년에 장수를 보내어 우거右渠를 치고 사군四郡을 정할 때에, 임둔臨屯이라 하였다. 고구려에서는 하서량河西良이라 일컬었고, 신라 선덕왕은 소경小京을 두었다. 태종왕 5년 무오에 하슬라何瑟羅의 땅이 말갈과 연접하였다 하여, 경京을 파하여 주州로 만들고, 도독都督을 두어서 지키게 하였는데, 경덕왕 15년 정유에 하서주河西州를 명주溟州라 고쳤다. 혜공왕 12년에 옛 이름으로 회복하고, 고려 태조 19년 병신에 이름을 동원경東原京이라 불렀다. 성종

2년 계미에 하서부河西府로 고쳤고, 5년 병술에는 명주도독부溟州都督府로 하였다. 11년 계사 명주목으로 고쳤고, 14년 병신에 명주단련사溟州團練使로 고쳤다가, 원종 원년 경신에 공신 금홍취金洪就의 고향이라 하여 경흥도호부慶興都護府로 승격하였고, 충렬왕 34년 무신에 강릉부江陵府로 고쳤다. 공양왕 원년 기사에 대도호부大都護府로 승격하였고, 본조에서도 그대로 따랐는데, 별호는 임영臨瀛이라 한다. 속현屬縣이 2이니, 연곡현連谷縣은 본래 고구려의 복산현爻山縣인데, 신라 경덕왕 때에 명주溟州의 영현領縣으로 하였고, 고려 현종 9년 무오에 지금 이름으로 고쳐서 그대로 임내任內로 만들었다. 우계현羽溪縣은 본래 고구려의 우곡현羽谷縣인데, 신라 때에 지금 이름으로 고쳐서 삼척군三陟郡의 영현으로 하였고, 고려 현종 9년 무오에 명주 임내로 이속移屬하였는데, 본조에서도 그대로 따랐으며, 별호를 옥당玉堂이라 한다.[8]

그 외에도 강릉과 평창군은 땅이 메마르다고 기록하고 있다. 여기에는 산이 깊어 너른 평야를 갖지 못한 탓이리라 생각된다.

2. 오대산 적멸보궁의 연혁

오대산 적멸보궁의 연혁을 알기 위해서는 이곳을 건설한 것으로 알려진 자장율사의 행적을 추적할 필요성이 있다. 자장율사는 선덕여왕 7년(638) 당에서 유학하던 중 중국 오대산 태화지太和池가에서 문수보살로부터 불정골佛頂骨과 치아사리齒牙舍利 등을 받아서 643년에 귀국한다. 이후 황룡사에 9층탑을 세우고 사리를 봉안한다. 또한 오대산 중대에 사리를 안치하고, 태백산 정암사와 양산 통도사, 설악산 봉정암, 영월 사자사(법흥사)에 사리탑을 건립하고 부처님 진신사리를 봉안하는데,[9] 오늘날 이 다섯 곳을 5대 적멸보궁이라 부른다.

그림 2 적멸보궁

자장율사로부터 비롯된 적멸보궁이 언제부터 우리나라에 세워지기 시작했는지는 정확하지 않다. 왜냐하면 불탑과 계단이 사리를 봉안한 곳인데 반하여, 적멸보궁 건물은 사리에 배례拜禮를 드리는 장소, 즉 배전拜殿이므로 계단이나 불탑 앞에 세워져야 하기 때문이다. 기록으로 보아 가장 오래된 배전이 있었을 법한 통도사 금강계단의 경우에도 현존 적멸보궁 건물이 1645년에 중건되었다는 사실만 알려져 있을 뿐, 그 자리에 언제부터 건물이 있었는지는 알 길이 없다.[10] 사실 통도사 적멸보궁은 1970년대까지만 해도 적멸보궁이라는 현판이 걸려 있지 않았고 사리각이나 대웅전으로 불렸으며, 1934년에 보완된『불종찰약사』에도 적멸보궁이라는 말은 보이지 않는다.[11]

따라서 적멸보궁이라는 명칭과 관련해서 가장 오랜 예는 오대산 중대에 세워진 배전이다. 이 건물을 적멸보궁이라고 칭한 문헌 사료로는「오대산중대적멸보궁불량문–갑본甲本」(1814)과「오대산중대적멸보궁불량문–을본乙本」(1825)이 있고, 적멸궁이란 이름이 새겨져 있는 유물로는 밀부(앞면: "江原道五臺山中臺寂滅宮守護禪敎兼八道釋品第一都院長密符者", 庚申年)가 있다.[12] 또한 중대향각에 걸려 있는 1878년 당시의 중창 사실을 적은 현판 3개에도 적멸보궁이란 이름이 쓰이고 있다. 이로써 적멸보궁이란 이름이 19세기 초에 공식적으로 쓰이고 있음을 알 수 있다. 그러나 그 이전에 건물 이름을 무엇이라 불렀는지는 확인되지 않고 있으며,『조선왕조실록』은 물론 1902년에 엮은『오대산사적』에서도 '적멸보궁'이라는 이름은 마찬가지로 찾을 수 없다.[13]

그림 3 오대산 적멸보궁 안에 걸린 현판

현판 기록에 의하면, 중대 적멸보궁 건물이 현재와 같은 모습으로 개건된 것은 1878년의 일이다. 또한 적멸보궁 뒤편 언덕에 세워져 있는 비석은 제작시기를 알 수 없으나, 땅속에 묻혀 있던 것을 방한암스님이 찾아내어 다시 세워놓았다고 한다. 1999년 10월에 조사할 당시 중대향각 마루 위에 걸려 있던 8개의 현판 가운데 3개가 1878년의 중창과 관련이 있는데 다음은 그 현판의 기록이다.[14]

> 「현판 1」: 中臺寂滅寶宮重創記光緖四年戊寅五月日崒岳普衛謹誌
> 「현판 2」: 中臺寂滅寶宮重建大施主秩光緖四年戊寅五月日
> 「현판 3」: 寶宮丹□施主秩佛紀二九□三年丙子八月十五

「현판 1」은 1878년의 개건 공사전모를 기록하고 있는데, 보궁이 산꼭대기에 세워져 있어서 풍우에 씻기고 퇴락하였으므로, 서울에서 온 혜은화상^{惠隱和尙}이 대화주가 되어 널리 시주를 모아 먼저 상원사를 중수하고 나서, 적멸보궁의 기와를 갈고 서까래를 바꿔 끼우고 헌가^{軒架}를 수리하고 단청을 새롭게 하였음을 알 수 있다. 이 가운데 헌가를 수리했다는 표현이 곧 창건 건물(현 속건물)의 사방에 퇴칸을 덧달아낸 것을 뜻하는 것으로 보인다.

「현판 2」는 중건당시 대시주 명단을 적은 것으로, 상궁 3인을 포함한 청신녀등 11인의 명단을 적고, 현세의 수복과 극락왕생을 서원하면서 수백 냥에서 열 냥까지 시주를 하였음을 밝히고 있다.

「현판 3」은 상궁 갑술생 천씨 등 상궁 8명을 비롯하여, 71명의 시주자 명단과 시주액수를 71행에 걸쳐 기록하고 있다. 이를 통해 현판은 중건 당시의 현황과 시주자 명단, 시주액수를 알 수 있는 자료이다.

한편, 오대산 적멸보궁의 사리가 신기한 현상을 보였다는 기록을 확인할 수 있는데,『세조실록』에는 사리가 분신하여 오색 빛을 모두 갖추고 있다고 한다. 또한, 명장승회를 열자 여러 기인한 상서가 거듭 나타나고, 담무갈보살[15]이 무수한 소상을 나타내었다가 다시 대상을 나타내어 그 길이가 하늘에 닿았다고 한다.[16]

III. 오대산 적멸보궁의 풍수환경

1. 오대산 적멸보궁의 주룡

앞에서 살펴본 것처럼, 적멸보궁은 오대산 중심에 자리한 중대^{中臺}에 위치한다. 중대는 오대산의 주봉인 비로봉을 태조산으로 하여 가장 중심부위에 위치한다. 따라서 적멸보궁이 자리한 중대는 그림 4와 같이 비로봉의 중출맥에 해당하며, 오대산의 가장 정통성을 가진 곳이라고 해석할 수 있다. 다시 말해서 적멸보궁의 입지는 오대산에서 가장 핵심적인 의미를 간직한 곳이라 할 수 있다.

명대의 풍수서『산양지미』에는 물物로써 형形을 이루고 형은 세勢를 쫓아 움직인다[17]고 하면서, 기氣는 맥脈을 쫓아 나타나 맥은 기를 끼고 움직이며, 맥은 형상이 있어야 나타난다고 하였다.[18] 따라서 비로봉의 중심에서 출맥한 용은 생기 넘치게 위이기복하며 행룡하여 강룡強龍이자 생룡生龍의 모습으로 그 기세를 드러내고 있다. 강룡은 기세가 강함을 의미한다면, 생룡은 생기발랄한 모습으로 변화무쌍함과 아울러 활기차게 행룡하는 용이다. 즉, 혈을 맺을 수 있는 용의 모습을 대변한다. 또한, 용의 형상과 혈처와의 관계성을 통해 음래양수陰來陽受하고 양래음수陽來陰受[19]한다고 하는데, 적멸보궁의 경우에는 혈처의 뒤편이 짧고 낮게 결인속기結咽束氣 하였다면, 혈처는 볼록한 모습을 하고 있어 양래음수하는 모습이다.

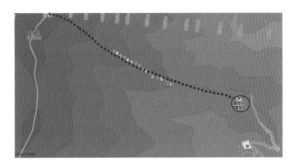

그림 4 오대산 적멸보궁의 주룡(출처 : 다음 지도에 추가 작도)

이와 같이 용의 행룡과정을 통해 혈의 결지법을 알 수 있는데, 오대산 적멸보궁의 경우에는 태조산인 비로봉으로부터 출맥한 주룡을 통해 혈의 결지법을 유추하면, 바로 태식잉육법胎息孕育法과 결인속기법結咽束氣法이다. 먼저 태식잉육법은 그림 5와 같이 현무봉에서 용맥이 처음 출발하는 곳을 태胎라 하고, 중간에 잘록하게 과협過峽하거나 결인하는 지점을 식息이라 한다. 기가 정축되어 있어 임산부의 배처럼 볼록하게 생긴 입수도두는 잉孕이라면, 혈은 아이를 낳아 기르는 거와 같다하여 육育이라 한다. 마치 잉태한 어머니의 뱃속 탯줄과 같은 이치다. 탯줄이 처음 시작되는 곳이 태胎이고, 탯줄의 잘록잘록한 부분이 식息이다. 태아의 배꼽부분은 잉孕이며, 태아가 자라고 있는 태반은 육育이다. 반면에 결인속기법은 용의 목을 묶어 기를 모으는 것을 결인속기結咽束氣라 하는데, 외적으로는 결인結咽하고, 내적으로는 속기束氣한다는 뜻이다. 즉, 기의 단속을 통해 생기의 양을 조절하여 혈장에 보내는 방법을 활용하는 형국이다.

주룡은 태조산으로부터 혈처에 이르는 전 과정을 주룡이라 할 수 있는데, 특히 중출맥으로 출맥한 경우를 정룡正龍이라 한다. 정룡은 태조산의 정기를 정통으로 연결한다는 의미를 갖는다

그림 5 태식잉육법(출처 : 지리담자록)

면,[20] 방룡傍龍은 정룡의 주변을 보호하고 곁을 지킨다는 의미로 주룡의 보호사保護砂 성격을 갖는다. 물론 적멸보궁의 주룡은 정룡으로서 주변방룡들의 보호를 받으며 힘찬 행룡을 통해 적멸보궁이 자리한 혈처에 생기를 제공하는 모습이다. 이와 같이 정룡이 방룡의 보호를 필요로 하는 배경에는 『금낭경』「형세편形勢編」의 논리가 근거가 되었다.[21] 또한 주룡과 방룡의 높이에 따라 혈의 높이도 결정되는데, 천혈天穴과 인혈人穴, 그리고 지혈地穴로 분류할 수 있다. 적멸보궁이 위치한 곳처럼 높은 봉우리에 맺은 혈을 천혈이라 부른다. 이러한 천혈은 바람으로부터 혈의 기가 흩어지지 않도록 보호하는 사격의 중요성은 더욱 중요하게 고려하여야 한다.

2. 오대산 적멸보궁의 혈

혈이란 주산의 주룡이자 정룡이 여러 변화를 거치는 행룡을 통해 기를 융결한 곳으로, 풍수가 추구하는 궁극적인 곳이다. 따라서 풍수에서는 이곳에 가장 핵심적인 건축물을 배치하게 되는데, 오대산 적멸보궁이 오대산의 정기를 한곳에 모아놓은 혈처에 자리하는지 여부를 살펴보는 것은 본 연구의 가장 핵심적인 의제라 할 수 있다.

표 1 생왕룡의 분류(출처 : 『지리인자수지』)

용龍의 분류分類	生龍 目疵多界低	強龍	順龍 前向脚枝	進龍	逃龍 馬疵福身龍是逃
생룡 生龍	생룡도 生龍圖	강룡도 強龍圖	순룡도 順龍圖	진룡도 進龍圖	복룡도 福龍圖

혈을 결지하기 위해서는 우선적으로 생룡에 해당하는 주룡이 있어야 하고, 다음으로 오랜 행룡을 통해 험하고 강한 기를 떨쳐내는 박환의 과정을 통해 정제된 지기만을 모아놓아야 한다.

그 외에도 용진龍眞하고 혈적穴的하는 모습을 보여야 하는데, 용의 행룡이 더 이상 진행되지 않고 그곳에 멈춰 기를 모으는 과정이 필요하다. 여기에서 혈적이란, 혈을 맺는 데 있어서 기본적으로 갖춰야 하는 요소들을 말하는 것으로, 입수도두와 선익, 순전, 그리고 혈토 등이 이에 해당한다.

오대산 적멸보궁 입지의 특징적인 모습은 그림 6과 같이 오대산에서 뻗어 내린 산줄기들이 이곳을 겹겹이 감싸 안아 아늑하고 완벽한 보국을 형성한 곳에 자리한다. 이를 최고의 풍수서인 『청오경』에는 "복되고 후덕한 땅은 모습이 온화하여 궁색하지 않고, 사방의 산들은 두루 합하여 둘러 감싸주니, 그 주와 객이 법에 맞는다."[22]고 하였던 것이다. 『금낭경』「산세편」에는 "좋은 땅의 산이라는 것은 엎드린 듯 이어진 듯, 그 근원根源이 하늘로부터 온다. 마치 물결과 같고, 마치 달리는 말과 같다. 그 래*함은 달리는 말과 같고, 그 머묾은 시신屍身과 같다. 용龍인 듯 난조鸞鳥인 듯 혹은 경중거리기도 하고 혹은 좌정하기도 한다."[23]라고 하였는데, 오대산의 주봉이자 태조산에 해당하는 비로봉의 중출맥이 긴 행룡을 통해 박환하는 과정을 거치게 된다.

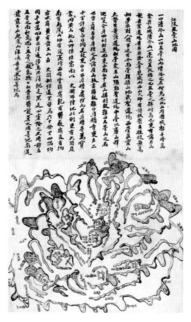

그림 6 강릉 오대산 지도(1872)(출처 : 영남대학교 박물관)

오대산 적멸보궁의 입지는 앞에서 제시한 기본적인 조건을 모두 구비하고 있을 뿐만 아니라, 여러 특징적 요인들이 어우러져 오대산을 대표하는 혈처에 자리한다. 그러나 적멸보궁의 입지에서 특이한 모습을 확인할 수 있는데, 용진혈적龍盡穴的하는 일반적인 모습과 달리 혈을 맺은 용이 다시 앞을 향해 행룡을 하고 있다는 점이다. 이러한 특징을 아우르면서 혈을 맺은 곳을 기룡혈騎龍穴이라 하는데, 기룡혈의 특징은 달리는 용의 중간에 혈을 맺는 것으로, 과룡처와 구분되는 여러 요인들을 통해 확인할 수 있다. 기룡혈의 경우에도 혈의 기본적인 조건을 갖춰야 하는 것은 물론이고, 기부포전肌附鋪氈하는 형상도 아울러 가져야 한다. 또한 혈을 맺고 남는 여기餘氣가 앞으로 행룡하는 것이기 때문에, 혈처의 앞쪽에 전순氈脣을 뚜렷하게 형성하여 기가 이곳에 머물고 있다는 것을 확인시켜주어야 한다. 이러한 여러 특징적인 모습을 통해 기룡혈의 결지 여부를 비롯하여 과룡처와 차이를 확인할 수 있다. 하지만 자칫 실수하면『금낭경』「산세편」에서 오부가 장지론五不可葬地論으로 절대 피할 것을 주문한 과산過山, 즉 과룡처過龍處로 오인할 수 있다.**24** 따라서 오대산 적멸보궁은 기룡혈을 결지한 대표적인 경우라 할 수 있다.

3. 오대산 적멸보궁의 사격과 물길

에는 사방이 병풍처럼 둘러싸이고 모든 것이 모여 있으면, 이곳이 아름다운 곳이라 하였는데,**25** 풍수논리는 혈처와 주변 사격이 서로 환포할 것과 아울러 균형과 조화를 이룰 것을 주문하고 있다. 그리고 이를 실천하는 기법으로 삼세심혈법三勢尋穴法과 삼정심혈법三停尋穴法을 제시하였다.

먼저 삼세심혈법은 혈처와 주변 사격과의 높이를 통해 균형과 조화를 이루어야 한다는 것으로,『동림조담』「재혈편」에는 상대하는 산이 높으면, 혈도 마땅히 높아야 한다**26**고 하였다. 즉, 주변 사격이 높으면 혈도 높아야 하고, 주변 사격이 낮으면 혈도 낮아야 한다는 것이다. 이와 같은 논리를 바탕으로 오대산 적멸보궁의 혈처의 높이를 살펴보면, 비로봉(1,563m)과 주변 봉우리들이 보통 1,000m 이상의 높은 봉우리들로 구성되어 있기 때문에 혈처도 당연히 높을 수밖에 없다. 반면에 혈처는 주변 사격에 비해 낮아야 하는데, 여기에는 바람으로부터 기를 보호해야 하기 때문이다.

다음으로 삼정심혈법은 주변 사격과의 거리를 통해 혈의 높이를 정하는 것으로, 주변 사격이 멀면 혈처도 낮은 곳에 자리해야 한다. 반면에 주변 사격이 가까우면 혈도 높은 곳에 자리해야 한다는 것이다. 이 또한 주변 사격과의 거리를 통해 높이를 결정하여 주변 사격과 균형과 조화를 이루게 하는 수법이다. 이와 같이 주변 사격과 혈처의 거리와 높이에 대해 균형과 조화를 강조한 배경에는, 혈처의 기를 안전하게 보존하기 위한 목적이 자리한다. 여기에는『금낭경』「기감편」의 '기는 바람을 만나면 흩어진다'는 논리가 기저에 자리한 것으로, 혈처를 외부로부터 불어오는 바람으로부터 충분히 보호할 수 있는 적절함을 추구하였던 것이다. 이와 같이 풍수는 단순히 길흉화복과 발복론만 있는 것이 아니라, 주변 지형조건과 적절히 조화를 이룰 수 있는 합리성으로 무장한 생태환경학이라 할 수 있다.

한편, 적멸보궁의 물길은 적멸보궁에서는 직접적으로 확인되지는 않지만, 지도를 비롯하여 상원사와 중대에 위치한 사자암 등으로 내려와 직접 눈으로 확인 가능하다. 청대에 저술한『수룡경水龍經』에는 물과 관련한 다양한 이론들이 총집결되어 있다. 특히 물이 필요한 이유에 대해 혈이란 어떤 경우에도 음양의 조화를 통한 음양교배와 같은 현상이 반드시 일어나야 하기 때문에 물길의 중요성은 강조되는 것이라 하였다. 이는 물의 역할을 음양론의 관점에서 논한 것이지만, 반면에 물의 형상은 오행론에 근거를 두고 목·화·토·금·수 5가지 형태로 분류하면서, 토·금·수형을 길한 형상으로 분류하였다면, 목과 화형을 흉하다고 분류하고 있다. 그 외에 물과 관련한 수법으로 납갑수법納甲水法[27]과 삼합수법三合水法,[28] 그리고 쌍산수법雙山水法,[29] 현공수법玄空水法,[30] 성도수법星度水法,[31] 황천수법黃泉水法[32] 등을 제시하였다.[33]

이와 같이 중요한 의미를 가진 물길이 적멸보궁과는 어떤 관련성을 가지고 음양교배를 실천하고 있는지 살펴보면, 적멸보궁의 우측에서 득수한 물길은 앞쪽을 지나 좌측에서 흘러온 물길과 합류하여 오대산을 가로지르는 형상이다. 따라서 적멸보궁의 물길은 우선수로써 좌선룡하는 적멸보궁의 주룡과 조화를 이루는 모습이다. 즉, 좌선룡에 우선수하는 형상이니 풍수논리에 부합하는 모습이다.

그림 7 용안수

그 외에도 산 정상에 위치한 적멸보궁을 오르다 보면, 그림 7과 같이 작은 샘물 하나를 발견할 수 있다. 이 샘물을 흔히 용안수龍眼水라 부르는데, 풍수에서는 진응수眞應水라 한다. 진응수는 주룡을 보호하고 따라온 호룡수護龍水가 상분하합上分下合을 통해 혈처에 기를 모아 놓았다는 것을 확인시켜주는 중요한 입증근거로서 작용한다. 따라서 적멸보궁 아래에 자리한 용안수는 진응수로서 뿐만 아니라, 적멸보궁의 입지가 혈처에 해당한다는 입증근거라 할 수 있다.

4. 오대산 적멸보궁의 좌향

현재 건축물을 중심으로 측정한 오대산 적멸보궁의 좌향은 해좌사향亥坐巳向이다. 이는 정남향인 오향午向으로부터 약 30° 정도 동쪽으로 틀어졌다는 것을 말한다. 풍수에서 좌향을 선택할 때에는 여러 요인들을 종합해서 결정하게 되는데, 가장 우선적으로 검토되는 것이 입수룡의 행룡방향이다. 다음으로 전면에 보이는 안산도 중요한 고려사항으로 작용한다. 하지만 간과하기 어려운 좌향 결정법으로 활용되는 것이, 당시에 풍미하던 향법이다. 향법은 시대별로 다른 향법이 등장하였고, 활용성 또한 다른 모습으로 나타나고 있다. 향법에 바탕을 둔 좌향 결정법을 살펴보기 위해서는, 적멸보궁의 연혁을 살펴봐야 한다. 왜냐하면 건설될 당시의 향법이 중요하게 고려되었을 가능성을 배제할 수 없기 때문이다.

따라서 앞에서 살펴본 오대산 적멸보궁의 연혁에 따르면, 현재의 적멸보궁은 19세기 초에 중창한 것으로 나타난다. 이러한 연혁에 근거하여 당시에 유행하던 향법을 살펴보면, 호순신의 지리신법이 적멸보궁의 좌향 결정에 적용되었을 가능성을 배제할 수 없다. 그러므로 적멸보궁에 대한 호순신의 지리신법 적용 여부를 살펴보면 표 2와 같다.

표 2 오대산 적멸보궁의 『지리신법』 적용 여부 검토결과

구분	입수룡	입수룡 대오행	좌향	득수				파구				부합 여부
					포태	구성	길흉		포태	구성	길흉	
적멸 보궁	건乾	금金	해좌 사향 亥坐巳向	신申	관官	무곡 武曲	길吉	을乙	태胎	녹존 祿存	흉凶	○

적멸보궁의 입수룡은 좌선 건룡左旋 乾龍이다. 입수룡의 대오행은 김국金局으로, 수법을 적용해보면 신득수에 을파이다. 신득수 방위는 포태법으로는 관에 해당되고 구성은 무곡에 해당된다. 을파는 포태법으로는 태에 해당되고 구성은 녹존에 해당되어 '길한 방위에서 득수하고 흉한 방위로 흘러나가야 된다'는 『지리신법』의 요구사항에 부합하고 있다. 따라서 적멸보궁은 당시에 유행하던 호순신의 지리신법을 적용하여 좌향을 정하였다는 것을 확인할 수 있다. 이는 호순신의 지리신법은 유교건축뿐만 아니라, 불교건축에서도 폭넓게 활용성을 담보하고 있었다는 것을 확인할 수 있다.

5. 비룡상천형의 오대산 적멸보궁

형국론의 기본개념은 우주만물은 저마다 모양이 있고 형을 이루는 곳에는 그에 상응하는 기가 존재한다는 것이다. 원시시대에는 자연현상을 설명할 때 자기 주변에 있는 동식물을 표준으로 삼았다. 따라서 토템(Totem) 신앙까지를 의인화하는 경향을 보이게 되며 이러한 형국론은 여기에서 유래가 시작되었다고 할 수 있다.[34] 또한 물형의 형상이 사람의 길흉에 영향을 미친다는 생각은 원시시대부터 유물신앙으로 존재했었다. 풍수 성립 초기에는 이것이 개입되지 못하다가 발달과정에서 유물 신앙적 관념이 이입되었다. 만물에 차이가 나는 것은 그것이 지니고 있는 기의 차이 때문인 것이고, 이 기氣의 상象이 형形으로 나타나는 만큼 물의 원기를 알아낼 수 있다는 사고가 형국론으로 발전한 것으로 본다.[35]

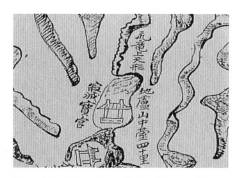

그림 8 강릉 오대산 지도(1872) 중 적멸보궁(출처 : 영남대학교 박물관)

이와 같이 형국론은 여러 특징적인 요인들을 반영하고 있고, 다양한 각도에서 그 의미를 도출할 수 있다. 그런 차원에서 적멸보궁의 형국명으로 강릉 오대산 지도에는 그림 8과 같이 비룡상천형飛龍上天形으로 제시하고 있다. 즉, 나르는 용이 하늘로 오르는 형국이라는 것으로 지형조건과 잘 부합하는 혈명을 제시하였다.

그림 9 비룡입수(출처 : www.poongsoojiri.co.kr)

오대산 적멸보궁을 비룡상천형이라 부른 혈명이 타당성을 가질 수 있는 배경에는, 입수룡이 그림 9와 같이 결인속기를 통해 잘록한 모습과 함께 솟구쳐 오르는 모습을 연출하였기 때문이다. 이와 같은 모습을 풍수에서는 비룡입수飛龍入首라 하는데, 비룡입수는 입수룡의 6격[36] 중 하나로 마치 용이 날아오르는 모습과 같다고 한다. 비룡입수飛龍入首하면 볼록하게 솟은 봉우리 정상에 혈을 맺는데, 이를 『동림조담』「주객편主客篇」에는 "여룡이 구슬을 만나 희롱하는 형국은 구슬을 만나면 머무르니 혈은 두상에 있다."[37]라고 하였다.

앞에서 살펴본 것과 같이 형국론은 다양한 형국이 유추 가능한데, 다른 각도에서 적멸보궁이 자리한 볼록한 봉우리를 여의주라고 할 수 있다. 이러한 특징을 반영하면 그림 8처럼, 여러 용들이 여의주를 서로 차지하고자 다투는 구룡쟁주형九龍爭珠形이라 유추할 수 있다. 이와 같이 보는 관점에 따라 달리 볼 수 있는 물형론은 이로 인해 비판을 받기도 하지만, 한편으로는 다양한 사고의 한 영역에서 바라볼 수 있는 것이다.

Ⅳ. 오대산 적멸보궁의 의미와 풍수해석

'적멸寂滅'이란 말은 고대 인도어 산스크리트의 'nirvana'를 한자어로 옮긴 것으로, 우리가 흔히 알고 있는 '열반涅槃'이란 말은 이 말을 소리대로 적은 것이다. 불자들은 석가모니 부처님이 살아서 이미 모든 괴로움을 벗어나解脫 열반을 이루셨고, 그 분의 죽음으로 영원한 열반을 완성했다고 믿는다. 따라서 '적멸보궁'이라는 말을 글자 그대로 풀이하면 '부처님이 열반에 들어 항상 머물러 계시는 보배로운 궁전'이라는 말이 되겠다. 부처님이 항상 머물러 계시는 곳, 즉 부처님의 진신사리가 모셔진 곳이 바로 적멸보궁이 된다.[38]

그림 10 적멸보궁의 비석

이와 같이 적멸보궁이 불교에서 차지하는 위상이 컸던 것처럼 입지선정에 있어서도 각별한 의미를 부여하였다. 즉, 적멸보궁은 풍수에 바탕을 두고 입지를 선정하는 데 머물지 않고, 가장 길지를 선정하려는 사고를 반영하였다. 이는 비단 오대산 적멸보궁의 경우에만 해당하는 것이 아니고 우리나라 거의 모든 사찰의 적멸보궁에 나타나는 일반적인 특징이다. 특히 5대 적멸보궁이라는 불리는 곳에서 이러한 특징은 보다 크게 나타나고 있는데, 여기에는 당시 유학승들의 사고 속에 길지를 선정하겠다는 사고가 강하게 자리하였던 것이다.

오대산 적멸보궁은 중대에 자리하는데, 이곳은 현재 등산로가 개척된 상태에서도 접근성이 좋은 것이 아니다. 그럼에도 불구하고 이곳을 선정했던 당시의 선지승들은 굉장히 어려운 여건 속에서 적멸보궁 입지를 선정하였으리라 생각된다. 또한 풍수적 특징이 완비된 곳이라는 점에서 당시 입지를 선정한 선지승들의 노력을 가히 짐작하고도 남는다. 그렇다면 당시 적멸보궁의 입지선정을 위해 노력하던 그들의 의식 속에는 어떤 사고와 인식이 자리하고 있었는지 살펴보면 다음과 같다.

첫째, 부처님 진신사리에 대한 경외심의 반영이다. 이는 진신사리가 갖는 의미의 반영이기도 하지만 부처님을 직접 모실 수 없는 상황에서, 부처님의 진신사리를 통한 불교적 완성을 이루고자 하는 바람의 실천이었다. 즉, 불사리佛舍利는 생전의 불타佛陀와 조금도 다름이 없이 존귀하게 모셔졌는데, 이것은 사리가 불타의 힘을 그대로 가지고 있다고 보기 때문에 일어난 신앙으로 보인다. 부처님의 진신사리는 그 어떤 것으로도 대체할 수 없는[39] 고귀한 상징물이기에 가장 길지에 모시고 싶었을 것이다. 실제로 적멸보궁이 입지한 오대산 지역은 전체적으로 붕 뚫린 곳이나 험난한 곳이라고는 한 군데도 없고, 산봉우리가 둥글둥글하게 뭉쳐 힘이 있으면서도 온순한 경관을 연출한다.[40]

그림 11 오대산 중대도, 김홍도 작, 1788(출처 : 월정사성보박물관 학술총서)

둘째, 부처님 진신사리의 도난에 대한 대비도 중요하게 고려하였을 것이다. 오대산은 예부터 신령스런 산으로 인식하고 있었고, 어떤 재앙이 닥쳐도 안전한 곳이라는 믿음이 자리하고 있었다. 이러한 인식의 연장선에서 부처님의 진신사리를 모신 적멸보궁을 건설한 것이라 판단된다.[41] 이곳 오대산에는『조선왕조실록』을 보관하는 오대산 사고가 자리하고 있는데, 이러한 인식의 연장선이라 할 수 있다.

셋째, 사찰을 대변하는 상징성을 갖는다. 강원도 오대산 깊은 곳에 자리한 상원사가 널리 알려진 배경에는 적멸보궁이 자리한다. 그만큼 적멸보궁이 갖는 의미와 역할은 컸다고 할 수 있다.

그림 12 오대산 적멸보궁(출처 : 월정사성보박물관 학술총서)

넷째, 수행처로서 그 의미는 크다. 수행은 일반인들의 접근이 제한되어야 하고, 깊은 사색을 통해 성취될 수 있다는 점에서도 좋은 조건을 구비한 것이다. 이러한 여러 조건들을 고려하여 선정한 적멸보궁이지만, 식량과 식수 조달에 어려움이 있었기 때문에 안락한 생활은 애초부터 기대하기 어려웠다. 이를 극복하기 위해 당시의 선지승의 노력은 지대했다고 할 수 있다.

풍수는 많은 세월 동안 여러 사상과 공존하면서 독특한 형태로 변형되어 절묘한 공간을 창조하게 된다. 불교와 결합하여 사찰풍수를 형성하였는데, 우리 불교가 갖는 특징적인 모습이 모두를 포용하는 것이다. 불교는 자연과 사람을 포용하고 다른 주장과 사상마저도 포용하였다. 이때 우리 인간의 모든 욕망조차도 포용하고 해결점을 제시하여 합리적으로 대안을 제시하는 것은 결코 쉬운 일이 아니다. 하지만 불교는 이러한 여러 요구를 묵묵히 수용하고 대안을 제시하는 데 성공하였다. 이때 불교가 선택한 전통적인 방법은 자연이 인간에게 제시한 가장 큰 선물인 풍수 길지를 활용하는 지혜를 터득하였던 것이다. 또한 이를 적절히 활용할 줄 알았고 적재적소에 배치하는 놀라운 통찰력마저도 가지고 있었다. 이러한 결정체적 성격을 갖는 특징적인 모습이 부처님의 진신사리를 가장 길지에 모시는 지혜로움으로 발휘되었던 것이다. 왜냐하면 자연 속에 전혀 거부감이 없으며 지형지세가 주는 아름다움과 합리성을 가진 혈처는, 인간의 세속적인 욕망을 일시에 충족시켜줄 수 있으리라는 믿음을 바탕으로 한다. 물론 이러한 믿음은 인간의 욕망을 어느 정도 충족시켜주는 현실적인 모습마저도 보여주었고, 이를 통한 종교에 대한 믿음의 크기는 커지는 부수적 효과를 거둘 수 있었다.

또한, 불교가 갖는 다양한 장점들과 합리적 교리, 그리고 이를 실천하는 스님들과 여러 신도들의 노력이 뒷받침되었지만, 풍수적 길지가 갖는 특징적인 요소들도 일정 부분 중요한 역할을 수행하였다는 것 자체를 부인하기는 어렵다. 이는 곧 길지가 갖는 무형의 힘이라 할 수 있으며, 입지선정을 통한 자연지형조건과 합리적 조화의 필요성을 제시한 사례라고 해석할 수 있다. 그런 차원에서 오대산 적멸보궁 입지의 특징적인 모습은 결코 가볍게 보기 어렵다고 할 수 있다. 뿐만 아니라 오대산을 중심으로 월정사와 상원사 등이 강원도를 대표하는 사찰의 입지를 차지할 수 있었던 배경에는 적멸보궁을 빼놓고 설명할 수 없다는 점이 이를 설명하고 있다. 적멸보궁 그 자체가 갖는 의미만으로도 여러 특징적인 모습들을 뛰어넘는 모습은 이를 입증한다.

V. 오대산 적멸보궁은 최고의 명당에 자리한다

이상과 같이 오대산 적멸보궁의 역사적 변화와 아울러 풍수적 특징에 대해 살펴보았다. 오대산 적멸보궁은 강원도 평창군 진부면 오대산 중대의 비로봉毗盧峰에 자리한다. 오대산 중턱에 자리한 적멸보궁은 오대산의 주봉인 비로봉을 태조산으로 삼아 지기 가득한 곳에 자리한다.

오대산 적멸보궁의 연혁을 알기 위해서는 이곳을 건설한 것으로 알려진 자장율사의 행적을 추적할 필요성이 있다. 자장율사는 오대산 중대에 사리를 안치하였고, 태백산 정암사와 양산 통도사, 설악산 봉정암, 영월 사자사(법흥사)에 사리탑을 건립하고 부처님 진신사리를 봉안하였는데, 오늘날 이 다섯 곳을 5대 적멸보궁이라 부른다. 하지만 적멸보궁이 언제부터 우리나라에 세우기 시작했는지는 정확하지 않다. 왜냐하면 불탑과 계단이 사리를 봉안한 곳인데 반하여, 적멸보궁 건물은 사리에 배례拜禮를 드리는 장소, 즉 배전拜殿이므로 계단이나 불탑 앞에 세워야했기 때문이다.

우리의 전통건축은 비단 불교 사찰만이 아니라 전반적인 모습에서 풍수를 바탕에 두고 입지를 선정하였다. 이와 같이 우리 전통사찰과 건축에 지대한 영향을 미친 풍수는 자연과 조화를 통해 합리적인 입지선정을 목표로 하는데, 신라의 입당승들은 형세풍수의 발상지라 하는 강서지역의 유학을 통해 우리나라에 사찰 입지의 전형을 완성해갔다. 특히, 부처님의 진신사리를 모신 적멸보궁은 그 의미가 클 수밖에 없었고, 부처님을 직접 모실 수 없는 상황에서 진신사리를 통한 불교적 완성을 이루고자 하는 바람의 실천이다. 특히, 부처님의 진신사리를 모신 적멸보궁은 그 의미가 클 수밖에 없었고 특별한 의미로 인식되기에 이른다. 다시 말해서 불사리佛舍利(진신사리)는 생전의 불타佛陀와 조금도 다름이 없이 존귀하게 모셔졌다. 이것은 사리가 불타의 힘을 그대로 가지고 있다고 믿는 신앙에서 비롯된 것이다. 이와 같은 사고의 집합체인 오대산 적멸보궁에 반영된 풍수적 특징을 살펴보면 다음과 같다.

첫째, 오대산 적멸보궁의 주룡은 정룡으로, 강룡이자 생룡에 해당한다.

둘째, 오대산 적멸보궁은 비로봉의 정기가 융결한 혈처에 자리하는데, 혈의 형상은 기룡혈의 모습이다.

셋째, 오대산 적멸보궁의 혈처는 삼세심혈법과 삼정심혈법의 논리에 부합하며, 물길은 좌선룡에 우선수의 모습으로 풍수논리에 부합한다.

넷째, 좌향은 적멸보궁의 건축물만을 보면 해좌사향으로 조선시대를 풍미한 호순신의 지리신법에 부합한다.

다섯째, 오대산 적멸보궁의 물형은 두 가지로 유추할 수 있다. 1872년에 그려진 오대산 지도에 제시된 비룡상천형이 있다면, 지형적 특징을 바탕으로 유추하면 구룡쟁주형이다.

풍수는 많은 세월 동안 여러 사상과 공존하면서 독특한 형태로 변형되어 절묘한 공간을 창조하게 된다. 불교와 결합하여 사찰寺刹풍수를 형성하였는데, 우리 불교가 갖는 특징적인 모습을 모두를 포용하는 것이다. 이는 곧 길지가 갖는 무형의 힘이라 할 수 있으며, 입지선정을 통한 자연지형조건과 합리적 조화의 필요성을 제시한 사례라고 해석할 수 있다. 이를 바탕으로 오대산 적멸보궁의 풍수적 특징을 해석하면 다음과 같다.

첫째, 부처님 진신사리에 대한 경외심의 반영이다. 부처님의 진신사리는 그 어떤 것으로도 대체할 수 없는 고귀한 상징물이기에 가장 길지에 모시고 싶었을 것이다.

둘째, 부처님 진신사리의 도난에 대한 대비도 중요하게 고려하였을 것이다. 오대산은 예부터 신령스런 산으로 인식하고 있었고, 어떤 재앙이 닥쳐도 안전한 곳이라는 땅이라는 믿음이 자리하고 있었다. 이러한 인식의 연장선에서 부처님의 진신사리를 모신 적멸보궁을 건설한 것이라 판단된다.

셋째, 사찰을 대변하는 상징성을 갖는다. 강원도 오대산 깊은 곳에 자리한 상원사가 널리 알려진 배경에는 적멸보궁이 자리한다. 그만큼 적멸보궁이 갖는 의미와 역할은 컸다고 할 수 있다.

넷째, 수행처로서 그 의미는 크다. 수행은 일반인들의 접근이 제한되어야 하고 깊은 사색을 통해 성취될 수 있다는 점에서, 자연 속에서 아무런 방해를 받지 않고 참선을 통해 깊은 불교의 세계를 탐구하고자 하였다. 물론 적멸보궁은 이러한 여러 조건들을 고려하여 선정한 곳으로 그 의미는 크다고 할 것이다.

　이상과 같이 오대산 적멸보궁 입지에는 다양한 풍수적 특징이 반영되었다. 특히 오대산 적멸보궁의 입지는 풍수가 갖는 의미 있는 특징을 합리적으로 활용하여 불교사상의 가장 신성한 부처님의 진신사리를 봉안하였고, 이러한 상징적 의미를 불교적 교리와 사상을 전파하는 목적으로 활용하는 슬기로운 모습을 연출하였다.

미주

1 숭복사 비문에는 이미 풍수에 바탕을 둔 입지선정이 이루어졌다는 것을 확인시켜주는 문장이 등장한다. '영대라는 것은 아래로는 땅의 지맥을 받고, 위로는 하늘의 맘에 맞추어 반드시 사상에 구원을 맞추어야 천백 대 동안 그 끼친 복을 보전할 수 있다'고 하였다. 특히 '단득청오선시(但得靑烏善視)'는 '청오에 관점에서 얻었다'는 뜻으로, 여기에서 '청오'는 『청오경』 혹은 풍수를 의미하는 용어에 해당한다. 따라서 통일신라 시기의 원성왕 때에 풍수를 의미하는 청오는 일반명사화되었고, 입지선정에 있어서 풍수에 의한 입지선정 또한 일반적인 현상이었다는 뜻이다.

2 한국의 5대 적멸보궁으로 불리는 곳을 살펴보면 다음과 같다.

    1. 경상남도 양산 통도사(通度寺)의 적멸보궁
    2. 강원도 평창의 오대산 중대 상원사(中臺 上院寺)의 적멸보궁
    3. 강원도 인제의 설악산 봉정암(鳳頂庵)의 적멸보궁
    4. 강원도 영월 사자산 법흥사(法興寺)의 적멸보궁
    5. 강원도 정선의 태백산 정암사(淨巖寺)의 적멸보궁

3 이학동, 「五臺山 寂滅寶宮의 立地形勢와 風水地理的 解析」『역사와 실학』 제14집, 역사실학회, 2000, pp.913-979.

4 甲本(세종 24년, 1442).

5 甲本(1814)과 乙本(1825).

6 『世宗實錄』「地理志」 江原道 江陵大都護府 : 山五峯環列, 大小均敵, 山以是得名.

7 현재 오대산 국립공원은 강원도 평창군 진부면과 홍천군 내면 경계에 걸쳐 있다.

8 『世宗實錄』「地理志」 江原道 江陵大都護府.

9 김홍삼, 「진신사리신앙과 상원사 적멸보궁」『월정사성보박물관 학술총서』 3, 월정사성보박물관, 2002, p.64.

10 이강근, 「상원사 적멸보궁의 건축사적 의의」『월정사성보박물관 학술총서』 3, 월정사성보박물관, 2002, p.104.

11 『通度寺誌』(아세아문화사 영인본, 1983, pp.151-176)에 수록 : 이강근, 「17세기 佛殿의 莊嚴에 관한 연구」, 동국대학교 박사학위논문, 1995, pp.105-110 참조.

12 『월정사성보박물관도록』, 월정사성보박물관, 2002. p.175, p.242.

13 『五臺山事蹟』「朝鮮朝 本山事蹟」: 上(世祖)親幸至獅子庵御衣龍袍上寶宮行香拜禮供養布施是夜放光動地瑞祥非一.

14 이강근, 「상원사 적멸보궁의 건축사적 의의」『월정사성보박물관 학술총서』 3, 월정사성보박물관, 2002, p.92.

15 담무갈보살은 금강산에서 2천 명의 권속을 데리고 살며 『금강경』을 설법한다고 알려져 있다. 여기에서 금강산 일만 이천 봉이라는 말이 나왔다. 법을 일으키는 보살이므로 법기보살(法起菩薩)이라고도 부른다. 경전에 의하면 그가 머무는 곳이 바다에 떠 있는 섬이라고도 해서 지달 또는 지달나라고도 한다. 그래서 금강산을 지달이라고도 불렀다. (두산백과)

16 『世祖實錄』世祖 38권, 12년 윤3월 28일(己亥),

17 [明] 周景一, 『山洋指迷』, 中國 內蒙古出版社, 2010), p.184 : 物以成形 形隨勢動.

18 [明] 周景一, 『山洋指迷』, 中國 內蒙古出版社, 2010), p.186 : 氣隨脈顯 脈挾氣行 脈現有形.

19 즉, 음(陰)으로 오면 양(陽)으로 받고, 양(陽)으로 오면 음(陰)으로 받는다는 것으로, 음양론(陰陽論)의 관점에서 서로가 조화를 이룰 것을 제시한 것이다. 이를 보다 구체적으로 살펴보면 혈처 뒤편이 낮게 결인속기하면 혈은 돌기한 곳에 맺고, 반대로 용이 높게 흘러내리면 혈은 낮은 오목한 곳에 맺는다는 것이다.

20 박정해, 「법주사의 역사적 변화와 풍수환경」『동아시아불교문화』 제22집, 동아시아불교문화학회, 2015, p.614.

21 『錦囊經』「形勢編」: 龍虎所以衛區穴.

22 『靑烏經』: 福厚之地, 雍容不迫, 四合周顧, 卜其主客.

23 최창조, 『靑烏經·錦囊經』, 민음사, 1993, pp.122-27 : 上地之山 若伏若連 其原自天 若水之波 若馬之馳. 其來若奔 其止若 尸. 若龍若鸞或葸或盤.

24 『錦囊經』「山勢編」: 山之不可葬者五, 氣因土行 而石山不可葬也. 氣因形來 而斷山不可葬也. 氣以勢止 而過山不可葬也. 氣以 龍會 而獨山不可葬也. 氣以生和 而童山不可葬也. 經曰 童斷石過獨 生新凶, 消已福.

25 范越鳳, 양현석·홍성서 역, 『洞林照膽』「裁穴篇」, 한국학술정보, 2013, p.119 : 四圍有障 衆美俱集 此佳城也.

26 范越鳳, 양현석·홍성서 역, 앞의 책, p.206 : 對山 高峻 則穴宜上.

27 팔괘오행으로 상납되는 간지끼리 서로 하나는 좌가되고, 하나는 득수처가 되는 경우이다.

28 물이 들어오는 득수와 나가는 파구, 그리고 좌향을 기준으로 길흉을 판단하는 수법이다.

29 수법의 길흉을 쌍산을 기본으로 논하는 수법이다.

30 현공수법은 반드시 수로 가운데를 향하여 세세하게 격래하고 향으로 그 생출입을 정하여 길흉을 살피는 수법이다.

31 성수오행을 통해 길흉에 대한 판단기준을 삼는 수법이다.

32 황천수는 득파를 기준으로 하는데, 특히 파구처가 임관방에 해당할 때 황천수라 한다. 즉, 황천수법은 좋은 방향에서 득수하고 나쁜 방향으로 파구되어야 한다는 풍수의 기본논리와 정면으로 배치되는 것을 방지하기 위한 수법이다.

33 [청] 장평계, 『수룡경』, 중국 해남출판사, 2003, pp.2-3.

34 정경연, 『정통풍수지리』, 평단, 1999, p.701 .

35 최창조, 『한국의 풍수사상』, 민음사, 1993, p.180,

36 입수 6격은 직룡입수(直龍入首)와 횡룡입수(橫龍入首), 비룡입수(飛龍入首), 회룡입수(回龍入首), 잠룡입수(潛龍入首), 섬룡입수(閃龍入首) 등을 말한다.

37 范越鳳, 양현석·홍성서 역, 『洞林照膽』「裁穴篇」, 한국학술정보, 2013, p.172 : 驪龍玩珠 逢珠則住 穴居頭上.

38 『월정사성보박물관 학술총서』3, 월정사 성보박물관, 2002, p.136.

39 박정해, 「불보종찰 통도사 입지의 풍수환경 해석」『동아시아불교문화』 제18집, 동아시아불교문화학회, 2014, p.203.

40 이학동, 「오대산 적멸보궁의 입지형세와 풍수지리적 해석」『역사와실학』, 역사실학회, 2000, p.926.

41 실제로 부처님의 진신사리는 적멸보궁 뒤편의 작은 비석이 있는 곳 주변에 모셔져 있을 것이라 추정만 가능한 상태 이다.

참고문헌

『錦囊經』(奎章閣 本)

『世宗實錄』

『五臺山事蹟』「朝鮮朝 本山事蹟」

『靑烏經』(奎章閣 本)

김홍삼, 「진신사리신앙과 상원사 적멸보궁」『월정사성보박물관 학술총서』3, 월정사성보박물관, 2002.

박정해, 「법주사의 역사적 변화와 풍수환경」『동아시아불교문화』제22집, 동아시아불교문화학회, 2015.

박정해, 「불보종찰 통도사 입지의 풍수환경 해석」『동아시아불교문화』제18집, 동아시아불교문화학회, 2014.

范越鳳, 양현석 · 홍성서 역, 『洞林照膽』, 한국학술정보, 2013.

월정사성보박물관,『월정사성보박물관 학술총서』3, 월정사성보박물관, 2002.

이학동, 「오대산 적멸보궁의 입지형세와 풍수지리적 해석」『역사와 실학』, 역사실학회, 2000.

[淸] 張平階,『水龍經』, 中國: 海南出版社, 2003.

정경연,『정통풍수지리』, 평단, 1999.

[明] 周景一,『山洋指迷』, 中國: 内蒙古出版社, 2010.

최창조,『靑烏經 · 錦囊經』, 민음사, 1993.

최창조,『한국의 풍수사상』, 민음사, 1993.

『通度寺誌』(아세아문화사 영인본, 1983, pp.151-176)에 수록 : 이강근, 「17세기 佛殿의 莊嚴에 관한 연구」, 동국대학교 박사학위논문, 1995.

제12장

금산사 입지의 풍수와 공간구성

제12장

금산사 입지의 풍수와 공간구성

Ⅰ. 호남 미륵신앙의 중심 금산사

대한불교조계종 제17교구 본사인 금산사는 전라북도 김제시 금산면 모악15길 1에 위치한다. 금산사는 호남미륵신앙의 중심사찰로서 그 명성이 널리 알려져 있는데, 세상 속에 그 이름을 알리게 된 계기는 견훤이 아들에 의해 유폐되면서부터이다.[1] 견훤과의 인연이 비록 아름다운 모습은 아니었다 해도, 금산사가 세상 속에 이름을 알리는 계기가 되었던 것이다. 그 외에도 금산사를 대변하는 미륵신앙은 도솔천에 있는 미륵이 하생하여 대중을 구제한다는 사상으로, 현세의 어려움을 미륵불을 통해 극복하고자 하였다. 세상이 어려울 때 더욱 호소력을 얻게 되는데, 세상은 언제나 이러저러한 어려움을 안고 살기 때문에 미륵불은 우리 곁을 지킬 수밖에 없는 구조를 가지고 있다. 따라서 금산사는 미래의 부처님과 현세의 부처님을 동시에 봉안하는 현실론에 천착하였고, 시대적 상황요인과 밀접한 관계를 바탕으로 성장하고 발전하였다. 미륵신앙의 중심사찰인 금산사는 입지와 공간구성, 그리고 배치를 통해 현실과 미래의 나아갈 방향을 밝히는 화두를 제시한 셈이다.

---

* 『동아시아불교문화』 제24집(2015. 12.)에 게재.

현재 금산사와 관련한 연구는 다양한 각도에서 이루어졌다. 먼저 금산사의 문화재 관련 연구[2]와 미술품 관련 연구,[3] 입지환경연구,[4] 가람배치에 관한 연구,[5] 건축적 특징 연구,[6] 미륵신앙 관련 연구,[7]「금산사몽유록」 관련 연구[8]등으로 나눌 수 있다. 그러나 금산사 입지와 공간구성과 관련한 풍수연구는 미흡한 상태로 정인택의 연구가 있을 뿐이다.[9] 정인택의 연구는 금산사와 관련한 풍수의 일반적 특징을 제시하는 데 그쳐, 사상적 배경과 구체적인 특징까지는 제시하지 못하였다. 따라서 본 연구는 금산사 입지와 공간구성에 반영된 특징적인 모습을 풍수사상적 관점에서 고찰하고, 현장조사와 문헌고찰을 통해 살펴보고자 한다. 현재 금산사의 모습을 통해 확인 가능한 풍수적 특징을 살펴보는 것으로 풍수서의 발간연대는 고려하지 않았다.[10]

우리 전통사찰의 입지선정과 공간구성에 활용된 풍수는 금산사의 경우에도 중요한 의미를 가지고 있다. 명산인 모악산을 태조산太祖山으로 입지시켰으며, 부처님의 진신사리를 남향으로 배치한 모습 등은 풍수가 활용된 증거자료라 할 수 있다. 그 외에도 최치원이 지은 숭복사 비문은 풍수와 전통사찰의 관련성을 확인시켜주고 있다.[11]

II. 권력투쟁의 본산 금산사의 입지환경과 연혁

금산사의 입지환경과 연혁을 살펴보는 것은 그 자체로도 의미가 있지만, 입지선정에 반영된 시대적 배경과 역사, 그리고 변천과정을 살펴보는 데 있어 중요한 근거가 된다. 그리고 공간구성은 시대적 변화과정을 통해 다양한 사상들을 반영하게 되는데, 이를 도출하는 데 있어서도 그 의미는 크다고 할 것이다.

1. 금산사의 입지환경

『택리지』「복거총론」 산수조에는 "금산사는 모악산 남쪽에 있다. 절터는 본디 용추로서 깊이를 측량할 수 없었다. 신라 때 조사가 소금 만 섬으로 메우니 용이 옮겨갔다. 그 자리에 터를 닦아 큰 불당을 세웠는데, 대웅전 네 모퉁이 뜰 밑에 가느다란 간수 물이 둘러 있다. 지금도 누각이 높고 빛나며 골이 깊숙하다. 또한 호남에서 이름난 큰 절이며 전주부와 가깝다. 『고려사』에서 견신검이 아비 견훤을 금산사에 가두었다는 곳이 바로 이 절"[12]이라고 한다. 『택리지』의 기록은 중요한 두 가지를 제시하고 있는데, 먼저 금산사를 건립하기 이전에 연못이 있었다는 것과, 용이 소금을 투입하니 옮겨갔다는 것이다. 이는 이곳을 지배하던 세력이 있었고 투쟁을 통해 다른 곳으로 옮겨갔다는 것을 암시하고 있다. 즉, 뿌리 깊은 세력과의 권력투쟁을 통해 비로소 이곳을 차지할 수 있었다는 것을 암시한 것으로, 금산사가 단순한 사찰이 아니라 권력투쟁의 결과물로 자리하였다는 점을 확인시켜준다. 이러한 연장선에서 후백제시기의 신검에 의해 견훤의 감금은 또 다른 권력투쟁의 모습을 보여준다.

금산사가 미륵신앙의 본산이라는 점 외에도 권력투쟁의 모습을 확인할 수 있는데, 이는 금산사가 위치한 김제의 지역적인 조건과도 밀접한 관련성을 갖는다. 그림 1과 같이 전북의 중심도시 전주와 가깝다는 특징 외에도 우리나라를 대표하는 곡창지대라는 점은 세력다툼의 장이 될 수밖에 없는 구조를 가지고 있었다. 왜냐하면 당시 경제력의 근간은 농업 생산물이라는 점에서 그 중요성은 컸다고 할 수 있다. 따라서 이곳을 차지하고자 하는 세력 다툼은 필연적이었고, 반드시 차지하여야만 하는 이유가 있었던 것이다. 그런 차원에서 백제부흥운동의 중심지가 되었던 배경과도 연결된다.

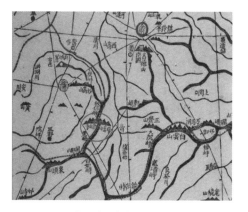

그림 1 대동여지도 중 금산사

그림 2 해동지도 중 금구현
(출처 : 서울대 규장각한국학연구원)

금산사가 위치한 김제는 본래 백제의 벽골현^{碧骨縣}이었다고 하는데, 벽골현에 대해 『세종실록』 「지리지」에는 다음과 같이 논하고 있다.

본래 백제의 벽골현이었는데, 신라에서 김제군으로 고쳤다. 고려 초에 전주^{全州} 임내^{任內}로 되었다가, 인종 21년 계해에 현령^{縣令}으로 되었다. 본조 태종 3년 계미에 고을 사람 환자^{宦者} 한첩목아^{韓帖木兒}가 명나라에 들어가 황제를 모시다가, 사신이 되어 본국에 돌아와서 본향^{本鄕}을 승격하여 주기를 청하였으므로, 지군사^{知郡事}로 승격하였다. 고속현이 1이니, 평고^{平皐}는 본래 백제의 수동산현^{首冬山縣}이었는데, 신라에서 평고현^{平皐縣}으로 고쳤고, 고려에서는 전주 임내로 하였다가 뒤에 내속^{來屬}하였다. 향^鄕이 2이니, 제견^{堤見}·명량^{鳴良}이요, 소^所가 2이니, 마천^{馬川}·재남^{才南}이다.

사방 경계는 동쪽으로 금구金溝에 이르기 10리, 서쪽으로 부안扶安에 이르기 18리, 남쪽으로 태인泰仁에 이르기 16리, 북쪽으로 만경萬頃에 이르기 12리이다.[13]

김제 만경 너른 들판의 동쪽에는 높이 794m의 모악산이 우뚝 솟아 있고, 금산사는 모악산 서쪽 기슭에 자리 잡고 있다. 모악산은 그 정상에 어머니가 어린아이를 안고 있는 듯한 바위가 있어서 모악이라는 이름이 붙여졌다는 전설이 전한다. 또한 모악산은 백제 때 만들어진 것으로 알려진 벽골제의 수원이기도 하다. 『금산사지金山寺誌』를 편찬한 김영수金映遂(1884-1967)는 모악산 산명의 유래由來를 다음과 같이 제시한다.

> 안按컨대 모악母岳이라 하는 것이든지 금산金山이라 하는 것이든지 재석在昔하여든 구시당사俱是當寺의 소의산명所依山名이든 것이다. 차산외산명此山外山名을 조선고어朝鮮古語로 '엄뫼'라고도 호칭呼稱하였고, '큰뫼'라고도 칭稱하였던 것이다. '엄뫼'라는 일홈이라든지 '큰뫼'라는 일홈이든지. 제일수위第一首位에 삼열參列한 태산泰山이란 의미로서 산악숭배山岳崇拜의 조선고어로부터 시작始作된 일홈이다. 이것을 한자전래漢字傳來에 지하여 한자로 전사轉寫할대에, '엄뫼'라는 것은 의역義譯해야 모악이라 하고, '큰뫼'라는 것은 상자上字는 음상사音相似를 취하야 음역音譯하고 하자下字는 의역하여 금산이라고 하였다.[14]

우리나라 고어 '엄뫼'를 모악이라 하고, '큰뫼'를 금산이라 하였다는 것인데, 이는 크다는 것과 어머니처럼 푸근히 안아줄 수 있는 산이라는 의미를 동시에 갖고 있다.

2. 금산사의 연혁과 미륵사상

금산사의 창건과 관련한 자료가 많지 않아,『금산사사적金山寺事蹟』[15]과 『금산사지金山寺誌』[16]를 통해 그 일단을 살펴볼 수 있다. 그 외에『삼국유사』의「진표전간조眞表傳簡條」와「관동풍악발연수석기조關東楓岳鉢淵藪石記條」,「혜덕왕사응진탑비慧德王師應眞塔碑」,「모악산금산사오층석탑중창기母岳山金山寺五層石塔重創記」등을 통해 보완하는 수준이다. 근래 들어 수리공사시에 기문 등이 발견되었는데, 1971년 5층 석탑 수리시에 성종 23년(1492)에 조성된 중창기가 발견되었다. 1991년에는 미륵전 수리 해체 시에 3층 종도리 밑에서 영조 24년(1748)에 기록한 중수상량문이 발견되었다.

표 1 문헌별 금산사 창건기록 비교

『금산사사적』	『금산사지』	『송고승전』	『신증동국여지승람』
백제 법왕 원년	진표율사의 중창이 곧 개창	진표율사	견훤

많지 않은 자료에도 불구하고 금산사의 창건자와 창건연대가 문헌별로 차이를 보이는데, 이를 정리하면 표 1과 같다. 먼저 『금산사사적』에는 금산사의 창건이 백제 제29대 법왕 원년(599)이라고 하였다.[17] 그러나 『금산사지』에는 백제 법왕 원년에 왕의 복을 비는 사찰로 세워졌으며, 이때의 금산사는 그 규모나 사격에 있어서 큰 사찰이 못 되었기 때문에 진표율사의 중창을 개창으로 보아야 한다는 것이다. 하지만 이 또한 『삼국유사』 「진표전간조」나 「관동풍악발연수석기조」에서 진표가 출가하여 금산사의 숭제법사崇濟法師[18]의 문하생이 되었다고 하는 것으로 볼 때,[19] 그가 중창한 것을 개창으로 본다는 것은 합당하다고 할 수 없다.

다음으로 『송고승전宋高僧傳』 「진표전眞表傳」에는 진표가 12살에 깊은 산에 들어와 스스로 머리를 깎고 훗날 금산사를 창건하였다고 하는데, 이 또한 앞의 기록과는 차이를 보인다. 조선시대에 출간된 『신증동국여지승람』에는 견훤이 창건했다는 기록이 있는데,[20] 이것 또한 다른 기록과 많은 차이가 있다. 특히 견훤 자신이 이곳 금산사에 장남 신검에 의해 3개월간 유폐되었다가 탈출한 것으로 『삼국유사』에 기록된 내용과도 비교되고 있다. 그 외에 「금산사오층탑중창기」에 따르면, 금산사는 과거불인 가섭불迦葉佛 때의 고기古基를 중흥한 것이라 한다. 하지만 이는 금산사가 오랜 역사를 가진 사찰이라는 점을 강조하기 위한 수사적 표현으로 실제와는 거리가 있다. 금산사는 시대적으로 다르게 발전·변화하는데, 진표율사의 중창 이후 이 지방 일대에서 큰 사찰의 품격을 유지하던 금산사는 고려시대에 들어와 혜덕왕사[21] 등의 고승을 맞아 더욱 번창하는 대가람의 전기를 마련한다.

조선왕조에 들어와 어떤 불사가 있었는지 자세하지 않으나, 임진왜란은 금산사에 크나큰 시련이 되는데, 이때 모두 불타고 만다. 이후 선조 34년(1601)부터 수문대사에 의해 복구가 시작되는데, 특히 장육장전은 인조 13년(1635)에 재건한 것으로 판단된다. 『금산사지』에 따르면, 영조 24년(1748)에 금파대사가 중수하고, 고종 35년(1897)에 용명대사에 의해 중수가 이루어진 것으로 보인다. 이후 1926년 금호대사가 중수하고, 1938년 황성열주지 등에 의해 1934년 소실된 주불을 다시 조성하게 된다. 1962년 미륵전은 국보 제62호로 지정되었다.

그림 3 1928년 금산사 전경(출처 : 『금산사관적도보』, 1928, p.13)

금산사를 대변하는 미륵신앙彌勒信仰이란, 미륵불(Maitreya) 또는 미륵보살에 대한 불교신앙을 말한다. 미륵보살이 석존 멸후 56억 7천만 세에 도솔천兜率天의 수명이 다할 때, 하늘에서 우리들이 사는 염부제閻浮提인 지상에 내려와서(彌勒下生), 바라문의 여범마파제女梵摩波提에 탁생托生하여 태어나 부처가 된 미륵이 용화수하龍華樹下에서 세 번에 걸쳐 인연 있는 사람들에게 설법을 행하게 된다. 그런데 우리들은 불행히도 말법세에 생을 받아 석가의 설법을 들을 수는 있었으나, 그 화도化度에 제대로 접할 수가 없어서 미륵을 믿고 수행하여 선근을 쌓아서 용화삼회의 설법에 참가하여 구원을 받아야 한다는 것이다.[22]

표 2 미륵신앙 경전(출처 : 정준철, 광주대 석사학위논문, 1999, p.9)

유형	경전	역자	연도	수록
상생경 上生經	『불설미륵보살상생도솔천경 佛說彌勒菩薩上生兜率天經』	저거경성 沮渠京聲	455	『대정장大正藏』 14, pp.418-423
하생경 下生經	『불설미륵하생경 佛說彌勒下生經』	축법호 竺法護	303	『대정장』 pp.421-423
	『불설미륵하생성불경 佛說彌勒下生成佛經』	구마나습 鳩摩羅什	402	『대정장』 14, pp.423-425
	『불설미륵하생성불경』	의정 義淨	701	『대정장』 14, pp.428-434
	『불설미래시경 佛說彌來時經』	불명	미상	『대정장』 14, pp.434-435

그 외에도 미륵불에 대한 신앙은 통속적인 예언의 성격을 띠고 있고, 구원론적인 구세주의 현현顯現을 의미하기도 한다. 종교를 가지고 있는 사람이라면 누구나 품게 되는 이념으로서 지나치

게 이론적인 면을 가진 불교가 가질 수 있는 구체적인 신앙형태이다. 미륵신앙이 미래시대에 대한 유토피아적 이념이 표출된 희망의 신앙이라는 면이 불교사 속에서 깊은 관심의 대상이 되었던 것으로 볼 수 있다. 기타 미륵신앙과 관련한 경전에 대해 정리하면 표 2와 같다.

III. 금산사 입지의 풍수환경

앞에서 살펴본 것처럼 금산사는 오랜 역사를 간직한 사찰이다. 오랜 역사만큼이나 우리 전통사찰의 특징인 풍수사상을 입지와 공간구성에 깊숙이 반영하고 있다. 이를 살펴보는 것은 금산사 입지와 공간구성에 반영된 미륵신앙을 비롯한 여러 특징을 유추하는 데 중요한 의미를 갖는다.

1. 금산사의 주산과 안산, 그리고 주룡

금산사의 핵심영역은 방등계단方等戒壇이다. 따라서 금산사의 주산은 방등계단에 정기를 제공하는 주룡과 연결된 산이 곧 주산이 되는 구조이다. 금산사의 태조산은 모악산이고, 주산은 모악산 자락의 한 봉우리를 차지한 국사봉이다. 하지만 실제 눈으로 확인할 수 없어 금산사 주산의 특징적인 모습을 확인할 수는 없다. 단지 방등계단의 뒤편을 받쳐주고 정기를 제공하는 현무봉과 태조산을 통해 특징적인 모습을 유추할 수 있을 뿐이다. 실제로 금산사하면 떠오르는 산이 모악산이라는 점에서 풍수적 특징과는 별개로 태조산이 보다 중시된 것으로 보인다.

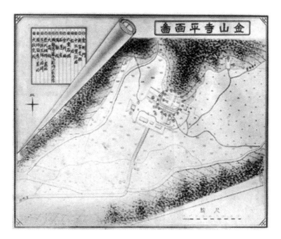

그림 4 1928년 금산사 평면도(출처 : 『금산사관적도보』, 1928, p.11)

그림 5 태식잉육법
(출처 : 『지리담자록』)

주산의 형상 못지않게 중요한 의미를 갖는 것이 바로 주룡이다. 주룡은 혈처에 정기를 제공하는 목적 외에도, 생사구분生死區分을 통해 혈의 결지 여부를 판단한다. 그 외에도 용과 관련한 이론은 다양한데, 용의 형태에 따라 정룡正龍과 방룡傍龍, 귀천貴賤, 면배面背, 주필駐畢, 행지行止, 여기餘氣, 삼락三落 등으로 구분한다. 그리고 용의 각종변화各種變化를 개장천심開帳穿心과 기복起伏, 박환剝換, 과협過峽, 요도지각橈棹地脚, 위이逶迤, 호종보호사護從保護砂 등으로 분류한다. 최종적으로 용의 혈穴 결지법結地法을 살피게 되는데, 결인속기법結咽束氣法과 태식잉육법胎息孕育法과 좌우선법左右旋法으로 그 특징들을 나누어 살피게 되는 것이다. 이와 같이 용과 관련한 다양한 이론이 등장한 배경에는 중요성과 아울러 혈의 크기를 결정하는 의미를 동시에 가지고 있기 때문이다.

금산사 주룡의 특징적인 모습을 살펴보면, 출맥 지점의 위치에 따라 정룡과 방룡을 구분하고, 더 나아가 탈살 여부를 통해 박환剝換[23]의 정도를 확인하게 된다. 용은 행룡 과정을 통해 생룡生龍과 사룡死龍으로 구분하는데, 생룡은 위이기복[24]하는 모습을 가져야 한다. 반면에 사룡은 위이기복과 같은 변화하는 모습을 찾을 수 없이 곧장 뻗은 용맥을 말한다. 이러한 생룡과 사룡의 구분은 혈의 결지 여부를 판단하는 중요한 기준으로 작용한다. 즉, 생룡이라야 혈을 맺을 수 있고, 사룡은 글자 그대로 죽은 용이라 혈을 결지할 수 없다. 따라서 생룡과 사룡의 구분은 곧 혈의 결지 여부와 밀접한 관련성을 갖는다.

또한, 주룡은 주산의 중심부에서 출맥하였다고 하여 중출맥中出脈이라 부르는데, 이를 다시 정룡과 방룡으로 구분한다. 정룡은 주산의 중심부에서 출맥한 용으로 가장 정통성을 가진 용이라는 의미를 갖는다. 반면에 방룡은 정룡을 보호하는 역할을 부여 받은 용맥으로 정통성과는 일정 정도 거리가 있다. 따라서 주산의 정기를 정통으로 부여받아 출맥한 주룡은 그림 6과 같이 좌우 청룡백호의 보호를 받으며, 긴 행룡을 통해 살기와 험한 기운을 털어내는 박환剝換을 이루어 순한 기氣로 탈바꿈하게 된다. 이때 박환을 통해 순한 정기만을 모아놓은 혈을 결지하게 되는데, 혈은 용맥의 흐름이 멈춘 용진처에 결지하는 것이 일반적인 모습이다.

금산사의 중심부를 관통한 주룡은 주산의 정룡으로서, 위이기복하는 모습과 아울러 오랜 행룡을 통해 순하고 부드럽게 혈을 결지할 수 있는 생룡의 모습을 겸비하고 있다.

한편, 주산과 서로 마주 보고 있어 주산과 상대적 개념을 가진 안산은 혈의 정기를 보호하는 역할을 담당한다. 안산의 형상은 너무 높지도 낮지도 않을 것을 요구하고 있으며, 주산을 향해 마주 보는 형상이어야 한다. 물론 금산사의 안산은 적당함을 요구한 풍수논리에 부합하는 모습이다.

2. 방등계단이 금산사의 혈이다

그림 4, 그림 6과 같이 금산사의 가장 중심부분을 차지한 건축물은 방등계단이다. 방등계단은 앞에서 살펴본 용의 각종 특징적인 모습을 반영하고 있으며 풍수이론을 현실 속에 실천하고 있다. 주변 환경과 지형조건에 의해 가장 중심적인 공간을 차지한 곳을 풍수에서는 혈穴이라 부르는데, 선행연구자인 정인택도 방등계단이 혈처라는 의견을 제시하였다.[25] 따라서 금산사의 혈처는 방등계단이라는 데 이의를 제기할 수 없는 등식이 성립한다.

그림 6 금산사 지형(출처 : 네이버 지도에 추가 작도)

그림 7 금산사 혈처를 차지한 방등계단

전통사찰을 포함한 전통건축은 풍수를 통해 입지선정이 이루어졌고 건축물의 배치가 이루어졌다는 점은 선행연구를 통해 이미 밝혀진 바 있다.[26] 또한 핵심적인 의미를 갖는 혈처에 그 사찰의 대표성을 가진 건축물을 배치하였다는 점도 이미 밝혀진 바 있다. 그렇다면 금산사는 가장 핵심적인 의미를 갖는 혈처에 왜 방등계단을 배치하고 부처님의 진신사리를 모시게 되었는지 그 이유를 밝혀야 한다. 왜냐하면 미륵신앙의 중심사찰이니만치 미륵전이 혈처에 자리해야 하는데, 미륵전이 아닌 부처님의 진신사리가 혈처에 자리하고 있기 때문이다. 그 이유를 살펴보면 다음과 같다.

첫째, 미륵경전의 상생신앙과 하생신앙의 실천을 통해, 도솔천[27]의 현실 실현이라 할 수 있다.

둘째, 부처님의 진신사리는 그 무엇과도 바꿀 수 없는 대체재가 없다는 점이다.[28] 즉, 불교교리의 핵심은 석가모니 부처님에 의해 완성되었고, 현실불교를 실질적으로 이끌고 있다는 현실성을 반영하였다.

셋째, 미래를 이끌어갈 미륵불은 아직 현실 속에 자리하지 않는다. 즉, 미륵불은 아직 현세에 존재하지 않기 때문에, 현실에 자리한 석가모니 부처님의 진신사리가 갖는 위엄을 극복하기 어려웠을 것이다. 따라서 현세에는 석가모니 부처님의 진신사리를 모시고, 미륵불이 미래에 출현했을 때에 모시면 된다는 사고를 바탕에 두었다고 할 수 있다. 즉, 현실론에 중점을 둔 공간구성과 배치를 실천하였다고 할 수 있다.

3. 금산사의 사격과 물길

금산사는 그림 8과 같이 많은 산들에 의해 옹위되고 있는데, 모악산과 상두산, 구성산, 국사봉, 극락산, 수양산, 고깔봉, 제비산, 기린봉 등이다.[29] 이와 같이 모악산에서 출맥한 여러 산 능선은 금산사를 지나치게 높지도 낮지도 않은 모습으로 겹겹이 감싸주는 모습이다. 또한 적당한 간격을 유지하면서 금산사의 안정된 기운이 유지될 수 있도록 보호하는 역할에 충실한 모습이다. 이는 곧 본래 사격이 갖는 의미와 역할에 충실하였다는 것으로 금산사 입지의 특징을 제시한다.

그림 8 19세기 소치 허련의 금산사도(출처 : 전북일보, 2008. 10. 23.)

금산사의 태조산인 모악산은 크고 우람한 산인데, 우람함을 과시하듯이 가까이 위치하게 되면, 위압감이 지나쳐 안정감을 갖기 어렵다. 때문에 금산사는 모악산의 강한 기가 순환하고 박환된 지점에 자리하고 있어 강하고 우람한 기운으로부터 독립된 느낌을 준다. 또한 금산사의 좌청룡 자락에 의해 태조산인 모악산이 가려져 있어 더욱 아늑한 기운만을 느낄 수 있는 지점에 자리한다.

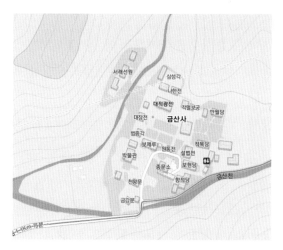

그림 9 금산사의 물길(출처 : 다음 지도)

『동림조담』「재혈편」에는 "물을 알지 못하면 혈을 말할 수 없고, 물이 가는 바를 알면 혈을 알 수 있다."[30]라고 하였다. 『착맥부捉脈賦』에도 "산이 혈을 이루었다면 물은 저절로 휘감아 돌고, 피차가 상응하고 내외가 서로 이어진다."[31]라고 하였다. 혈은 물과 음양교배를 통해 결지할 수 있기 때문에, 물에 대한 인식은 단순하지 않았고 다양한 이론과 수법이 등장하는 계기가 되었다. 풍수를 보기 전에 먼저 물길을 살피라는 말은, 곧 물이 갖는 중요성을 제시한 말이다. 따라서 풍수에서는 형세적 관점과 이기적 관점에서 각각의 이론적 발전을 이루었다. 또한 물에 대한 이론을 집약한 풍수서인 『수룡경』은 풍수에서 물이 차지하는 위치와 비중을 제시하였다. 아직까지 형세적 관점에서 물의 형상을 오행으로 분류하는 범주에서 크게 벗어나지 않고 있으나, 여러 조건요소에 따라 물의 형세적 관점의 논의는 다양하게 이루어지고 있다. 이러한 특징적인 요소를 반영한 풍수서는 『지리인자수지』[32]와 『음택요결』[33] 『감여만흥』[34] 『지리대성산법전서』[35] 등이 있다. 반면에 이기적 관점에서는 위대魏代에 저술된 『관씨지리지몽管氏地理指蒙』이 수구와 관련한 논리를 정립한 이후, 호순신의 『지리신법』과 『수룡경』[36], 『지리오결』, 『인자수지』[37], 『옥수경玉髓經』[38] 등에 의해 구체화되었다. 특히, 청대 말의 조정동에 의해 저작된 『지리오결』에는 현재에도 많은 활용성을 담보한 88향법[39]이 등장하는데, 88향법은 이기론에 바탕을 둔 수법론의 결정체

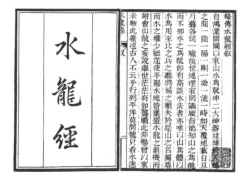

그림 10 수룡경(지해본)

적 성격을 갖는다.

금산사의 혈처와 음양교배를 통해 혈을 결지하는 데 결정적인 역할을 담당하는 물길은 금산천이다. 금산천 물길의 형상은 그림 9와 같이 오행으로 분류하면 금성수에 해당한다.

4. 오공비천형의 금산사

금산사의 물형은 두 가지로 볼 수 있는데, 우선적으로 혈처에 자리한 방형계단과 금산사 전체의 형국과 지명을 통해 물형을 유추할 수 있다. 먼저 혈처를 차지한 방형계단은 모악산 정상에서 출맥한 용이 위이기복하며 행룡하는 용에 지각枝脚이 촘촘하게 붙어 있어 그림 11과 같이 마치 지네의 형상을 하고 있다. 이를 통해 유추 가능한 물형은 오공비천형蜈蚣飛天形이라고 할 수 있다. 금산사의 또 다른 물형은 금계포란형이라 할 수 있다. 닭이 알을 품은 형국으로 안정감과 편안함을 동시에 추구하는 지형지세와 어울리는 모습이다. 왜냐하면 금산사의 태조산은 모악산이다. 모악산의 이름에서 보듯이 어머니를 연상할 수 있는 지명[40]이라는 점에서 금계포란형이라는 물형은 그 타당성을 담보할 수 있다. 왜냐하면 알을 품은 닭도 어미의 마음을 담고 있으니 말이다.

그림 11 모악산 정상에서 바라본 금산사

실제로 그림 4, 그림 6과 같이 주변 사격들에 의해 푸근히 감싸 안은 형상을 하고 있어, 새로운 생명을 싹 틔우고자 하는 바람과도 일치한다. 또한 미래 부처님을 통해 새롭게 도약하고자 하는 바람을 반영한 미륵신앙의 생각과도 부합한다는 점은 금산사의 물형론에서 그 특징적인 모습을 찾을 수 있다.

풍수에서는 물형론의 특징적인 모습을 유추하는 이론을 정립하였는데, 그 기준점을 제시한 풍수서로『설심부정해』를 들 수 있다.『설심부정해』가 모든 물형론을 합리적으로 설명하는 것은 아니지만, 정립된 이론서가 부족한 현실에서 지침서와 같은 역할을 담당하고 있다.

形卵抱鷄金

德興張尙書祖地

그림 12 금계포란형(출처 :『지리인자수지』)

5. 직각으로 교차한 금산사의 좌향

좌향은 산, 수, 방위, 사람으로 구성된 풍수구성요소 중에 하나로 방위만을 특화한 술법이라 할 수 있다. 또한 용龍·혈穴·사砂·수水·향向으로 구성된 지리오결의 구성요소이다. 따라서 전통적으로 풍수에서 좌향은 중요하게 다루어졌고, 시대적으로 유행하는 향법이 적용되었다. 향법은 풍수이론과 함께 자리하였으며, 나경패철의 발달과 함께 향법론의 발달은 가속화되었다. 또한 정밀성을 담보하는 계기가 되었고, 향법론의 발전을 이끈 것 또한 사실이다. 따라서 금산사가 창건될 당시에는 현재와 같은 정밀한 나경은 존재했다고 볼 수는 없다.

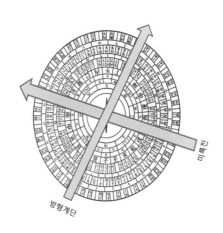

미륵전

방형계단

그림 13 방형계단과 미륵전 좌향

하지만 금산사와 같이 여러 사상이 어우러져 하나의 공동체적 성격을 가진 경우에는 대표적인 건축물을 바탕으로 좌향에 대해 검토하기 마련이다. 왜냐하면 여러 전각이 하나의 공간 안에 자리하다 보면, 지형조건과 여러 환경요인에 의해 각각의 좌향을 가진 경우가 종종 있기 때문이다. 금산사를 대표하는 건축물은 방형계단과 미륵전인데, 특히 미륵전은 금산사를 대표하는 건축물로서 그 규모 또한 크다. 하지만 미륵전은 앞에서 살펴본 바와 같이 임진왜란 때 불탄 것을 다시 건설한 건축물이다. 이와 같이 금산사를 대표하는 미륵전이 임진왜란 이후에 건설한 건축물이니만치 조선시대를 풍미한 호순신의 지리신법과 밀접한 관련성을 바탕으로 건설되었을 것으로 판단된다. 따라서 이들 건축물의 좌향을 살펴보면, 방형계단은 축좌미향이고 미륵전은 을 좌신향으로 서향을 하고 있다. 이를 바탕으로 금산사 미륵전의 좌향에 반영된 호순신법을 살펴보면 표 3과 같다.

표 3 금산사 미륵전과 방등계단의 『지리신법』 적용 여부 검토

구분	입수룡	대오행	좌향	득수				파구				부합 여부
					포태	구성	길흉		포태	구성	길흉	
미륵전	축(우)	토	을좌신향	자	관	무곡	길	유	병	염정	흉	○
방등계단	간(좌)	목	축좌미향	인	관	무곡	길	경	포	녹존	흉	○

금산사 미륵전의 좌향은 을좌신향乙坐辛向으로 자득子得에 유파酉破로 호순신의 지리신법에 부합한다. 특히 입수룡이 중요한데, 축丑 입수入首로 우선입수右旋入首하는 모습이다. 이러한 특징적인 모습을 통해 금산사 미륵전의 좌향 결정에 조선시대를 풍미한 호순신의 지리신법은 활용되었다는 추정이 가능해진다.

IV. 도솔천의 상징 방등계단과 용화삼회의 설법장 미륵전

건축물의 배치는 우선적으로 지형조건에 의해 이루어진다. 여기에 더해 지형적인 특징을 어떻게 활용하고 조화로움을 추구할 것인지는 전적으로, 이를 계획하는 사람들에 의해 이루어진다. 이는 곧 지형적인 특징을 활용하는 사람의 생각과 사상적 배경에 의해 이루어진다는 것을 확인시켜주고 있다.

이러한 특징은 우리 전통건축에서 공통적으로 나타나고 있으며, 기본적인 구성과 공간배치를 실천하는 데 있어 중요한 수단으로 작용하였다. 물론 사찰이라고 해서 예외가 될 수는 없었고, 지향하는 신앙을 표면적으로 실현하는 수단으로 가람배치를 활용하였다. 여기에 더해 풍수가는

지형적인 특징을 이해하는 데 유리한 위치를 확보하고 있었고, 이를 실천하는 능력까지를 겸비하였는데, 『조선불교통사』에 따르면 원래 선종은 중국에서 성립 당시부터 사원 택지법을 중심으로 풍수참을 받아들이고 있었다.[41] 특히 신라의 수많은 입당승들이 선법을 전래한 당나라 말기에는 이른바 강서지법으로 대표되는 형세풍수가 이미 강서지방에 유행하고 있었으며, 신라승의 대부분이 그곳에서 전심하였다.[42] 이러한 강서지법의 풍수는 선종의 사원 택지법을 수용한 사찰의 입지선정과 가람배치에 활용되었다.

그림 14 금산사 방등계단

금산사의 공간구성과 가람배치에 풍수를 활용하였고, 가장 핵심적인 의미를 갖는 혈처에 부처님의 진신사리를 모신 방등계단을 배치하였다. 반면에 사상적 배경을 반영한 공간구성은 화엄신앙의 중심영역인 대적광전[43]과 미륵신앙의 중심인 미륵전[44]영역으로 나누어 배치하였다. 특히 미륵전영역은 금산사의 대표적인 특징을 간직한 곳으로, 방등계단과 3층의 미륵전이 자리한다. 방등계단方等戒壇은 상생신앙의 주거처인 도솔천을 상징하여 높은 곳에 위치하고, 미륵전은 미륵이 도솔천에서 하생하여 3회의 설법을 하게 됨을 상징하여 그보다 낮은 방등계단 아래쪽에 건립하였다.[45] 신앙적 전통이 미륵전을 지금의 자리에 배치하되 3층으로 건립하고, 건물 내부에 거대한 미륵불을 세워 용화삼회[46]의 설법장임을 상징한 것이다.[47] 이와 같이 금산사는 중심에 미륵신앙이 자리하고 용화삼회의 형상화를 실천하였다. 즉, 미륵상생신앙과 하생신앙의 조합으로 미륵사찰이 갖추어야 할 신앙적 내용을 모두 재현시킨 용화삼회의 세계를 형상화한 가람배치를 실천한 것이다.

그러나 금산사의 가람배치를 이중적 신앙의 상징이라 인식하기도 하는데, 여기에는 미륵전을 중심으로 하는 미륵하생신앙과 방등계단을 중심으로 하는 상생신앙이 있다. 이렇게 이중적인 가람배치를 보이고 있는 것은, 진표가 금산사를 중창할 당시의 사회적·정치적 환경에서 그 원인을 찾을 수 있다. 당시 금산사는 백제 민중들의 주체도량으로서, 백제유민들의 한을 풀어줄 신앙의 대상지였다. 복신과 도침, 흑지상지 등이 무장 항쟁을 통해 백제부흥운동의 중심지로 활용하였다는 점이 이를 입증한다.

그림 15 방등계단과 미륵전

그림 16 1928년 대적광전
(출처 : 『금산사관적도보』, 1928, p.17)

반면에 금산사 공간구성의 특징적인 모습을 다른 관점에서 해석하기도 하는데, 삼보사상은 삼보공간을 형성하여 공간과 기능을 구분하고 이를 기준으로 건축물을 배치하고 축을 이루어 자연스럽게 신앙심을 유발시키도록 하였다. 신앙의 위계는 후경이지만, 전경인 건축물에 위계를 부여하여 배치, 진입, 크기, 단면 등에 반영하였다. 미륵전은 서방극락정토를 추구하는 미륵신앙의 영향을 반영하고 있으며, 가람의 중심이 일반적으로 대웅전인데 반하여, 금산사의 경우 신앙적인 면을 고려하면 미륵전이 중심이 되고 있다.[48]

그 외에도 이미 앞에서 제시한 바와 같이 금산사는 풍수적 특징과 사상적 배경이 중요한 기준점으로 작용하였다. 따라서 가장 핵심적인 의미를 갖는 혈처에 방등계단을 배치하였는데, 이는 석가모니 부처님을 주불이라 인식하는 불교 사찰로서는 거부할 수없는 필연성에 바탕을 둔다. 반면에 미륵신앙을 사찰의 중심사상으로 삼은 금산사는 미륵전을 통해 가장 크고 의미 있는 배치를 실현하였고, 서방 불국토를 표방하는 의미에서 서향을 선택했다. 그리고 우리불교의 중심사상으로 등장한 화엄사상을 받아들임으로써, 대적광전을 중요한 전각으로 인식하였다. 이러한 특징적인 모습은 그림 17과 같이 서로 삼각점을 구성하는 모습으로 공간을 구성하였다.

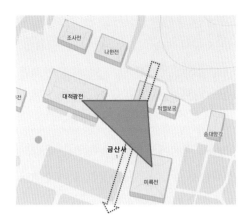

그림 17 금산사의 공간구성

V. 미륵신앙과 현세신앙, 그리고 선불교의 특징이 조화를 이룬 금산사

이상과 같이 금산사 입지와 공간구성에 반영된 풍수적 특징에 대해 살펴보았다. 대한불교조계종 제17교구의 본사인 금산사는 전라북도 김제시 금산면 모악15길 1에 위치한다. 금산사는 호남미륵신앙의 중심사찰금산사로서 그 명성이 널리 알려져 있는데, 금산사가 우리의 역사 속에서 세상에 다시 한 번 알려지게 된 계기는 견훤이 아들에 의해 유폐되면서부터이다. 『택리지』「복거총론」 산수조에는 이러한 사실을 확인하는 기록을 남기고 있다.

금산사의 창건과 관련한 자료가 많지 않음에도 불구하고, 금산사의 창건자와 창건연대가 문헌별로 차이를 보인다. 먼저 『금산사사적』에는 금산사의 창건은 백제 제29대 법왕 원년(599)이라고 한다면, 『금산사지』에는 백제 법왕 원년에 왕의 복을 비는 사찰로서 금산사가 세워졌으나, 이때의 금산사는 그 규모나 사격에 있어서 큰 사찰이 되지 못하였기 때문에 진표율사의 중창을 개창으로 보아야 한다는 것이다. 하지만 『삼국유사』「진표전간조」나 「관동풍악발연수석기조」와 일치하지 않는다. 그 외에 『송고승전』「관동풍악발연수석기조」와 『신증동국여지승람』 등 다른 기록과도 많은 차이가 있다. 이와 같이 다양한 특징과 창건기록을 가진 금산사 입지의 풍수적 특징을 살펴보면 다음과 같다.

첫째, 금산사의 핵심영역은 방등계단이다. 금산사의 태조산은 모악산이고, 주산은 모악산 자락의 한 봉우리를 차지한 국사봉이다.

둘째, 금산사의 혈처는 이미 앞에서 밝힌 바와 같이 방등계단이다. 이곳은 주산의 정기가 융결된 곳으로, 금산사의 핵심공간이라는 것을 확인시켜준다.

셋째, 모악산에서 출맥한 여러 산 능선은 금산사를 지나치게 높지도 낮지도 않은 모습으로 겹겹이 감싸주는 모습이다. 또한 적당한 간격을 유지하면서 금산사의 안정된 기운이 유지될 수 있도록 보호하는 역할에 충실한 모습이다. 그 외에도 금산사의 혈처와 음양교배를 통해 혈을 결지하는 역할을 담당하는 물길은 금산천이다. 금산천 물길의 형상은 오행으로 분류하면 금성수에 해당한다.

넷째, 금산사의 물형은 두 가지 관점에서 살펴볼 수 있는데, 오공비천형과 금계포란형이다. 오공비천형은 주룡의 형상에 바탕을 두고 물형을 정한 것이라면, 금계포란형은 모악산의 이름에서 어머니를 연상하는 지명에서 유추한 물형이다.

다섯째, 방형계단의 좌향은 축좌미향이다. 반면에 미륵전의 좌향은 을좌신향으로 서향을 하고 있어, 다른 건축물과는 직각으로 교차하는 모습이다. 이러한 특징적인 모습을 통해 금산사 미륵전의 좌향 결정에 조선시대를 풍미한 호순신의 지리신법이 활용되었다는 추정이 가능해진다.

건축물의 배치는 우선적으로 지형조건에 의해 이루어진다. 여기에 더해 지형적인 특징을 어떻게 활용하고 조화로움을 추구할 것인지는 전적으로 이를 계획하는 사람들에 의해 이루어진다. 이는 곧 지형적인 특징을 활용하는 사람의 생각과 사상적 배경에 의해 이루어진다는 것을 제시한 말이다. 특히 풍수적 관점에서 가장 핵심적인 의미를 갖는 혈처에 방등계단을 배치하였다면, 사상적 배경을 반영한 공간구성은 화엄신앙의 중심영역인 대적광전과 미륵신앙의 중심인 미륵전영역으로 나누어 배치하였다. 그 외에도 방등계단은 상생신앙의 주거처인 도솔천을 상징하여 높은 곳에 위치하고, 미륵전은 미륵이 도솔천에서 하생하여 3회의 설법을 하게 됨을 상징하여 그보다 낮은 방등계단 아래쪽에 건립하였다. 이와 같이 신앙적 전통이 미륵전을 현재의 자리에 배치하되, 3층으로 건립하고 건물 내부에 거대한 미륵불을 세워 용화삼회의 설법장임을 상징한 것이다. 이는 지형조건과 종교적 사상이 서로 합리적으로 조합하였다는 의미 이상의 공간배치 기법으로 현실 속에 실천한 것이다.

이상과 같이 금산사는 미륵신앙만을 구현하고 실천한 것이 아니라, 시대적 상황과 필요에 따라 미륵신앙과 현세신앙, 그리고 선불교의 특징들을 수용하고 받아들여 하나의 공간 속에 각각의 특징과 사상이 어우러지는 공간구조를 완성하였다. 여기에 풍수는 중요한 길라잡이 역할을 수행하였고, 합리적으로 어우러지고 배분되는 구조가 될 수 있도록 중요한 역할을 다하였다.

미주

1   견훤의 어린 아들 금강(金剛)은 키가 크고 지혜가 많으니, 견훤이 특별히 귀엽게 여겨 전위傳位(傳位)할 생각을 가졌다. 청태(淸泰) 2년 3월에 맏아들 신검(神劍)이 견훤을 금산불우에 가두어 장사 30명에게 지키게 하고, 드디어 왕위를 찬탈하여 경내에 크게 사면령을 내리고 금강을 죽였다. 견훤이 금산에 갇혀 있은 지 석 달이 되었는데, 6월에 술을 가지고 지키는 자들을 먹여 모두 취하자 이에 막내 아들 능예(能乂), 딸 애복(哀福), 첩 고비(姑比) 등을 데리고 나주(羅州)로 도망쳐서 해로(海路)를 이용하여 고려에 귀의했다 한다(『新增東國興地勝覽』 卷34 全羅道 金溝縣).

2   이분희, 「金山寺 五層石塔 舍利莊嚴具 考察-탑 안에 봉안된 불상을 중심으로」『동악미술사학』 제15호, 동악미술사학회, 2013, pp.117-143.
     이경화, 「중국 당 도선의 계단과 금산사 계단」『역사학연구』 제35집, 호남사학회, 2009, pp.25-60.
     고수영, 「金山寺 方等戒壇에 대한 考察」『청람사학』 3, 한국교원대 청람사학회, 2000, pp.159-196.

3   이경민, 한경순, 이화수, 「아크릴계 수지(Paraloid B-72)가 사찰벽화보존에 미치는 영향에 관한 연구 : 금산사 미륵전 외벽화를 중심으로」『보존과학연구』 통권 제29호, 국립문화재연구소, 2008, pp.65-90.
     한경순, 이상진, 이화수, 「금산사미륵전 외벽화 보존처리된 벽체의 분석 연구」『보존과학회지』 26집 4호, . 한국문화재보존과학회, 2010, pp.445-458.
     한경순, 「금산사 미륵전벽화의 손상도 평가 연구」『보존과학회지』 26집 3호, 한국문화재보존과학회, 2010, pp.295-310.
     강지은, 「김제 금산사 미륵전 벽화 채색안료의 성분 분석 및 특성 해석」, 공주대학교 석사학위논문, 2011.

4   정인택, 「母岳山 金山寺의 風水學的 立地 硏究」, 원광대학교 석사학위논문, 2012.

5   정영철, 「金山寺의 立地 및 配置 解釋에 關한 硏究」『경일대논문집』 통권 37호, 경일대학교, 1999, pp.611-623.
     김영진, 「金山寺의 立地選定 背景과 配置特性에 關한 硏究」, 경일대학교 석사학위논문, 1998.
     안영진, 「視知覺的 分析에 의한 金山寺伽藍配置에 관한 考察」『대한건축학회지』 41, 건축학회, 1992, pp.71-79.

6   박한규, 남해정, 「人文的 因子에 의한 金山寺의 建築解釋에 관한 硏究」『대한건축학회지』 13, 대한건축학회, 1987, pp.23-30.
     안영배, 「金山寺 建築空間의 視覺的 分析」『대한건축학회지』 55, 대한건축학회, 1993), pp.37-45.

7   오광석, 장재진, 「금산사 가람 조영에 내재된 미륵신앙의 유토피아 개념에 관한 연구」『대한건축학회지』 제28권 제12호 통권 제290호, 대한건축학회, 2012, pp.269-276.
     윤여성, 「新羅 眞表의 佛敎信仰과 金山寺」『전북사학』 11.12合, 전북사학회, 1989, pp.37-84.
     백태현, 「金山寺의 彌勒信仰 전통에 관한 硏究」, 원광대학교 석사학위논문, 1999.

8   박진하, 「금산사 몽유록에 대한 언어학적 고찰」, 숭실대학교 석사학위논문, 2011.
     정용수, 「〈金山寺夢遊錄〉의 역사 현장과 그 배경설화의 소설적 변모」『한문교육연구』 제26호, 한국한문교육학회, 2006, pp.617-638.
     정용수, 「洛渚本 〈金山寺創業宴錄〉의 원전 비평과 그 이본적 특징」『동양한문학연구』 제33집, 동양한문학회, 2011, pp.357-384.

9   정인택, 「母岳山 金山寺의 風水學的 立地 硏究」, 원광대학교 석사학위논문, 2012.

10   금산사가 창건될 당시의 풍수서로는 다양한 해석과 논리성을 제시하는 데 한계를 보이기 때문에, 이를 보다 다양한 각도에서 조명하기 위해 시대구분 없이 다양한 풍수서를 참조하는 연구방법을 선택하였다.

11   무덤은 지맥과 천문에 응해야 한다는 최치원의 비문내용은, 풍수가 신라 헌강왕(?-886) 당시 궁중에도 자리하였음을 확인시켜준다.

12   이중환, 이익성 옮김, 『택리지』 「복거총론」 산수, 을유문화사, 2008, pp.188-189 : 金山則本龍湫深不測 在母岳山南 新

羅時祖師 以鹽累萬石塡實 而龍徒仍 築基建大殿 殿四角陛下 細礩環周 至今樓閣晃煥洞府深邃 亦湖南大名藍 距全州府治甚近 麗史甄神劍囚父萱於金山寺 卽此寺也.

13 『세종실록』「지리지」전라도 전주부 김제군.

14 한국학문헌연구소,『금산사지』, 아세아문화사, 1983, pp.101-102.

15 인조 13년(1635)의 기록을 숙종 31년(1705)에 개서한 것이다. 찬자는 알 수 없으며 금산사에 전해오는 필사본이다.

16 1921년 김영수라는 사람에 의해 편찬되었는데,『금산사사적(金山寺事蹟)』를 대체로 따르고 있으며 당우들의 중수에 대해 보완하고 있다.

17 『金山寺事蹟』: 法王禁殺標放 生場界百濟法王.

18 『삼국유사(三國遺事)』「진표전간조(眞表傳簡條)」에는 숭제법사(崇濟法師)로 「관동풍악발연수석기조(關東風岳鉢淵藪石記條)」에는 순제법사(順濟法師)로 달리 표기하고 있다. 동일인물로 보이지만 분명 표기는 달리되어 있다.

19 一然, 이민수 역,『三國遺事』「眞表傳簡條」, 을유출판사, 1991, p.331 : 年至十二歲 投金山寺崇濟法師講下.; 一然, 이민수 역,『三國遺事』「關東風岳鉢淵藪石記條」(을유출판사, 1991), p.336 : 師往金山藪順濟法師處零染 濟授沙彌戒法.

20 『新增東國輿地勝覽』卷34 全羅道 金溝縣 : 百濟甄萱所創.

21 혜덕왕사는 고려 정종 4년(1038)개성의 귀족문중에서 태어났다. 해린국사로부터 득도하여 후일에 법상종의 대종사가 되었다. 고려 문종 33년(1079)에 금산사의 주지가 되어, 퇴락한 가람을 중수하고 새로운 법당을 중창하는 등 사세를 크게 확장시켰다.

22 金三龍,『韓國彌勒信仰硏究』, 同和出版社, 1983, p.32.

23 박환(剝換)이란 분지(分枝)하며 과협(過峽)하는 과정에서 추하고 험한 탈을 벗어 부드럽고 양명한 산으로 변하여 가는 것을 말한다.

24 위이기복(逶迤起伏)은 용이 행룡하는 과정에 변화하는 두 가지 형태를 말하는 것으로, 위이는 용이 좌우로 변화하는 형태이고, 기복은 위아래로 변화하는 형태를 말한다.

25 정인택,「母岳山 金山寺의 風水學的 立地 硏究」, 원광대학교 석사학위논문, 2012), p.70.

26 박정해,「불보종찰 통도사 입지의 풍수환경 해석」『동아시아불교문화』제18집, 동아시아불교문화학회, 2014.; 박정해,「해인사의 입지환경과 풍수 - 장경각을 중심으로」『동아시아불교문화』제17집, 동아시아불교문화학회, 2014.; 박정해,「마곡사 입지의 입지환경과 공간구성」『동아시아불교문화』제17집, 동아시아불교문화학회, 2014.; 박정해,「쌍계총림 쌍계사 입지의 풍수환경과 공간구성논리 - 金堂을 중심으로-」『동아시아불교문화』제21집, 동아시아불교문화학회, 2015.; 박정해,「법주사의 역사적 변화와 풍수환경」『동아시아불교문화』제22집, 동아시아불교문화학회, 2015.

27 범어로는 Tusita-dera라 하며, 욕계육천(欲界六天)의 하나이다. 의역하여 지족천(知足天)이라고 한다.

28 박정해,「법주사의 역사적 변화와 풍수환경」『동아시아불교문화』제22집, 동아시아불교문화학회, 2015, p.618.

29 문화재예능연구소 예능민속연구실,『한국민속종합조사보고서 21』, 문화재관리국 문화재연구소, 1990, p.34.

30 양형석, 홍성서 공역,『착맥부・동림조담 역해』, 한국학술정보, 2013, pp.207-208 : 蓋不知水 不可以言穴 知水之所趨 則之穴矣.

31 양형석, 홍성서 공역, 앞의 책, pp.83-84 : 山若作穴 水自回環 彼此相應 內外相連.

32 물의 형상을 22개로 분류하고, 좋은 물길로는 명당과 혈장을 부드럽게 감싸 안고 유유히 흐르는 물길이라 하였다. 반면에 혈장이나 명당을 향해 쏘는 것처럼 들어오거나, 배반해서 나가거나, 빠른 속도로 급하고 곧게 빠져 나가는 것은 흉하다고 평가한다.

33 물의 형상을 크게 다섯 가지로 분류하였다.

34 위치에 따라 7개의 형상으로 분류하고, 물의 형세에 따라 31개의 형상으로 분류하였다.

35 길한 형상 40개와 흉한 형상 37개로 분류하고 있다.

36 청대(淸代)에 장평계(蔣平階)와 이봉(李峰)이 정리한 풍수서(風水書)이다.

37 서선계(徐善繼), 서선술(徐善述)형제에 의해 저술된 명대(明代)의 풍수서(風水書)이다.

38 양균송(楊筠松)의 저술로 당대(唐代)의 풍수서(風水書)이다.

39 88향법은 수많은 이론상 존재하는 576개의 향중에 88개만 길하다는 전제를 바탕으로 한다. 이러한 88향법의 길한

방향의 도출을 위해서는 물의 흐름과 水口處, 向, 入首龍의 흐름 등을 바탕으로 한다.

40 모악산은 예전부터 '엄뫼'라는 이름으로도 불렸다. '어머니의 산'이라는 뜻이다. 그만큼 모악산은 어머니 품같이 포근하게 감싸주는 기운이 있는 산이다.

41 李能和, 『朝鮮佛教通史』 下, 보련각, 1990, p.252.

42 양은용, 「도선국사 비보사탑설의 연구」 『도선연구』, 민족사. 1999, p.127 참조.

43 모악산 금산사의 중심건물은 대적광전(大寂光殿)이다. 대적광전은 화엄전(華嚴殿)·비로전(毘盧殿)이라고도 불리며, 화엄종 사찰에서 비로자나불(毘盧遮那佛)을 본존으로 모시는 전각이다. 비로자나 부처님은 이 세상 모든 진리의 깨달음을 상징하는데, 이 비로자나불이 있는 연화장(蓮華藏)세계는 장엄하고 진리의 빛이 가득한 대적정의 세계라 하여 전각 이름을 대적광전이라고 한다. 규모에 비해 낮게 느껴지는 2단의 기단 위에 세워진 정면 7칸의 다포식 팔작지붕 건물로, 화려함보다는 은근히 큰 규모와 우아함이 돋보이는 건물이다.

44 미륵전의 지금의 모습은 정유재란 때 소실된 것을 1635년(인조 13년)에 수문대사가 중건한 것이다. 이후 여러 차례에 거쳐 중수 및 보수된 바 있다. 건물은 팔작지붕의 3층 구조이다. 1층과 2층은 정면 5칸, 측면 4칸의 규모이며, 3층은 정면 3칸, 측면 2칸으로 줄어들었다 장대석의 기단을 마련하여 그 위에 막돌초석을 올리고, 여기에 기둥을 세웠고 다포식 건물이다. 처마는 겹처마이며, 추녀에는 활주를 세워 건물의 무게를 분산시켰다. 1층에는 '대자보전(大慈寶殿)', 2층에는 '용화지회(龍華之會)', 3층에는 '미륵전(彌勒殿)' 등의 각기 다른 편액이 걸려 있는데, 이들 편액은 이름이 다르지만 모두 미륵불의 세계를 표현하고 있는 것이다.

45 홍윤식, 「금산사 가람과 미륵신앙」 『마한백제문화』, 원광대학교 마한백제문화연구소, 1986, p.36.

46 미륵보살이 성불한 후 중생을 제도하는 법회로서, 56억 7천만 년 후에 용화수 아래에서 성불하고 화림원에 모인 대중에게 설법하는데, 3회에 걸친 설법으로 모든 중생을 구제한다고 한다.

47 문화재청, 「금산사 미륵전 수리보고서」, 문화재청, 2000, p.82.

48 박한규, 남해경, 「人文的 因子에 의한 金山寺의 建築解釋에 관한 硏究」 『대한건축학회지』 13, 대한건축학회, 1987, p.23.

참고문헌

『金山寺事蹟』

『世宗實錄』

『新增東國輿地勝覽』

金三龍,『韓國彌勒信仰研究』, 同和出版社, 1983.

渡邊彰,『金山寺觀跡圖譜』, 금산사, 1928.

문화재예능연구소 예능민속연구실,『한국민속종합조사보고서 21』, 문화재관리국 문화재연구소, 1990.

문화재청,「금산사 미륵전 수리보고서」, 문화재청, 2000.

박정해,「불보종찰 통도사 입지의 풍수환경 해석」『동아시아불교문화』제18집, 동아시아불교문화학회, 2014.

_____,「해인사의 입지환경과 풍수 - 장경각을 중심으로」『동아시아불교문화』제17집, 동아시아불교문화학회, 2014.

_____,「마곡사 입지의 입지환경과 공간구성」『동아시아불교문화』제17집, 동아시아불교문화학회, 2014.

_____,「법주사의 역사적 변화와 풍수환경」『동아시아불교문화』제22집, 동아시아불교문화학회, 2015.

_____,「쌍계총림 쌍계사 입지의 풍수환경과 공간구성논리 - 金堂을 중심으로」『동아시아불교문화』제21집, 동아시아불교문화학회, 2015.

박한규, 남해경,「人文的 因子에 의한 金山寺의 建築解釋에 관한 研究」『대한건축학회지』13, 대한건축학회, 1987.

양은용,「도선국사 비보사탑설의 연구」『도선연구』, 민족사. 1999.

양형석, 홍성서 공역,『착맥부·동림조담 역해』, 한국학술정보, 2013.

一然, 이민수 역,『三國遺事』「眞表傳簡條」, 을유출판사, 1991.

李能和,『朝鮮佛敎通史』下, 보련각, 1990.

이중환, 이익성 옮김,『택리지』, 을유문화사, 2008.

정인택,「母岳山 金山寺의 風水學的 立地 研究」, 원광대학교 석사학위논문, 2012.

韓國學文獻研究所,『金山寺誌』, 亞細亞文化社, 1983.

홍윤식,「금산사 가람과 미륵신앙」『마한백제문화』, 원광대학교 마한백제문화연구소, 1986.

해동지도(서울대 규장각).

찾아보기

저자 소개

박정해

학력 및 경력

한양대 대학원 건축학 박사, 한양대 겸임교수, 경기대 초빙교수

한양대 공학대학원 석사

「풍수지리이론으로 본 서울근교 음식점의 입지패턴에 관한 연구」

한양대 대학원 박사

「조선 유교건축입지의 풍수적 특징에 관한 연구」

활동 조직 및 단체

(사) 정통풍수지리학회 이사장

저서

『명십삼릉』, 문예원, 2009.

『풍수명당이 부자를 부른다』, 평단문화사, 2010.

『조선 유교건축의 풍수 미학』, 민속원, 2013.

『한국 유교건축에 담긴 풍수 이야기』, 씨아이알, 2014.

사찰에서 만나는 불교풍수

초판인쇄	2016년 05월 30일	
초판발행	2016년 06월 07일	

저 자	박정해
펴 낸 이	김성배
펴 낸 곳	도서출판 씨아이알

책임편집	박영지, 서보경
디 자 인	백정수, 추다영
제작책임	이현상

등록번호	제2-3285호
등 록 일	2001년 3월 19일
주 소	(04626) 서울특별시 중구 필동로8길 43(예장동 1-151)
전화번호	02-2275-8603(대표)
팩스번호	02-2275-8604
홈페이지	www.circom.co.kr

I S B N	979-11-5610-231-1 93180
정 가	28,000원